असामान्य मनोविज्ञान

असामान्य मनोविज्ञान

निलेश शर्मा

इशिका पब्लिशिंग हाउस
जयपुर दिल्ली

इशिका पब्लिशिंग हाउस

ए -25, "गणेश सदन", गली न. 4, आदर्श बस्ती,
बी.एल. हाउस के पास, टोंक फाटक,
जयपुर-302018 (राजस्थान) भारत
फोन : 0141-2761280, Mob. 9887532741
Email: ishikapublishinghouse@yahoo.in

दिल्ली कार्यालय : 102, प्रथम मंजिल, 'सत्यम हाउस'
4324/3, अंसारी रोड़, दरियागंज, नई दिल्ली - 110 002
फोन : 011-45652440

ISBN: 9788189471330

टाइपसेटिंग : बी.एस. कम्प्यूटर्स, जयपुर

मुद्रक : थॉमसन प्रेस, नई दिल्ली

प्रस्तावना

असामान्य सामान्य शब्द लैटिन भाषा के नौरमा शब्द से विकसित हुआ है जिसका तात्पर्य 'बढ़ई का स्केल' है। जिस तरह से बढ़ई अपने स्केल का प्रयोग एक मानक के रूप में करके यह निर्धारित करता है कि किस परिस्थिति में क्या सामान्य मापन होगा, ठीक इसी अर्थ में 'normal' शब्द का प्रयोग अंग्रेजी भाषा में एक मान्य पैटर्न या मानक को बोधित करने के लिये किया जाता है। आज के विभिन्न मनोवैज्ञानिकों के बीच इस बात को लेकर सहमति नहीं है कि सामान्य का तात्पर्य क्या होगा? कुछ लोग एक व्यवहार को सामान्य मानते हैं तो उसी व्यवहार को दूसरे समाज या संस्कृति में असामान्य माना जाता है। जब सामान्य क्या है, इसे सर्वमान्य ढंग से परिभाषित नहीं किया जा सकता है तो असामान्य व्यवहार को परिभाषित करना जटिल है। यह कार्य इसलिए ज्यादा जटिल हो जाता है क्योंकि मनुष्य अपने जीवन में कई कारकों से प्रभावित होता है। कभी वह मन की आवश्यकता को प्राथमिकता देता है तो कभी शरीर की आवश्यकता को। इसी से 'असामान्य' पद विकसित हुआ है। इस तथ्य को ध्यान में रखते हुए यह कहा जा सकता है कि असामान्य वह है जो सामान्य नहीं है या सामान्य से परे अथवा भिन्न है। परंतु मात्र इतना कह देने से असामान्य व्यवहार का

अर्थ स्पष्ट नहीं होता है। रीगर, (Reiger, 1998) के अनुसार असामान्य व्यवहार एक ऐसा व्यवहार होता है जो सामाजिक रूप से असामान्य, दुखदायी एवं विकृत संज्ञान के फलस्वरूप पैदा होता है।

व्यक्ति को इस प्रकार के व्यवहार से सामान्य समायोजन करने में कठिनाई होती है। इसलिए इसका स्वरूप कुसमायोजी भी होता है। बारलो एवं डुरंड ने असामान्य व्यवहार की एक काफी विस्तृत एवं वैज्ञानिक परिभाषा दी है जो विशेष रूप से यहाँ उल्लेखनीय है। इनका कहना है कि ''असामान्य व्यवहार व्यक्ति के भीतर मनोवैज्ञानिक दुष्क्रिया की स्थिति होती है जो कार्यों में व्यथा या हानि से साहचर्यित होती है तथा एक ऐसी अनुक्रिया होती है जो प्रतिनिधिक या सांस्कृतिक रूप से प्रत्याशित नहीं होती है।'' आज विश्व में अमेरिका और कनाडा ऐसे दो प्रमुख देश हैं, जिन्होंने मानसिक रोगियों के इलाज के लिए सामुदायिक मानसिक केन्द्र की स्थापना की है, जिसे हस्तक्षेप केन्द्र के नाम से जाना जाता है। इन केन्द्रों का मुख्य उद्देश्य मानसिक रोगियों को तुरंत सहायता पहुँचाना होता है। इन केन्द्रों में उपचार के लिए पहले से समय निश्चित करके मिलना जरूरी नहीं है तथा सभी वर्ग एवं आय के लोगों की सहायता के लिए तुरंत कदम उठाया जाता है।

प्रस्तुत पुस्तक 'असामान्य मनोविज्ञान' की रचना करते समय भाषा की शुद्धता व तथ्यों के नवीनीकरण पर विशेष ध्यान दिया गया है। पुस्तक हर तरह से परिपूर्ण बन सके, इसके लिये कुछ लिखित व अलिखित स्रोतों से सहायता भी ली गई है जिनके लिए लेखक उन सभी लेखकों व प्रकाशकों के प्रति आभार प्रकट करता है। आशा है कि पुस्तक पाठकों के लिये उपयोगी सिद्ध होगी।

निलेश शर्मा

अनुक्रमणिका

	प्रस्तावना	*v*
1.	असामान्य मनोविज्ञान : अर्थ, संकल्पना एवं सिद्धान्त	1
2.	असामान्य मनोविज्ञान का उद्‌भव एवं विकास	14
3.	असामान्य मनोविज्ञान के आधुनिक सिद्धान्त	36
4.	अन्तर्वैयक्तिक अवधारणा का विश्लेषण	66
5.	मनोचिकित्सा का विश्लेषण	81
6.	असामान्य मनोविज्ञान में प्रयुक्त उपचार पद्धतियाँ	88
7.	व्यक्तित्व दोष का मनोवैज्ञानिक अध्ययन	114
8.	स्वप्न का मनोवैज्ञानिक विश्लेषण	129
9.	तनाव : समायोजन की मनोवैज्ञानिक परिक्रिया	142
10.	लैंगिक विकृति : समाधान की मनोवैज्ञानिक प्रक्रिया	153
11.	अपराध : मनोवैज्ञानिक उपचार	167
12.	मद्यपान एवं ड्रग्स सेवन : मनोवैज्ञानिक उपचार	204
13.	वृद्धावस्था की मनोविक्षिप्तता : मनोवैज्ञानिक उपचार	231
14.	शोध प्रक्रिया : मापन एवं मूल्यांकन	243

1

असामान्य मनोविज्ञान : अर्थ, संकल्पना एवं सिद्धान्त

प्रथम विश्वयुद्ध के पहले मानसिक रोगियों के उपचार के लिए मानसिक अस्पतालों का सहारा लिया जाता था, जो कि रोगियों से बेहिसाब पैसा वसूलते थे एवं सभी मनोरोगियों का उपचार संभव नहीं था। जो पिछड़े देश थे, वहाँ पर जिन उपचार विधियों को अपनाया जाता था, उनसे लाभ के बजाए हानि अधिक होती थी। अगर अमेरिका की बात की जाए तो यहाँ पर बहुत से मानसिक अस्पतालों में देखा गया कि वहाँ जिन रोगियों को भर्ती कराया जाता था, उनके साथ अमानवीय व्यवहार इतनी क्रूरता के साथ किया जाता था कि उनका मानसिक रोग कम होने के बजाए बढ़ता ही जाता था। कुछ ऐसे भी रोगी होते थे जिनकी उपचार के दौरान मृत्यु हो जाती थी। प्रसिद्ध मनोवैज्ञानिक किसकर का कहना है कि इस प्रकार के सामुदायिक मानसिक रोगियों को इन अस्पतालों में एक छोटा-से कमरे में झुण्ड बनाकर रखा जाना, ऐसे कमरों में शौचालय भी नहीं होना, धूप और हवा भी लगभग न के बराबर मिलना, आधा पेट खाना दिया जाना, कमसिन लड़कियों को अस्पताल से बाहर भेजकर शारीरिक व्यापार कराया जाना,

अस्पताल अधिकारियों द्वारा गाली-गलौज करना आदि काफी सामान्य था। फलतः अमेरिका में इन मानसिक अस्पतालों की जगह **सामुदायिक मानसिक स्वास्थ्य केन्द्र** ने ले लिया है। इन केन्द्रों द्वारा मूलतः पाँच तरह की सेवाएँ की जाती हैं—चौबीस घंटे आपातकालीन देखभाल, अल्पकालीन अस्पताली सेवा, आंशिक अस्पताली सेवा, बाह्य रोगियों की देखभाल तथा प्रशिक्षण एवं परामर्श कार्यक्रम। अमेरिका एवं कनाडा में ऐसे केन्द्रों की संख्या काफी अधिक है जिन्हें अपने कार्य के लिये पर्याप्त सरकारी सहायता मिलती है।

असामान्य व्यवहार की अवधारणा एवं स्वरूप

व्यक्ति के मानवीय व्यवहारों को सामान्य एवं असामान्य व्यवहारों में बांटा जा सकता है। असामान्य सामान्य शब्द लैटिन भाषा के नौरमा शब्द से विकसित हुआ है जिसका तात्पर्य 'बढ़ई का स्केल' है। जिस तरह से बढ़ई अपने स्केल का प्रयोग एक मानक के रूप में करके यह निर्धारित करता है कि किस परिस्थिति में क्या सामान्य मापन होगा, ठीक इसी अर्थ में 'normal' शब्द का प्रयोग अंग्रेजी भाषा में एक मान्य पैटर्न या मानक को बोधित करने के लिये किया जाता है। आज के विभिन्न मनोवैज्ञानिकों के बीच इस बात को लेकर सहमति नहीं है कि सामान्य का तात्पर्य क्या होगा? कुछ लोग एक व्यवहार को सामान्य मानते हैं तो उसी व्यवहार को दूसरे समाज या संस्कृति में असामान्य माना जाता है। जब सामान्य क्या है, इसे सर्वमान्य ढंग से परिभाषित नहीं किया जा सकता है तो असामान्य व्यवहार को परिभाषित करना जटिल है। यह कार्य इसलिए ज्यादा जटिल हो जाता है क्योंकि मनुष्य अपने जीवन में कई कारकों से प्रभावित होता है। कभी वह मन की आवश्यकता को प्राथमिकता देता है तो कभी शरीर की आवश्यकता को।

असामान्य व्यवहार सामान्य व्यवहार से काफी भिन्न है असामान्य व्यवहार पर प्रकाश डालते हुए विश्व प्रसिद्ध शिक्षाशास्त्री रीगर महोदय ने लिखा है कि असामान्य व्यवहार एक ऐसा व्यवहार होता है जो सामाजिक रूप से असामान्य, दुखदायी एवं विकृत संज्ञान के फलस्वरूप पैदा होता है। व्यक्ति को इस प्रकार के व्यवहार से सामान्य समायोजन करने में कठिनाई होती है। इसलिए इसका स्वरूप कुसमायोजी भी होता है। सामान्य व्यवहार की अवधारणा को बौद्धिक स्वास्थ्य के आधार पर भी परिलक्षित किया गया है जो निम्नलिखित है—

(1) मानक अतिक्रमण की अवधारणा—मनुष्य एक सामाजिक प्राणी है जो किसी न किसी समाज में निवास करता है और उसका कुछ अपना एक आधार था। मानक होता है जो स्पष्ट करता है कि उसे क्या करना है और क्या नहीं करना है। व्यक्ति का व्यवहार मानक के अनुकूल पाये जाने पर, उसके व्यवहार को सामान्य व्यवहार की श्रेणी में रखा जाता है। उसे सामान्य कहा जाता है परंतु जब उसका व्यवहार इस मानक का अतिक्रमण करता है, तो उसे असामान्य कहा जाता है। जैसे—कुछ समाज के मानक ऐसे हैं जिनमें अपने ही चचेरे-फुफेरे भाई-बहन में शादी को सामान्य समझा जाता है जबकि कुछ ऐसे हैं जिनमें ऐसे व्यवहार को असामान्य समझा जाता है। अतः इस तरह का व्यवहार पहली परिस्थिति में मानक अतिक्रमण नहीं कहलायेगा जबकि दूसरी परिस्थिति में मानक अतिक्रमण कहलायेगा और उसे असामान्य व्यवहार की संज्ञा दी जाएगी। इस अवधारणा में कई प्रकार के दोष पाये जाते हैं, जो निम्नलिखित हैं—

1. एक ही व्यवहार एक समाज या संस्कृति में सामान्य हो सकता है परंतु वही व्यवहार दूसरे समाज में असामान्य हो सकता है क्योंकि उस व्यवहार से मानक का अतिक्रमण हो सकता है।
2. यह कसौटी असामान्य व्यवहार को एक सापेक्ष संप्रत्यय में परिवर्तित कर देती है।
3. असामान्य व्यवहार की अवधारणा में संकीर्णता भी व्याप्त है। यही कारण है कि अपराधी एवं वेश्याएँ सामाजिक मानक का अतिक्रमण करती हैं।
4. असामान्य मनोविज्ञान में प्रायः अध्ययन के लिए सम्मिलित नहीं की जाती हैं। दूसरी तरफ, अत्यधिक चिंतित व्यक्ति जो असामान्य मनोविज्ञान के अध्ययन का केंद्र बिन्दु है, पर आम लोगों द्वारा ध्यान भी नहीं दिया जाता है। ऐसा भी हो सकता है कि अमुक व्यवहार से मानक अतिक्रमण तो हो परंतु उसे असामान्य व्यवहार नहीं कहा जा सकता है।

(2) सांख्यिकी अबारंबारता की अवधारणा—असामान्य व्यवहार जिनकी सांख्यिकी अबारंबारता अत्यधिक होती है, उन्हें इस अवधारणा की श्रेणी में रखा जाता है। दूसरे शब्दों में, इस कसौटी के अनुसार वे सभी व्यवहार असामान्य होते हैं जो सांख्यिकीय औसत के होते हैं। जो व्यवहार उस औसत में आते हैं, वे सामान्य कहलाते हैं और उससे जो भिन्न होते हैं, उन्हें असामान्य की संज्ञा दिखाई

जाती है। इस कसौटी का उपयोग मानसिक मंदता जैसे असामान्य व्यवहार को परिभाषित करने में प्रायः किया गया है। जिन व्यक्तियों की बुद्धि-लब्धि 70 से कम होती है, तो उसकी बुद्धि इतनी कम समझी जाती है कि उसे मानसिक रूप से मंद बुद्धि कहा जाता है। स्पष्ट हुआ कि इस कसौटी के अनुसार व्यक्ति के औसत निष्पादन को ही सामान्य कहा जाता है और जो भी इस औसत निष्पादन से विचलित होता है, उसे असामान्य की संज्ञा प्रदान की जाती है। इस अवधारणा में निम्न दोष पाये जाते हैं–

1. इस कसौटी के अनुसार न केवल औसत से कम बुद्धि-लब्धि वाले बल्कि औसत से ऊपर जैसे 140 या 160 या इससे भी अधिक बुद्धि-लब्धि वाले भी असामान्य कहलायेंगे जो कि सर्वथा गलत होगा।
2. यह कसौटी का कोई मूल्य नहीं है तथा इसमें वांछित व्यवहार एवं अवांछित व्यवहार में अंतर करने में कोई स्पष्ट तंत्र नहीं है। ऐसे तंत्र का न होने का ही यह परिणाम है कि इसमें औसत व्यवहार को ही सामान्य मान लिया जाता है।
4. यह कसौटी मनोवैज्ञानिकों को यह निदेश नहीं देती है कि कौन-सा अबारंबार व्यवहार का उसे अध्ययन करना चाहिए?

(3) व्यक्तिगत यातना की अवधारणा–इस अवधारणा के आधार पर सामान्य व्यवहार की संज्ञा उसे प्रदान की जाती है जिस व्यक्ति का व्यवहार कुछ ऐसा हो जिससे उसमें अत्यधिक दुःख पैदा होता है। दुश्चिंता विकृति तथा विषाद से ग्रस्त व्यक्तियों को अधिक यातना सहनी पड़ती है। अतः उनके इस व्यवहार को इस कसौटी के अनुरूप निश्चित रूप से असामान्य व्यवहार कहा जायेगा। असामान्य व्यवहार को परिभाषित करने वाला यह वह उपागम है जो सर्वप्रथम दोनों उपागमों या कसौटियों की तुलना में अधिक उदारवादी है क्योंकि इसमें लोग अपनी सामान्यता की परख स्वयं करते हैं न कि समाज या कोई विशेषज्ञ। शायद यही कसौटी ऐसी है जिसका उपयोग प्रायः कम गंभीर मानसिक विकृतियों की पहचान करने में किया जाता है। अधिकतर लोग जो मनोचिकित्सा के लिये आते हैं, ऐसे होते हैं जिन्हें किसी ने असामान्य घोषित नहीं किया है परंतु वे इसलिए आये होते हैं कि अपनी जिंदगी के कुछ व्यवहार से वे काफी तंग हो चुके होते हैं, तथा काफी यातना झेल चुके होते हैं। इस अवधारणा के कुछ प्रमुख दोष निम्नलिखित हैं–

1. सभी तरह की व्यक्तिगत व्यथा या यातना उत्पन्न करने वाले व्यवहार को असामान्य व्यवहार नहीं कहा जा सकता है। जैसे, तीव्र भूख, तीव्र प्यास,

किसी तरह की साधारण दर्द जो निश्चित रूप से व्यक्ति को यातना देती है, को असामान्य व्यवहार की संज्ञा नहीं प्रदान की जा सकती है।

2. इस कसौटी में आत्मनिष्ठता अधिक है। व्यक्ति अपनी व्यथा की मात्रा को स्वयं ही निर्धारित करता है और तब यह बतलाता है कि वह कितना इससे प्रभावित है। ऐसी परिस्थिति में दो या दो से अधिक व्यक्तियों की व्यथा की मात्रा की तुलना करना कठिन है क्योंकि उनकी इस अपनी मनोविज्ञानिक अवस्था को परिभाषित करने का मानक परिवर्तित होता रहता है।
3. व्यक्ति में कुछ ऐसी विकृतियां भी पायी जाती हैं, जो उसके अन्दर व्यथा, यातना एवं चिंता को जन्म नहीं देती हैं। जैसे मनोविकारी लोग तरह-तरह के समाज-विरोधी व्यवहार करते हैं परंतु उनमें न तो कोई दुश्चिंता उत्पन्न होती है और न ही कोई दोष-भाव। अतः इस कसौटी के अनुसार ऐसे व्यवहार को असामान्य व्यवहार नहीं कहा जा सकता है जो सर्वथा अनुपयुक्त होगा।

(4) दुष्क्रिया की अवधारणा—इस अवधारणा के मुताबिक अगर कोई व्यक्ति अपने उद्देश्य या लक्ष्य को हासिल करने में आयोजित या दुष्क्रिया की वजह से विफल होता है, तो उसके इस व्यवहार को असामान्य व्यवहार कहा जायेगा। जैसे, अगर कोई व्यक्ति हवाई जहाज से कहीं जाने में इतना डरता है कि अपनी पदोन्नति को भी त्याग देता है, तो इस तरह की अयोग्यता को असामान्य व्यवहार का एक तत्त्व माना जायेगा। वेकफिल्ड ने इस क्षेत्र में किये गये शोधों का विश्लेषण करने के बाद यह बतलाया है कि असामान्य व्यवहार का एक महत्त्वपूर्ण तत्त्व दुष्क्रिया भी है। दुष्क्रिया का आशय व्यक्ति के उस प्रक्रम से है जो स्वाभाविक कार्रवाई से व्यक्ति को असफलता के मार्ग पर ला देता है। जैसे, यदि किसी व्यक्ति को तैरना अच्छी तरह आता है और वह यह भी जानता है कि पानी में उसे किसी प्रकार का कोई खतरा नहीं है, परंतु फिर भी वह पानी में प्रवेश करने में काफी डरता है, तो ऐसे दुष्क्रियात्मक व्यवहार को असामान्य व्यवहार कहा जायेगा। यह अवधारणा दोषरहित नहीं है। इसके निम्नलिखित दोष हैं—

1. इस अवधारणा का प्रमुख दोष यह है कि व्यक्ति को यह पता पहले से होता है कि मनुष्य की सामान्य अवस्था या आंतरिक कार्यवाही क्या होती है। इसी में उत्पन्न असफलता या गड़बड़ी को असामान्य व्यवहार का आधार माना जाता है। परंतु ऐसी भी परिस्थितियाँ होती हैं जिसमें व्यक्ति की आंतरिक कार्यवाही के बारे में पहले से पता नहीं होता है। फलतः असामान्य व्यवहार के बारे में अनुमान लगाना मुश्किल हो जाता है।

2. इस अवधारणा की आलोचना इसलिए भी की जाती है क्योंकि यह मनुष्य के सभी व्यवहारों को समझ पाने में असमर्थ है। जैसे, ट्रान्सवेसटिज्म जिसमें व्यक्ति विपरीत यौन का कपड़ा पहनकर लैगिंक सुख प्राप्त करता है, में किसी तरह की अयोग्यता (disability) का तत्त्व नहीं होते हुए भी उसे असामान्य व्यवहार में रखा जाता है।
3. हालांकि इस कसौटी की कई विशेषताएं हैं जिन्हें योग्यता की संज्ञा न प्रदान करके अयोग्यता की संज्ञा प्रदान की जा सकती है लेकिन फिर भी उनका अध्ययन असामान्य मनोविज्ञान में नहीं होता है क्योंकि उन्हें असामान्य व्यवहार नहीं कहा जा सकता है। जैसे, पुलिस सेवा में पदाधिकारी बनने के लिये निर्धारित शारीरिक ऊँचाई का किसी व्यक्ति में न होना, स्वभावतः यह उसकी एक अयोग्यता है। परंतु इसे असामान्य व्यवहार भी निश्चित रूप से नहीं कहा जा सकता है।

(5) अप्रत्याशा की अवधारणा—असामान्य व्यवहार पर अप्रत्याशा का अत्यधिक प्रभाव पड़ता है। डेविडसन एवं नील महोदय ने ठीक ही लिखा है कि अप्रत्याशा भी असामान्य व्यवहार को प्रभावित करने में सहयोग प्रदान करता है। वास्तव में अधिकांश बहुत सारे असामान्य व्यवहार पर्यावर्णी तनाव उत्पन्न करने वाले उद्दीपक के प्रति एक तरह का अप्रत्याशित अनुक्रिया ही होती है। उदाहरण के लिए जब कोई व्यक्ति अधिक बलवान होने के बावजूद भी वह अपनी शक्ति व ताकत के बारे में बार-बार चिंतित या सोचता रहता है और जब यह चिंता सामान्य अनुपात से अधिक हो जाती है, तो इससे व्यक्ति में चिंता रोग उत्पन्न हो जाता है। परंतु इस कसौटी को भी एक सर्वमान्य कसौटी नहीं कहा जा सकता है क्योंकि सभी अप्रत्याशित व्यवहार को असामान्य व्यवहार नहीं कहा सकता है।

उपरोक्त वर्णित अवधारणाओं का अध्ययन करने से यह निष्कर्ष रूप में यह कह सकते हैं। किसी भी अवधारणा के द्वारा असामान्य व्यवहार की एक ऐसी व्याख्या नहीं की गयी है जिसे संतोषजनक कहा जा सके तथा जो सभी परिस्थितियों में मान्य हो। गोरेनेस्टीन महोदय ने लिखा है कि किसी ने भी एक ऐसी संगत परिभाषा नहीं दी है जो सभी परिस्थितियों में जिसमें संप्रत्यय का उपयोग होता है, इसकी व्याख्या कर सके।" यदि ध्यानपूर्वक विचार किया जाए तो असामान्य व्यवहार के रूप या स्वरूप की व्याख्या करने के उद्देश्य से प्रस्तुत की गयी अवधारणाओं का विश्लेषण करें, तो यह स्पष्ट होगा कि अधिकतर विचारों में जैसा

कि क्रोमर ने कहा है, असामान्य व्यवहार को चार डी के रूप में समझने पर आम सहमति है। ये चार ही निम्नलिखित हैं—

(क) विचलन—इसके अन्तर्गत उन व्यवहारों को असामान्य व्यवहार में सम्मिलित किया गया है जो सामाजिक मानक (social norms) से भिन्न एवं असाधारण होते हैं।

(ख) खतरा—असामान्य व्यवहार सामान्यतः स्वयं व्यक्ति या रोगी के लिए तो खतरनाक होता ही है, साथ-ही-साथ वह अन्य व्यक्तियों के लिए भी खतरनाक साबित होता है। ऐसे व्यक्तियों में चूँकि असावधानी, घटिया निर्णय, विद्वेष या कुव्याख्या आदि अधिक होती है, अतः उनका व्यवहार अपने एवं दूसरों की कल्पना के ख्याल से कहीं अधिक चिंताजनक होता है।

(ग) अयोग्यता—उन व्यवहारों को असामान्य व्यवहार कहा जाता है जो व्यक्ति के दिन-प्रतिदिन के व्यवहार या क्रिया को करने में बाधक सिद्ध होते हैं। यह व्यक्ति को इतना अधिक अशांत कर देते हैं कि वह साधारण सामाजिक परिस्थिति या कार्य में भी अपने आपको ठीक ढंग से समायोजित नहीं कर पाता है।

(घ) दुःखदायी—असामान्य व्यवहार वैसे व्यवहार को कहा जाता है जो स्वयं व्यक्ति के लिए दुःखदायी होता है।

असामान्य मनोविज्ञान का अर्थ एवं परिभाषा

आज विश्व में अमेरिका और कनाडा दो प्रमुख देश हैं, जिन्होंने मानसिक रोगियों के इलाज के लिए सामुदायिक मानसिक केन्द्र की स्थापना की है, जिसे हस्तक्षेप केन्द्र के नाम से जाना जाता है। इन केन्द्रों का मुख्य उद्देश्य मानसिक रोगियों को तुरंत सहायता पहुँचाना होता है। इन केन्द्रों में उपचार के लिए पहले से समय निश्चित करके मिलना जरूरी नहीं है तथा सभी वर्ग एवं आय के लोगों की सहायता के लिए तुरंत कदम उठाया जाता है। आजकल एक नये प्रकार का संकटकाल हस्तक्षेप केन्द्र भी मानसिक रोगियों के उपचार में कार्यरत देखा गया है। इसको हॉट लाइन दूरभाष केन्द्र भी कहा जाता है। ऐसे केन्द्रों में चिकित्सक रात या दिन के किसी भी समय मात्र दूरभाष से सूचना प्राप्त कर मानसिक रोगियों का उपचार प्रारंभ करने के लिए तत्पर रहते हैं। इस ढंग का दूरभाष केन्द्र सबसे सर्वप्रथम लास एन्जिल्स के चिल्ड्रेन अस्पताल में प्रारंभ किया गया। ऐसे दूरभाष

केन्द्रों की सफलता से प्रभावित होकर अमेरिका के बड़े-बड़े शहरों एवं विश्वविद्यालय कैम्पसों में भी इस तरह के आपात्‌कालीन सेवा प्रदान करने वाले केन्द्र अधिकाधिक संख्या में खोले जा रहे हैं। संसार के अन्य देशों में भी इस तरह के केन्द्र तेजी से खुल रहे हैं।

मनोविज्ञान के इस शाखा में लोगों के व्यवहारों एवं मानसिक प्रक्रियाओं का वैज्ञानिक अध्ययन किया जाता है। इसे मनोविकृति विज्ञान भी कहा जाता है जिसका शाब्दिक अर्थ होता है—मन का रोगविज्ञान। इससे स्पष्ट है कि असामान्य मनोविज्ञान का विषय-वस्तु असामान्य व्यवहार का अध्ययन है। असामान्य मनोविज्ञान की कुछ परिभाषाएं आगे दी जा रही हैं—

आल्टमान्नस तथा **इमेरी** के अनुसार, ''मानसिक रोगों के अध्ययन में मनोवैज्ञानिक विज्ञान का उपयोग ही असामान्य मनोविज्ञान कहलाता है।''

कारसन एवं बुचर के शब्दों में, ''असामान्य मनोविज्ञान या मनोरोग विज्ञान को लम्बे अरसे से मनोविज्ञान का एक क्षेत्र समझा जाता है जो असामान्य व्यवहार को समझने, उपचार तथा उसकी रोकथाम से संबंधित है।''

स्ट्रेंज के शब्दों में, ''असामान्य मनोविज्ञान, मनोविज्ञान की वैसी शाखा है जिसका संबंध विकृत व्यवहारों के निदान, वर्गीकरण, उपचार एवं उनकी व्याख्या करने के लिये उपर्युक्त सिद्धान्तों से होता है।''

किसकर के अनुसार, ''असामान्य मनोविज्ञान मनोविज्ञान की एक विशिष्ट शाखा है जो व्यक्तित्व सम्बन्धी अशांति तथा व्यवहार रोगों का अध्ययन करता है।''

असामान्य मनोविज्ञान का विकास

असामान्य मनोविज्ञान का इतिहास बहुत प्राचीन है। प्रारंभिक काल में यानी पूर्ववैज्ञानिक काल में असामान्यता मूलतः देवी-देवताओं का प्रकोप या दुरात्मा के प्रवेश से उत्पन्न होना माना जाता था। आधुनिक युग (1801-1950) में इस विचार की मान्यता जाती रही और मानसिक असामान्यता को एक प्रकार का मानसिक रोग समझकर उसके मानवीय उपचार पर बल डाला गया। इस दौर में असामान्यता का कारण सामाजिक वातावरण को माना जाता है। 1950 के बाद के असामान्य मनोविज्ञान में पहले से चले आ रहे मानसिक अस्पताल में किये जा रहे उपचार को अमानवीय ठहराया गया और उनकी आलोचना की गई। ऐसा विचार लोगों के मन में उत्पन्न हुआ कि इन मानसिक अस्पतालों में भर्ती कर देने से मानसिक रोग की

तीव्रता घटने के बजाय बढ़ने लगती है। अब इन मानसिक अस्पतालों की जगह भिन्न-भिन्न प्रकार के सामुदायिक मानसिक स्वास्थ्य केन्द्रों ने ले ली है। संकटकाल हस्तक्षेप केन्द्र ऐसे ही केन्द्रों का नवीनतम नमूना है जिसकी शुरुआत तो अमेरिका में हुई परन्तु इसकी बढ़ती सफलता ने अन्य देशों को भी ऐसे केन्द्रों की स्थापना करने को विवश कर दिया।

असामान्य व्यवहार की प्रमुख विशेषताएँ

असामान्य व्यवहार की निम्नलिखित विशेषताएं होती हैं–

1. जिन व्यक्तियों का व्यवहार विघटित होता है, उन्हें असामान्य व्यवहार वाले व्यक्तियों की श्रेणी में रखा जाता है। उनके संज्ञानात्मकए क्रियात्मक एवं भावात्मक पक्षों में कोई ताल-मेल नहीं होता है। सचमुच में इनका व्यक्तित्व इतना छिन्न-भिन्न होता है कि उनके व्यवहारों में किसी तरह की संगतता नहीं रह जाती बल्कि उनका व्यवहार इतना अविवेकी तथा असंतुलित हो जाता है कि उससे लोगों के लिये कोई सही अर्थ निकालना संभव नहीं रह जाता है।
2. जो व्यक्ति असामान्य व्यवहार वाला होता है उसमें अणुओं की भावना अत्यधिक होती है। प्रायः यह देखा गया है कि ऐसे व्यक्ति अपने आप को समाज का एक स्वीकृत हिस्सा नहीं मानते हैं। ऐसे व्यक्ति अन्य व्यक्तियों को शक की निगाह से देखते हैं और विभिन्न सामाजिक परिस्थितियों में कभी भी खुलकर अपने विचारों को अभिव्यक्ति नहीं कर पाते हैं। इस तरह के लोग हमेशा भयभीत रहते हैं।
3. असामान्य व्यवहार की एक विशेषता यह भी है कि उसमें संवेगात्मक अपरिपक्वता स्पष्टतः देखने को मिलती है। ऐसे व्यक्तियों को अपने संवेग पर न के बराबर नियंत्रण रहता है। अकारण रो देना तथा अकारण हँस देना ऐसे व्यक्तियों की आदत-सी होती है। परिस्थिति के अनुकूल संवेग को नियंत्रण कर उसकी उचित अभिव्यक्ति तो इन्हें आती ही नहीं। अतः ऐसे लोग संवेगात्मक रूप से अनुपयुक्त होते हैं जिसके चलते इनमें सांवेगिक अभियोजन की समस्या भयंकर रूप से उत्पन्न हो जाती है।
4. असामान्य व्यवहार वाले व्यक्ति के लिए सामाजिक अभियोजन कर पाना असान नहीं होता है। ऐसे लोग अपने सहकर्मियों, पास-पड़ोसियों के साथ अधिक संतोषजनक सामाजिक संबंध बनाये रखने में असमर्थ रहते हैं।

इतना ही नहीं, ऐसे व्यक्तियों का अनुकूलन अपने घर के सदस्यों के साथ भी ठीक नहीं होता है। सांवेगिक अस्थिरता के कारण इनकी मानसिक अवस्था में जल्दी-जल्दी परिवर्तन होता रहता है, जिससे इनकी सामाजिक एवं घरेलू अनुकूलन की क्षमता बद से बदतर होती जाती है।

5. जब व्यक्ति किन्हीं भी व्यवहारों को इस ढंग से करता है कि उससे समाज के नियमों एवं मानकों का उल्लंघन होता है, तो यह निश्चित रूप से असामान्य व्यवहार कहलाता है। उदाहरणार्थ चोरी करना, बलात्कार करना, हत्या करना आदि कुछ ऐसे व्यवहार हैं जिनसे समाज के मानक एवं मूल्यों का उल्लंघन होता है, तो वह असामान्य व्यवहार कहलाता है।
6. असामान्य व्यवहार की एक प्रमुख विशेषता है गलती होने पर पश्चाताप न करना। ऐसी कमी से व्यक्ति सही-गलत की पहचान नहीं कर पाता है। इस प्रकार के लोगों को कभी अफसोस नहीं होता है। फलतः वे एक गलत कार्य के बाद दूसरा गलत कार्य निःसंकोच होकर करते जाते हैं। उन्हें इस बात की कोई चिन्ता नहीं रहती कि इस तरह के गलत-कार्य करने से समाज उन्हें क्या कहेगा या किस ढंग का दण्ड देगा।
7. जो असामान्य व्यक्ति होते हैं उनमें सूझ की कमी पायी जाती है। सूझ के अभाव के कारण असामान्य व्यक्ति किसी भी तरह के गलत कार्य को करने में तनिक भी हिचकिचाता नहीं है। इस तरह का व्यक्ति जब जैसा मन होता है, तब वैसा करता है। न तो इन्हें किसी की आलोचना का डर होता है और न ही इन्हें सामाजिक बन्धनों एवं नियमों की परवाह।
8. मानसिक असंतुलन का होना भी असामान्य व्यवहार माना जाता है। ऐसे व्यक्तियों के विचारों एवं व्यवहारों में काफी अस्थिरता पायी जाती है। वे अभी कुछ सोचते हैं तथा कुछ समय के बाद ठीक उसके विपरीत सोचने लगते हैं और जब वे विपरीत सोचते हैं तो ठीक पहले से उल्टा वे करना भी प्रारंभ कर देते हैं। मानसिक असंतुलन के कारण इस तरह से असामान्य व्यक्तियों के सोचने एवं व्यवहार करने के ढंग में काफी असंगतता दिखलाई पड़ती है जो स्पष्टतः एक सामान्य व्यक्ति के व्यवहारों में नहीं पाई जाती है।

सामान्य व्यवहार एवं असामान्य व्यवहार में तुलनात्मक अध्ययन

सामान्य व्यवहार एवं असामान्य व्यवहार कई अन्तर –

सामान्य व्यवहार	असामान्य व्यवहार
1. सामान्य व्यक्ति हमेशा अपने व्यवहार एवं क्रियाओं को सामाजिक मानकों की वास्तविकता के अनुकूल बनाये रखता है। उन्हें काल्पनिक सच्चाई एकदम पसंद नहीं होती है। फलस्वरूप उनका व्यवहार भ्रम, विभ्रम एवं व्यामोह आदि से ग्रसित नहीं होता है।	1. असामान्य व्यक्तियों का व्यवहार काल्पनिकता एवं अवास्तविकताओं से ओत-प्रोत रहता है। असामान्य व्यक्ति को यह ज्ञान नहीं रहता है कि सामाजिक आदर्श या मानक क्या हैं तथा उनकी हकीकतें क्या हैं। उन्हें तो बस अपनी काल्पनिक दुनिया से मतलब होता है जिसमें वे लम्बी उड़ानें भरते रहते हैं। सचमुच में उनका व्यवहार भ्रम, विभ्रम, व्यामोह, संभ्रान्ति से इतना ग्रसित रहता है कि उनके व्यवहारों में वास्तविकता उनके पास फटकती तक नहीं है।
2. ऐसे व्यक्तियों को अपने संवेग की अभिव्यक्ति एवं उसके स्तर पर पूर्ण नियंत्रण रहता है। वह परिस्थिति के अनुकूल क्रोध, प्रेम, डर आदि जैसे संवेगों की अभिव्यक्ति करता है। उसके संवेगात्मक व्यवहार में स्थिरता एवं धैर्यता दिखलाई पड़ती है।	2. असामान्य व्यक्तियों के सांवेगिक व्यवहार में अस्थिरता एवं अपरिपक्वता दिखलाई पड़ती है।
3. सामान्य व्यवहार वाला व्यक्ति वास्तविकता का पूर्ण ज्ञान रखता है। इस प्रकार के व्यक्तियों में संवेगों पर नियंत्रण नहीं होता है। वे परिस्थति के अनुकूल संवेगों को प्रकट करने में अत्यधिक गलतियाँ करते हैं। ऐसे व्यक्ति अकारण ही खुश हो जाते हैं और	3. असामान्य व्यक्तियों का व्यवहार सामान्य व्यक्तियों के व्यवहार से सांवेगिक रूप से पूर्णतः भिन्न होता है।

	फिर अकारण ही दुखी हो जाते हैं। अन्य लोगों को इनकी खुशी का न तो कारण पता चलता है और न ही इनके दुख का ही।	
4.	सामान्य व्यक्ति के परिवार में सदस्यों के साथ, आस-पड़ोसियों एवं अपने सहयोगियों के साथ सौहार्द्रपूर्ण सामाजिक संबंध होता है। फलस्वरूप उसका सामाजिक समायोजन पूर्णतः संतुलित होता है। ऐसे व्यक्ति समाज के नियमों एवं रीति-रिवाजों का आदर करते हैं और उसी के अनुकूल एक सौहार्द्रपूर्ण सामाजिक संबंध बनाये रखने की कोशिश करते हैं।	4. जो व्यक्ति असामान्य व्यवहार वाले होते हैं वे सामाजिक रीति-रिवाजों का पालन नहीं करते हैं। सचमुच में ऐसे व्यक्तियों की दुनिया अपनी निजी होती है जो वास्तविक सामाजिक वातावरण से भिन्न होती है। ऐसे व्यक्तियों में सामाजिक समायोजन की समस्याएँ तीव्र होती हैं और उनके व्यवहार में सामाजिक कुसमंजन अपनी चरम सीमा पर होता है। ऐसे व्यक्तियों में सहयोग की भावना और मिल-जुलकर काम करने की प्रवृत्ति का सर्वथा अभाव रहता है।
5.	सामान्य व्यवहार वाला व्यक्ति अपनी देखभाल करने में सक्षम होता है। वह ऐसा व्यवहार करता है जिससे उसके अहं को चोट न पहुँचे तथा उनका मानसिक स्वास्थ्य बना रहे। वह हरसंभव कोशिश करता है कि उसका व्यक्तित्व संतुलित एवं स्वस्थ बना रहे। वह कभी कोई ऐसा व्यवहार नहीं करता है कि उसका ही अस्तित्व खतरे में पड़ जाए।	5. असामान्य व्यक्तियों के व्यवहार में उतनी कुशलता नहीं होती है कि वह अपनी देखभाल कर सके एवं अपने आपको पर्याप्त सुरक्षित रख सके। वास्तव में उसे देखभाल एवं सुरक्षित रखने का कार्यभार परिवार या समाज के अन्य लोगों को ही करना पड़ता है। इसका स्पष्ट मतलब यह हुआ कि वह समाज पर एक बोझ बनकर पलता है।

6.	जो व्यक्ति सामान्य व्यवहार वाला होता है वह विचित्र एवं ऊटपटांग का व्यवहार नहीं करता है।	6. असामान्य व्यवहार वाला व्यक्ति बेतुका एवं ऊटपटांग व्यवहार करता है।
7.	सामान्य व्यवहार हमेशा सूझपूर्ण होता है। एक सामान्य व्यक्ति को इस बात की स्पष्ट सूझ होती है कि वह क्या कर रहा है, कैसे कर रहा है, उसे कौन-सा व्यवहार किस परिस्थिति में करना चाहिए और किस परिस्थिति में नहीं करना चाहिए आदि, आदि।	7. असामान्य व्यवहार वाले व्यक्ति में भी सूझपूर्ण व्यवहार पाये जाते हैं। सचमुच में असामान्य व्यक्ति को न के बराबर नैतिक एवं अनैतिक में अन्तर तथा सही एवं गलत में अन्तर की सूझ-बूझ रहती है। प्रत्येक कार्य जिसे वह करता है उसे सही लगता है चाहे सचमुच में वह कितना भी गलत एवं अनैतिक कार्य ही क्यों न हो।
8.	सामान्य व्यवहार वाला व्यक्ति अपने निर्णयों पर अडिग रहता है।	8. असामान्य व्यवहार में अनिर्णयकता की भी अवस्था स्पष्टतः झलकती है।

स्पष्ट है कि इन दोनों तरह के व्यवहारों का अन्तर गुणात्मक तथा मात्रात्मक दोनों ही है। जैसे, सूझपूर्ण व्यवहार, संतुलित सामाजिक समायोजन, सांवेगिक परिपक्वता एवं नियंत्रण, वास्तविकता का ज्ञान, विचित्र एवं ऊटपटांग व्यवहार का न होना, अपनी देखभाल कर लेने की क्षमता का होना, सामान्य व्यवहार को असामान्य व्यवहार से पूर्णतः भिन्न कर देता है (गुणात्मक अन्तर)। इन दोनों में मात्रात्मक अन्तर यह है कि कभी-कभी कुछ परिस्थितिवश एक सामान्य व्यक्ति का भी व्यवहार नैतिक नहीं होता है। उसमें सूझ-बूझ का अभाव पाया जाता है। इसका संवेग पर नियंत्रण नहीं होता है और वह असामाजिक जैसे कार्य करने लगता है।

2

असामान्य मनोविज्ञान का उद्‌भव एवं विकास

मनुष्य के उद्‌भवकाल से ही असामान्य मनोविज्ञान के इतिहास की शुरुआत माना जाता है। सृष्टि के प्रत्येक जीव में (विशेषकर मनुष्य में) जीवन भर तरह-तरह के रोग लगे रहते हैं। मनोविज्ञान के विद्वानों का मानना है कि व्यक्ति में असामान्य व्यवहार आदिमकाल से है। जैसे, प्राचीन युग में मानसिक रोगी को ठण्डे या गर्म पानी में डुबोया जाता था, उसे किसी गर्म धातु से दागा जाता या रोगी की पिटाई लगाई जाती थी। यह जितनी भी उपचार पद्धतियाँ हैं, सबका सम्बन्ध किसी न किसी रूप में विद्युत आघात उपचार पद्धति से है। आधुनिक उपचार पद्धतियों में Brain Surgery एक प्रमुख उपचार पद्धति है, इसका सम्बन्ध भी इतिहास के प्रारम्भिक काल से है। इस प्रकार असामान्य मनोविज्ञान के इतिहास का भली-भाँति अध्ययन करना है तो इसके ऐतिहासिक विकास को सबसे पहले समझना होगा।

1. प्राचीनकालीन प्रेत-विद्या

मनोरोग विज्ञान का इतिहास हालांकि प्राचीन काल से प्रारंभ माना जाता है, जबकि असामान्य मनोविज्ञान के अन्तर्गत मनुष्यों के असामान्य व्यवहारों के उपचार का कार्य पाषाण युग में प्रारंभ हो गया था। इस युग के मानव का ज्ञान सीमित था। इस युग के लोग यह मानते थे कि मानव शरीर में जब प्रेतात्माएँ प्रविष्ट होती हैं, तब वह रोगी हो जाता है। शुभ और अशुभ दो प्रकार की प्रेतात्माएँ हो सकती हैं। देवता जब किसी व्यक्ति से रुष्ट हो जाते हैं तो वह अशुभ प्रेतात्मा भेजते हैं जो व्यक्ति के शरीर में प्रविष्ट हो जाती है और व्यक्ति रोगी बन जाता है। रोगी में घुसने वाली यह प्रेतात्मा व्यक्ति के लिए चौतरफा रूप से हानिकारक होती है। इसी प्रकार यह भी विश्वास किया जाता था कि जब देवता किसी व्यक्ति से प्रसन्न होते हैं, तब शुभ प्रेतात्मा भेजते हैं। जिस व्यक्ति में शुभ प्रेतात्मा होती थी, उसे पवित्र ही नहीं समझा जाता था बल्कि उसे पूजा भी जाता था। ऐसे व्यक्ति को चूँकि अलौकिक शक्ति सम्पन्न समझा जाता था इसलिए इस व्यक्ति से लोगों का व्यवहार भय मिश्रित होता है परन्तु व्यवहार श्रद्धापूर्ण भी होता था।

उत्खनन में पाषाण युग की कुछ मानव की खोपड़ियां मिली हैं जिनमें नुकीले पत्थर से छेद किये हुए हैं। खोपड़ी का यह छेद ट्रेफाइन कहलाता था। चीन, यूनान, मिस्र आदि देशों में पाषाण युग की प्रेत विद्या का संशोधित रूप मिला है। कुछ विशिष्ट किस्म के व्यक्ति इन मानसिक रोगियों का उपचार करते थे। यूनान, चीन और मिस्त्र आदि देशों में इन चिकित्सक व्यक्तियों का कार्य पुजारियों ने ले लिया। यह पुजारी चिकित्सक, मनोवैज्ञानिक और जादूगर आदि सबका कार्य करते थे। यद्यपि यह पुजारी प्रेत विद्या से प्रभावित थे फिर भी इन लोगों का मानसिक रोगियों का उपचार वैज्ञानिक और मानवीय था।

प्राचीन युग में चिकित्सीय अवधारणा

मनोरोग विज्ञान के स्वर्ण युग का प्रारंभ यूनान और रोम के काल को माना जाता है जो ईसा से चार सौ वर्ष पहले से लेकर ईसा के बाद दूसरी सदी तक चला था। इस स्वर्ण युग में मानसिक रोगों के उपचार की दिशा में जो प्रगति हुई है, उसका संक्षिप्त वर्णन निम्न प्रकार से है–

(1) अरस्तु–यूनान के इस महान व्यक्तित्व से आज के सभी लोग परिचित हैं। ईसा पूर्व 332 शताब्दी में सिकन्दर महान ग्रीक संस्कृति का केन्द्र बना। उसने

ग्रीक की चिकित्सा पद्धति के विकास के लिए बहुत कुछ किया। उसने उच्च श्रेणी के सुन्दर और स्वच्छ चिकित्सालयों की स्थापना की। उसके शासनकाल में मानसिक रोगियों को व्यायाम, मनोरंजन, व्यवसाय आदि में निरन्तर व्यस्त रखा जाता था। इस प्रकार की क्रियाओं में बाग और मन्दिरों में घूमना, नदी में नाव चलाना और संगीत का आन्नद लेना आदि सब कुछ सम्मिलित था। मैंनिंगर (1944) के अनुसार ग्रीक और रोम के चिकित्सक कुछ अन्य पद्धतियों को भी अपनाते थे; जैसे–मालिश, जल-उपचार, आहार, नियन्त्रण, जिमनास्टिक्स, सम्मोहन तथा शिक्षा आदि। उपर्युक्त के अतिरिक्त मानसिक रोगियों को शारीरिक यातनाएँ भी दी जाती थीं।

(2) एसक्लेपीड्स–रोम का यह मनोवैज्ञानिक मनोविकृति विज्ञान में महत्त्वपूर्ण स्थान रखता है। उसने सर्वप्रथम तीव्र तथा दीर्घकालीन रोगों के अन्तर को स्पष्ट करने का प्रयास किया। उसने भ्रम, विभ्रम तथा व्यामोह के अन्तर को भी स्पष्ट करने का प्रयास किया। एसक्लेपीड्स मानवतावादी दृष्टिकोण का अनुयायी था। मानसिक रोगी के उपचार में सहानुभूति की आवश्यकता पर बल दिया। इस मनोवैज्ञानिक ने जल्द ही उत्तेजित होने वाले व्यक्तियों को स्नान द्वारा शान्त करने की पद्धति अपनायी थी। मनोचिकित्सा में संगीत के महत्त्व को भी स्वीकार किया। उसने मनोविकृति विज्ञान की दो चिकित्सा पद्धतियों का विरोध किया जो उत्तेजित रोगी को शान्त करने के लिए प्रचालित थीं इन पद्धतियों में प्रथम है रोगी को काल-कोठरी में बन्द करना तथा दूसरी है नाड़ी को काटकर रक्त निकालकर रोगी को शान्त करना।

(3) हिप्पोक्रेटीज–यूनान के इस महान व्यक्तित्व को चिकित्सा विज्ञान का पिता कहा जाता है। इसने सर्वप्रथम इस बात पर बल दिया कि मानसिक रोग प्राकृतिक कारणों से होते हैं। मानसिक रोग देवी-देवताओं और भूत-पिशाचों के कारण नहीं होते हैं। मानसिक रोगों का उपचार उसी प्रकार होना चाहिए जैसे शारीरिक रोगों का उपचार होता है। इन्होंने सम्पूर्ण मानसिक विकृतियों को प्रमुख तीन श्रेणियों मेलनकोलिया, मस्तिक शोध तथा उन्माद में विभक्त किया था।

हेप्पोक्रेटीज के अनुसार चार प्रकार पैत्रिक सुप्रत्याशी, मेलेनकोलिया तथा श्लैष्मिक के व्यक्तित्व होते हैं। उसका विश्वास था कि चार ब्रह्माण्डीय तत्त्वों पृथ्वी, वायु, अग्नि और जल के देहद्रव हैं–काला पित्त, रक्त, पीला पित्त और कफ।

(4) एरीटायस–यह एक मनोचिकित्सक थे। इन्होंने सर्वप्रथम एक ही रोग की दो अभिव्यक्तियाँ माना है। उसके अनुसार मेलेनकोलिया उदासी

के कारण उत्पन्न होती है तथा मैंनिया बचकाने वाले संवेगों और अहिंसा के कारण उत्पन्न होती है। उसने मानसिक रोगों का वर्गीकरण भी किया है।

2. मध्यकालीन प्रेत-विद्या

मध्य युग में मनोचिकित्सा विज्ञान के सम्बन्ध में कोई महत्त्वपूर्ण कार्य नहीं किया जा सका। यह युग 10वीं शताब्दी से लेकर 15वीं शताब्दी तक चला। चिकित्सक प्रकृति और वातावरण कारणों को छोड़कर प्रेत-विद्या, अन्धविश्वास तथा जादू-टोनों की ओर आकर्षित हुए। इस अन्धकार युग में पागलपन की वृद्धि हुई। सामूहिक पागलपन और जादू-टोना इस वृद्धि के दो उदाहरण हैं।

मध्य युग में सामूहिक पागलपन

मध्यकाल में वर्तमान हिस्टीरिया रोग को सामूहिक पागलपन कहा जाता है। जिनमें कई लोग एक साथ मिलकर नृत्य, अंग प्रदर्शन, हंसना तथा वस्त्र आदि फाड़ने जैसे व्यवहार करते थे। शराब पीकर एक-दूसरे के साथ मार-पीट करते। स्टोन महोदय ने सन् 1937 में एक तथ्य पर प्रकाश डालते हुए लिखा है कि एक रोगी वास्तव में यह समझता था कि वह भेड़िया है। उसकी खाल में अन्दर से बाल हैं इसलिए बाहर से चिकनी है। इस प्रकार रोगी के विश्वास के आधार की जानकारी प्राप्त करने के लिए उसके हाथ और पैर काटे गये, लेकिन उसकी उपचार के दौरान ही मौत हो गयी।

मध्य युग की प्रारंभिक चिकित्सा

मध्यकाल में चर्च और मठों का मानवजीवन पर काफी प्रभाव रहा है। मनोरोगियों का इलाज पादरियों एवं पुजारियों द्वारा किया जाता था। इस युग में रोगियों के साथ मानवीय व्यवहार किया जाता था और असामान्य मनोरोगियों के साथ अमानवीय व्यवहार किया जाता था। रोगी के अन्दर बसने वाले भूत को दण्ड देने के लिए जंजीरों से बाँधा जाता था, कोड़े मारे जाते थे, गर्म पानी में डुबाया जाता था, गर्म सलाखें त्वचा से स्पर्श करायी जाती थीं। चिकित्सकों का मानना था कि रोगी में बसने वाला शैतान उसको छोड़कर चला जायेगा। बहुधा इस प्रकार के अमानवीय व्यवहारों से रोगी अधिक गम्भीर रोग से पीड़ित हो जाया करते थे। रोगी के भूत को भगाने की एक और तकनीक प्रचलित थी। इस तकनीक में रोगी के

शरीर पर जोर से ठोकर मारकर उसमें बसने वाले भूत को भयभीत और अपमानित किया जाता था फिर धमकी देकर धिक्कारा और गाली दी जाती थी।

मध्य युग में जादू-टोना

मध्य काल में अन्तिम दौर में लोग भूत प्रेत पर अधिक विश्वास करने लगे थे। रोगी व्यक्ति के बारे में यह कहा जाता था कि इसे भूत ने पकड़ लिया है अर्थात् इसके अन्दर भूत का निवास है। मानसिक रोगियों के विषय में यह कहा जाता था कि भगवान रोगी के भूत-प्रेत को वश में करके सजा दे रहा है। अन्य लोगों को विश्वास था कि कुछ लोग स्वेच्छा से भूत-प्रेतों या शैतान के अनुयायी हो जाते हैं, यह व्यक्ति भूत-प्रेतों के अनुयायी तब तक बनते हैं जब अपने रक्त से भूत-प्रेतों की पुस्तक में हस्ताक्षर करते हैं। जो व्यक्ति इस विचार के अनुयायी थे उनको भूत-प्रेत से चमत्कारिक शक्तियाँ मिलती थीं। यह व्यक्ति चुड़ैल या डाइन कहलाते थे। इन्हें आदि जैसी निम्न–हवा में चलना, पशु का रूप धारण करना, फसल को नष्ट कर देना, शत्रु को घायल कर देना, तूफान बनकर चलना, बाढ़ फैलाना, महामारी फैलाना तथा लोगों को नपुंसक बना देना चमत्कारिक शक्तियां प्राप्त होती थीं। इस दौर में भूत-प्रेत में आस्था रखने वाले व्यक्तियों की संख्या बहुत ज्यादा थी।

यूरोपीय देशों में मनोवैज्ञानिक दृष्टिकोण

मध्य युग में बुद्धिजीवियों का एक ऐसा वर्ग था, जो धार्मिक अन्ध विश्वासों का विरोध करता था। प्राकृतिक विज्ञान पुनः एक बार प्रगति के पथ की ओर अग्रसर हुआ। मनोचिकित्सा विज्ञान भी प्रगति की ओर अग्रसर हुआ। **मानवतावादी दृष्टिकोण** को महत्त्व दिया जाने लगा। इस दृष्टिकोण के समर्थक व्यक्तियों में से कुछ व्यक्तियों पर नीचे संक्षिप्त प्रकाश डाला गया है–

(1) मानटेन–यह फ्रांस के प्रमुख विद्वानों में से एक था। उसने यह विचार दिया कि जिन औरतों में डाइनें प्रवेश कर जाती हैं, उन्हें अपराधी नहीं माना जाना चाहिए, क्योंकि वार्तालाप के आधार पर उनका मानसिक इलाज किया जा सकता है

(2) पैरोसेल्सस–उन्होंने यह विचार प्रस्तुत किया कि टैरंट्यूला एक प्रकार का मानसिक रोग है, यह भूत-प्रेतों के प्रभाव के कारण नहीं होता है। अतः इसके रोगी का इलाज रोगी की हैसियत से किया जाना चाहिए। परन्तु आपके विचारों को

महत्त्व नहीं दिया गया बल्कि इस सम्बन्ध में लिखी गयी पुस्तकों को जला डाला गया। दरअसल इनके विचार अपने समय से अत्यधिक आधुनिक थे। आपका विचार था कि नक्षत्रों में एक विशिष्ट आकर्षण शक्ति या चुम्बकत्व होता है। यह चुम्बकत्व मन और शरीर दोनों को प्रभावित करता है। उसने भूत-प्रेतों के स्थान पर उपर्युक्त वर्जित चुम्बकत्व के प्रभाव को स्वीकार किया। लगभग 250 वर्ष बाद मेस्मर ने इस चुम्बकत्व को Animal Magnetism के नाम से स्वीकार किया। बाद में यह Animal Magnetism सम्मोहन के सिद्धान्त के नाम से जाना गया और यहीं से मनोजन्य विचारधारा चल पड़ी।

(3) **रैजिनैल्ड स्कॉट**—आपने The Discovery of Witchraft पुस्तक 1584 ई. में लिखी। इस पुस्तक में प्रचलित जादू-टोने और प्रेत-विद्या के विरोधी विचार थे। इंग्लैण्ड के इस विद्वान की पुस्तकों को इंग्लैण्ड के राजा जेम्स प्रथम ने जलवाकर नष्ट करवा दिया।

मानसिक चिकित्सालयों की स्थापना

डायनों को जलाने की प्रथा सन् 1793 ई. में लगभग खत्म हो गयी। डायनों को जलाने का प्रमाण जर्मनी में 1775 ई. में तथा स्विट्ज़रलैण्ड में 1782 ई. तक मिला। अमरीका में यह प्रमाण 1793 ई. में मिला। भूत-प्रेतों सम्बन्धी विश्वास वैज्ञानिक प्रगति के साथ-साथ 18वीं शताब्दी के प्रारम्भ से समाप्त होने लगे। मानसिक रोगियों के उपचार के लिए कुछ देशों में आश्रमों की स्थापना की जाने लगी। मन्दिरों, गिरजाघरों और जेलखानों के स्थान पर इन आश्रमों या मानसिक चिकित्सालयों में रोगियों को रखा जाने लगा। प्रारम्भ में इन अस्पतालों की दशा बहुत गन्दी और खराब थी। 18वीं शताब्दी के अन्त तक मानसिक रोगियों के प्रति अधिक मानवतावादी और वैज्ञानिक दृष्टिकोण अपनाया जाने लगा। यह दृष्टिकोण मानसिक रोगियों के उपचार हेतु उनकी मानवीय क्रियाओं एवं प्रकृति के वैज्ञानिक विश्लेषण पर जोर देता है।

लन्दन के रोण्ट मेरी मठ को हेनरी VIII ने 1547 में औपचारिक रूप से मानसिक चिकित्सालय में बदल दिया। यहाँ उत्तेरक और हिंसक रोगियों को रखा जाता था। इनको अनेक दर्शक देखने आते थे जिनसे कुछ धन वसूला जाता था। इस सर्वप्रथम मानसिक अस्पताल का नाम Bedlem पड़ा। मैक्सिको में 1566 में San Hipolio मानसिक अस्पताल की स्थापना हुई। मानसिक रोगियों का उपचार करने वाला यह अमरीका का पहला

मानसिक चिकित्सालय था। मास्को में 1764 में, 1773 में वर्जीनिया में तथा 1784 में वियेना में मानसिक अस्पतालों की स्थापना हुई।

घील नामक एक समाधि जो बेल्जियम में स्थित है, यहाँ 13वीं शताब्दी से मानसिक रोगी आते हैं और रहते हैं। अब तो इस समाधि स्थल पर मानसिक रोगियों की कालोनी बनी हुई है। यहाँ पर रहने वाले मानसिक रोगियों के साथ मानवता का व्यवहार किया जाता रहा। इस समाधि पर रहने वाले रोगियों को शराब पीने और सार्वजनिक स्थानों पर जाने का प्रतिबन्ध होता है। यहाँ सभी प्रकार के मानसिक रोगी रहते हैं। प्रत्येक मानसिक रोगी को मनोचिकित्सक को अपनी रिपोर्ट देनी होती है। हेविट ने इस कालोनी के सम्बन्ध में लिखा है कि इस कालोनी को अभी मान्यता प्राप्त नहीं हो पायी है। इसकी आर्थिक स्थिति दिन-प्रतिदिन गिरती जा रही है।

कई रोग विशेषज्ञ हैं जिन्होंने मानसिक चिकित्सालयों की दयनीय स्थिति को सुधारने में सराहनीय योगदान दिया है, जो निम्न प्रकार हैं—

(1) विलियम-ट्यूक—इसने 'योर्क रिट्रीट' नाम से एक मानसिक चिकित्सालय की स्थापना की थी। यह अस्पताल शहर से दूर गाँव के शान्त वातावरण में था। यहाँ पर मानसिक रोगियाँ को धार्मिक और अत्यधिक सहानुभूति के वातावरण में रखा जाता था। जब ट्यूक ने चन्दा एकत्र कर अस्पताल बनवाने का संकल्प किया, उस समय से अस्पताल की स्थापना तक ट्यूक को परेशानियों और विरोध का सामना करना पड़ा। **बेन्जामिन रश**—यह अमरीका के प्रमुख मनोचिकित्सकों में से एक था। पिनेल और ट्यूक के मानसिक रोगियों के प्रति मानवतावादी विचारों ने समस्त विकसित देशों में हलचल पैदा कर दी। रश ने 1812 में एक पुस्तक लिखी जो लगभग 70 वर्षों तक मनोचिकित्सा विज्ञान की पाठ्य-पुस्तक बनी रही। रश ने भी मानवतावादी दृष्टिकोण को बढ़ावा दिया। इसने जुलाब और रक्त-मोक्षन को उपचार विधियों के रूप में इस्तेमाल किया। इन्होंने एक बैठने वाली चेयर का निर्माण किया जिस पर बैठने से रोगी शरीर का अंग ऐसे बंध या जकड़ जाता था कि रोगी इधर-उधर हिल-डुल नहीं सकता था। यह कुर्सी प्रशांतक कुर्सी कहलायी। इसी प्रकार उसने रोगी को जकड़कर लिटाने के लिए एक ढाँचा तैयार किया जो Crib कहलाता था। इसी प्रकार उसने मदिरापान बन्द कराने के लिए उल्टी कराने वाली औषधि का उपयोग किया।

(2) फिलिप पिनेल—पिनेल को 1792 में पैरिस के मानसिक अस्पताल का हेड बना दिया गया। उसने क्रान्तिकारी परिषद् से अनुमति प्राप्त कर मानसिक

रोगियों को काल कोठरियों में रखने के बजाय खुले स्थानों में रखना प्रारम्भ किया। उसने 40 मानसिक रोगियों को जंजीरों से मुक्त करके रखा। मानसिक चिकित्सालय में रोगियों को व्यायाम और खेल की अनुमति दी गई। रोगियों की स्वतन्त्रता की ओर ध्यान दिया गया। पिनेल ने इस तरह गन्दगी और यातना के स्थान पर स्वच्छता और व्यवस्था को ज्यादा अहमियत दी। इस सन्दर्भ में एक केस का वर्णन करते हुए **जिलबोर्ग और हेनरी** ने लिखा है कि "एक अँग्रेज मानसिक रोगी जो पहले ऑफिसर था और क्रोध में आकर एक गार्ड की हत्या की थी। इस रोगी को अस्पताल में एक ऐसी बन्द कोठरी में रखा गया था जहाँ उसे चल-फिर सकने की भी सुविधा नहीं थी। जब उसे बाहर निकलने की सुविधा प्राप्त हुई तो उसने पहली बार सूर्य को 40 वर्ष बाद देखा और आकाश को देखा। लड़खड़ाते पैरों से खड़े होकर उसने जब आसमान की ओर देखा तो उसकी आँखों में खुशी से आँसू आ गये और उसके मुँह से सहसा निकल पड़ा, "आह! यह कितना सुन्दर है।" रात को जब वह पुनः अपनी कोठरी में आया तो उसे स्वच्छ बिस्तर मिला तो बड़ी शान्ति से सोया। पिनेल की इस सफलता के बाद ही उन्हें एक अन्य अस्पताल का चार्ज दिया गया। इस अस्पताल में भी उसने अच्छी व्यवस्था की।

(3) जीन एसक्यूरल—इसने पिनेल के कार्यों को आगे बढ़ाते हुए मानसिक चिकित्सालय की दशा सुधारने में इन्हीं के आदेश पर दस मानसिक अस्पताल और खोले। इस प्रकार मनोचिकित्सा के क्षेत्र में फ्रांस अन्य देशों में भी आगे हो गया। आपके निर्देशन में 1838 में एक नया कानून बना जिसके अनुसार मानसिक रोगियों को अपराधियों से अलग रखा जाने लगा।

मनोवैज्ञानिक अवधारणा का विकास

हालांकि आंगिक अवधारणा ने मानसिक रोगों का इलाज करने में महत्त्वपूर्ण योगदान दिया, लेकिन इसके बावजूद भी मानसिक रोगों से सम्बन्धित अनेक समस्याओं का समाधान अपेक्षित था। इन समस्याओं का समाधान आंगिक दृष्टिकोण अध्ययनों से प्राप्त न हो सका। इन अध्ययनों में यह देखा गया कि अधिकांश मानसिक रोगियों की परीक्षा के बाद भी मानसिक रोगों का आंगिक आधार प्राप्त न हुआ। कुछ मानसिक रोगियों की अपेक्षा के बाद, मानसिक रोगों को आंगिक आधार प्राप्त तो हुआ लेकिन समान लक्षणों वाले रोगियों के समान आंगिक कारण प्राप्त नहीं हुए। ऐसे शोध निष्कर्ष से कुछ मनोवैज्ञानिकों को काफी

निराशा हाथ लगी तथा अन्य इस चुनौती को स्वीकार कर इस दिशा में किये जा रहे अनुसन्धानों में पुनः सक्रिय हो गये। उत्साही वैज्ञानिकों के पुनः सक्रिय होकर किये गये अनुसन्धानों के फलस्वरूप ही मनोवैज्ञानिक दृष्टिकोण का विकास हुआ। मनोवैज्ञानिक अवधारणा के उदविकास एक लम्बा इतिहास है जिसका विकास 18वीं सदी में अग्रलिखित मनोवैज्ञानिकों तथा विद्यालयों की भूमिका में अद्वितीय रहा।

(1) एण्टन मेस्मर की अवधारणा—एण्टन मेस्मर महोदय ने मनोवैज्ञानिक अवधारणा का प्रतिपादन किया था। कुछ मनोविज्ञानियों का मानना है कि मेस्मर एक बदनाम मनोचिकित्सक था जो मेस्मर पैरासेल्सस के विचारों से प्रभावित था जिसका मानना था कि नक्षत्र मानव मस्तिष्क पर प्रभाव डालते हैं। इसी प्रकार मेस्मर अँग्रेज चिकित्सक विलियम मैक्सवेल (1679) की पुस्तक चुम्बकीय चिकित्सा से भी प्रभावित हुआ। मेस्मर (1766) ने अपने एक शोधपत्र में यह प्रकाशित किया है कि नक्षत्र शरीर के प्रत्येक भाग को तथा विशेष रूप से स्नायुमण्डल को प्रभावित करते हैं। नक्षत्रों का यह प्रभाव Universal Magnetic Fluid द्वारा पड़ता है।

वास्तव में इसने ही मनोरोगियों की चिकित्सा विधि का प्रतिपादन किया। इस उपचार पद्धति में पानी से भरा एक बहुत बड़ा टब रखा रहता था जिसमें कुछ रंगीन रसायन पदार्थ मेस्मर डालता था। इस टब में लोहे की छड़ें पड़ी रहती थीं। टब के चारों ओर रोगी बैठते थे और प्रत्येक रोगी को एक लोहे की छड़ पकड़नी पड़ती थी। कमरा सजा हुआ होता था एवं उसमें मधुर संगीत हमेशा बजता रहता था। कमरे में धीमा प्रकाश होता था। इस सुसज्जित कमरे का प्रकाश कम कर दिया जाता था। मेस्मर प्रत्येक रोगी के पास जाकर हाथ और छड़ी से स्पर्श करता। वह रोगी के कष्ट वाले अंगों को स्पर्श करते समय अपनी दृष्टि को रोगी पर केन्द्रित करके करता कि अब आप ठीक हो गये हैं। इस उपचार अवधि में रोगी में मूर्छा की स्थिति उत्पन्न होती है इस अवधि में रोगी वह चीजें देख सकता है जो उपस्थित नहीं हैं और जो चीजें उपस्थित हैं, उन्हें नहीं देख सकता है। रोगियों में संवेदनशीलता उत्पन्न हो सकती है। मेस्मर ने अपने इस क्लीनिक में रोगियों में पाया कि उनमें संवेदनशीलता पैदा हो सकती थी। अपने इस क्लीनिक में मेस्मर ने सभी प्रकार के रोगियों का उपचार किया। मेस्मर की यह उपचार पद्धति केवल उसके इस विश्वास पर आधारित थी कि नक्षत्रों से चुम्बक धारा निकलती है जो विश्व में निरन्तर प्रवाहित होती रहती है तथा कुछ अंश में यह प्राणियों के अन्दर भी पहुँचती है। मेस्मर ने प्राणी में पहुँचने वाली इस चुम्बक धारा को Animal

Magnetism कहा। उसका यह भी विश्वास था कि प्राणी में इस चुम्बक धारा की कमी के कारण ही मानसिक रोग उत्पन्न होते हैं। अतः चिकित्सक अपने प्रभावशाली Animal Magnetism से रोगों का उपचार कर सकता है।

मेस्मर झगड़ालू प्रवृत्ति का होने के कारण वियना में ज्यादा दिनों तक नहीं रह सका और 1778 में पेरिस चला गया। यहाँ उसकी उपचार पद्धति बहुत अधिक लोकप्रिय हुई। 1781 में उसने Society of Hormony की स्थापना की। यह संस्था मेस्मर के अनुयायी की थी। इस संस्था में 103 सदस्य थे। इस संस्था के सदस्य बनने से पहले गोपनीयता की शपथ लेना अनिवार्य था। मेस्मरवाद का एक नया सम्प्रदाय उदित हुआ। मेस्मर की उपचार पद्धति का रहस्य ज्ञात न होने के कारण तथा इस संस्था Society of Hormony की सन्देहास्पद गतिविधियों के कारण फ्रांस की विज्ञान अकादमी ने 1784 में एक जाँच कमीशन नियुक्त किया। कमीशन ने Animal Magnetism को व्यर्थ सिद्ध किया और इससे होने वाले लाभों को कल्पना का परिणाम माना। इस विरोधी रिपोर्ट के बाद मेस्मर को कपटी और नीमहकीम कहकर फ्रांस से निकाल दिया गया। यहाँ से वह जर्मनी, वियना और अन्त में स्विट्ज़रलैण्ड गया। उसे जीवन भर अनेक प्रकार के कष्टों को उठाना पड़ा।

(2) नैन्सी विद्यालय की अवधारणा—यह विद्यालय मनोरोगियों के इलाज के विषय में प्रसिद्ध था इसमें चिकित्सक लिबाल्ट तथा बर्नहीम बहुत प्रसिद्ध थे। चिकित्सक सम्मोहन के सम्बन्ध में रुचि रखते थे। इनका मानना था कि सम्मोहन में चिकित्सक के सुझावों के कारण रोगी Hypnotic Trance में पहुँचता है जबकि हिस्टीरिया में रोगी स्वयं सुझाव देता है और सुझावों के अनुसार लक्षण उत्पन्न होते हैं, अतः हिस्टीरिया एक प्रकार का आत्म-सम्मोहन है। इन चिकित्सकों ने यह भी प्रदर्शित किया कि रोगी में जाग्रत अवस्था में संवेदनशून्यता पक्षघात और स्मृति ह्रास जैसी स्थिति शाब्दिक सुझावों के द्वारा उत्पन्न की जा सकती है। इस विचारधारा के समर्थक नैन्सी स्कूल के नाम से जाने गये।

(3) शार्को की अवधारणा—प्रसिद्ध न्यूरोलाजिस्ट शार्को ने सम्मोहन को एक दैहिक स्थित के रूप में माना है तथा हिस्टीरिया को एक स्नायुविक रोग माना है। प्रारम्भ में शार्को नैन्सी स्कूल की इस विचारधारा से सहमत न थे कि सम्मोहन का कारण सुझाव है। वह सम्मोहन को एक दैहिक (Physiological) दशा समझते रहे। इस मतभेद के कारण विवाद उत्पन्न हो गया। अन्त में शार्को ने नैन्सी स्कूल की विचारधारा को स्वीकार किया।

(4) जैनिट की अवधारणा--इसने मनोरोगियों के उपचार के लिए हिस्टीरिया रोग पर अध्ययन कार्य प्रारम्भ किया। इस अध्ययन से मनोवैज्ञानिक अवधारणा को ख्याति प्राप्ति हुई। मनःस्ताप पर आपने एक मनोवैज्ञानिक सिद्धान्त का प्रतिपादन किया। आपका यह सिद्धान्त आज मान्य नहीं है फिर भी मनोवैज्ञानिक दृष्टिकोण के क्षेत्र में यह एक उपलब्धि थी। जैनिट का यह विचार था कि कुछ मात्रा में मनोवैज्ञानिक तनाव मानसिक प्रक्रियाओं के संगठन और एकीकरण के लिए आवश्यक है। स्नायुविक थकान के कारण जब मनोवैज्ञानिक तनाव का स्तर एक निश्चित सीमा से कम हो जाता है तो व्यक्ति की मानसिक प्रक्रियाओं का संगठन और एकीकरण कमजोर हो जाता है और कभी-कभी विकृत हो जाता है जिससे व्यक्ति में मनस्ताप के लक्षण उत्पन्न हो जाते हैं।

आंगिक अवधारणा का विकास

आज के प्रायोगिक मनोविज्ञान के विकास ने मनोरोगियों के प्रति अपनाये जा रहे मानवतावादी दृष्टिकोण को बदल डाला है। 18वीं शताब्दी के प्रारम्भ से ही अनेक प्राकृतिक विज्ञानों (रसायनशास्त्र, शरीरशास्त्र, औषधिशास्त्र आदि) का विकास तीव्र गति से प्रारम्भ हुआ। इस विकास का प्रभाव शारीरिक रोगों और मानसिक रोगों के क्षेत्र में भी पड़ा। इस प्रभाव के कारण यह माना जाने लगा कि मानसिक रोगों का कारण शारीरिक या आंगिक है। हालांकि इस विचारधारा का जन्म 18वीं शताब्दी में हुआ था, लेकिन यह विचारधारा पूर्णतः नई नहीं है। असामान्य मनोविज्ञान का ऐतिहासिक अवलोकन करने से यह स्पष्ट हो जाता है कि ग्रीक और रोम के दर्शन-शास्त्रियों ने ऐसी ही अवधारणा अभिव्यक्त की था। ईसा से लगभग 400 वर्ष पहले हिप्पोक्रेटीज ने भी इस प्रकार की विचारधारा व्यक्त की थी। यह और बात है कि प्राचीन युग में नाड़ी संस्थान का ज्ञान अति सीमित था। गैलेन के मरने के बाद इस विचारधारा ने जादू-टोने की जगह ले ली।

हैलर की पुस्तक Elements of Physiology 1757 में प्रकाशित हुई। हैलर ने अपनी इस पुस्तक में मानसिक क्रियाओं पर मस्तिष्क के प्रभावों को समझाया है। आपने मानसिक क्रियाओं में मस्तिष्क के कार्य को बहुत अधिक महत्त्व दिया है। यह इस बात पर जोर देता था कि मानसिक रोगियों के मस्तिष्क का अध्ययन मरणोपरान्त व्यवच्छेदरन पद्धति के माध्यम से होना चाहिए। जर्मन मनोचिकित्सक **ग्रिसिंगर** की पुस्तक The Pathology and Therapy of Psychic Disorders

1845 में प्रकाशित हुई। आपने इस पुस्तक में मानसिक रोगों का कारण आंगिक बताया है, यह विचारधारा सर्वप्रथम व्यवस्थित रूप से प्रस्तुत की। आपने इस बात का तर्क दिया कि मानसिक रोगों को मस्तिष्क विकृतियों के आधार पर समझा जा सकता है अर्थात् मानसिक रोगों का आधार शारीरिक है।

क्रेपलिन ने आंगिक अवधारणा के क्षेत्र में विशिष्ट योगदान दिया इनके द्वारा लिखी गयी पुस्तक Lehrbuch सन् 1883 में प्रकाशित हुई। अपनी पुस्तक में उसने मानसिक रोगों का कारण मस्तिष्क विकारों को माना है। आपने मानसिक रोगों का वर्गीकरण भी प्रस्तुत किया। **क्रेपलिन** के इस प्रकार के योगदानों ने मानसिक रोगों का कारण आंगिक बताया है, इस विचारधारा को बल दिया। आपने अपने अध्ययनों में देखा कि मानसिक रोगों में लक्षण एक विशेष प्रकार के समूह के उत्पन्न होते हैं। लक्षण समूहों के आधार पर ही उसने मानसिक रोगों का वैज्ञानिक वर्गीकरण प्रस्तुत किया है। आपने मानसिक कारणों के रूप में वंशानुक्रम, अन्तःस्त्रावी ग्रन्थियों का असामान्य ढंग से कार्य करना तथा चयापचयी अव्यवस्था को स्वीकार किया है।

मनोसामाजिक अवधारणा का विकास

जैसा कि पहले बताया जा चुका है कि 1900 ई. से ही विभिन्न मनोवैज्ञानिकों ने मनोवैज्ञानिक कारकों का वैज्ञानिक विश्लेषण करना शुरू कर दिया था, लेकिन इस शताब्दी तक मनोविज्ञान अपनी शैशवावस्था में था। 19वीं शताब्दी के उत्तरार्द्ध से मनोविज्ञान में प्रयोगात्मक विधि का उपयोग प्रारम्भ हुआ। बीसवीं शताब्दी के प्रारम्भ से ही कुसमायोजित व्यवहार में मनोवैज्ञानिक कारकों के महत्त्व के सम्बन्ध में 5 मॉडल हैं। इनमें से कुछ मनोवैज्ञानिक कारकों के साथ सामाजिक प्रभावों के महत्त्व को भी मान लिया गया और इस कारण इसे मनोसामाजिक अवधारणा का नाम प्रदान किया गया। संक्षेप में मनोसामाजिक दृष्टिकोण में मानसिक रोगों का कारण मनोवैज्ञानिक और सामाजिक कारक है। इस अवधारणा से सम्बन्धित पाँच मॉडल निम्नलिखित हैं–

(1) मनोविश्लेषणात्मक प्रतिमान

(1) एलडर–एलडर प्रारंभिक अवस्था में फ्रायड की अवधारणाओं के अनुगामी थे लेकिन सैद्धान्तिक मतभेदों के कारण सन् 1911 में इनसे पृथक् हो

गये। आपने एक नये स्कूल की स्थापना की जो. Individual Psychology) के नाम से जाना जाता है। आप फ्रायड के निम्न सिद्धान्तों से सहमत नहीं थे– (1) Sex Instinct (2) Repression, (3) Oedipus Complex। आपके अनुसार प्रत्येक व्यक्ति की एक जीवन शैली होती है जो व्यक्ति के लक्ष्यों, प्रेरणाओं और मूल्यों आदि की अभिव्यक्ति करती है। व्यक्ति में हीनता की भावना श्रेष्ठता प्राप्त करने तथा क्षतिपूर्ति में सहायक होती है। एडलर का यह मत था कि व्यक्ति Self-Actualization अपने Creative Self के कारण करता है।

(2) फ्रायड—सन् 1885 में **फ्रायड** पेरिस शार्को से शिक्षा प्राप्त करने गये। वहाँ आप बर्नहीम के सम्पर्क में आये जहाँ आपने हिस्टीरिया के रोगियों का सम्मोहन से उपचार होते हुए देखा। इसी बीच आपका सम्पर्क ब्रुअर से हुआ। ब्रुअर के अनुसार प्रत्येक मानसिक रोग का कुछ न कुछ अर्थ और उद्देश्य होता है। रोग के यह अर्थ और उद्देश्य रोगी के गत जीवन की घटनाओं में निहित होते हैं जिन्हें रोगी भूल चुका होता है। ब्रुअर के अनुसार रोगी को यदि इन घटनाओं का पुनः **स्मरण** करा दिया जाए तो रोगी के रोग के लक्षण समाप्त हो सकते हैं। रोगी को सम्मोहित करके पुनः स्मरण सरलता से कराया जा सकता है। प्रारम्भ में फ्रायड ने ब्रुअर का अनुसरण किया और सम्मोहन का उपयोग किया परन्तु बाद में सम्मोहन को अनावश्यक माना। सम्मोहन के स्थान पर मुक्त साहचर्य विधि अपनाई। सन् 1893 में ब्रुअर के साथ उसने एक शोधपत्र भी स्वीकार करवाया।

मनोविज्ञान की अवधारणा को नया रूप देने में फ्रायड का अप्रतिम योगदान है। फ्रायड मनोविश्लेषणात्मक सम्प्रदाय के संस्थापक हैं। आपने ही मनोविश्लेषण सिद्धान्तों का प्रतिपादन किया तथा मानसिक रोगों की चिकित्सा के लिए मनोविश्लेषण चिकित्सा पद्धति को विकसित किया और इसकी सहायता से मानसिक रोगियों का सफलतापूर्वक उपचार भी किया। फ्रायड के सिद्धान्तों का विस्तृत वर्णन अगले अध्यायों में किया गया है। **फ्रायड** ने जिन सिद्धान्तों का प्रतिपादन किया, उनमें से कुछ निम्नलिखित हैं–

1. मनुष्य में जन्म से ही कामुकता की प्रवृत्ति आ जाती है और यह मनुष्य के सम्पूर्ण व्यवहार की चालक शक्ति होती है। इदम् अचेतन इच्छाओं, अन्तर्नोदों और कामुक आवेगों का स्त्रोत है। अहं बाह्य जगत की वास्तविकताओं और इदम् की इच्छाओं की पूर्ति में मध्यस्थता करता है। Superego व्यक्तित्व का नैतिक और सामाजिक पक्ष है। फ्रायड के अनुसार व्यक्तित्व के तीन प्रमुख तन्त्रों—Id, Ego and Superego में सदैव अन्तर्द्वन्द व्यक्तित्व के विकास

के लिए उपयोगी होते हैं जबकि तीव्र अन्तर्द्वन्दों का जब दमन हो जाता है, तब व्यक्ति में मानसिक रोगों के लक्षण उत्पन्न हो जाते हैं।

2. उसने व्यक्तित्व विकास को मनोलैंगिक विकास के आधार पर समझाया है।
3. फ्रायड ने मानसिक रोगों की चिकित्सा के लिए मनोविश्लेषण चिकित्सा को विकसित किया है जिसकी सहायता से रोगी के अचेतन मन में दमित अन्तर्द्वन्दों को खोजा जाता है फिर इन अन्तर्द्वन्द्वों को समाप्त किया जाता है। इस प्रकार संशोधित व्यक्तित्व में Id, Ego और Superego इतने सबल हो जाते हैं कि उनमें वातावरण की वास्तविकताओं के प्रति सामंजस्य उत्पन्न हो जाता है।

(3) युंग—यह फ्रायड के प्रमुख समर्थकों में से एक था। इसने भी सैद्धान्तिक मतभेद को लेकर सन् 1995 में फ्रायड से मुँह मोड़ लिए और एक नये स्कूल Analytical Psychology की स्थापना की। आपके अनुसार लिबिडो की सन्तुष्टि केवल कामुक इच्छाओं की सन्तुष्टि से न होकर आत्मानुभूति से होती है। आपने अचेतन मन के प्रत्यय की व्याख्या फ्रायड की अपेक्षा अधिक विस्तृत अर्थों में की है। आपके अनुसार स्वप्न अतीत की दमित इच्छाओं से ही सम्बन्धित नहीं होते हैं बल्कि भविष्य से भी सम्बन्धित होते हैं।

(2) मानवतावादी प्रतिमान

जिन मनोचिकित्सकों ने इस अवधारणा को उत्पन्न करने में योगदान दिया, वे हैं– विलियम जेम्स, गोर्डन आल्पोर्ट, अब्राहम, मैस्ली, कार्ल रोजर्स आदि। इस दृष्टिकोण के इतिहास को देखा जाए तो इसकी जड़ें दर्शनशास्त्र में भी मिलती हैं। इस मानवतावादी मॉडल को 1950 के बाद सर्वाधिक महत्त्व मिला है। इस मॉडल को मानने वाले मनोवैज्ञानिकों का विचार है कि आधुनिक मनोविज्ञान में अनेक ऐसी अध्ययन समस्याएँ हैं; जो उपेक्षित हैं, जैसे–प्रेम, आशा, सृजनात्मकता, मूल्य, व्यक्तिगत विवृद्धि आदि। इस मॉडल के कुछ प्रमुख और आधारभूत नियम निम्नलिखित हैं–

(1) मानवतावादी मनोवैज्ञानिक मूल्यों तथा व्यक्तिगत वृद्धि के अध्ययन को महत्त्व देते हैं। इन मूल्यों का व्यक्ति किस प्रकार चयन करता है तथा अपनी जीवन शैली को महत्त्वपूर्ण बनाने के लिए इन मूल्यों में किस प्रकार निर्देशित होता है, आदि का अध्ययन मानवतावादी मनोवैज्ञानिक करते हैं।

(2) जो मानवतावादी मनोवैज्ञानिक होते हैं, वे मनुष्य की प्रकृति के प्रति धनात्मक दृष्टिकोण रखते हैं।

ऐसे मनोवैज्ञानिक असामान्य व्यवहार के निम्नलिखित कारक मानते हैं–

1. प्रतिकूल सामाजिक अवस्थाओं और दोषपूर्ण अधिगम के कारण भी एक व्यक्ति में असामान्यता के लक्षण उत्पन्न हो सकते हैं।
2. जब व्यक्ति में (Ego Defence Mechanisms) की भावना आ जाती है तो वह जो प्रयोग करता है, वह वास्तविकता से परे होता है। फलस्वरूप उसमें असामान्यता के लक्षण उत्पन्न हो जाते हैं।
3. अत्यधिक प्रतिबल भी असामान्यता का कारण है। इस मॉडल की आलोचना वैज्ञानिक प्रमाणों के अभाव के आधार पर की जाती है।

(3) एकीकरण का विषय आत्म है। विलियम जेम्स ने आत्म को महत्त्व दिया था परन्तु व्यवहारवादियों ने इस विषय को त्याग दिया। आत्म का अध्ययन मनोविश्लेषणवादी मॉडल में भी किया जाता है। इस मॉडल में आत्म का सम्बन्ध मूल्यांकन, समस्या, समाधान, निर्णय आदि से है। मानवतावादी मॉडल में आत्म का अर्थ इससे कहीं अधिक विस्तृत है। मानवतावादी मनोवैज्ञानिक रोजर्स ने आत्म-प्रत्यय पर विभिन्न विश्लेषण किये हैं इन्हीं के शब्दों में सम्पूर्ण मानव लगातार प्रगतिशील है यह ज्ञान पूरे विश्व में व्याप्त है एवं व्यक्ति इसका आलंब है। जीव का व्यवहार मुख्यतः लक्ष्य निर्देशित होता है और वह स्वयं इसका केन्द्र बिन्दु होता है। वह प्रत्यक्षीकृत क्षेत्र में अनुभव की गयी आवश्यकताओं को पूरा करता है। स्वयं को बनाये रखने और आत्म-वास्तवीकरण के प्रयास में वह अपनी विशिष्ट आवश्यकताओं की पूर्ति करता रहता है। इस सम्बन्ध में रोजर्स नामक मनोचिकित्सक ने अपनी पुस्तक Client Centered Psychology में विस्तार से जानकारी दी है। मानवतावादी मनोवैज्ञानिक व्यक्तिवादिता को महत्त्व देते हैं। मानव प्रकृति का अध्ययन करते समय यह मनोवैज्ञानिक एक समूह की सामान्य विशेषताओं के साथ-साथ व्यक्ति की विशिष्टताओं की ओर भी ध्यान देते हैं।

(3) व्यवहारवादी प्रतिमान

20वीं शताब्दी के आरम्भ में असामान्य मनोविज्ञान के क्षेत्र में मनोविश्लेषण सम्प्रदाय का अभ्युदय हुआ। इस सम्प्रदाय की श्रेष्ठता को व्यवहारवादी सम्प्रदाय ने चैलेन्ज किया। व्यवहारवादी सम्प्रदाय के समर्थक मनोवैज्ञानिकों का यह विचार था कि मनोविश्लेषणवादी प्रविधियों द्वारा प्राप्त वैयक्तिक अनुभवों के आँकड़े

वैज्ञानिक नहीं हैं। व्यवहारवादी मनोवैज्ञानिकों का मुख्य उद्देश्य मानव व्यवहार में सीखने के कार्य और महत्त्व का अध्ययन करना था। इस दिशा में किये सभी अध्ययन प्रयोगशालीय अध्ययन थे।

पैवलाव, वाटसन, थार्नडाइक तथा स्किनर का व्यवहारवादी मॉडल के विकास में प्रारम्भ में मुख्य रूप से योगदान रहा है। पैवलाव ने देखा कि कुत्ते को भोजन देने से पहले जो उत्तेजना उसके सामने होती है, वह उत्तेजना उसकी लार से सम्बन्धित हो जाती है। सीखने की यह विधि अनुबन्धन कहलायी। सन् 1941 में पैवलाव के एक शिष्य ने अपने अध्ययनों में यह पाया कि कुत्ते ने वृत्त और चपटे वृत्त के बीच विभेदन करना सीख लिया है। कुत्ता सिर्फ चपटे वृत्त को देखकर लार स्त्रावित करता था। जब चपटे वृत्त को धीरे-धीरे वृत्त के आकार का बनाकर अनुबन्धित करने का प्रयास किया गया तो यह देखा गया कि कुत्ता दो समान आकृति वाले वृत्तों में अन्तर करना नहीं सीख पाया, किन्तु उसके व्यवहार ने परिवर्तन दिया। कुत्ता सर्वप्रथम शान्त एवं सहयोगी व्यवहार करता था, लेकिन अब उसके व्यवहार में परिवर्तन आ गया। उसने अनुबन्धन उपकरणों को दाँतों से काटना प्रारम्भ कर दिया। कुत्ते के इस व्यवहार को प्रयोगात्मक न्यूरोसिस की संज्ञा दी गयी।

वाटसन का मनोविज्ञान में मानसिक क्रियाओं का अध्ययन बाहृय व्यवहार के अध्ययनों पर आधारित था। वाटसन और रेनर ने अपने एक प्रयोग द्वारा यह प्रदर्शित किया कि अतार्किक भय को अनुबन्धन द्वारा अधिगमित कराया जा सकता है। इसने अपने प्रयोग में एक बच्चे को जो खरगोश के साथ खेल रहा था, उसके पीछे से अचानक तेज हथौड़े से चोट मारकर आवाज की। आवाज सुनते की बच्चा रोने लगा। जब इस प्रकार के प्रयास को कई बार दुहराया गया तो बच्चा खरगोश से डरने लगा।

स्किनर ने अपने प्रयोगों में यह देखा कि प्राणी पुरस्कार और दण्ड के आधार पर अनुक्रियाओं को अर्जित करता है या त्यागता है। **बन्दूरा** ने अपनी पुस्तक Principles of Behaviour Modification (1969) के कारणों और उपचार पर प्रकाश अधिगम सिद्धान्तों के आधार पर डाला है। एक अध्ययन (Wolpe, 1965) में यह देखा गया कि इससे मदिरापान छूट जाता है। **वोल्पे** ने एक ऐसा उपकरण विकसित किया जिससे प्रयोज्य को मदिरा जब चाहे तब प्राप्त हो सकती थी परन्तु मदिरा प्राप्त करने के प्रयास में विद्युत आघात लगता था। यह उपकरण पोर्टेबल बनाया गया था। व्यवहारवादी मॉडल की आलोचना कई

आधारों पर की गयी है। जैसे—प्रेम, साहस, विश्वास, आशा आदि व्यवहारों का विधिवत् अध्ययन व्यवहारवादी मनोवैज्ञानिक नहीं कर पाये हैं तथा आत्मनिर्देशन की समस्या का अध्ययन भी व्यवहारवादी दृष्टिकोण के आधार पर समुचित रूप से नहीं हो पाया है इसके अलावा व्यवहारी सम्प्रदाय में आत्मगत अनुभवों को महत्त्व नहीं दिया गया है।

(4) अन्तर्वैयक्तिक प्रतिमान

यह प्रतिमान मनोरोगियों के उपचार में आन्तरिक व्यवहार के सम्बन्धों के अध्ययन पर काफी बल देता है। सुलीवन ने इस पर प्रकाश डाला है कि व्यक्ति के व्यवहार में उस व्यक्ति के अन्तर्वैयक्तिक व्यवहार के अतिरिक्त कुछ नहीं होता है। व्यक्ति एकान्तवासी क्यों न हो, वह जीवन पर्यन्त समाज से सम्बन्धित रहता है और समाज का अंश बना रहता है। सुलीवन ने यह भी प्रकाश डाला है कि अन्तर्वैयक्तिक सम्बधों के आधार पर मनोचिकित्सा विज्ञान की परिभाषा की जानी चाहिए। इस मॉडल के अनुसार बालक सर्वप्रथम अपने संरक्षकों के साथ अन्तःक्रिया प्रारम्भ करता है और यहीं से उसका सामाजीकरण प्रारम्भ होता है। बाद में वह अपने साथ समूह से प्रभावित होता है और अन्तःक्रिया करता है। समाज द्वारा जो भी कार्य किया जाता है, उसका निर्धारण व्यक्ति द्वारा होता है। प्रत्येक व्यक्ति इन कार्यों को करता है और इसी व्याख्या के अनुसार कार्यों को करता है।

असन्तोषजनक अन्तर्वैयक्तिक सम्बन्धों को यह प्रारूप असामान्य व्यक्तित्व का प्रमुख कारण मानता है। असामान्य व्यक्तियों की चिकित्सा में रोगी के सन्तोषप्रद सम्बन्ध स्थापित करने पर बल दिया जाता है। इस प्रतिमान की अवहेलना प्रमुख रूप से इस आधार पर की जाती है कि अन्तर्वैयक्तिक सम्बन्धों के सम्बन्ध में इस मॉडल में अपर्याप्त सूचना है तथा इस प्रतिमान का उपर्युक्त वैज्ञानिक आधार नहीं है।

(5) अस्तित्ववादी प्रतिमान

इस प्रतिमान के समर्थक विद्वानों का मानना है कि व्यक्ति की अद्वितीयता, मूल्यों, स्वतन्त्रता, आत्म-निर्देशन और आत्म-सन्तुष्टि आदि को प्रोत्साहन देता है यह प्रतिमान मानवतावादी प्रतिमान से करीब-करीब मिलता-जुलता है। ये मनोवैज्ञानिक आधुनिक विज्ञान की अपेक्षा व्यक्ति के आन्तरिक अनुभवों को अधिक महत्त्व देते हैं और व्यक्ति की गहन समस्याओं का अध्ययन करते हैं। इस प्रारूप में

वैज्ञानिकता का अभाव पाया जाता है। अस्तित्ववादी मनोवैज्ञानिक व्यक्ति की वृद्धि तथा व्यक्ति में अर्थपूर्ण सामाजिक रचनात्मक जीवन के निर्माण को महत्त्व देते हैं। इस दिशा में अनेक मनोवैज्ञानिक कार्यरत हैं। लैंग के अनुसार जब आन्तरिक आत्म और बाह्य आत्म में समन्वय नहीं हो पाता है, तब व्यक्ति में असामान्यता के लक्षण उत्पन्न होते हैं। यह समन्वय जीवन की अन्तर्द्वन्दात्मक परिस्थितियों तथा अन्तर्द्वन्दात्मक सामाजिक परिस्थितियों के कारण टूटता है। इस मॉडल का कोई वैज्ञानिक आधार न होने के कारण इसकी कटु आलोचना की गयी है।

सामाजिक एवं सांस्कृतिक दृष्टिकोण

सामाजिक एवं सांस्कृतिक कारण मनुष्य के व्यक्तित्व के विकास के प्रमुख कारक होते हैं। विभिन्न समाज विशेषज्ञों का इस दिशा में योगदान है। इस दृष्टिकोण का सूत्रपात बीसवीं शताब्दी के प्रारम्भ से ही हुआ। कुछ अध्ययनों के आधार पर यह स्पष्ट हुआ कि मानसिक रोगों और सामाजिक-सांस्कृतिक कारकों में महत्त्वपूर्ण सम्बन्ध है। कुछ अध्ययनों में यह भी देखा गया कि सामाजिक प्रतिबल और मानसिक रोगों में भी महत्त्वपूर्ण सम्बन्ध है। इससे मनोरोगी के असामान्य व्यवहार के अध्ययन करने में एक नये आयाम की स्थापना हुई। बेनडिक्ट ने अपने मानवशास्त्रीय अध्ययनों के आधार पर यह स्पष्ट किया कि एक समाज में जिन व्यवहारों को सामान्य कहा जाता है, आवश्यक नहीं है कि दूसरे समाजों में भी वह व्यवहार सामान्य ही हो। एक अध्ययन में यह देखा गया कि शीजोफ्रेनियाँ के अधिकांश रोगी निम्न सामाजिक-आर्थिक स्तर वाले तथा बड़े शहरों के ही होते हैं। **जैको** ने साइकोसिस के घटनाक्रम का अध्ययन किया है। उसने देखा कि इसके रोगी ग्रामीण क्षेत्रों की अपेक्षा शहरी क्षेत्रों में तीन गुना अधिक होते हैं तथा तलाकशुदा स्त्रियों में भी इसकी संख्या अधिक होती है। एक अन्य अध्ययन में यह देखा गया कि जिन बड़े शहरों में बड़े पैमाने पर सामाजिक परिवर्तन होते हैं, वहाँ मानसिक रोगों के होने का प्रतिशत अधिक होता है। इस दृष्टिकोण में मानसिक रोगों के कारण सामाजिक, पारिवारिक, सामूहिक तथा अन्य सांस्कृतिक कारक हैं। अतः मानसिक रोगों के उपचार और रोकथांम के लिए सामाजिक-सांस्कृतिक पर्यावरण सम्बन्धी कारकों का मूल्यांकन और अध्ययन आवश्यक है।

पूर्णतावादी दृष्टिकोण

यह अवधारणा किसी एक अवधारणा को पूर्ण महत्त्व प्रदान नहीं करती, अपितु सम्पूर्ण अवधारणा एक मिश्रित रूप को आज मनोचिकित्सा विज्ञान में आधुनिक वर्तमान विचारधारा के रूप में माना जा रहा है। बीसवीं शताब्दी के मध्य के लगभग मायर ने आंगिक और मनोजन्य विचारधारा को मिलाकर एक नयी विचारधारा को जन्म दिया जिसे उसने मनोजीवविज्ञान कहा। मायर के अनुसार असामान्य व्यवहार के प्रमुख निर्धारक जैविक, मनोवैज्ञानिक और समाजशास्त्रीय कारक हैं। उसने इस बात पर बल दिया कि इन तीन प्रकार के कारकों की खोज करके इनके समन्वित ज्ञान के आधार पर मानसिक रोगों को समझा जाए। मायर की विचारधारा विस्तृत है अतः इसे **सारसंग्रही विचारधारा** का नाम दिया जा सकता है। मायर विश्वविद्यालय में 1910 से प्रोफेसर रहे तथा अमेरिका साइक्रियाटी के डीन रहे। मायर की विचारधारा चूँकि विस्तृत थी अतः उसकी विचारधारा के अनेक मनोचिकित्सक अनुयायी रहे। मायर के अनुसार मानसिक रोगी के सम्पूर्ण व्यक्तित्व का अध्ययन इसलिए आवश्यक है कि उसका व्यवहार जैविक, मनोवैज्ञानिक तथा सामाजिक कारकों की अन्तःक्रिया का ही परिणाम है।

आधुनिक अध्ययनों के परिणामस्वरूप मायर की अवधारणाओं में सांस्कृतिक तत्त्वों को शामिल किया गया है। आज के दौर के मनोवैज्ञानिक मानसिक विकृतियों को तत्त्वों की आन्तरिक प्रक्रिया का फल स्वीकार करते हैं–Organic, Psychosocial, Socio-Cultural जैसे आधुनिक मनोचिकित्सा विज्ञान में अन्तर-अनुगामी अध्ययन किये जाते हैं। इस प्रकार के अध्ययनों में कई प्रकार के शोध निष्कर्षों को सम्बन्धित किया जाता है। यह शोध निष्कर्ष निम्नलिखित विषयों से सम्बन्धित हैं–

1. Genetics
2. Biochemistry
3. Neurophysiology
4. Psychology
5. Sociology
6. Anthropology
7. Ecology।

प्रैक्टीकल रूप से मानसिक रोगों के मूल्यांकन, उपचार और रोकथाम में केवल तीन प्रकार के समन्वय अर्थपूर्ण हैं–Medical, Psychological तथा Mental Health Personal।

मेनिनजर के अनुसार मानसिक रोगों का अध्ययन Psychosomatic दृष्टिकोण से न करके Holistic दृष्टिकोण से करना अधिक उपयुक्त है। सन् 1945 से आज तक किसी न किसी संशोधित रूप में एकीकृत या पूर्णतावादी दृष्टिकोण ही मानसिक रोगों के अध्ययन के लिए मान्य है। आधुनिक युग में किसी भी कुसमायोजित व्यवहार या मानसिक रोग की व्याख्या किसी एक दृष्टिकोण के आधार पर की जानी चाहिए। यह और बात है कि कहीं एक या कुछ कारण अन्य की अपेक्षा अधिक महत्त्वपूर्ण दिखायी देते हैं। वर्तमान समय में पूर्ण सत्तावादी दृष्टिकोण तीन प्रकार के कारकों को अन्तःक्रियाओं के मानसिक रोगों का कारण मानते हैं।

भारतीय मनोवैज्ञानिकों द्वारा मानसिक विकास की अवधारणा

दास गुप्ता ने अपनी पुस्तक 'ए हिस्ट्री ऑफ इण्डियन फिलॉस्फी में मानसिक रोगों के बारे में भारतीय अवधारणा पर वर्णन किया है–

इस संबंध में काफी विवाद है कि वेदों का विकास एवं रचना कब हुई, परन्तु यह स्वीकार किया जाता है कि वेदों का विकास ईसा से करीबन 1500 साल पहले हुआ था। वेदों की संख्या चार है। इनमें से अर्थवेद में मनोचिकित्सा के योगदानों का वर्णन मिलता है तथा कुछ वर्णन ऋग्वेद में भी मिलता है। वेदों में विकारों के मुख्यतः तीन वर्ग बतलाये गये हैं–जल के कारण, वायु के कारण तथा शुष्कता के कारण विकार।

ईसा से 1800 वर्ष पूर्व से लेकर 600 वर्ष तक का जो समय है, वह उपनिषद् युग कहा जाता है। इस युग के अन्त तक चिकित्सा से जादू को अलग किया जा चुका था तथा इस युग की मनोचिकित्सा पूर्व की अपेक्षा कुछ अधिक तार्किक हो गयी थी।

1. आयुर्वेदिक चिकित्सा

चरक को आयुर्वेद का जन्मदाता माना जाता है। इन्होंने जीवन के चार प्रकार बतलाये हैं जिनमें–असुख अवस्था, सुख अवस्था, अहित अवस्था तथा हित अवस्था। आयुर्वेद में 'भूत-विद्या' मनोचिकित्सा का वर्णन करना आयुर्वेदिक चिकित्सा का प्रमुख उद्देश्य है। आयुर्वेद में तीन–वात, पित्त और कफ शारीरिक दोष माने गये हैं। इसी प्रकार से सत्व, रज और तमस तीन मानसिक दोष माने गये हैं। मानसिक विकारों के कारण ही शारीरिक और मानसिक दोष उत्पन्न

होते हैं। आयुर्वेद में वातोन्माद के वर्णित लक्षण आधुनिक वर्गीकरण में मनोविदलता से मिलते हैं। पित्तोन्माद के लक्षण मैनिया तथा कफोन्माद के लक्षण विषाद से मिलते हैं। चरक का विश्वास था कि किसी व्यक्ति के इन तीन तन्त्रों से जब सहयोग नहीं होता है, तब व्यक्ति में पागलपन के लक्षण उत्पन्न होते हैं। इसे चरक ने त्रिदोषोन्माद का नाम दिया है। उसका यह विश्वास था कि त्रिदोषोन्माद रोग चिकित्सा से ठीक नहीं होता है।

चरक का मानना है कि अगर व्यक्ति में श्रद्धा, आराम और पवित्रीकरण की भावना है तो मानसिक विकृतियों का उपचार संभव है। इस प्रकार की विकृतियों में शेर, हाथियों और साँपों से डराने का भी परामर्श दिया। रोगियों के उपचार में सरसों का तेल, धूप तथा गर्म लोहे से दागने का भी वर्णन किया है। उसने पागल व्यक्तियों के उपचार हेतु Rauwolfia Terpentina औषधि को उपयोगी बताया है। चरक का विश्वास है कि वे व्यक्ति जो अपने कर्त्तव्यों का निर्वाह करने वाले हैं, दृढ़ मन वाले हैं तथा पूर्ण भोजन करने वाले हैं, वह पागलपन से ग्रसित नहीं हो सकते हैं।

2. यूनानी चिकित्सा

इस चिकित्सा विधि का उद्भव प्राचीन यूनान में हुआ था, जिसे मुगलकाल के दौरान भारत में लाया गया। नागाबुद्धीन ने मानसिक विकारों का वर्णन किया है—मराकी, निशयान, हजीयान, मूरी सन्दू, जानून तथा दीवानगी आदि मानसिक विचारों का वर्णन किया गया है।

भारत में इस चिकित्सा विधि ने काफी प्रसिद्धि हासिल की है। इस विधि में ऐसे रोग से पीड़ित व्यक्तियों की चिकित्सा हेतु शुरुआती दौर में रोग से पीड़ित व्यक्ति का पौष्टिक भोजन, रोगी का शुद्धीकरण तथा कफ रक्त-प्रवाह आदि उपयोगी उपाए बताये गये हैं। रोगी की आबोहवा को परिवर्तित करना भी उपयोगी बताया गया है। रोगी को उद्दीप्त करने वाली सभी उत्तेजनाओं से बचना चाहिए। रोगी के प्रति सहानुभूति और दया प्रदर्शन भी उपयोगी बताया गया है।

3. मानसिक चिकित्सालय की स्थापना

अंग्रेजी शासन काल के दौरान भारत में अंग्रेजी दवाओं का प्रचलन अत्यधिक हो गया था। यूनानी तथा आयुर्वेद चिकित्सा विधियों का प्रयोग होना धीरे-धीरे कम

होता गया। भारत के बम्बई शहर में सर्वप्रथम (1745) मानसिक चिकित्सालय की स्थापना की गयी। इसके बाद कलकत्ता में 1787 में तथा मद्रास में 1793 में मानसिक चिकित्सालयों की स्थापना हुई। उन्नीसवीं शताब्दी में जिन स्थानों पर मानसिक चिकित्सालयों की स्थापना हुई है, वे निम्न प्रकार से हैं– वाल्टीयर (1803), बनारस (1809), आगरा (1869), त्रिवेन्द्रम (1870), कालीकट (1872), तेजपुर (1876), रत्नगिरी (1886) तथा बड़ौदा (1898)। भारतवर्ष में बीसवीं शताब्दी के प्रारम्भ से ही मानसिक अस्पतालों की देखभाल का दायित्व सिविल सर्जन को सौंप दिया गया। इन अस्पतालों का आधुनिकीकरण करने पर भी बल दिया गया तथा भारतवर्ष के प्रत्येक राज्य में मानसिक रोगों की चिकित्सा हेतु संस्थाओं और अस्पतालों को खोलने पर बल दिया गया। बीसवीं शताब्दी में कुछ प्रमुख अस्पताल निम्न क्रम में प्रारम्भ हुए—कलकत्ता (1922), राँची (1925), इन्दौर (1927), ग्वालियर (1935), बंगलौर (1937), जोधपुर (1940), जयपुर (1944), अमृतसर (1947) तथा शहादरा (1966) आदि।

भारत में मानसिक चिकित्सालय

भारत में मानसिक चिकित्सालय के निम्नलिखित केन्द्र हैं–

1. Indian Psychoanalytical Society की स्थापना 1922 में जी. एस. बोस के निर्देशन में हुई।
2. Indian Psychiatric Society का प्रारम्भ यद्यपि 1935 में हो चुका था लेकिन यह संस्था सुचारु रूप से चल न सकी। इस संस्था को नगेन्द्रनाथ डे ने 1947 में पुनः प्रारम्भ किया। तब से आज तक यह संस्था कार्य कर रही है। आज यह संस्था Indian Journal of Psychiatry भी निकालती है।
3. Indian Association of Clinical Psychologists की स्थापना 1968 में दिल्ली में हुई। आज यह संस्था Indian Journal of Clinical Psychology का प्रकाशन भी करती है।

3

असामान्य मनोविज्ञान के आधुनिक सिद्धान्त

सभी मनुष्यों में सामान्य और असामान्य दोनों प्रकार के व्यवहार पाये जाते हैं। मनुष्य के हरेक व्यवहार की पृष्ठभूमि में कुछ न कुछ कारण अवश्य होते हैं। मनुष्यों के इन व्यवहारों को समझने के लिए नैदानिक विशेषज्ञों ने महत्त्वपूर्ण कार्य किया है। इसके परिणामस्वरूप असामान्य व्यवहार की व्याख्या का प्रयास काफी उत्तम ढंग से बहुत से विशेषज्ञों जिनमें नैदानिक मनोविज्ञानी, मनश्चिकित्सक मनोविश्लेषण, आदि का संयुक्त योगदान है, द्वारा किया गया है। इन सबों का परिणाम यह हुआ कि असामान्य व्यवहार की व्याख्या तीन आयामों पर सफलतापूर्वक की गई है–असामान्य व्यवहार के नैदानिक स्वरूप अर्थात् असामान्य व्यवहार के लक्षण, असामान्य व्यवहार के कारण तथा उसका उपचार।

व्यवहारवादी अवधारणा

असामान्य व्यवहार के विश्लेषण के सन्दर्भ में इस अवधारणा की उत्पत्ति मनोविज्ञान के 'व्यवहार' के बाद हुई है। यह स्कूल अमेरिका तथा रूस के शैक्षिक

मनोविज्ञान पर करीब 1920 से 1960 वाले दशक तक हावी रहा और अपनी विस्तृत छाप उस पर छोड़ी। 'व्यवहारवाद' मनोविज्ञान का एक ऐसा स्कूल है, जिसने असामान्य व्यवहार की व्याख्या करने के साथ-साथ अन्य क्षेत्रों में भी महत्त्वपूर्ण योगदान किया। यद्यपि व्यवहारवाद की औपचारिक स्थापना तो वाटसन द्वारा की गई थी परन्तु इसमें पैवलव, स्मिथ, थॉर्नडाइक आदि मनोवैज्ञानिकों की भी सराहनीय भूमिका रही है। व्यवहारवाद के तीन महत्त्वपूर्ण पूर्वकल्पनाएं हैं जो असामान्य मनोविज्ञान पर सीधे लागू होती हैं। उन तीन पूर्वकल्पनाओं को निम्न प्रकार प्रस्तुत किया गया है–

(1) प्रयोगवाद–इस पूर्वकल्पना का संबंध इस बात से है कि प्रयोग के माध्यम से यह पता लगाया जा सकता है कि पर्यावरण के किस पहलू से व्यवहार प्रभावित होता है तथा किस तरह हम उसे परिवर्तित कर सकते हैं। अगर पर्यावरण के महत्त्वपूर्ण तथ्य को रोक लिया जाता है तो व्यवहार की वर्तमान विशेषता समाप्त हो जाएगी और अगर महत्त्वपूर्ण तथ्य को पुनर्स्थापित कर दिया जाता है, तो व्यवहार की वर्तमान विशेषता पुनर्वापस आ जाती है।

(2) आशावाद–यह व्यवहारवाद की प्रमुख अवधारणा है। अगर व्यक्ति पर्यावरण का प्रतिफल है और अगर वातावरण का वह पहलू जो परिवर्तित किया है, को प्रयोग द्वारा ज्ञात किया जा सकता है, तो पर्यावरण में कभी परिवर्तन होने से व्यक्ति में भी परिवर्तन होगा।

(3) पर्यावरणवाद–इसके तहत इस बात पर बल डाला गया है कि सभी प्राणी (अर्थात् मनुष्य तथा पशु दोनों ही) पर्यावरण द्वारा निर्धारित होते हैं। हम लोग अपने गत सहचर्यों के आधार पर भविष्य के बारे में सीखते हैं। यही कारण है कि हम लोगों का व्यवहार दंड तथा पुरस्कार द्वारा व्यवस्थित किया जाता है। पुरस्कृत व्यवहार को हम भविष्य में करना चाहते हैं तथा दंडित व्यवहार को नहीं करना चाहते हैं।

उपरोक्त में जिन तीनों असामान्य व्यवहार को स्पष्ट किया गया है, उनके दो प्रमुख पहलू इस प्रकार हैं– प्रत्यक्ष रूप में किया गया है–पहला, सामान्य तथा असामान्य व्यवहार को गत अनुभूति से सीखा जाता है। जब व्यक्ति अपअनुकूलित अर्जित आगमों को सीख लेता है, तो उससे उसमें असामान्य व्यवहार की उत्पत्ति होती है। दूसरा, हम लोग प्रयोग करके यह निर्धारित कर सकते हैं कि पर्यावरण के किस पहलू से असामान्य व्यवहार की उत्पत्ति होती है। दूसरा, हम लोग प्रयोग करके यह निर्धारित कर सकते हैं कि व्यवहार की उत्पत्ति होती है। तीसरा, अगर

हम लोग पर्यावरण के इन पहलुओं को परिवर्तित कर देते हैं तो व्यक्ति अपने पुराने कुसमायोजी व्यवहार को त्याग देगा और उसकी जगह पर नए, समायोजी व्यवहार को सीख लेगा।

यदि निष्कर्ष में कहा जाए तो व्यवहारवादी विचारधारा के अनुसार कुसमायोजी व्यवहार या असामान्य व्यवहार की असफलता, व्यक्ति द्वारा समायोजी व्यवहार या निपुणता या संतोषजनक वैयक्तिक संबंधों को विकसित करने की असफलता अप्रभावी या कुसमायोजी व्यवहार को सीखना है। व्यवहारवादी अवधारणा की पूर्व कल्पनाओं को जानने के बाद यह जानना आवश्यक है कि प्राणी किसी व्यवहार को किस तरह सीख लेता है तथा वह क्या चीज है जिसे वह सीखता है? व्यवहारवादी विचारधारा के अनुसार सीखने की दो मुख्य प्रक्रियाएँ हैं और इन प्रक्रियाओं के ही माध्यम से व्यक्ति सामान्य एवं असामान्य व्यवहार को सीखता है। ये दो प्रविधियाँ हैं–पैवलोवियन या क्लासिंकी अनुबंधन तथा साधनात्मक अनुबन्धन। इन दोनों का वर्णन तथा असामान्य व्यवहार में उसकी उपयोगिता निम्नांकित है–

(1) साधनात्मक अनुबंधन–यह अनुबन्ध थॉर्नडाइक द्वारा प्रवर्तित प्रभाव नियम से सम्बन्धित है, जिसे बाद में स्कीनर ने काफी वैज्ञानिक ढंग से न केवल परिवर्धित किया बल्कि उसका उपयोग विभिन्न क्षेत्रों में किया। स्कीनर ने ही सचमुच में क्रियात्मक अनुबंधन के संप्रत्यय को लोकप्रिय बनाया। इस अनुबंधन के अनुसार व्यक्ति यह सीखता है कि उसे वांछित लक्ष्य की प्राप्ति किस तरह से हो सकती है। किसी पुरस्कार को पाना लक्ष्य हो सकता है या फिर किसी दंड से दूर रहना सीखना लक्ष्य हो सकता है। यहाँ व्यक्ति किसी वांछित उद्दीपक के पहले ही एक अनुक्रिया करता है। यदि अनुक्रिया से ठीक वांछित उद्दीपक की प्राप्ति हो जाती है (पुरस्कार) तो व्यक्ति उस अनुक्रिया को भविष्य में करना चाहता है या दोहराना चाहता है। क्रियाप्रसूत सीखने के माध्यम से प्राणी धीरे-धीरे यह सीख लेता है कि कौन-सा व्यवहार या घटना पुरस्कार देने वाली है तथा कौन-सा घटना या व्यवहार से दंड मिलने वाला है। मनुष्य समायोजन में सहायक व्यवहार को शनै-शनैः ग्रहण कर लेता है।

इस प्रकार थार्नडाइक के 'प्रभाव नियम' को स्कीनर ने 'पुनर्वलन का नियम' बताया है और प्रभाव नियम में उद्दीपक तथा अनुक्रिया के बीच के सहचर्य पर बल न डालकर अनुक्रिया तथा उसके परिणाम पर बल डाला है। सचमुच में उद्दीपक अनुक्रिया से संबंधित नहीं होता है बल्कि वह उस अनुक्रिया के होने का मात्र संकेत

देता है जिसे पहले पुनर्बलित किया जा चुका है। इस तरह के उद्दीपक को स्कीनर ने विभेदी उद्दीपक कहा है जो प्रणाली को यह बतलाता है कि यदि वह अमुक व्यवहार करेगा तो उसे अमुक परिणाम मिलेगा। इस अर्थ में स्कीनर को एक-आर सिद्धान्तवादी न मानकर आर-आर सिद्धान्तवादी मानना ज्यादा उचित है। स्कीनर ने पुनर्बलन तथा विभेदी उद्दीपक के संप्रत्ययों के सहारे समायोजी तथा कुसमायोजी व्यवहार के अर्जन की व्याख्या की है। विभेदी उद्दीपक को सही प्रकार से समझने के बाद व्यक्ति परिस्थिति के साथ ठीक ढंग से समायोजन स्थापित करने में सफल हो जाता है क्योंकि वह आसानी से यह जान लेता है कि अमुक व्यवहार का अमुक तरह का परिणाम (पुनर्बलन) होगा। परन्तु यदि किसी कारण से वह विभेदी उद्दीपक के अर्थ को नहीं समझ पाता है, तो उसमें परिस्थिति की माँग के अनुरूप व्यवहार करने की अक्षमता विकसित हो जाती हैं और वह कुसमायोजन का शिकार हो जाता है। विशेष असामान्य व्यवहार की उत्पत्ति की व्याख्या क्रियाप्रसूत अनुबंधन से कैसे होती है, को लेविनसोन (1974) द्वारा विश्लेषित किए गए एक केस से इस तरह से समझाया जा सकता है—जब व्यक्ति को अनुक्रिया करने के बाद पुनर्बलन की निम्न मात्रा दी जाती है, तो इससे उसमें विषाद उत्पन्न होता है। जब पुनर्बलन की मात्रा और कम हो जाती है और अन्ततोगत्वा, व्यक्ति में विषादी प्रतिक्रिया विकसित हो जाती है।

आजकल क्रियाप्रसूत की चिकित्सा में विभिन्न प्रकार की प्रविधियों का प्रयोग हो रहा है, जोकि क्रियाप्रसूत अनुबन्ध से जुड़ा हुआ है। इसे संयुक्त रूप से प्रसंभाव्यता प्रबंधन कहा गया है। इसमें व्यक्ति के व्यवहार में परिवर्तन उस व्यवहार के परिणाम को नियंत्रित करके किया जाता है। इसके तहत आने वाली प्रमुख चिकित्सीय प्रविधियों में शेपिंग टाइम-आऊट, प्रसंभाव्यता अनुबन्ध अनुक्रिया लागत सांकेतिक व्यवस्था प्रधान हैं।

व्यवहारवादी अवधारणा की निम्नलिखित विशेषताएं हैं—

1. व्यवहारवादी सिद्धान्त असामान्य व्यवहार का प्रचार करने में उपयोगी है।
2. व्यवहारवादी मॉडल की भूरी-भूरी प्रशंसा इसलिए की गई है क्योंकि इसके द्वारा असामान्य व्यवहार की व्याख्या वस्तुनिष्ठ एवं यथार्थ ढंग से की गई है।
3. व्यवहारवादी मॉडल का शोधपरक मूल्य अधिक बतलाया गया है।

(2) पैवलोवियन या क्लासिकी अनुबंधन—रूस के एक प्रसिद्ध मनोवैज्ञानिक आई.पी. पैवलव ने अधिगम के इस सिद्धान्त की व्याख्या की।

इस तरह के सिद्धान्त में उद्दीपक तथा अनुक्रिया के बीच सामयिक सहचर्य पर बल डाला जाता है। उदाहरण के तौर पर, भोजन प्राणी में लार-स्राव की अनुक्रिया स्वाभाविक रूप से करता है और कोई भी उद्दीपक जो इस भोजन से ठीक कुछ समय पहले दिया जाएगा, कुछ प्रयासों के बाद वह भी भोजन के सामने लार-स्राव की अनुक्रिया करने लगेगा। इस उदाहरण में भोजन एक अस्वाभाविक उद्दीपक तथा लार-स्राव की अनुक्रिया को एक अस्वाभाविक अनुक्रिया बताया गया है। भोजन के ठीक पहले दिया जाने वाला उद्दीपक अनुबंधिक उद्दीपक का उदाहरण है। जब अनुक्रिया मात्र अनुबंधित उद्दीपक से होने लगती है, तो इसे अनुबंधित अनुक्रिया कहा जाता है तथा इस प्रक्रिया को अनुबंधन कहा जाता है। पैवलोवियन अनुबंधन में दो मूल प्रक्रियाएँ होती हैं–अर्जन तथा विलोपन।

अर्जन CS तथा US के बीच की प्रासंगिकता पर आधारित होता है। सीखी जानी वाली अनुक्रिया के स्वरूप के अनुसार सामान्यतः तीन से पन्द्रह युग्मों में इस सिद्धान्त के अनुसार किसी अनुक्रिया का अर्जन हो जाता है। विलोपन में CS में पहले अर्जित अनुक्रिया उत्पन्न करने की क्षमता समाप्त हो जाती है जिसका परिणाम यह होता है कि CS देने पर भी प्राणी पहले सीखी गई या अर्जित की गई अनुक्रिया को नहीं करता है। विलोपन की अवस्था तब उत्पन्न होती है जब CS दिए जाने के बाद US नहीं दिया जाता है।

असामान्य मनोविज्ञान के लिए पैवलोवियन अनुबन्ध का विशेष महत्त्व है, क्योंकि स्वायत्त तंत्रिका तंत्र की बहुत सारी अनुक्रियाएँ विशेषकर डर या चिंता को अनुबंधित किया जा सकता है। उदाहरण के तौर पर व्यक्ति अंधेरे से डरना सीख सकता है अगर डर उत्पन्न करने वाला उद्दीपक जैसे डरावना ख्याल उस अंधेरे में व्यक्ति के मन में प्रायः उत्पन्न होते हैं। बहुत तरह के असामान्य व्यवहार को व्यक्ति इस क्लासिकी अनुबंधन द्वारा सीख लेता है। जैसे, दुर्भीति जिसमें व्यक्ति उद्दीपक से उतना अधिक डरता है जितना कि सचमुच में उससे डरना नहीं चाहिए, पैवलोवियन अनुबंधन द्वारा अक्सर सीख लिया जाता है। उदाहरण के तौर पर बिल्ली से उत्पन्न दुर्भीति जिस व्यक्ति में होती है, उसमें बिल्ली तथा उससे संबद्ध कुछ दर्दनाक घटना जैसे उसके द्वारा नोंच खसोट लेना आदि का एक इतिहास अवश्य होता है। ऐसे इतिहास का परिणाम यह होता है कि बिल्ली व्यक्ति के लिए दुर्भीति का स्रोत हो जाता है हालांकि सामान्यतः बिल्ली से इस तरह के असामान्य डर की कोई बात नहीं होती है।

अनुबंधन के इस सिद्धान्त के अध्ययन से पता चलता है कि सांवेगिक विकृति ही लक्षण हैं और वे यदि किसी प्रकार की विकृति की ओर इशारा नहीं करते हैं, तो लक्षण को विलोपित कर देने से अपने आप ही सांवेगिक विकृति दूर हो जाएगी। चूँकि सांवेगिक विकृति के लक्षण से ऐसी सांवेगिक अनुक्रिया होती है जिसे पैवलोवियन अनुबंधन द्वारा सीखा गया होता है, तो इससे अपने आप यह आशय निकलता है कि वे सारी प्रविधियाँ जिनके माध्यम से अनुबंधित सांवेगिक अनुक्रियाओं को प्रयोगात्मक ढंग से विलोपित किया जाता है। इस विलोपन पर आधारित दो प्रकार की पैवलोवियन चिकित्सा होती हैं जिनका उपयोग दुर्भीति तथा चिंता विकृतियों के उपचार में सफलतापूर्वक किया गया है। इनमें अधिक लोकप्रिय हैं—फ्लडिंग तथा क्रमबद्ध असंवेदीकरण। फ्लडिंग में रोगी को लगातार कई घंटों तक उस परिस्थिति में वास्तविक रूप से रखा जाता है जो उसमें चिंता उत्पन्न करता है। जैसे, जिस व्यक्ति को बंद छोटी जगह में जाने से अत्यधिक भय लगता है, उसे ऐसी ही जगह में कई घंटों तक रखने से मौलिक भय या डर में धीरे-धीरे यह समझने लगता है कि वह व्यर्थ ही ऐसी परिस्थिति से डरता था।

अन्य विधियों में अन्तःस्फोटात्मक चिकित्सा विधि भी एक प्रमुख विधि है, जो फ्लडिंग से काफी मिलती-जुलती है। इस विधि के प्रयोग से रोगी को ऐसी परिस्थिति में नहीं रखा जाता जहाँ उसमें भय या चिन्ता का जन्म हो, बल्कि इसके तहत उसे मात्र उसके बारे में कल्पना करने के लिए कहा जाता है और इसका भी प्रभाव चिंता विकृतियों पर फ्लडिंग के ही समान पड़ता है। क्रमबद्ध संवेदीकरण जो एक दूसरी प्रमुख पैवलोवियन प्रविधि है तथा जिसे जोसेफ वोल्प द्वारा विकसित किया गया है, में रोगी उत्तरोत्तर अधिक चिन्ता उत्पन्न करनेवाले दृश्यों के एक सेट के बारे में कल्पना करता है और साथ-ही-साथ वह उस डर से असंगत अनुक्रिया भी करता जाता है। ऐसा करने से धीरे-धीरे CS के प्रति उत्पन्न चिंता का विलोपन होने लगता है।

उपरोक्त बिन्दुओं के अध्ययन से स्पष्ट होता है कि पैवलोवियन अनुबंधन के नियम के सहारे यह आसानी से समझा जाता है कि व्यक्ति में सांवेगिक विकृति का विकास कैसे हुआ तथा फिर उससे छुटकारा पाने की चिकित्सीय प्रविधि क्या हो सकती है।

व्यवहारवादी सिद्धान्त के दोष—इस सिद्धान्त की निम्नलिखित कारणों से आलोचना की जाती है—

1. व्यवहारवादी मॉडल में रोग के लक्षणों पर तो काफी बल डाला जाता है परन्तु अन्य सबंद्ध पहलुओं की पूर्ण उपेक्षा की जाती है।
2. व्यवहार मॉडल या सिद्धान्त में असामान्य व्यवहार का कारण सामान्यतः दोषपूर्ण सीखना माना गया है। इसे आलोचकों ने एक ऐसा दावा माना है जिसे साबित करना कठिन एवं जटिल है। व्यवहारवादी सिद्धान्त की व्याख्या में गोलापन और असंतोष अधिक है।

उपर्युक्त दोषों के बावजूद भी नैदानिक मनोवैज्ञानिकों ने व्यवहारवादी सिद्धान्त को काफी महत्त्व दिया है और शोध करके इसके नियमों एवं तथ्यों को अधिक उपयोगी बनाने की कोशिश की है।

संज्ञानात्मक अवधारणा

संज्ञानात्मक अवधारणा प्रमुख रूप से व्यवहारवादी अवधारणा की प्रतिक्रियाओं का प्रतिफल है। संज्ञान एक सामान्य पद है जिसके तहत प्रत्यक्षण, स्मृति, चिंतन, तर्कण, आदि प्रक्रियाओं को रखा जाता है। असामान्य मनोविज्ञान में संज्ञान दो कारणों से ज्यादा महत्त्वपूर्ण है। पहला बहुत सारे मानसिक विकृतियों में गंभीर संज्ञानात्मक क्षुब्धताएँ पाई जाती हैं। जैसे, गंभीर रूप से विषादी रोगी किसी कार्य पर एकाग्रता नहीं दिखा पाते हैं, उसी तरह से मनोविदालित रोगी में गंभीर संज्ञानात्मक क्षुब्धताएँ पाई जाती हैं। दूसरा कुछ संज्ञानात्मक पैटर्नस सचमुच में संबद्ध मानसिकी विकृतियों के केवल लक्षण नहीं बल्कि वास्तविक कारण होते हैं।

मनुष्य अनेक प्रकार की आन्तरिक क्रियाओं को करता है जैसे—सोचना, विश्वास करना, आशा करना, ध्यान देना, आदि। संज्ञानात्मक मनोवैज्ञानिक मानते हैं कि ये सभी क्रियाएं उसके व्यवहार को प्रभावित करती हैं। जब ये सभी संज्ञानात्मक प्रक्रियाएँ दोषपूर्ण हो जाती हैं, तो उससे कुछ मनोवैज्ञानिक विकृतियाँ उसमें उत्पन्न हो जाती हैं और इन संज्ञानात्मक प्रक्रियाओं में परिवर्तन लाकर उनकी विकृतियों की गंभीरता को कम किया जा सकता है या रोगी को ठीक किया जा सकता है। संज्ञानात्मक मनोवैज्ञानिक व्यवहारवादियों की इस बात से तो सहमत हैं कि व्यवहार का प्रेक्षण एवं मापन किया जाना संभव है परन्तु वे उनकी इस बात से सहमत नहीं हैं कि व्यक्ति की आत्मसंगत अनुभूतियों का वैज्ञानिक रूप से अध्ययन नहीं किया जा सकता है। इन लोगों का मत है कि व्यवहार का सही अर्थ तभी निकाला जा सकता है जब उसकी व्याख्या व्यक्ति की आत्मगत अनुभूतियों

या संज्ञान के संदर्भ में किया जाता है। यही कारण है कि इस दृष्टिकोण को संज्ञानात्मक-व्यवहारवादी संदर्भ भी कहा जाता है।

वैसे तो संज्ञानात्मक अवधारणा से कई मनोवैज्ञानिक जुड़े हैं, परन्तु वैण्डुरा, अलवर्ट इलिस तथा एरोन वेक के नाम अधिक मशहूर हैं। इनमें इलिस तथा बेक ने न केवल असामान्य व्यवहार की व्याख्या की बल्कि असामान्य व्यवहार के उपचार में भी विशेष तरह की मनश्चिकित्सा का प्रतिपादन करके अपने-अपने नाम रोशन किए हैं। इन दोनों के इन योगदानों पर यहाँ थोड़ा प्रकाश डालना आवश्यक है।

अल्वर्ट इलिस द्वारा प्रतिपादित मनश्चिकित्सा को रैसनल-इमोटिव चिकित्सा कहा गया। इलिस की मान्यता यह थी कि व्यक्ति कुसमायोजित इसलिए हो जाता है क्योंकि उसमें अतर्कसंगत विश्वास का व्यवहार उत्पन्न हो जाता है। इनके विचार में व्यक्ति में मानसिक विकृतियों का जन्म बाह्य घटनाओं के कारण होता है, अपितु उन घटनाओं के प्रति व्यक्ति की अपनी प्रतिक्रिया जो अतर्कसंगत विश्वास के कारण होती है, से मानसिक विकृति उत्पन्न नहीं करता है बल्कि उन घटनाओं के प्रति व्यक्ति की अपनी प्रतिक्रिया जो अतर्कसंगत विश्वास के कारण होती है, से मानसिक विकृति उत्पन्न होती है। अल्बर्ट इलिस ने इस सम्पूर्ण प्रक्रिया की सही-सही व्याख्या करने के लिए ए.बी.सी. मॉडल का प्रतिपादन किया है—'ए' से तात्पर्य बाह्य घटनाओं या उत्तेजनों से उत्पन्न अनुभूतियों से होता है जिसका स्वरूप अतर्कसंगत होता है 'B' से तात्पर्य उसके बाद उत्पन्न उस विश्वास से होता है जिसका स्वरूप अतर्कसंगत होता है, तथा सी से तात्पर्य व्यक्ति के उस परिणाम से होता है जो सांवेगिक एवं व्यवहारात्मक दोनों ही होता है। इस प्रक्रिया का सबसे महत्त्वपूर्ण पहलू जिससे मानव व्यवहार में कुसमायोजनशीलता आती है, वह 'अतर्कसंगत विश्वास' है जिसका कुछ नमूना इस प्रकार है—मुझे उन सभी चीजों को आसानी से प्राप्त कर लेना चाहिए जिने वह चाहता है। मैं हमेशा सफलता प्राप्त करता हूँ तथा मुझे दूसरों का अनुमोदन प्राप्त होता है। मेरे प्रति समाज के अन्य लोगों का व्यवहार सहानुभूतिपूर्ण रहेगा ही, नहीं तो उन्हें दण्डित किया जायेगा।

इलिस ने यह विचार भी प्रस्तुत किया है कि चिकित्सा के दौरान रोगी के अतर्कसंगत विश्वास के खोखलेपन से उसे सामना कराया जाता है ताकि सांवेगिक एवं व्यावहारिक परिणाम उसके पक्ष में हो जाएं और उसकी मानसिक विकृति की गंभीरता कम हो जाए।

ऐरोन वेक का असामान्य व्यवहार के सन्दर्भ में मानना है कि संज्ञानात्मक विकृत इसकी व्याख्या में महत्त्वपूर्ण है। इनका मत है कि कुछ विशेष तरह की संज्ञानात्मक विकृति से विभिन्न तरह की मानसिक या मनोवैज्ञानिक समस्याएँ उत्पन्न होती हैं। इन संज्ञानात्मक विकृतियों में निम्नलिखित तीन प्रमुख हैं–

(1) चयनात्मक अमूर्तिकरण–इस तरह की विकृति में व्यक्ति सिर्फ कुछ विशेष तरह के सबूतों पर ध्यान देता है तथा समान रूप से अन्य महत्त्वपूर्ण सबूतों की उपेक्षा करता है।

उपरोक्त समस्त संज्ञानात्मक विकृतियाँ व्यक्ति में बिना चेतना के ही अर्थात् अपने आप संचालित होकर उसके व्यवहार में कुसमायोजन उत्पन्न कर देती हैं। उदाहरण के तौर पर, कोई व्यक्ति किसी विशेष व्यक्ति के यहाँ से नए वर्ष के मंगल कामना का कार्ड नहीं मिल पाने पर अन्य दोस्तों या संबंधियों के यहाँ से कार्ड मिलने पर यदि वह अत्यधिक विषादी हो जाता है, तो उसमें उपर्युक्त तीनों संज्ञानात्मक विकृतियाँ काम करते पाई जाती हैं। बेक द्वारा प्रतिपादित संज्ञानात्मक चिकित्सा में रोगी या क्लायंट को इस बात से अवगत कराया जाता है कि उसके विकृत चिन्तन का स्वरूप क्या है तथा इस बात की कोशिश की जाती है कि उसका इस तरह का विकृत चिंतन अधिक तर्कसंगत तथा वैध चिन्तन द्वारा प्रतिस्थापित हो जाए।

(2) अतिरंजन–इस विकृति में व्यक्ति एक छोटी एवं साधारण घटना को बहुत ज्यादा महत्त्व देकर उसके बारे में सोचता है।

(3) अतिसामान्यीकरण–इस विकृति में साधारण एवं हल्का सबूत की उपेक्षा करता है।

कुछ विद्वानों का मानना है कि संज्ञानात्मक विचारधारा के अनुसार असामान्य व्यवहार की व्याख्या में तीन तत्त्वों की महत्त्वपूर्ण भूमिका होती है, जिनका विस्तृत विवरण निम्न प्रकार है–

1. संज्ञानात्मक मूल्यांकन
2. आत्म-पुनर्बलन
3 सूचना-संसाधन

इन तीनों का वर्णन इस प्रकार है–

(1) आत्म-पुनर्बलन–संज्ञानात्मक अवधारणा में यह माना गया है कि मनुष्य के व्यवहार पर दण्ड और पुरस्कार का प्रभाव होता है। परन्तु उनका मत है कि सबसे प्रभावकारी पुरस्कार तथा दंड बाह्य वातावरण से नहीं आते हैं बल्कि

व्यक्ति के मन के भीतर से आत्म-अनुमोदन या आत्म-आलोचना के रूप में आते हैं। इसे ही आत्म-पुनर्बलन कहा जाता है। जब व्यक्ति कोई व्यवहार करता है, और उसके बाद उसका मन उसकी प्रशंसा करता है, तो इससे व्यक्ति को आत्म-अनुमोदन प्राप्त होता है जो उसके समायोजन को मजबूत कर उसके मानसिक स्वास्थ्य को उन्नत बनाता है। दूसरे तरफ यदि व्यवहार करने के बाद व्यक्ति का मन उसकी आलोचना करता है, तो इससे व्यक्ति में दोष-भाव उत्पन्न होता है जो उसमें कुसमायोजन उत्पन्न कर देता है और धीरे-धीरे उसमें मानसिक विकृति को बढ़ावा मिलता है।

(2) संज्ञानात्मक मूल्यांकन—संज्ञानात्मक मनोविज्ञानियों का मत है कि किसी उद्दीपक के प्रति व्यक्ति किस तरह की अनुक्रिया करता है, यह उस उद्दीपक द्वारा निर्धारित न होकर व्यक्ति द्वारा उस उद्दीपक की प्रदत्त व्याख्या से निर्धारित होता है। इस व्याख्या को संज्ञानात्मक मूल्यांकन कहा जाता है। एक ही घटनाक्रम के दो व्यक्ति अलग-अलग ढंग से व्याख्या करते हैं जो फिर उसके व्यवहार को भिन्न ढंग से प्रभावित करते हैं धनात्मक मूल्यांकन या व्याख्या किए जाने पर व्यक्ति की समायोजनशीलता मजबूत होती है परन्तु ऋणात्मक मूल्यांकन होने पर व्यक्ति की समायोजनशीलता कुप्रभावित हो जाती है और उसमें मानसिक विकृति उत्पन्न हो जाती है। वाल्टर मिस्केल ने व्यक्ति के संज्ञानात्मक मूल्यांकन को प्रभावित करने वाले पांच संज्ञानात्मक चरों का जिक्र किया है, जिनका विवरण निम्नलिखित हैं—

(i) कूटसंकेतन—सभी व्यक्तियों में अपनी अनुभूतियों को विशेष प्रकार से प्रत्यक्षण करने तथा श्रेणीकृत करने की क्षमता होती है, जो उसके संज्ञानात्मक मूल्यांकन को भिन्न ढंग से प्रभावित करता है।

(ii) क्षमता—प्रत्येक व्यक्ति अपने गत शिक्षण, प्रशिक्षण एवं अनुभूति के आधार पर एक विशेष तरह की क्षमता विकसित कर लेता है जो उसे किसी घटना या उद्दीपक की व्याख्या भिन्न ढंग से करने के लिए बाध्य कर देता है।

(iii) योजन—प्रत्येक व्यक्ति अपनी गत अनुभूतियों के आधार पर अपने लिए कुछ विशेष योजना एवं नियम बनाता है जिससे उसका व्यवहार निर्देशित होता है।

मिस्केल के अनुसार इन्हीं चरों की वजह से एक ही उद्दीपक या घटना की व्याख्या व्यक्ति भिन्न-भिन्न ढंग से करता है जो उसके व्यवहार के समायोजन को

अच्छे या बुरे ढंग से प्रभावित करता है। जब व्यक्ति बुरे तरीके से प्रभावित होता है तो उसमें मानसिक विकृति पैदा होती है।

वैण्डुरा का इस सम्बन्ध में कहना है कि व्यक्ति का व्यवहार संज्ञान द्वारा नियमित तथा प्रभावित होता है। परन्तु वैण्डुरा के अनुसार ऐसे कारक पाँच न होकर केवल एक ही है—प्रत्याशा। उन्होंने प्रत्याशा के दो प्रकारों का वर्णन किया है—परिणाम तथा प्रभावोत्पादकता प्रत्याशा। जब व्यक्ति को यह विश्वास होता है कि अमुक व्यवहार का अमुक परिणाम निश्चित है, तो यह परिणाम प्रत्याशा का उदाहरण होता है। जब कोई व्यक्ति किसी व्यवहार को सफलतापूर्वक क्रियान्वित करने में स्वयं को सक्षम महसूस करता है तो उसे प्रभावोत्पादकता प्रत्याशा कहा जाता है। वैण्डुरा का मत है कि इन दो तरह की प्रत्याशाओं में प्रभावोत्पादकता प्रत्याशा से ही व्यक्ति का समायोजी व्यवहार सबसे अधिक प्रभावित होता है तथा ऐसी प्रत्याशाएँ पूर्व अनुभूतियों से प्राप्त निष्पादन पुनर्निवेशन के अनुकूल नहीं होता है, अर्थात् व्यक्ति को वैसी परिस्थिति में पहले उसे सफलता नहीं मिली होती है, तो वैसी परिस्थिति में व्यक्ति की प्रभावोत्पादकता प्रत्याशा कमजोर पड़ जाती है और वह असामान्य व्यवहार करने लगता है।

(iv) प्रत्याशाएँ—प्रत्येक व्यक्ति अपनी गत अनुभूतियों के आधार पर भिन्न ढंग की उम्मीद या प्रत्याशा विकसित करता है कि किस परिस्थिति में उसे पुरस्कार मिलेगा तथा किस परिस्थिति में उसे दंड मिलेगा। व्यक्ति में प्रत्याशाओं का उत्पन्न होना स्वच्छ मानसिकता का परिचायक है।

(v) मूल्य—प्रत्येक व्यक्ति अपने गत शिक्षण एवं प्रशिक्षण के आधार पर विभिन्न उद्दीपकों का मूल्य भिन्न-भिन्न आँकता है। जैसे, जो व्यक्ति बाहरी क्रियाओं को अधिक महत्त्व देता है, किसी व्यक्ति द्वारा भ्रमण या सैर पर जाने के न्योता से काफी खुश होगा परन्तु दूसरा व्यक्ति जो घर में रहकर दूरदर्शन के कार्यक्रम के देखने को अधिक महत्त्व देता है, उसे यह उतना अच्छा नहीं लगेगा। जब समाज में श्रेष्ठ मूल्यों वाले व्यक्तियों की अधिकता हो जाती है तो देश का विकास सकारात्मक दिशा में होता है।

(3) सूचना संसाधन—सूचना संसाधन संज्ञानात्मक शोध का एक विस्तृत क्षेत्र है जिसका संबंध इस तथ्य से होता है कि किस तरह से मानव मन पर्यावरण से सूचनाओं को ग्रहण करता है, संचित करता है तथा फिर उनका उपयोग करता है। सूचना संसाधन शोधों से प्राप्त बहुत सारे तथ्यों से असामान्य व्यवहार की

व्याख्या में काफी मदद मिली है जिसे पूर्ण रूप से समझने के लिये निम्नलिखित तीन भागों में विभाजित किया गया है–

स्मरण, अवधान, संगठनात्मक संचनाएँ

इन सब का वर्णन निम्नांकित है–

(i) स्मरण–व्यक्ति में कई प्रकार की मानसिक विकृतियाँ होती हैं। इन सब में विशेषकर स्मृति लोप की अहम् भूमिका पाई गई है। स्मृति लोप आंगिक मस्तिष्कीय विकृतियों अर्थात् वैसी मस्तिष्कीय विकृतियों में जिसकी उत्पत्ति का कारण मस्तिष्कीय उत्तकों का क्षीण होना या नष्ट होना होता है, में अधिक पाया जाता है। कुछ अन्य प्रयोगों में पाया गया कि व्यक्ति अपनी अव्यक्त स्मृति में होता है जिससे व्यक्ति अवगत होता है और जो उसके व्यवहार को प्रभावित करता है। अव्यक्त स्मृति से तात्पर्य वैसी स्मृति से होता है जो व्यक्ति के व्यवहार को उसके बिना चेतना के ही प्रभावित करता है। डामासियो, ट्रानेल एवं डामासियो ने अपने एक प्रयोगात्मक अध्ययन में पाया कि कुछ लोगों को विशेष तरह की मस्तिष्कीय क्षति थी, वे चेतन रूप से अपने बच्चों तथा पति/पत्नी के चेहरे को नहीं पहचान सके परन्तु जब उन्हें वैसे व्यक्तियों की तस्वीर को दिखलाया गया जिसे वे जानते थे, तो देखा गया कि उनकी हृदय गति बढ़ गई, जिससे यह मालूम हुआ कि वे इन तस्वीरों को किसी-न-किसी स्तर पर पहचान रहे थे। इस घटना या तथ्य को स्विट्जरलैंड के मनश्चिकित्सक क्लापार डे ने अंतःबोध कहा है। उसी प्रकार से बुटजिन तथा उनके सहयोगियों ने अपने अध्ययन के बाद यह निष्कर्ष निकाला कि जिन लोगों में मनोवैज्ञानिक स्मृति लोप होता है, उनकी घटनाक्रम स्मृति प्रभावित होती है परन्तु उनकी अर्थगत स्मृति तथा कार्यविधि स्मृति प्रभावित नहीं होती है। दूसरे शब्दों में, ऐसे व्यक्ति यह नहीं बता सकते हैं कि कल या परसों क्या-क्या घटनाएँ हुई थीं परन्तु वे काफी अच्छा से यह बतला सकते हैं कि मनोविज्ञान तथा राजनीतिशास्त्र में क्या अंतर है।

इस प्रकार यह कहा जा सकता है कि असामान्य व्यवहार का संबंध स्मृति विशेषकर स्मृति लोप से होता है।

(ii) व्यवधान–व्यक्ति की ज्ञानेन्द्रियाँ किसी भी समय अनेकों उद्दीपकों द्वारा प्रभावित होती हैं परन्तु व्यक्ति के लिए यह संभव नहीं हो पाता है कि वह उन सभी पर ध्यान दे। अतः वह उनमें से अपनी आवश्यतानुसार कुछ पर ध्यान दे। अतः वह उनमें से अपनी आवश्यकतानुसार कुछ पर ध्यान देता है तथा बाकी पर ध्यान नहीं देता है। इस प्रक्रिया को चयनात्मक अवधान कहा जाता है। जब

व्यक्ति चयनात्मक अवधान की प्रक्रिया में किसी कारण से सफल नहीं हो पाता है तो उसका मन बहुत सारी सूचनाओं या उत्तेजनों से प्रभावित होने लगता है और तब उसका व्यवहार कुसमायोजित होने लगता है। आजकल ज्यादातर शोधकर्ताओं का मानना है कि मनोविदालिता जैसी मानसिक विकृति का सबसे प्रधान कारण चयनात्मक अवधान या ध्यान की प्रक्रिया भंग हो जाना होता है। इनग्राम के अनुसार बहुत सारी मनश्चिकित्सीय विकृतियों का कारण अपने ऊपर व्यक्ति द्वारा जरूरत से ज्यादा ध्यान देना होता है। इसी प्रकार बुटजिन, एकोकेल्ला एवं एलाय का मानना है कि बहुतेरे स्नायुविकृत रोगों की उत्पत्ति में अवधान की अहम् भूमिका होती है। उदाहरण के तौर पर दुश्चिंता विकृति से ग्रस्त व्यक्ति पर्यावरण के उद्दीपकों विशेष कर हल्का-फुल्का उत्पन्न करने वाले उद्दीपकों पर भी जरूरत से ज्यादा ध्यान देने वाले होते हैं।

(iii) संगठनात्मक संरचनाएँ—मनुष्य का मन चंचल होता है। वह किस प्रकार की सूचनायें ग्रहण करता है, इसका चयन करने के साथ ही इन सूचनाओं को एक अर्थपूर्ण एवं स्थाई पैटर्न में सुव्यवस्थित भी करता है जो फिर यह निर्धारित करता है कि अन्य किस तरह की सूचनाएँ ग्रहण की जाएं। इसे संज्ञानात्मक मनोविज्ञानियों ने स्कीमा कहा है। इस तरह से जिन्दगी के विशेष पहलुओं क्षेत्र के बारे में सूचनाओं की एक संगठित संरचना को 'स्कीमा' कहा जाता है। जैसे, व्यक्ति में अपने माता-पिता के प्रति एक स्कीमा होता है, बाजार जाने के प्रति एक स्कीमा होता है, स्कूल तथा कॉलेज के प्रति एक स्कीमा होता है। इस तरह से व्यक्ति के मन में हजारों स्कीमा होते हैं। संज्ञानात्मक मनोविज्ञानियों के अनुसार असामान्य व्यवहार की व्याख्या करने के लिए जो महत्त्वपूर्ण स्कीमा होता है, उसे आत्म-स्कीमा कहा जाता है। यह व्यक्ति के अपने बारे में सूचनाओं का एक संगठित तंत्र होता है। ब्रेक तथा बेक, इमरी एवं ग्रीनवर्ग के अनुसार जब व्यक्ति का आत्म-स्कीमा दोषभाव, वंचन एवं अयोग्यता आदि से प्रभावित हो जाता है, तो उसमें एक विशेष मानसिक अवस्था जिसे विषादी प्रवृत्ति कहा जाता है, विकसित होता है। इस प्रकार की स्थिति में व्यक्ति सिर्फ आत्म-स्कीमा को समर्थन करने वाली सूचनाओं को ही ग्रहण करता है। ब्रेक का यह भी मत है कि व्यक्ति में चिंता का कारण भी विकृत आत्म-स्कीमा होता है और ऐसी परिस्थिति में इसका सार-तत्त्व अनिश्चितता तथा धमकी से प्रबलित होता है।

असामान्य व्यवहार के विश्लेषण में सहायक दूसरी संगठनात्मक संरचना विश्वास है। अल्बर्ट इलिस के अनुसार जब व्यक्ति आत्म-पराजित विश्वास

विकसित कर लेता है, तो उसका व्यवहार अनुपयुक्त एवं अतर्कसंगत हो जाता है। उदाहरण के तौर पर यदि कोई व्यवस्क महिला में जब यह विश्वास विकसित हो जाता है कि उसके व्यवहार तथा विचार को सभी लोग अनुमोदित करेंगे तथा उससे कभी गलती हो ही नहीं सकती है, तो ऐसी परिस्थिति में वह दूसरों को खुश करने में अधिक-से-अधिक समय व्यतीत करेगी तथा अपने प्रत्येक कार्य को बार-बार चेक करने में काफी अधिक समय व्यतीत करेगी। इसका परिणाम व्यक्ति के लिए नुकसानदायक होता है व्यक्ति के मन में समाज विरोधी तत्त्वों का धीरे-धीरे विकास होने लगता है।

संज्ञानात्मक विचारधारा में जिन्दगी का कार्य एक तीसरी संगठनात्मक संरचना है। यह असामान्यता की व्याख्या करने में मदद करती है। 'जिन्दगी का कार्य' से तात्पर्य वैसे कार्य से होता है जिसे व्यक्ति अपने लिए निर्धारित करता है। जैसे, एक कॉलेज का छात्र उच्च अंक में परीक्षा में सफल होने का लक्ष्य निर्धारित करता है जो वह उसकी जिन्दगी का कार्य एक उदाहरण होगा। फिर वह दूसरा कार्य एक अच्छा प्रोफेसर या एक अच्छा अभियंता बनने का लक्ष्य निर्धारित कर सकता है जो उसकी जिन्दगी का दूसरा कार्य होगा। सचमुच में जिन्दगी के कार्य पर किए गए शोध 'स्कीमा' पर किए गए शोधों का ही प्रतिफल एवं विस्तृत रूप है। जो शोधकर्ता इस क्षेत्र से सम्बन्धित होते हैं, उनमें नैनसी कैनटोर विशेष रूप से महत्त्वपूर्ण होता है। इन्होंने अपने विचार में स्पष्ट किया है कि चूँकि जिन्दगी का कार्य का आधार 'स्कीमा' ही होता है, अतः विकृत स्कीमा से अवास्तविक कार्य की उत्पत्ति होती है जिससे व्यक्ति अपनी जिन्दगी के साथ समायोजन स्थापित करने के लिए आत्म-पराजित उपायों को विकसित कर लेता है जिससे उसमें मानसिक विकृति उत्पन्न हो जाती है। इस प्रकार की स्थिति को संज्ञानात्मक पुनःसंख्या कहते हैं जिसमें चिकित्सक क्लायंट के जीवन की घटनाओं को संशोधित करके अपने स्कीमा को भी संशोधित करने का मश्विरा देते हैं। जैसे, क्लायंट को चिकित्सक द्वारा यह कहा जा सकता है कि यदि उसे काफी प्रत्याशित एवं मनचाहा दूरभाष कॉल नहीं आया तो इसका मतलब यह नहीं है कि वह बेकार है तथा प्यार एवं स्नेह पाने के योग्य नहीं है। इस तरह के नकारात्मक स्कीमा के हटने पर नई स्कीमा अपने आप विकसित हो जाता है और फिर अपने लिए नए कार्य एवं उपाय को भी अपनाता है।

संज्ञानात्मक सिद्धान्त के तहत व्यक्ति की मानसिक विकृति को संज्ञान अर्थात् उसके चिंतन, स्मृति, विश्वास आदि के रूप में विश्लेषित किया गया है

जिसका समर्थन विभिन्न मनोवैज्ञानिकों ने शोधों के प्रत्यक्ष रूप से किया है। इससे अपने आप इस मॉडल की वैधता का समर्थन मिलता है।

संज्ञानात्मक सिद्धान्त अन्य सिद्धान्तों की अपेक्षा काफी लाभदायक है। इसका प्रमुख लाभ यह है कि इस मॉडल में इस बात की व्याख्या होती है कि व्यक्ति अपनी अनुभूतियों को किस ढंग से पुनर्संरचित करता है, कैसे उसका विशेष अर्थ निकालता है और पर्यावरणी उद्दीपकों को वे उस ढंग की सूचना में बदल देता है जिसका उपयोग किया जा सके। इससे असामान्यता तथा कुसमायोजन की व्याख्या होने के साथ-साथ व्यक्ति की आंतरिक अनुभूतियों का योगदान भी परिलक्षित होता है।

1. संगठनात्मक सिद्धान्त की एक प्रमुख कमी यह है कि इसको वैज्ञानिक विधि से परिभाषित नहीं किया गया है और 'स्कीमा' जैसे संप्रत्यय पर नहीं किया जा सकता है। इतना ही नहीं, असामान्यता की संज्ञानात्मक व्याख्या द्वारा कोई खास वैज्ञानिक व्याख्या नहीं हो पाती है। जैसे, यह कहना कि विषाद नकारात्मक स्कीमा से उत्पन्न होता है, से यह पता सिर्फ चलता है कि विषादी लोग निराशाजनक ढंग से सोचते हैं। परन्तु सभी लोग यह जानते हैं कि इस तरह का निराशाजनक चिंतन विषाद के निदान का एक हिस्सा होता है। इस मॉडल में चिन्तन को एक कारणात्मक दर्जा दे दिया जाता है अर्थात् यह मान लिया जाता है कि चिंतन द्वारा विकृति एवं अन्य लक्षण उत्पन्न हो जाते हैं। इस तथ्य को कई मनोवैज्ञानिकों ने एक बिना साबित किया हुआ दावा कहा है।
2. संज्ञानात्मक सिद्धान्त नकारात्मक स्कीमा की उत्पत्ति को स्पष्ट नहीं करता है इसमें असामान्यता की व्याख्या में विकृति या असामान्यता के वर्तमान निर्धारकों पर तो बल डाला जाता है परन्तु उसके ऐतिहासिक पूर्ववृत्त पर अर्थात् क्लायंट की गत जिंदगी की घटनाओं पर बल नहीं डाला जाता है। इसका परिणाम यह होता है कि असामान्यता के स्वरूप की व्याख्या ठीक ढंग से इसके द्वारा नहीं हो पाती है।
3. स्कीनर के अनुसार संज्ञान का स्वरूप ऐसा होता है जिसे न तो प्रेक्षण किया जा सकता है और न मापा ही जा सकता है। अतः यह अवैज्ञानिक है और फिर इससे असामान्य व्यवहार की एक वैज्ञानिक व्याख्या संभव नहीं है।

उपरोक्त बिन्दु के अध्ययन से स्पष्ट होता है कि कुछ अवगुण होने के बाद भी असामान्य मनोविज्ञान के क्षेत्र में संज्ञानात्मक सिद्धान्त का महत्त्वपूर्ण स्थान है।

आजकल इस मॉडल के सारे तत्त्वों को व्यवहारवादी मॉडल के सार तत्त्वों के साथ मिलाकर उपयोग किया जा रहा है ताकि कुसमायोजन की व्याख्या एवं उपचार में महत्त्वपूर्ण सफलता हासिल हो सके। इसका एक उदाहरण— संज्ञानात्मक व्यवहारवादी चिकित्सा है। हाल ही में लेजारस द्वारा भी इस सिलसिले में किया गया प्रयास काफी महत्त्वपूर्ण है जिन्होंने यह दावा किया है कि एक ही व्यक्ति में रोग सात विभिन्न स्तरों पर होते हैं इन सात स्तरों का 'वेसिक ईद' के रूप में कूटसंकेतीकरण किया है और उनके द्वारा प्रतिपादित इस चिकित्सा पद्धति को बहुआयामी चिकित्सा कहा गया है।

मानवतावादी-अस्तित्वात्मक अवधारणा

इस अवधारणा ने असामान्य व्यवहार की व्याख्या करने में महत्त्वपूर्ण योगदान दिया है। यह वास्तव में मनोगतिकी विचारधारा के प्रति एक प्रतिक्रिया तथा परिणाम दोनों ही है। सचमुच में बहुत सारे मानवतावादी एवं अस्तित्ववादी चिंतकों का आरंभिक प्रशिक्षण एक मनोविश्लेषक के रूप में हुआ था, परन्तु बाद में कई कारणों से वे एक भिन्न विचारधारा के समर्थक बन गए। वास्तव में देखा जाए तो मानवतावादी-अस्तित्वात्मक विचारधारा असामान्यता की व्यवहारवादी विचारधारा के प्रति भी एक प्रतिक्रिया है। मानवतावादी-अस्तित्ववादी विद्वानों द्वारा व्यवहारवादी मॉडल को यह कहकर अस्वीकृत कर दिया गया है कि इसमें सिर्फ प्रेक्षणीय व्यवहार तथा उद्दीपक परिस्थिति पर ही ध्यान दिया जाता है और व्यक्ति की आंतरिक अनुभूतियों एवं आत्म-निर्देश जैसे तत्त्वों के महत्त्व को अस्वीकार कर दिया गया है जो सचमुच में कुसमायोजन एवं असामान्यता का एक प्रमुख कारण है।

इस बात का उल्लेख करना यहाँ अत्यधिक जरूरी है कि वास्तव में मानवतावाद मनोविज्ञान तथा अस्तित्ववादी मनोविज्ञान के दो अलग-अलग स्कूल हैं। जिनके विचारों में काफी समानता होने के कारण उनकी बताई गई विचारधाराओं को आधुनिक मनोविज्ञानी एक संयुक्त नाम 'मानवतावादी-अस्तित्ववादी मॉडल' दिए हैं। इस विचारधारा या मॉडल की शुरुआत 1950 एवं 1960 वाले दशक में 'तीसरा बल' के रूप में हुई। यह 'तीसरा बल' का प्रादुर्भाव पहला बल अर्थात् मनोविश्लेषणात्मक विचारधारा तथा दूसरा बल अर्थात् व्यवहारवादी विचारधारा के प्रति प्रतिक्रिया के रूप में हुआ है। मानवतावादी मनोविज्ञान में मुख्य रूप से कार्ल

रोजर्स तथा एब्राहम मैसलो के विचारों को तथा अस्तित्ववादी मनोविज्ञान में मुख्य रूप से रोलो में, विक्टर फ्रैंक तथा आर.डी. लॉग के विचारों को असामान्यता की व्याख्या के लिए महत्त्वपूर्ण माना गया है।

अवधारणा के सन्दर्भ में कुछ पूर्वकल्पनाओं को अहम् माना गया है जो मानसिक विकृति की व्याख्या करने में सहायक हैं। इनका वर्णन निम्न प्रकार हैं—

(1) स्वतंत्रता एवं उत्तरदायित्व—मनुष्यों में आत्मचेतना का गुण होता है। यह गुण उन्हें इस बात की स्वतंत्रता प्रदान करता है कि वे अपने अस्तित्व के लिए अनेकों उपलब्ध साधन में से किसे चुनेंगे। ऐसा करके वे अपने भाग्य के निर्माता स्वयं होते हैं। इस तरह से व्यक्ति अपने भाग्य, अच्छा या बुरा, का मालिक स्वयं होता है।

(2) परिघटनात्मक विधि—मानवतावादी-अस्तित्ववादी उपागम में परिघटनात्मक विधि को महत्त्वपूर्ण माना जाता है तथा व्यक्ति के व्यवहारों को समझने के लिए इसे सबसे उपयुक्त समझा जाता है। इस विधि का सार तत्त्व यह है कि किसी व्यक्ति के व्यवहार को पूर्वरूपेण समझने के लिए यह आवश्यक है कि दुनिया को उस व्यक्ति की आँखों से देखा जाए। अतः प्रेक्षण किए गए व्यक्ति के विचार को जानकर ही उसके व्यवहार को समझा जा सकता है अन्यथा नहीं।

(3) व्यक्ति का अनोखापन—चूँकि प्रत्येक व्यक्ति संसार का विभिन्न ढंग से प्रत्यक्षण करता है तथा अपने आत्म-निर्माण में विशेष ढंग से भाग लेता है, इसलिए प्रत्येक व्यक्ति अपने ढंग का अनोखा होता है। इस विचारधारा के अनुसार व्यक्ति व्यवहारवादी या मनोगतिकी सूत्रों के बंधन में बाँधना, उसके अस्तित्व के एक सीमित पहलू पर ही प्रकाश डालने के समान है।

(4) मानव अंतःशक्ति—मानवतावादी-अस्तित्ववादी विचारधारा में मानव अंतःशक्ति को महत्त्वपूर्ण माना गया है। इस विचारधारा के अनुसार मानव जीवन अनुभव के द्वारा वर्द्धित होता रहता है। इस विचारधारा के अनुसार प्रत्येक व्यक्ति में वह बनने की क्षमता होती है, जो वह चाहता है।

मानवतावादी-अस्तित्ववादी अवधारणा को आसानीपूर्वक समझने के लिये दो भागों में बांटा गया है जो निम्नलिखित हैं—

(क) अस्तित्वादी विश्लेषण—मनोवैज्ञानिक ने असामान्यता की जो व्याख्या की है उसको अस्तित्ववादी व्याख्या का नाम दिया गया है। वास्तव में अस्तित्ववादी मनोविज्ञान यूरोपियन अस्तित्ववादी दर्शनशास्त्र की ही एक अपवृद्धि है। अस्तित्ववादी मनोविज्ञान में 'संसार-में-होने' अर्थात् व्यक्ति का संसार के साथ संबद्धता तथा

अन्य लोगों के साथ उनकी सतत अनुक्रिया को महत्त्वपूर्ण माना जाता है। इसके अलावा इसमें वास्तविक रूप से रहने के लिए अपने नियमानुसार संघर्ष करने की क्षमता पर भी जोर डाला जाता है। जब व्यक्ति इस तरह की सतत् अनुक्रिया तथा क्षमता में अपने आप को सक्षम नहीं पाता है तो इससे उसमें अपवर्तन की स्थिति उत्पन्न होती है जो एक तरह की 'आध्यात्मिक मृत्यु' के समान होती है जिसमें व्यक्ति को अपनी जिन्दगी में अर्थहीनता दिखाई देती है और वह मृत्यु की अवश्यभाविता से काफी डरने लगता है। इसके परिणामस्वरूप व्यक्ति में मानसिक विकृति आ जाती है। अस्तित्ववादी अवधारणा के सन्दर्भ में वैसे तो कई मनोवैज्ञानिकों ने अपने-अपने विचार प्रस्तुत किये हैं, परन्तु रोलो में, विक्टर फ्रैंक तथा आर. डी. लायिंग के विचार उल्लेखनीय हैं।

रोलो मे ऐसा पहला मनोवैज्ञानिक है, जिसने अमेरिका में अस्तित्ववादी संदर्भ को सबसे पहले बतलाया और वे एक महत्त्वपूर्ण अमेरिकन समर्थन के रूप में रहे। इसके अनुसार जिन्दगी के तथ्य का सात्विक संदर्भ के बाहर कोई अर्थ नहीं होता है। सात्विक संदर्भ से तात्पर्य रोगी के वर्तमान जिंदा आत्मन् तथा आत्मन् के चेतन के संदर्भ से होता है। रोलो मे का मानना है कि प्रत्येक व्यक्ति में अपने अस्तित्व के लिए एक स्थाई आधार के एक केन्द्र को सुरक्षित रखने की आवश्यकता होती है। जब इस केन्द्र को बाह्य बलों से धमकी मिलती है, तो इससे व्यक्ति में असामान्यता विकसित होती है।

फ्रायड ने भी असामान्यता की व्याख्या करने में अस्तित्ववादी व्याख्या को महत्त्व दिया है। उसके शिष्य विक्टर फ्रैंक ने असामान्यता की व्याख्या करने में एक विशेष आयाम जिसे आध्यात्मिक जिन्दगी कहा है, को काफी महत्त्वपूर्ण माना है। फ्रैंक के अनुसार व्यक्ति के व्यवहार का सबसे प्रमुख अभिप्रेरक न तो आनन्द-की-इच्छा और न ही शक्ति-की-इच्छा है बल्कि अर्थ-की-इच्छा है। अर्थ-की-इच्छा से तात्पर्य अपने कुंठित, जटिल एवं सीमित अस्तित्व के लिए कुछ उचित कारण ढूँढ़ने से होता है। इस प्रकार का आशय वही व्यक्ति समझ पायेगा, जिसमें मूल्य का अनुभव होगा। व्यक्ति से मूल्य का विकास अपने कार्यों से, अन्य लोगों के स्नेह एवं प्यार से तथा तकलीफ या दुखों का सामना करने से होता है। जब व्यक्ति की इस मूल्य अर्जन प्रक्रिया में रुकावट होती है, तो इससे व्यक्ति में असामान्यता विकसित होती है। असामान्यता के उपचार के लिए फ्रैंक ने जिस विधि का प्रतिपादन किया है, उसे लोगोचिकित्सा कहा जाता है जिसमें चिकित्सक रोगी को उसके अस्तित्व के उत्तरदायित्व से सामना कराता है तथा उसे विभिन्न मूल्यों में से सही मूल्य को

चुनने के लिए प्रोत्साहित करता है। इससे धीरे-धीरे रोगी अपने अस्तित्व के सही अर्थ को समझने लगता है तथा उसकी समस्या की गंभीरता कम होने लगती है।

इंग्लैण्ड के प्रसिद्ध मनश्चिकित्सक आर. डी. लायिंग का मानना है कि व्यक्ति के अस्तित्व का महत्त्वपूर्ण तथ्य उसके व्यक्तिगत संबंध में होता है। उनका कहना है कि असामान्य व्यवहार व्यक्ति में नहीं बल्कि उसका अन्य व्यक्तियों के साथ संबंध में विकसित होता है। समाज या परिवार व्यक्ति को गलत आत्मन् विकसित करने के लिए बाध्य करता है क्योंकि वह अर्थहीन लक्ष्यों को प्राप्त करने के लिए बाधित करता है तथा दोहरे किस्म की सूचनाओं को देखकर व्यक्ति के मन में तथ्यपूर्ण व्यवहार के प्रति उदासीनता पैदाकर देता है। इस सबों का परिणाम यह होता है कि व्यक्ति का गलत आत्मन् सच्चे आत्मन् को ढक लेता है और उसका व्यवहार असामान्य हो जाता है। जैसे, लांयिग ने मनोविदालिता का उदाहरण देते हुए कहा है कि जब व्यक्ति में अत्यधिक अन्तर्वैयक्तिक तनाव होता है और साथ-ही-साथ व्यक्ति में कुछ जैवरासायनिक कठिनाइयाँ भी होती हैं, तो व्यक्ति समाज द्वारा निर्मित झूठे या गलत आत्मन् को बरकरार नहीं रख पाता है और वास्तविकता से पीछे हटकर वह एक अपनी विशेष आंतरिक दुनिया में खो जाता है जिसे हम मनोविदालिता कहते हैं।

इस प्रकार यह स्पष्ट होता है कि मानवतावादी-अस्तित्ववादी विचारधारा के अनुसार असामान्य व्यवहार उस समय पैदा होता है जब व्यक्ति अपने आप को स्वीकार करने में, तथा व्यक्तिगत लक्ष्यों को आगे बढ़ाने में असफल रहता है।

निम्नांकित बिन्दुओं में मानवतावादी-अस्तित्ववादी अवधारणा के लाभों को बतलाया जा सकता है–

1. यह मॉडल मानव प्रकृति के प्रति एक आशावादी दृष्टिकोण रखते हुए मानव अंतःशक्ति पर बल डालता है तथा अपने लक्ष्यों एवं आवश्यकताओं की पूर्ति के लिए वैयक्तिक क्षमताओं के वर्द्धन को महत्त्वपूर्ण मानता है।
2. इस अवधारणा की प्रमुख विशेषता यह है कि यह मॉडल प्रत्येक व्यक्ति के अनोखेपन पर बल डालता है तथा इस बात का पूर्ण भरोसा दिलाता है कि व्यक्ति निम्न पशुओं का सिर्फ विस्तृत प्रारूप नहीं माना जा सकता है तथा एक व्यक्ति ठीक दूसरे व्यक्ति के बिल्कुल समान नहीं होता है।
3. इस विचारधारा में प्रत्येक व्यक्ति की अपनी अनुभूति को पर्याप्त महत्त्व दिया जाता है जिसके कारण इस मॉडल में उन लोगों के लिए आंतरिक आकर्षिता काफी अधिक होती है जो इस पर ध्यान दिए होते हैं।

(ख) मानवतावादी विश्लेषण—कार्ल रोजर्स तथा एब्राहम मैसलो ने असामान्यता की व्याख्या करने के लिए मानवतावादी विचारधारा का प्रतिपादन किया। मानवतावादी व्याख्या में मानव प्रकृति की एक धनात्मक तस्वीर पेश की गई है जो मनोगतिकी विचारधारा से भिन्न है जिसमें मानव प्रकृति का एक ऋणात्मक तस्वीर पेश की जाती है। मानवतावादी व्याख्या में मानव प्रकृति अनुकूल परिस्थिति होने पर दोस्ताना, सहयोगात्मक तथा रचनात्मक हो जाती है वह न केवल अपनी जैविक आवश्यकताओं की पूर्ति कर सकने में सफल होती है बल्कि अपनी क्षमताओं के उच्च स्तरीय अंशों को भी पूरा कर पाती है।

कार्ल रोजर्स का इस सम्बन्ध में कहना है कि व्यक्ति का प्रत्येक व्यवहार एक ही अभिप्रेरणा से नियंत्रित होता है जिसे वस्तुवादी प्रवृत्ति कहा जाता है। वस्तुवादी प्रवृत्ति से तात्पर्य अपने आप को सुरक्षित रखते हुए आगे बढ़ने की इच्छा से होता है। इसके एक स्तर पर तो व्यक्ति सिर्फ अपने आप को जैविक आवश्यकताओं की पूर्ति करते हुए जीवित रखता है तो उच्च स्तर पर इस वस्तुवादी प्रवृत्ति में व्यक्ति को अपनी इच्छा एवं अभिप्रेरणाओं की जाँच करने तथा अपनी क्षमताओं तथा अंतःशक्ति को पूरा करने की प्रवृत्ति भी सम्मिलित होती है। व्यक्ति द्वारा अपनी अंतःशक्ति को जाँचने तथा उसे पूरा करने की प्रक्रिया को आत्म-सिद्धि की संज्ञा दी जाती है।

अगर बाल्यावस्था के दौरान व्यक्ति में कुछ ऐसी अनुभूतियाँ उत्पन्न होती हों जिनसे उसकी आत्म-सिद्धि के मार्ग में बाधा पहुँचती है और व्यक्ति की वास्तविकता से अलग हो जाती है, तो उससे व्यक्ति में असामान्य व्यवहार उत्पन्न हो जाता है। ऐसी परिस्थिति में व्यक्ति का महत्त्वपूर्ण चिंतन, संवेग एवं मूल्य आदि प्रतिकूल परिस्थिति के कारण विपरीत ढंग से प्रभावित हो जाता है जिससे उसमें असामान्य व्यवहार की उत्पत्ति हो जाती है। रोजर्स ने इस असामान्य व्यवहार का इलाज करने के लिए एक विशेष चिकित्सा विधि का प्रतिपादन किया है जिसे **क्लायंट-केन्द्रित चिकित्सा** कहा जाता है जिसमें आत्म-सिद्धि के मार्ग में आई सभी बाधाओं को एक स्वीकार्य एवं स्नेहपूर्ण वातावरण उत्पन्न कर समाप्त कर दिया जाता है और तब रोगी ठीक होकर अपने व्यक्तित्व का विकास पूर्ववत् करने लगता है।

मैसलो का मानना है कि मानव प्रकृति उत्तम और धनात्मक होती है तथा सभी व्यवहारों को वे एक प्रमुख मौलिक अभिप्रेरक अर्थात् आत्म-सिद्धि के प्रणोद से निर्देशित मानते हैं। मैसलो ने आवश्यकताओं के पाँच स्तर का प्रतिपादन किया है जो एक पदानुक्रम में सुव्यवस्थित होता है। अगले स्तर की आवश्यकता की

पुष्टि के लिए यह आवश्यक है कि पिछले स्तर की आवश्यकता की पूर्ति हो। जब व्यक्ति के प्रथम चारों स्तर की आवश्यकताओं की पूर्ति हो जाती है, तो वह पाँचवें स्तर की आवश्यकता अर्थात् आत्म-सिद्धि की आवश्यकता की ओर अग्रसर होता है। मैसलो का मत है कि जब अत्यधिक तनाव या विपरीत या संकटकालीन परिस्थिति के कारण व्यक्ति की आत्म-सिद्धि की आवश्यकता की तुष्टि के मार्ग में बाधा पहुँचती है, तो इससे उसमें असामान्य व्यवहार की उत्पत्ति होती है।

इस प्रकार यह स्पष्ट होता है कि मानवतावादी दृष्टिकोण से असामान्य व्यवहार व्यक्तिगत वर्द्धन तथा दैहिक एवं मानसिक स्वास्थ्य के प्रति स्वाभाविक प्रवृत्ति के मार्ग में रुकावट या बाधा पहुँचने से होता है। मानवतावादी मनोवैज्ञानिकों ने इस प्रकार के अवरोध उत्पन्न होने के कई कारण बताये हैं जैसे—अत्यधिक तनाव, प्रतिकूल सामाजिक अवस्था और दोषपूर्ण अधिगम, रक्षात्मक प्रक्रमों का अत्यधिक प्रयोग इत्यादि।

उक्त कारणों से व्यक्ति के व्यक्तिगत वर्द्धन का मार्ग अवरुद्ध हो जाता है और उसमें असामान्य व्यवहार की उत्पत्ति हो जाती है। रोजर्स तथा मैसलो के अतिरिक्त अन्य मानवतावादी मनोवैज्ञानिकों जिनमें फ्रिज पर्ल्स, गार्डनर मर्फी, विलियम जेम्स, गॉर्डन आलपोर्ट का नाम भी उदारतापूर्वक लिया जाता है, का मत है कि अनुकूल परिस्थिति के होने पर मानव व्यवहार रचनात्मक होने के साथ-ही-साथ दोस्ताना भी होता है और व्यक्तित्व में अपअनुकूली व्यवहार के उत्पन्न होने की संभावना कम होती है। दूसरे तरफ आक्रामकता, क्रूरता तथा स्वार्थपरता जैसे व्यवहार की उत्पत्ति कुंठा तथा मौलिक मानवीय स्वरूप की विकृति आदि से उत्पन्न होता है।

दोष

मानवतावादी-अस्तित्ववादी अवधारणा के निम्नलिखित दोष हैं—

1. इस मॉडल में मानव व्यवहार का वर्णन तो उत्तम ढंग से किया जाता है परन्तु उसके कारणों की वैज्ञानिक व्याख्या नहीं होती है।
2. इसके संप्रत्यय अस्पष्ट एवं आत्मनिष्ठ हैं, जिन्हें ठीक ढंग से न तो समझा जा सकता है और न ही उससे जांचनीय प्राक्कल्पना बनाई जा सकती है।
3. इस अवधारणा द्वारा असामान्यता की व्याख्या में अचेतन अभिप्रेरण, पुनर्बलन प्रसंभाव्यता, जैविक कारकों तथा परिस्थितिजन्य प्रभावों की उपेक्षा की गई है।

4. इस मॉडल द्वारा असामान्यता की व्याख्या करने में क्लांयट की तात्कालिक चेतना अनुभूति पर इतना बल डाला जाता है जितना कि सचमुच में नहीं चाहिए।

उपरोक्त दोषों के बावजूद भी मानवतावादी-अस्तित्ववादी मॉडल को काफी उपयोगी एवं महत्त्वपूर्ण बतलाया गया है क्योंकि इसके माध्यम से असामान्य व्यवहार की व्याख्या व्यक्ति की आंतरिक अनुभूतियों एवं वास्तविकता के प्रत्यक्षण के आलोक में किया जाता है।

असामान्य व्यवहार को समझने के लिए विशेषज्ञों ने जिन सिद्धान्तों की व्याख्या की है, उनका वर्णन नीचे किया जा रहा है।

जैविक सिद्धान्त

इस सिद्धान्त को रोगी सिद्धान्त अथवा मेडिकल सिद्धान्त की भी संज्ञा दी जाती है। इस सिद्धान्त के तहत असामान्य व्यवहार का विश्लेषण जैव-दैहिक प्रक्रियाओं के रूप में की गई है। इसे कभी-कभी मेडिकल मॉडल या रोग मॉडल भी कहा जाता है। वास्तव में इस मॉडल द्वारा असामान्य व्यवहार की व्याख्या दो स्तरों पर की गई है—पहले स्तर पर इस मॉडल के अनुसार व्यवहार को केन्द्रीय तंत्रिका तंत्र का रोग माना जाता है जो या तो जन्मजात होता है या किसी प्रकार के मस्तिष्कीय विकार से उत्पन्न होता है। इस श्रेणी के मनोसामाजिक वातावरण अथवा मनोवैज्ञानिक कारकों की भूमिका नगण्य होती है। दूसरे स्तर पर जो तुलनात्मक रूप से अधिक नवीन है, असामान्य व्यवहार के कारण जैव रासायनिक प्रक्रियाएं असंतुलित हो जाती हैं, तो व्यक्ति मानसिक विकृति का शिकार हो जाता है। इस सिद्धान्त से सम्बन्धित कुछ अवधारणाएं निम्नलिखित हैं—

(1) प्राचीन जैविक अवधारणा—असामान्य व्यवहार एक तरह का रोग है जो मस्तिष्क में विकृति के कारण उत्पन्न होता है। इस विचारधारा के आरंभिक समर्थक हाल्लर तथा ग्रिसिगर हैं जिन्होंने 1845 में यह दावा किया कि सभी मानसिक रोगों की व्याख्या मस्तिष्कीय विकृति के रूप में की जा सकती है। इसी अवधि में वैज्ञानिकों द्वारा 'सामान्य पैरेसिस' जैसे मानसिक रोग का प्रेक्षण किया गया जिसके प्राप्त निष्कर्ष से उक्त विचारधारा की पुष्टि की गई।

कालान्तर में जर्मनी के एक प्रसिद्ध मनश्चिकित्सक क्रेपलिन के योगदानों ने जैविक मॉडल के विकास में महत्त्वपूर्ण भूमिका निभाई। उन्होंने 1883 में एक

मशहूर पाठ्य-पुस्तक लिखी जिसमें मानसिक रोगों की उत्पत्ति में न केवल मस्तिष्कीय विकृति की ही भूमिका पर बल डाला गया परन्तु उन्होंने कई ऐसे संबद्ध महत्त्वपूर्ण योगदान दिए। मानसिक रोगों का उनका वह वर्गीकरण तंत्र था जो आज के DSM-IV का आधार है। उनका विचार था कि कुछ विशेष लक्षण पैटर्न व्यक्ति में इस तरह सतत होते हैं कि उन्हें मानसिक रोग का प्रकार कहा जा सकता है। उनकी यह विचारधारा कि मानसिक रोग का प्रत्येक प्रकार अन्य प्रकार से अलग तथा निम्न होता है, तथा प्रत्येक रोग काफी पूर्वनिर्धारित एवं पूर्वानुमेय होता है, से मेडिकल मॉडल को काफी समर्थन मिला है।

(2) आधुनिक जैविक अवधारणा—इस अवधारणा के अनुसार मानसिक रोग केवल मस्तिष्कीय दोष से नहीं बल्कि अन्य जैविक कारणों से भी उत्पत्ति होती है। जो इस प्रकार है—

(क) व्यवहार आनुवंशिकी—इस व्यवहार के तहत आनुवंशिक तत्त्वों द्वारा उत्पन्न वैयक्तिक भेद का अध्ययन किया जाता है। व्यक्ति का सम्पूर्ण आनुवंशिक ढाँचे, को जेनोटाइप कहा जाता है तथा व्यक्ति के सम्पूर्ण प्रेक्षणीय गुणों को फेनोटाइप कहा जाता है। जेनोटाइप तथा फेनोटाइप में इस अंतर के आधार पर हम यह आसानी से समझते हैं कि विभिन्न तरह के असामान्य व्यवहार में जेनोटाइप की विकृति होती है। मानसिक रोगों का आधार आनुवंशिक होता है। मानसिक रोगों में आनुवंशिक कारकों के महत्त्व को दिखाने के लिए दो विधियों का प्रतिपादन किया गया है—

पारिवारिक विधि में एक परिवार के विभिन्न सदस्यों का आपस में तुलना करके इस बात का सूक्ष्म रूप से अध्ययन किया जाता है कि क्या एक सदस्य में यदि अमुक मानसिक रोग हुआ है तो दूसरे में भी उसके होने की संभावना है। जुड़वाँ अध्ययन विधि में एकांकी जुड़वाँ बच्चों की तुलना आपस में तथा भ्रात्रीय जुड़वाँ बच्चों से करके यह तय किया जाता है कि क्या युग्म के एक बच्चे में यदि अमुक मानसिक रोग हुआ है, तो दूसरे में भी उसके लक्षण दिख रहे हैं?

(ख) मस्तिष्क में जैव रासायनिक असंतुलन—जब मस्तिष्क में किसी कारण से जैवरासायनिक असंतुलन उत्पन्न हो जाता है, तो इससे भी मानसिक रोग होता है।

(ग) जैवदैहिक चिकित्सा—इस तथ्य से भी जैविक मॉडल को समर्थन मिलता है कि कई तरह के जैविक हस्तक्षेप जो 1930 वाले दशक में किए गए थे, से मानसिक रोगों के लक्षणों में कमी आई है। इससे यह निष्कर्ष निकलता है कि

मानसिक रोगों का निश्चित रूप से जैविक आधार होता है। जैसे, एक लोकप्रिय जैविक चिकित्सा है—वैद्युतआक्षेपी चिकित्सा। इस विधि द्वारा रोगी का इलाज करने के लिये उसके मस्तिष्क में कुछ समय के लिये विद्युत का करन्ट दिया जाता है। इसके कुछ देर बाद देखा गया तो स्थिति सामान्य हो गयी थी। जैविक रूप से इसकी व्याख्या करते हुए यह कहा जाता है कि बिजली का आघात लगने से रोगी के मस्तिष्क का जैवरसायन संभवतः विघटित हो जाता है और फिर थोड़ी देर के बाद उसमें एक उचित जैवरसायन संतुलन कायम हो जाता है जो व्यक्ति को असामान्य व्यवहार की जगह पर सामान्य व्यवहार करने के लिए प्रेरित करता है। बीसवीं शताब्दी के 5वें दशक (1950) में एक नई तरह की औषधि विकसित की गयी जिससे मानसिक रोगों का उपचार सफलतापूर्वक किया जा सकता था। उदाहरण के लिए फेनोथियाजाइन्स एक ऐसी औषधि है जिससे संभ्रांत चिन्तन तथा अन्तर्वेधी चिन्तन में पर्याप्त कमी आती है। इस औषधि के लेने से मस्तिष्कीय जैवरसायन में इतना तीव्र परिवर्तन आता है कि रोगी सामान्यता की ओर तेजी से लौटता है। ऐसे प्रेक्षणों से भी इस तथ्य का खुलासा होता है कि मानसिक रोगों का जैविक आधार होता है।

मूल्यांकन—इस सिद्धान्त का सार तत्त्व यह है कि मानसिक रोग शारीरिक रोग के समान ही शरीर की बीमारी है। इस सिद्धान्त द्वारा कुछ लाभ अवश्य हुये हैं, परन्तु इसकी आलोचनाएँ भी हुई हैं जिन पर यहाँ विचार करना आवश्यक है। मॉडल के कुछ लाभ इस प्रकार हैं—

1. मेडिकल मॉडल के तथ्य वस्तुनिष्ठ तथा प्राक्कल्पनाएँ चूँकि जाँचनीय हैं, अतः इस पर काफी अधिक भरोसा किया जाता है।
2. मेडिकल मॉडल का आधार परिपक्व विज्ञान है। फलतः इसकी जो भी प्राक्कल्पनाएँ जैसे डोपामाइन प्राक्कल्पना, आनुवंशिकता, केन्द्रीय तंत्रिका तंत्र आदि हैं, वे सभी जाँचनीय हैं।
3. इस मॉडल की क्रियाविधि उत्तम ढंग से परिभाषित है तथा एक निश्चित क्रम में है जिनसे मानसिक रोग की व्याख्या होती है। दूसरे शब्दों में, इस मॉडल में पहले रोग के लक्षणों के समूह जिसे संलक्षण कहा जाता है, तैयार किया जाता है, फिर उसका संभावित कारण का पता लगाकर उसका उपचार किया जाता है। मानसिक रोग को स्पष्ट समझने के लिए इतना स्पष्ट क्रम किसी भी अन्य मॉडल में देखने को नहीं मिलता है।

यह मॉडल दोषरहित नहीं है। इसकी आलोचना निम्नलिखित कारणों से की जाती है—

1. इस मॉडल का प्रमुख दोष यह है कि दैहिक रोग के लक्षण तो वस्तुनिष्ठ होते हैं परन्तु मानसिक रोग के लक्षण आत्मनिष्ठ होते हैं। इस आलोचना का संबंध थोमस जास्ज के कथन से है जिसमें यह कहा गया है कि रोगी का मानसिक लक्षण उसके द्वारा अपने बारे में किया गया संचार होता है। जब हम लोग इस तरह के बतलाए गए संचार को लक्षण कहते हैं, तो किसी सामाजिक एवं सांस्कृतिक संदर्भ में ही कोई निर्णय लेकर ऐसा कहते हैं। जैसे, कोई रोगी यह सोचेगा कि रोगी व्यामोही मनोविदालिता का लक्षण दिखाया जा रहा है। इस परिस्थिति में भी यह निदान इस बात पर निर्भर करेगा कि प्रेक्षक रोगी के कथन में कितना विश्वास करता है। ऐसे रोगियों में आत्मनिष्ठा की अत्यधिक सम्भावना होती है।
2. कुछ लोगों ने इस सिद्धान्त की आलोचना करते हुये कहा है कि जब जैविक सिद्धान्त द्वारा असामान्य व्यवहार की व्याख्या की जाती है, तो रोग के लक्षण के कारण का स्वतंत्र रूप से आँकन संभव नहीं हो पाता है। कुछ लक्षणों या व्यवहारों को श्रेणीकृत करके उसे विशेष मानसिक रोग का नाम दिया जाता है और फिर उस नाम को ही उस रोग का कारण बतला दिया जाता है। इससे स्पष्ट होता है कि मेडिकल प्रारूप में वृत्तीय तर्कण का अभाव होता है। इसे एक उदाहरण द्वारा इस प्रकार समझाया जा सकता है—मान लिया जाए कि एक मानसिक रोगी ऐसा है जो अपने आप को वातावरण से अलग करके रखता है तथा उसमें विभ्रम का भी पर्याप्त अनुभव होता है। उसमें अगर यह लक्षण पाया जाता है तो उसे मनोविदालिता का रोगी माना जायेगा परन्तु जब यह पूछा जाता है कि रोगी में क्यों विभ्रम हो रहा है तथा वह क्यों सामान्य वातावरण से अपने को अलग रख रहा है तो यह कहा जाता है कि वह मनोविदालिता का रोगी है। इस तरह से उसी व्यवहार या लक्षण को मनोविदालिता की संज्ञा दी जाती है। यह स्पष्टतः वृत्तीय तर्कण का उदाहरण है।
3. जैविक सिद्धान्त की आलोचना में कहा गया है कि इसका यह दावा कि व्यक्तित्व तथा मानसिक विकृति आनुवंशिक होती है, मात्र अर्धसत्य है। अध्ययनों से यह स्पष्ट हुआ है कि व्यक्तित्व अंशतः आनुवंशिक होता है और साथ-ही-साथ मानसिक रोग भी आंशिक रूप से आनुवंशिक होता है

क्योंकि बहुत सारे वैसे कारक जो आनुवंशिक नहीं होते हैं, उनका भी प्रभाव मानसिक रोगों की उत्पत्ति पर अच्छा पड़ता है।

उपरोक्त आलोचनाओं के बाद भी जैविक सिद्धान्त काफी लोकप्रिय है। क्योंकि गत 20 वर्षों में किए गए शोधों से निम्नांकित तीन बातें स्पष्ट हो गई हैं–

कुछ मानसिक रोग आनुवंशिक होते हैं। कुछ मानसिक रोग ऐसे होते हैं जो जैवरासायनिक क्षुब्धता से होते हैं तथा कुछ मानसिक रोग न्यूरोशारीरिक होते हैं। कुछ औषधि निश्चित रूप से ऐसी हैं जिनसे व्यक्ति का संवेग एवं मनःस्थिति में परिवर्तन होता है।

मनोसामाजिक सिद्धान्त

मनोसामाजिक अवधारणा या सिद्धान्त में विभिन्न दृष्टिकोणों को सम्मिलित किया गया है जो निम्नवत् हैं–

मनोविश्लेषणात्मक विचारधारा

इस विचारधारा का प्रतिपादन फ्रॉयड महोदय ने किया था किन्तु कालान्तर में अनेक मनोवैज्ञानिकों ने उसमें सुधार किया और इसे उन्नत बनाया। इस विचारधारा के कुछ प्रमुख सिद्धांतों पर निम्न बिन्दुओं में प्रकाश डाला गया है–

(1) मौलिक सिद्धान्त–मौलिक सिद्धान्त का प्रतिपादन फ्रॉयड महोदय ने किया था। इसे क्लासिकी मनोविश्लेषणात्मक सिद्धान्त कहा जाता है। असामान्य व्यवहार की व्याख्या में फ्रायड द्वारा प्रतिपादित ऐसे कई संप्रत्ययों का प्रतिपादन है जो असामान्य व्यवहार के विश्लेषण में महत्त्वपूर्ण योगदान देते हैं। इस सिद्धान्त के कुछ निम्नलिखित बिन्दुओं का वर्णन किया गया है–

(क) उपाहं, अहं तथा पराहं–असामान्य व्यवहार के सन्दर्भ में फ्रायड का मत था कि व्यक्ति का व्यवहार व्यक्तित्व के तीन महत्त्वपूर्ण उपतंत्रों की अंतःक्रिया का परिणाम होता है।

उपाहं मूलप्रवृत्ति प्रणोदों का स्रोत होता है जो जन्मजात होता है तथा जिसमें दो परस्पर विरोधी मूलप्रवृत्तियां होती हैं–जीवन मूलप्रवृत्ति तथा मृत्यु मूलप्रवृत्ति।

अहं दूसरा महत्त्वपूर्ण उपतन्त्र भी मनुष्य के लिये काफी महत्त्व का होता है यह उपाहं के बाद होता है। सचमुच में जीवन की दूसरी छमाही में ही उपाहं के आवेगों से ही अहं का विकास होता है तथा अहं मूलतः चेतन होता है।

पराहं व्यक्तित्व का नैतिक कमांडर होता है जो सामाजिक मूल्यों एवं नैतिकता के आलोक में सही तथा गलत का निर्णय लेता है। इस तरह से पराहं नैतिकता के नियम द्वारा निर्देशित होता है।

(ख) मनोलैंगिक विकास की अवस्थाएँ—फ्रायड ने व्यक्तित्व विकास की निम्नलिखित मनोलैंगिक अवस्थाओं पर प्रकाश डाला है—

(अ) लिंग प्रधानावस्था—लगभग 3 से 6 साल के बच्चे में ऐसी अवस्था आती है। इस अवस्था में बच्चे जननेन्द्रियों के आत्म उत्तेजन से अधिक तुष्टि एवं सुख प्राप्त करते हैं। इस अवस्था में लड़कों में मातृमनोग्रन्थि तथा लड़कियों में पितृमनोग्रन्थि विकसित होती है।

(ब) जननेन्द्रियावस्था—यह अवस्था 13 साल से प्रारम्भ होती है जो आजीवन चलती रहती है। इस अवस्था में व्यक्ति को अधिकतम संतुष्टि या आनंन्द विषमलिंगी संबंध से होता है।

(स) मुखावस्था—यह अवस्था जन्म से लेकर दो वर्ष तक रहती है। जिसमें मुँह प्रमुख कामुकता क्षेत्र होता है और बच्चों को खाने एवं चूसने की क्रिया से सबसे अधिक संतुष्टि मिलती है।

(द) गुदावस्था—यह अवस्था 2 से 3 साल तक की होती है तथा बच्चा अधिकतम संतुष्टि या खुशी गुदा क्षेत्र के उत्तेजन से प्राप्त करता है। इस अवस्था में बच्चा अधिक से अधिक समय अपनी माता के संग बिताना चाहता है।

उपरोक्त में मनुष्य की जो अवस्थाएं बतलायी गयी हैं, उसमें वे एक विशिष्ट प्रकार की आवश्यकता को महसूस करती हैं, जिसके कारण उसमें एक प्रकार का मानसिक संघर्ष उत्पन्न होता है, जिसे दूर या खत्म करना आवश्यक होता है।

(2) मनोगतिकी सिद्धान्त का प्रभाव—इस बात को स्पष्ट करने में इस सिद्धान्त ने सर्वप्रथम सफलता पाई कि मानव मनोवैज्ञानिक प्रक्रियाओं में क्षुब्धता होने से मानसिक विकृतियों की उत्पत्ति होती है। जिस तरह से मेडिकल मॉडल ने असामान्य व्यवहार के कारण के रूप में प्रचलित अंधविश्वास को हटाकर उसकी जगह पर आंगिक विकृति विशेषकर मस्तिष्कीय विकृति को प्रतिस्थापित किया था, ठीक उसी तरह से मनोगतिकी मॉडल ने मस्तिष्कीय विकृति को हटाकर उसकी जगह पर अतिरंजित अहं प्रतिरक्षाओं को असामान्य व्यवहार के कारण के रूप में प्रतिस्थापित किया। मनोगतिकी सिद्धान्त का सही प्रकार से विश्लेषण करने पर यह स्पष्ट होता है कि असामान्य व्यवहार की उत्पत्ति पर इसका प्रभाव कई रूपों में पड़ता है, जिसे निम्न प्रकार समझा जा सकता है—

1. बाद के व्यक्तित्व समायोजन तथा कुसमायोजन में आरंभिक बाल्यावस्था की अनुभूतियों की अहं भूमिका होती है। यदि ऐसी अनुभूतियाँ अनुकूल हुईं, तो उससे बाद में व्यक्तिव में समायोजन तथा यदि ऐसी अनुभूतियाँ प्रतिकूल हुई, तो उससे बाद में व्यक्तित्व में कुसमायोजन विकसित होता है।
2. असामान्य व्यवहार में अचेतन अभिप्रेरण एवं अहं-रक्षात्मक प्रक्रियाओं की गत्यात्मक भूमिका होती है। चेतन एवं अचेतन के बारे में जानने के लिए फ्रायड ने स्वतंत्र विश्लेषण तथा स्वतंत्र सहचर्य जैसी प्रविधियों को प्रमुख माना था।
3. कुछ विशेष तरह की मानसिक विकृतियाँ उस समय विकसित हो जाती हैं जब व्यक्ति अत्यंत कठिन समस्याओं का समाधान करने का प्रयास करता है और ऐसा प्रयास और कुछ नहीं बल्कि सामान्य अहं रक्षात्मक प्रक्रमों का मात्र एक अतिरंजित प्रारूप होता है। निम्नलिखित बिन्दुओं में मनोगतिकी के कुछ गुणों का उल्लेख किया गया है–
   (अ) इस सिद्धान्त के अन्तर्गत सामान्य एवं असामान्य व्यवहार की व्याख्या के लिए एक ही तरह के मनोवैज्ञानिक नियमों का उल्लेख किया गया है। चिंता, अचेतन प्रक्रियाएँ, मानसिक संघर्ष तथा रक्षात्मक प्रक्रम कुछ ऐसी चीजें नहीं हैं जो सिर्फ असामान्य व्यवहार के लिए सही हैं बल्कि ये सारी चीजें सामान्य व्यवहार के लिए भी लागू होती हैं। व्यक्ति का व्यवहार सामान्य है अथवा असामान्य इसका निर्धारण मानसिक संघर्ष के परिणाम तथा रक्षात्मक प्रक्रमों के स्वरूप से होता है।
   (ब) मनोगतिकी सिद्धान्त असामान्य व्यवहार की व्याख्या करने के साथ-साथ व्यक्तित्व के एक विस्तृत व्याख्या प्रस्तुत करके असामान्य व्यवहार को समझने के लिए एक बोधगम्य पृष्ठभूमि तैयार करता है।
   (स) मनोगतिकी सिद्धान्त ने मनोगतिकी प्रक्रियाओं का अध्ययन करने के लिए तथा मनोवैज्ञानिक दुःखों एवं तकलीफों का उपचार करने के लिए विशेष विधि का वर्णन किया गया है जो अपने आप में एक महत्त्व रखता है।

मनोगतिकी सिद्धान्त दोष रहित नहीं है। इसके निम्नलिखित दोष हैं–

1. मनोगतिकी सिद्धान्ता के वहुत सारे संप्रत्ययों एवं नियमों का प्रयोगात्मक सत्यापन आज तक नहीं हो पाया है।

2. मनोगतिकी सिद्धान्त बहुत ही जटिल है, इसलिये इसकी वैधता को साबित करने में काफी कठिनाई होती है। इसका कारण यह है कि इसमें मानव व्यवहार एवं व्यक्तित्व के बारे में एक जटिल विचार रख गया है। बहुत सारे व्यवहारों को अतिनिर्धारित होते माना गया है। अन्य शब्दों में अगर कहा जाए तो इस सिद्धान्त में व्यवहार को एक से अधिक कारकों द्वारा तथा जरूरत से ज्यादा मनोवैज्ञानिकों की ऊर्जाओं द्वारा निर्धारित होते माना गया है। इसके अतिरिक्त, क्लायंट या रोगी के अचेतन अभिप्रेरक को देखा नहीं जा सकता है। मात्र इसके बारे में अनुमान लगाया जा सकता है। फलतः इसके अस्तित्व एवं प्रभाव की विश्वास के साथ पुष्टि नहीं की जा सकती है।
3. इस सिद्धान्त के तहत सेक्स पर आवश्यकता से अधिक जोर दिया गया है। मानव प्रकृति को निराशावादी दृष्टिकोण से देखा गया है तथा अचेतन प्रतिक्रियाओं की भूमिका को अतिरंजित कर दिखलाया गया है।
4. मनोगतिकी सिद्धान्त में असामान्य व्यवहार की व्याख्या में शीलगुण तथा प्रवृत्तियों आदि पर अधिक जोर दिया गया है। परन्तु कई मनश्चिकित्सकों तथा नैदानिक मनोवैज्ञानिकों का मत है कि इसमें सामाजिक एवं परिस्थितिजन्य कारकों जिनका भी प्रभाव असामान्य व्यवहार पर पड़ता है, के बारे में कुछ भी नहीं कह गया है।
5. मनोगतिकी सिद्धान्त में असामान्य व्यवहार को समझने के लिए व्यक्तिगत बर्द्धन तथा मूल्य विकास से संबद्ध अभिप्रेरकों को ज्यादा उपेक्षित किया गया है।

(4) वैश्लेषिक चिकित्सा—फ्रायड के द्वारा जिस मौलिक चिकित्सा प्रणाली का प्रतिपादन किया गया था उसे मनोवैश्लेषिक चिकित्सा कहा जाता है जिसमें बाद में बहुत सारे परिमार्जन किए गए परन्तु उसके मूल तत्त्व लगभग वही रहे हैं। फ्रायड के क्लासिकी मनोवैश्लेषिक चिकित्सक की प्रमुख मान्यता यह है कि स्नायुविकृत चिंता व्यक्ति में उस समय उत्पन्न होती है जब बचपन के दंडित एवं दमित उपाहं आवेग अपनी अभिव्यक्ति के लिए अहं को धमकी देता है। मनोवैश्लेषिक चिकित्सा में इस आरंभिक दमन को हटाने का प्रयास किया जाता है ताकि रोगी बाल्यावस्था के इस मानसिक संघर्ष को समझ सके और उसे वयस्क की वास्तविकता के आलोक में दूर कर सके। इन दमन को हटाने के ख्याल से मनोविश्लेषिक कई तरह की प्रविधियों

का सहारा लेते हैं जिनमें स्वतंत्र सहचर्य, स्वप्न विश्लेषण तथा रक्षा प्रक्रमों का विश्लेषण आदि प्रमुख हैं।

विगत 40 से 50 सालों के दौरान न्योफ्रायडियन विशेषकर करने हार्नी, सुल्लीभान तथा अहं विश्लेषण खासकर इरिक्सन हार्टमैन आदि के विचार मनोवैश्लैषिक चिकित्साओं में मिश्रित हो गए हैं। इसे कभी-कभी मनोगतिकी चिकित्सा भी कहा जाता है। इस नई मनश्चिकित्सा पद्धति का सार तत्त्व यह है कि इससे एक ओर चिकित्सा अवधि को लघु तथा अधिक वर्तमान एवं भविष्य उन्मुखी बनाने की कोशिश की गई है तो दूसरी ओर उसमें अचेतन तथा रक्षा प्रक्रमों के महत्त्व को स्वीकृत करते हुए स्वतंत्र सहचर्य एवं स्वप्न विश्लेषण जैसे, अधिक समय लेने वाली प्रविधियों का उपयोग न करने की हिदायत दी गई है। ऐसे में यह कहा जा सकता है कि मनश्चिकित्सा फ्रायडियन चिकित्सा की तुलना में अधिक में पूरी होने वाली चिकित्सा तुलनात्मक रूप से कम गहन भी होती है।

4

अन्तर्वैयक्तिक अवधारणा का विश्लेषण

मानव एक सामाजिक प्राणी है जो समाज में निवास करता है। समाज विहीन मानव पशु के समान होता है। अतः व्यक्तित्व का अधिकतर हिस्सा इस बात से निर्धारित होता है कि उसका समाज के अन्य लोगों के साथ कैसा संबंध है तथा वह किस तरह की सामाजिक अंतर्क्रिया लोगों के साथ करता है। असामान्य व्यवहार का अंदाज हमें आसानी से तब हो जाता है जब व्यक्ति द्वारा की गई गत एवं वर्तमान सामाजिक अंतर्क्रियाओं को विश्लेषित किया जाता है। मनोविज्ञान में व्यक्ति की असामान्यता का विश्लेषण अन्तर्वैयक्तिक विचारधारा के अन्तर्गत प्रमुखता से किया गया है। इनमें अल्फ्रेड एडलर, इरिक फ्रोम, कैरेन हार्नी, इरिक इरिक्सन तथा हैरी स्टैक सुल्लीभान जैसे मनोवैज्ञानिक प्रमुख हैं। इसके अतिरिक्त भी अन्य शास्त्रों के वैज्ञानिकों ने भी असामान्य व्यवहार की व्याख्या में अंतर्वैयक्तिक विचारधारा की सराहना की है। इनमें कॉरसन, किसलर, लिरी तथा विग्गिनस का नाम मशहूर है। इन सभी वैज्ञानिकों द्वारा असामान्य व्यवहार की जो व्याख्या की गयी है, वह गहराई में जाने पर एक-दूसरे से थोड़ा भिन्न अवश्य दिखता है, पन्रतु उन सबों का सार तत्त्व

यही है कि जब व्यक्ति का समाज के अन्य व्यक्तियों खासकर वैसे व्यक्तियों से जिन्हें वह अपने लिए महत्त्वपूर्ण समझता है, भूत में या वर्तमान में असंतोषजनक संबंध होता है, तो उससे अपअनुकूली व्यवहार का जन्म होता है। इस सिलसिले में सुल्लीभान के विचार को तुलनात्मक रूप से विशेष महत्त्वपूर्ण माना गया है। अतः इनके विचार पर थोड़ा अलग से रोशनी डाली जा रही है। सुल्लीभान के अनुसार मनुष्य व्यक्तित्व विकास की प्रक्रिया से होकर गुजरता है और प्रत्येक में अंतर्वैयक्तिक संबंध का एक भिन्न पैटर्न सम्मिलित होता है।

किसलर ने भी इस मॉडल के लिए काफी महत्त्वपूर्ण तथ्यों का प्रतिपादन है। इस मॉडल के सारतत्वों को ध्यान में रखते हुए किसलर ने असामान्य व्यवहार को इस ढंग से परिभाषित किया है, "असामान्य व्यवहार..... अन्तर्वैयक्तिक व्यवहार के सख्त, अवरुद्ध, तथा अनत्य पैटर्न से बना होता है जिसके सहारे असामान्य व्यक्ति, बिना किसी स्पष्ट चेतना के ही, अन्य लोग जो उसके लिए महत्त्वपूर्ण होते हैं, के साथ अंतक्रिया करता है। असामान्य व्यक्ति विभिन्न सामाजिक परिस्थिति की जरूरत के अनुसार अन्तर्वैयक्तिक व्यवहारों के विस्तृत परास का उपयोग करने की लोच न दिखाकर अंतर्वैयक्तिक व्यवहारों के सीमित प्रकारों के सख्त एवं अनत्य उपयोग में बँधा होता है।"

आसामान्य व्यवहार की उत्पत्ति तब होती है जब व्यक्ति सामाजिक परिस्थिति की माँगों के अनुरूप अपने व्यवहार में लचक न दिखाकर एक सख्त एवं निश्चित पैटर्न दिखलाता है। इस तरह की अनम्यता या सख्ती से व्यक्ति का अंतर्वैयक्तिक समायोजन या अनुकूलन कुप्रभावित हो जाता है जो उसके असामान्य व्यवहार के विकसित होने की प्रक्रिया को और भी मजबूत कर देता है। अंतर्वैयक्तिक अनुकूलन में व्यक्ति शाब्दिक तथा अशाब्दिक संकेतों का उपयोग करके इस बात की व्याख्या करता है कि उसे क्या कहा जा रहा है। अगर दो व्यक्ति जिसमें आपस में घनिष्ठ संबंध है, में किसी कारण से संघर्ष तथा बोधहीनता विकसित हो जाती है, तो उनके बीच संचार स्पष्ट नहीं होगा और धीरे-धीरे दोनों के बीच की दूरी बढ़ने लगेगी जो एक चरम बिन्दु पर पहुँचकर व्यक्ति में कुसमायोजन उत्पन्न कर देता है।

अन्तर्वैयक्तिक मॉडल के प्रावधान द्वारा कुछ खास तरह के असामान्य व्यवहारों का बड़ा ही सटीक व्याख्या होती है। इसमें व्यक्तित्व विकृति तथा विषाद प्रमुख है। व्यक्तित्व विकृति से तात्पर्य व्यवहारों एवं शीलगुणों का एक ऐसा संग्रह से होता है जो इतना अनम्य तथा अनत्य होता है कि उससे व्यक्ति की सामाजिक

जिन्दगी में काफी कठिनाई उत्पन्न होती है तथा इससे उसको बारम्बार दुःख एवं तकलीफ होती है। इस तरह के व्यक्त्वि विकृति की उत्पत्ति के पीछे व्यक्ति के अन्तर्वैयक्तिक व्यवहार की क्षुब्धता बतलाया गया है। ऐसे व्यक्तित्व विकृति वाले व्यक्तियों के साथ परिवार तथा समाज के अन्य लोगों का व्यवहार घृणा एवं तिरस्कार से भरा होता है जिससे उसकी समस्या और भी मजबूत हो जाती है। विषादी व्यक्तियों का वर्णन भी दोषपूर्ण अंतर्वैयक्तिक व्यवहार के रूप में आसानी से किया जाता है। विषादी लोग अपने को तुच्छ एवं असहाय समझाकर दूसरों की मदद एवं समर्थन माँगते हैं या वे दूसरों की मदद एवं समर्थन पाने के लिए दूसरों पर आधृत हो जाते हैं। दूसरे लोग कुछ सुझाव एवं राय देकर उसके विषाद को कम करने की कोशिश करते हैं। परंतु प्रायः देखा गया है कि विषादी लोग उनके उस सुझाव एवं राय को सतही या छलावा समझकर उस पर ध्यान ही नहीं देते हैं। इससे राय एवं सुझाव देने वाला व्यक्ति काफी कुंठित हो जाता है तथा गुस्सा आता है जिससे ये लोग विषादी रोगी के साथ दुर्व्यवहार करने लगते हैं अंततोगत्वा, विषादी व्यक्ति का इन व्यक्तियों के साथ अंतर्वैयक्तिक व्यवहार दोषपूर्ण हो जाता है जिससे उसके विषाद की मात्रा और भी बढ़ जाती है। बेनजामिन तथा मैकलिमोर एवं बेनजामिन ने अंतर्वैयक्तिक सिद्धान्त या मॉडल को इतना उपयुक्त बतलाया है कि उन्होंने यहाँ तक कह दिया है कि यह एक ऐसा मॉडल है जिसके सहारे सभी तरह के असामान्य व्यवहारों की व्याख्या बल्कि केवल व्यक्तित्व विकृति एवं विषाद की व्याख्या भी संभव है।

इस विचारधारा में मुख्य चिकित्सा का केन्द्र बिन्दु समस्या उत्पन्न करने वाले संबंधों को दुरूस्त करना तथा व्यक्ति को अधिक संतोषजनक संबंध प्राप्त करने में मदद करना होता है। इस तरह कि चिकित्सा शाब्दिक संचार, सामाजिक भूमिका, समायोजन की प्रक्रिया, कारणात्मक गुणारोपण तथा व्यवहार के सामान्य अंतर्वैयक्तिक संदर्भ को उन्नत बनाना है।

अंतर्वैयक्तिक विचारधारा के प्रमुख गुण तथा अवगुण हैं। इसके प्रमुख गुण निम्नांकित हैं–

असामान्य व्यवहार की व्याख्या करने का मात्र यह एक इकलौता मॉडल है जिसमें व्यक्ति के घनिष्ठ संबंध के परिप्रेक्ष्य में अपअनुकूली व्यवहार की व्याख्या की गयी है। इस मॉडल या विचारधारा में असामान्य व्यवहार की व्याख्या में व्यक्ति के भूत एवं वर्तमान दोनों तरह के संबंधों को विश्लेषित किया जाता है जिससे इसकी

व्याख्या एक सम्पूर्ण एवं सभी पहलुओं को अपने में सिमटे हुए दिखता है। फलस्वरूप इस व्याख्या की वैधता तथा निर्भरता तुलनात्मक रूप से अधिक होती है।

अंतर्वैयक्तिक विचाराधारा का आधार वैज्ञानिक नहीं है। कुछ मनोवैज्ञानिकों का मत है कि अंतर्वैयक्तिक व्यवहार के वैज्ञानिक अध्ययन का इसमें न तो कोई प्रयास किया गया है और न ही कोई उसकी विधि बतलायी गयी है। अंतर्वैयक्तिक विचारधारा में व्यक्ति की गत अंतर्क्रियाओं एवं अनुभूतियों को महत्त्वपूर्ण माना जाता है। परंतु उन गत अंतर्क्रियाओं को कैसे संचित करके रखा जाएगा या उसका किस तरह अध्ययन किया जाएगा, इसका कोई उल्लेख नहीं किया गया है। असामान्य व्यवहार में व्यक्ति के मूल्यों, संज्ञान, अचेतन अभिप्रेरकों आदि की संभावित भूमिका पर उस विचाराधारा में कुछ भी नहीं कहा गया है जबकि अन्य कई अध्ययनों से यह साबित हो चुका है कि इन सबों की भूमिका असामान्य व्यवहार की उत्पत्ति में काफी है।

इन आलोचनाओं के बावजूद अंतर्वैयक्तिक विचारधारा का उपयोग असामान्य व्यवहारों की व्याख्या में आजकल काफी बढ़ गया है। इस सिलसिले में नव फ्रायडियन द्वारा किये गये प्रयासों से और भी अधिक प्रगति हुई है।

असामान्य मनोविज्ञान का सामाजिक-विघटन मॉडल—पिछली शताब्दियों में कई महत्त्वपूर्ण सामाजिक, आर्थिक परिवर्तनों से सामुदायिक स्तर पर व्यक्तियों के जीवन में उनका बदलाव एक विघटन के रूप में स्थापित होता दिखाई देता है। सामाजिक-विघटन मॉडल असामान्य व्यवहार की व्याख्या सामान्य सामाजिक विकृति के रूप में करता है और इस तरह से यह मॉडल सामाजीकरण मॉडल से भिन्न है जहाँ असामान्य व्यवहार की व्याख्या किसी परिवार के विशेष सामाजिक विकास में उत्पन्न गड़बड़ी के रूप के किया जाता है। सामाजिक-विघटन मॉडल के अनुसार असामान्य व्यवहार की उत्पत्ति तब होती है। जब पूरे समाज में एक तरह की विकृति कुछ खास-खास कारकों जैसे सांस्कृतिक विघटन, शहरी विकृति, उच्च व्यक्तिगत एवं सामाजिक गतिशीलता, सामाजिक एवं आर्थिक बंधन तथा अन्य संबंधित कारकों से उत्पन्न होती है। असामान्य व्यवहार की उत्पत्ति में इन कारकों की भूमिका निम्नांकित रूप से महत्त्वपूर्ण है—

(1) सामाजिक एवं आर्थिक विघटन—मनुष्य के जीवन की परिस्थितियाँ खास तौर पर भौतिक स्तर पर तथा व्यक्तिगत स्तर पर उसकी मनःस्थिति या मनोभूमि की सामान्यतः या असामान्यता को निर्धारित करने में सर्वाधिक महत्त्वपूर्ण भूमिका निभाती हैं। सामाजिक-विघटन मॉडल के अनुसार सामाजिक-आर्थिक स्तर

का संबंध असामान्यता से सीधा होता है। सामाजिक-आर्थिक स्तर जैसे-जैसे नीचे होते जाता है, वैसे-वैसे मानसिक रोग के उत्पन्न होने की संभावना तीव्र होती जाती है। हालिंगशेड तथा रेडलिक ने इस सिलिसिले में एक अति महत्त्वपूर्ण अध्ययन किया। इस अध्ययन में उन्होंने शिक्षा, पेशा एवं निवास-स्थान के क्षेत्र के आधार पर सामाजिक स्तर के पाँच प्रकार तैयार किए। परिणाम में पाया गया कि सबसे उच्चतम सामाजिक स्तर अर्थात् प्रथम सामाजिक स्तर के मात्र 1% लोग ही मानसिक विकृतियों के शिकार हुए जबकि निम्नतम सामाजिक स्तर अर्थात् पाँचवें सामाजिक स्तर के 36.8% लोग मानसिक रोग की चपेट में थे। विशेष मानसिक रोग जैसे मनोस्नायुविकृति एवं मनोविकृति में भी इन पाँच सामाजिक स्तरों का महत्त्वपूर्ण योगदान पाया गया। सामाजिक स्तर I तथा II में मनोस्नायुविकृति के रोगी अधिक पाये गये जबकि सामाजिक स्तर IV तथा V में मनोविकृति के रोगी अधिक पाये गये। लैंज ने एक दूसरा अध्ययन करके सामाजिक वर्ग तथा मानसिक विकृति के बीच के संबंध की पुष्टि की है। इन्होंने अपने अध्ययन में पाया कि उच्च सामाजिक-आर्थिक स्तर के लोगों में मनोविकृति कम होती है, तथा निम्न सामाजिक-आर्थिक स्तर के लोगों में मनोविकृति सबसे अधिक होती है। ब्रेनर ने अपने अध्ययन के आधार पर यह बतलाया है कि जब अचानक विघटनकारी आर्थिक परिवर्तन जैसे नौकरी का छूट जाना, व्यवसाय का बंद हो जाना या कमाऊ सदस्य की मृत्यु हो जाना आदि होते हैं, तो इससे व्यक्ति में तनाव एवं तीव्र चिन्ता उत्पन्न होती है और व्यक्ति मानसिक रोग का शिकार हो जाता है।

(2) गतिशील विघटन—व्यक्ति के जीवन में भौगोलिक विस्थापन के साथ सामाजिक सांस्कृतिक संक्रमण की परिस्थितियों को कई असामान्य व्यवहारों के उद्भव के मूल में देखा गया है। सामाजिक-विघटन मॉडल के अनुसार जब व्यक्ति या व्यक्तियों का समूह अपने मूल निवास स्थान को छोड़कर किसी नयी जगह में जाकर बसता है, तो कारणों से उनमें समायोजन-संबंधी समस्याएँ उत्पन्न हो जाती हैं जो बाद में चलकर किसी-न-किसी मानसिक रोग का रूप ले लेती हैं। इस प्रक्रिया को प्रवसन कहा जाता है जिससे व्यक्ति की जिन्दगी में एक नयी गतिशीलता आ जाती है। प्रवसन एवं गतिशीलता के कारण कई तरह की समस्याएँ उत्पन्न होतीं हैं जिसमें भाषा-कठिनाई, हवा-पानी में परिवर्तन, धार्मिक एवं सामाजिक विभिन्नताएँ, भिन्न-भिन्न तरह की नयी-नयी आदतें, समाज के लोगों द्वारा सामाजिक अस्वीकृति आदि प्रधान हैं। इन समस्याओं का सीधा असर व्यक्ति की शारीरिक एवं मानसिक

दोनों पर पड़ता है और उनमें मानसिक विकृतियाँ उत्पन्न हो जातीं हैं। कलर ने एक अध्ययन किया जिसमें भारत-पाक बँटवारे के दौरान अनेकों पाकिस्तानी शरणार्थियों के बीच विभिन्न तरह की मानसिक विकृतियों के लक्षण पाये गये। लूकिओनी एवं स्कोटो ने फ्रांस में मिडी क्षेत्र के बच्चों पर एक अध्ययन किया और पाया कि उनके भौगोलिक क्षेत्रों में परिवर्तन एवं नाभिक परिवार का समाप्त होना उनकी मानसिक विकृतियों के प्रधान कारणों में से था। संसार के भिन्न-भिन्न देशों में किये गये अध्ययनों में यह भी सबूत मिला है कि मानसिक रोग उत्पन्न होने की दर प्रवासियों में अप्रवासियों की तुलना में अधिक है तथा यह भी देखा गया है कि यह दर नये प्रवासियों में पुराने प्रवासियों की अपेक्षा अधिक होती है। स्पष्टतः प्रवसन एवं गतिशीलता से संबंधित समस्याएँ व्यक्ति में मानसिक विकृति उत्पन्न करने में सहायक होती हैं।

(3) सांस्कृतिक विघटन—इस क्षेत्र में कुछ अध्ययनों में इस बात का प्रमाण मिला है कि जब सामाजिक-सांस्कृतिक वातावरण असंगठित एवं विघटित होता है तो व्यक्तियों में मानसिक विकृतियाँ तेजी से विकसित होती हैं। हाईटन एवं उनके सहयोगियों ने पश्चिमी अफ्रीका के योरूबा जनजाति पर तथा स्क्मीड ने दक्षिणी सामुद्रिक द्वीप के शहरी एवं देहाती क्षेत्र के लोगों पर अध्ययन कर इस तथ्य की पुष्टि की है। सांस्कृतिक विघटन के इन अध्ययनों से इस बात का स्पष्ट संकेत मिलता है कि नगरीकरण अर्थात् देहाती क्षेत्रों से नगरों में बसने की प्रवृत्ति मानसिक रोग उत्पन्न करने में महत्त्वपूर्ण भूमिका अदा करती है। इन अध्ययनों से यह भी पता चला है कि नगरों में मानसिक विकृति का अनुपात देहाती क्षेत्रों में मानसिक विकृति के अनुपात से हमेशा अधिक होता है। इन अध्ययनों से इस बात का भी पता चला है कि नगरीकरण द्वारा मानसिक रोग तेजी से उत्पन्न होने के कई कारण हैं जिनमें नगरों की सामाजिक भूमिकाओं में स्थिरता की कमी, सामाजिक, धार्मिक एवं व्यावसायिक समूहों में संगठन की कमी, असुरक्षा की भावना, दूषित वातावरण आदि प्रधान कारक बतलाये गये हैं।

ऊपर के अध्ययनों से यह स्पष्ट है कि सामाजिक-आर्थिक स्थिति का प्रभाव मनुष्य की मानसिकता या उसकी मनःस्थिति पर गहराई से पड़ता है। उच्च सामाजिक-आर्थिक स्तर के होने से मानसिक विकृति कम होती है तथा जैसे-जैसे सामाजिक-आर्थिक स्तर नीचे की ओर जाता है, मानसिक विकृति के उत्पन्न होने की संभावना बढ़ती जाती है। इसके कई कारण बतलाये गये हैं। पहला, उच्च सामाजिक-आर्थिक स्तर के लोग मानसिक विकृतियों से बचने के संभावित उपायों

पर अधिक खर्च करके उनके होने की संभावना को कम कर देते हैं। अतः ऐसे लोगों में मानसिक विकृति कम होती है। दूसरा, सामाजिक-आर्थिक स्थिति मजबूत होने से व्यक्ति में व्यक्तिगत सुरक्षा की भावना तीव्र हो जाती है। फलस्वरूप, ऐसे व्यक्तियों में तनाव एवं चिन्ता की भावना अपने-आप कम हो जाती है। ऐसी बात निम्न सामाजिक-आर्थिक स्तर के लोगों में नहीं पायी जाती है।

मनोविज्ञान में इस सामाजिक विघटन मॉडल द्वारा असामान्यता की व्याख्या वैसे सामाजिक विघटनकारी कारकों द्वारा होती है जिनका संबंध सांस्कृतिक असंगठन, प्रवसन से उत्पन्न समस्याएँ एवं सामाजिक आर्थिक वंचन आदि से होता है। आधुनिक युग में ऐसे सामाजिक कारकों का महत्त्व असामान्यता के अध्ययन के संदर्भ (context) में दिनोंदिन बढ़ता ही चला जा रहा है।

असामान्य व्यवहार का सामाजिक-सांस्कृतिक मॉडल

सामाजिक-सांस्कृतिक मॉडल में असामान्य व्यवहार की व्याख्या सामाजिक-सांस्कृतिक वातावरण के पड़ने वाले प्रभावों के रूप में की जाती है। कुछ सामाजिक-सांस्कृतिक कारक जैसे गरीबी, विभेद तथा निरक्षरता का स्पष्ट प्रभाव मानसिक विकृति पर पड़ता देखा गया है। अक्सर देखा गया है कि इस तरह के वातावरण से आने वाले व्यक्तियों में किसी-न-किसी प्रकार की मानसिक विकृति अवश्य पायी जाती है। ऐसे सामाजिक-सांस्कृतिक कारकों का व्यक्तित्व पर पड़ने वाले कुसमायोजी प्रभाव को दिखलाने के लिए प्रयोगात्मक साक्ष्य की कमी है क्योंकि ऐसी परिस्थितियों के साथ नियंत्रित प्रयोग करना कठिन है। आर्थिक एवं नैतिक दवाबों के कारण मनोवैज्ञानिक कुछ बच्चों को ऐसे वंचित सामाजिक-सांस्कृतिक वातावरण में और कुछ को सामान्य वातावरण में रखकर पाल-पोष करके आपस में तुलनात्मक अध्ययन नहीं कर सकते हैं। अगर ऐसा करना संभव होता तो यह कहा जा सकता था कि अमुक तरह का चर व्यक्ति के कुसमायोजी व्यवहार को बढ़ावा देता है। परंतु कुछ प्राकृतिक घटनाएँ इस ढंग की हुई हैं जिन्होंने मनोवैज्ञानिकों एवं शोधकर्ताओं के लिए अध्ययन के ख्याल से प्रयोगशाला का काम किया है और उनके प्राप्त सबूत इस बात के स्पष्ट द्योतक हैं कि व्यक्ति में सामाजिक-सांस्कृतिक कारकों का प्रभाव मानसिक विकृति पर पड़ता है।

समाजशास्त्र मानवशास्त्र भी ऐसे विषय हैं जो अपनी विवेचना में मनुष्य के असामान्य मनोविज्ञानों में अपनी आधारभूमि को जाहिर करने में सहायक होते हैं।

20वीं शताब्दी के प्रारंभ से ही समाजशास्त्र एवं मानवशास्त्र का प्रभाव मानव व्यवहारों के अध्ययन पर दिखाई देने लगा। कुछ प्रमुख समाजशास्त्रियों एवं मानवशास्त्रियों द्वारा मिलकर असामान्य व्यवहार की उत्पत्ति की भी व्याख्या कुछ सामाजिक एवं सांस्कृतिक प्रभावों के रूप में की गयी। ऐसे लोगों में रूथ वेनेडिक्ट, राल्फ लिन्टन, अब्रम कार्डिनर, मारगैरेट मीड एवं फ्रेंच वोअस आदि का नाम प्रमुख है। इन वैज्ञानिकों के अनुसार असामान्य व्यवहार के मुख्य कारण कुछ सामाजिक एवं सांस्कृतिक कारक होते हैं। सामाजिक सांस्कृतिक मॉडल के निम्नांकित तीन उपमॉडल हैं जिनके अनुसार असामान्यता की व्याख्या की गयी है–

1. सामाजीकरण मॉडल
2. सामाजिक विघटन मॉडल
3. सांस्कृतिक मॉडल

इन उपमॉडल द्वारा असामान्यता की व्याख्या भिन्न-भिन्न तरह के सामाजिक एवं सांस्कृतिक कारकों के रूप में की गयी है।

सामाजीकरण से संबद्ध घटक–सामाजिक परिवेश की अनुकूलता या प्रतिकूलता भी मनुष्य के अन्दर सामाजीकरण की प्रक्रिया का प्रभावित करती है। असामान्यता का सामाजीकरण मॉडल एक तरह से सामाजिक सीखना मॉडल का एक विस्तृत रूप है। इस मॉडल के अनुसार सामान्यता दोषपूर्ण सामाजीकरण के कारण होता है। सामाजीकरण सामाजिक सीखना की एक ऐसी प्रक्रिया है जिसके द्वारा यह निर्धारित होता है कि व्यक्ति सामाजिक मानक के अनुसार किस तरह से व्यवहार करता है तथा सोचता है। सामाजीकरण की यह प्रक्रिया माता-पिता की गलत मनोवृत्तियों, बच्चों की पालन-पोषण की दोषपूर्ण पद्धति, परिवार में मानसिक रोग से ग्रसित सदस्यों के व्यवहारों आदि से सबसे अधिक प्रभावित होती है। इन सामाजिक अवस्थाओं में जिन बच्चों का सामाजीकरण होता है, उनमें आगे चलकर असामान्य व्यवहार होने की संभावना अधिक बढ़ जाती है। सामाजीकरण मॉडल के अन्तर्गत समाज वैज्ञानिकों द्वारा किये गये अध्ययनों से यह स्पष्ट हो गया है कि निम्नांकित तीन प्रमुख ऐसे कारक हैं जिनसे व्यक्ति में असामान्य व्यवहार की उत्पत्ति होती है–

(1) माता-पिता की विकृतियों का बच्चों पर प्रभाव–बच्चों के समाजीकरण पर माता-पिता की मनोवृत्तियों का प्रभाव पड़ता है। कुछ माता-पिता ऐसे होते हैं जिनका विश्वास एवं मनोवृत्ति दोषपूर्ण होती है और जिनसे उनके बच्चों में असामान्य व्यवहारों के उत्पत्ति की संभावना अधिक हो जाती है। माता-पिता द्वारा

बच्चों की उपेक्षा या जरूरत से ज्यादा प्यार, उन पर बहुत अधिक प्रभुत्व या आत्म निवेदन जैसी मनोवृत्ति होने पर बाद में बच्चों में अपअनुकूलित व्यवहार होने की संभावना अधिक हो जाती है।

(2) पारिवारिक विकृति—किसी भी व्यक्ति के परिवार में उसकी स्वस्थ अस्वस्थ परम्पराएँ उसकी सामान्य मनःस्थितियों के निर्धारण में महत्त्वपूर्ण भूमिका निभाती हैं। परिवार विकृति का भी योगदान असामान्य व्यवहार की उत्पत्ति में महत्त्वपूर्ण माना गया है। परिवार विकृति से तात्पर्य परिवार के सदस्यों में असामान्यता से होता है। अतः यदि परिवार के सदस्यों में मानसिक विकृतियाँ होती हैं, तो उस परिवार के बच्चे भी उनके अपअनुकूलित व्यवहार को सीख लेते हैं और तब उनमें भी मानसिक रोग उत्पन्न होने की संभावना तीव्र हो जाती है। असामान्य व्यवहार की उत्पत्ति में परिवार विकृति के महत्त्व को दिखलाने के लिये जितने भी प्रयोगात्मक सबूत हैं, उन्हें निम्नांकित दो भागों बाँटा गया है—

1. इस प्रसंग में वैस लागा के कुछ विवरण महत्त्वपूर्ण हैं जिनके परिवार में खास तौर पर माता-पिता मनोरोगी थे, बच्चों पर पड़ने वाले प्रभावों की समीक्षा की गयी थी। ग्रुनेवाम ने ऐसे कई अध्ययनों की समीक्षा करने के बाद निष्कर्ष रूप में यह बतलाया कि किसी मानसिक रोग से ग्रस्त माता-पिताा के बच्चों में सांवेगिक, संज्ञानात्मक एवं सामाजिक दोष पाये जाते हैं जिसके कारण वयस्क होने पर उनमें किसी मानसिक रोग के उत्पन्न होने की संभावना तीव्र हो जाती है।
2. दूसरी श्रेणी में वैसे परिवार के प्रयोगात्मक अध्ययनों को रखा गया है जिसमें बच्चे किसी-न-किसी मानसिक रोग से ग्रसित थे परन्तु माता-पिता ठीक थे।

इस प्रकार परिवार विकृति के इन अध्ययनों से यह स्पष्ट हो जाता है कि जब परिवार का एक सदस्य किसी मानसिक रोग से ग्रस्त हो जाता है तो अन्य सदस्यों में भी अपअनुकूलित व्यवहार उत्पन्न होने की संभावना अधिक हो जाती है।

इस तरह से सामाजीकरण मॉडल में असामान्यता की व्याख्या बच्चों के प्रारंभिक काल में सामाजीकरण के दौरान प्राप्त अनुभवों के रूप में की गयी है। प्रश्न अब यह उठता है कि जब परिवार के सामाजीकरण का ढंग एक समान होता है तो क्यों किसी बच्चे में तो असामान्य व्यवहार विकसित हो जाता है परन्तु उसी परिवार का दूसरा बच्चा बिल्कुल ही सामान्य एवं समायोजित होता है? सामाजीकरण मॉडल यद्यपि ऐसे प्रश्नों का उत्तर संतोषजनक ढंग से नहीं दे पाता है, फिर भी इस

मॉडल के समर्थकों का कहना है कि ऐसा इसलिए होता है क्योंकि सामान्य एवं समायोजित बच्चे समायोजन की प्रभावकारी एवं अच्छी-अच्छी प्रविधियों को सीखते हैं जबकि असामान्य एवं कुसमायोजित या अपअनुकूलित बच्चे कुसमायोजन की प्रविधियों को सीखते हैं। कुछ मनश्चिकित्सकों एवं मनोवैज्ञानिकों का कहना है कि इस ढंग के अन्तर का कारण विभेदी सामाजिक सीखना नहीं है बल्कि इसका कारण आनुवंशिक एवं शरीर संगठनात्मक है। दूसरे शब्दों में, इन लोगों ने सामाजीकरण मॉडल की व्याख्या को स्वीकार करने से इन्कार कर दिया है।

(3) बच्चों की पालन-पोषण प्रणाली—अधिकतर सामाजिक वैज्ञानिकों का विचार है कि बच्चों की पालन-पोषण प्रणाली के कुछ खास-खास तत्त्व ऐसे हैं जिनका प्रभाव असामान्य व्यवहार की उत्पत्ति पर सीधा पड़ता है। स्तन-पान की कमी, माता द्वारा बच्चों की सेवा-सुश्रुषा की अवधि में कटौती, अचानक दुध-छुड़ाई, कालपूर्व शौच प्रशिक्षण, अत्यधिक शारीरिक दण्ड, अनियमित मातृत्व आदि कुछ ऐसे कारक हैं जिनसे बच्चों में असुरक्षा एवं अपर्याप्तता की भावना एवं कुंठा उत्पन्न होती है।

सांस्कृतिक विघटन—असामान्यता या असामान्य व्यवहार की व्याख्या सांस्कृतिक एवं सामाजिक मानक के रूप में की जाती है न कि किसी प्रकार की सामाजिक विकृति के रूप में। इस मॉडल के अनुसार कौन व्यवहार असामान्य कहलायेगा, इसका निर्धारण संस्कृति द्वारा किया जाता है। कुछ खास-खास ऐसी संस्कृतियाँ हैं जिनके व्यवहार-संबंधी मानकों एवं आदतों में विचित्रता होने से वहाँ के लोगों में मानसिक विकृति उत्पन्न होती है। इस तरह के विकृतियों को मोहक विकृति कहा गया है। ऐसी मोहक विकृतियों की श्रृंखला में आर्कटिक हिस्ट्रीय हैं जो उत्तरी साइबेरिया के वासियों में देखा गया। माले जनजाति की संस्कृति में दो मोहक विकृतियों का अध्ययन किया गया। ये दो विकृतियों हैं—ऐमोक तथा लता। एमोक में व्यक्ति अचानक दूसरे व्यक्तियों पर जान से मार डालने के ख्याल से आक्रमण कर बैठता है। इस रोग का दौरा समाप्त होने पर रोगी बेहोश हो जाता है और होश में आने पर उसे फिर कुछ भी याद नहीं आता है। भान लून के अनुसार एमोक का एक कारण मालेयेन संस्कृति के लोगों में संवेग की अभिव्यक्ति के अपूर्ण नियंत्रण को पसंद किया जाना है। लता में महिलाएँ इतनी डर जाती हैं कि उनके सामने जो कुछ भी किया जाता है उसे वे दुहराती जाती हैं या उन्हें जो कुछ भी कहा जाता है, डर से उसे बोलने में भी शर्माती नहीं है। संक्षेप में इस रोग में संवेग की मात्रा अचानक इतनी तीव्र हो

जाती है कि सभी सामान्य कार्य का होना ठप्प हो जाता है। इसका कारण बतलाते हुए यह कहा गया है कि माले संस्कृति में महिलाएँ लजालु एवं दब्बू होती हैं जिन्हें घर की चारदीवारियों के भीतर ही रहना अधिक अच्छा समझा जाता है। वे बाहरी वातावरण की कठिनाइयों से सामना करने के योग्य नहीं रहती हैं। लता उनके द्वारा इन कठिनाइयों से सामना करने के प्रति मात्र एक प्रतिक्रिया है। लता नामक मानसिक रोग माले के अलावा जावा, सियाम, चीन एवं फिलिपिंस जैसे देशों की कुछ संस्कृतियों में भी पाया गया है।

कई सामाजिक एवं सांस्कृतिक अंतर इस मॉडल के अन्तर्गत मनुष्य की असामान्यता के मनोवैज्ञानिक कारणों को सामने लाते हैं। असामान्यता के सांस्कृतिक मॉडल के साथ कुछ कठिनाइयाँ बतलायी गयी हैं जिनके कारण यह मॉडल असामान्य व्यवहार की व्याख्या करने में पूर्णतः सफल नहीं हो पाया है। भिन्न-भिन्न सांस्कृतिक समूहों में पाई जाने वाली मानसिक विकृतियों के क्षेत्र अध्ययन किये गये हैं और उनमें जो सबूत मिले हैं, उनसे सांस्कृतिक मॉडल की व्याख्या का समर्थन नहीं मिलता है। सांस्कृतिक मॉडल के अनुसार असामान्य व्यवहार मूलतः संस्कृति की व्यवहार-संबंधी प्रक्रियाओं, आदतों आदि के रूप में समझा जाता है और चूँकि एक संस्कृति से दूसरे संस्कृति में पाये जाने वाले असामान्य व्यवहारों में भी भिन्नता होनी चाहिए। परन्तु भिन्न-भिन्न संस्कृतियों की ऐसी प्रक्रियाएँ एवं आदतें दूसरी संस्कृति से भिन्न होती हैं, इसलिए एक संस्कृति से दूसरी संस्कृति में पाये जाने वाले असामान्य व्यवहारों में भी भिन्नता होनी चाहिए। परन्तु भिन्न-भिन्न संस्कृतियों में किये गये क्षेत्र अध्ययनों से

स्पष्टतः इस बात का प्रमाण मिलता है कि असामान्य व्यवहार का स्वरूप भिन्न-भिन्न संस्कृतियों में भिन्न-भिन्न न होकर करीब-करीब समान होता है। जैसे, लाइटन एवं उनके सहयोगियों ने अफ्रीका के करीब 4,000 से भी अधिक व्यक्तियां एवं मानसिक रोगियों के साक्षात्कार में पाया कि उनमें पाये जाने वाले मानसिक रोग का स्वरूप वही था जो अमेरिका एवं यूरोप के देशों में मानसिक रोग का था। अटकेसन ने अपने अध्ययन के आधार पर बतलाया है कि यद्यपि इस्कीमो जनजाति का भौतिक एवं मनोवैज्ञानिक परिस्थितियों का स्वरूप अमेरिकन के भौतिक एवं मनोवैज्ञानिक परिस्थितियों के स्वरूप में भिन्न होता है, फिर भी उनकी संस्कृति में अमेरिकन संस्कृति के समान ही मनोविदालिता, मद्यपानता, विकृत व्यवहार आदि मुख्य रूप से देखने को मिलता है। इन अध्ययनों से यह स्पष्ट हो जाता है कि किसी भी मानसिक रोग या असामान्य व्यवहार के सतही

लक्षणों को भले ही संस्कृति द्वारा निर्धारण होता हो। परन्तु विभिन्न समाज एवं संस्कृति में पाये जाने वाले सामान्य जैविक एवं मनोवैज्ञानिक प्रक्रियाएँ ही मूल कारक हैं, जिनसे असामान्य व्यवहार की व्याख्या हो पाती है। शायद यही कारण है कि विभिन्न असमान संस्कृतियों में भी मानसिक विकृतियाँ या असामान्य व्यवहार का स्वरूप समान होता है। किरकर ने ठीक ही कहा है, ''चूँकि विभिन्न असमान संस्कृतियों में पाए जाने वाले अपनुकूलित व्यवहार बहुत ज्यादा एक ही तरह के होते हैं, इसलिए ऐसा लगता है कि इनके सतही लक्षणों का निर्धारण तो संस्कृति द्वारा होता है परन्तु असामान्य व्यवहार के मूल कारणों की व्याख्या उन जैविक एवं मनोवैज्ञानिक प्रक्रियाओं के रूप में ही हो सकती है जो सभी संस्कृतियों एवं समाजों में सामान्य है।''

सामाजिक-सांस्कृतिक विघटन के विषय में सामान्य निष्कर्ष–सामाजिक-सांस्कृतिक मॉडल या विचारधारा से यह स्पष्ट हो चुका है कि असामान्य व्यवहार के कारण सिर्फ जैविक तथा मनोवैज्ञानिक नहीं होते हैं बल्कि इसका कारण व्यक्ति का सामाजिक वातावरण भी होता है जिसमें वह पाला-पोषा जाता है एवं वयस्क बनता है। जैसा कि लेनार्ड एवं वर्नस्टीन ने कहा है, ''चिकित्सीय या दोषपूर्ण अन्तःशक्ति प्रायः सामाजिक वातावरण में होती है न कि व्यक्तियों के भीतर... ।'' सामाजिक-सांस्कृतिक विचारधारा की मान्यता का परिणाम यह हुआ है कि मनोवैज्ञानिकों, मनश्चिकित्सकों एवं सामाजिक कार्यकर्ताओं का ध्यान सामाजिक परिस्थितियों के उत्थान की ओर अधिक लगा है ताकि असामान्य व्यवहार या अपअनुकूलित व्यवहार की उत्पत्ति एवं उसके फैलाव पर उचित नियंत्रण लगाया जा सके। लेकिन इस दिशा में अभी भी काफी कार्य बाकी है। मनुष्य की असामान्यता का मनोविज्ञान कई कारकों से निर्धारित होता है और इसे स्पष्ट करने में इनकी भूमिका महत्त्वपूर्ण है। यह एक जटिल एवं व्यापक विषय है जिसके आयाम को सूक्ष्म एवं स्पष्ट रूप में समझना आसान नहीं है।

असामान्यता के जैविक, मनोसामाजिक, समाज-सांस्कृतिक विचारधाराओं के बारे में एक सामान्य निष्कर्ष : एक समाकलनात्मक मॉडल–हम देख चुके हैं कि असामान्य व्यवहार की व्याख्या जैविक मॉडल, मनोसामाजिक मॉडल तथा समाज-सांस्कृतिक मॉडल द्वारा अपने-अपने दृष्टिकोणों से भिन्न-भिन्न ढंग से की गयी है। जैविक मॉडल के अनुसार असामान्यता की व्याख्या मूलतः आनुवंशिक कारकों एवं शरीर-गठनात्मक कारकों के रूप में, मनोसामाजिक मॉडल के अनुसार मनोवैज्ञानिक कारकों के रूप में तथा समाज-सांस्कृतिक मॉडल के अनुसार सामाजिक

एवं सांस्कृतिक कारकों के रूप में की गयी है। आजकल के मनोवैज्ञानिकों एवं मनश्चिकित्सकों का विचार यह है कि इनमें से तीनों मॉडलों की व्याख्या अपने-आप में अधूरी है। अतः वे लोग असामान्य व्यवहार के किसी भी प्रकार को समझने के लिए इन तीनों तरह की व्याख्याओं को एक साथ समाकलित या संघटित कर समझने के कोशिश करते हैं। इसे इन लोगों ने समाकलनात्मक मॉडल की संज्ञा दी है। इस मॉडल के अनुसार कोई भी असामान्य व्यवहार जैविक, मनोसामाजिक एवं सामाजिक-सांस्कृतिक कारकों की अन्तःक्रिया का परिणाम होता है। शायद यही कारण है कि असामान्य व्यवहार के उपचार में इन तीनों तरह के कारकों से संबंधित चिकित्सा प्रदान की जाती है।

असामान्य का मनोविज्ञान संबंधित डायथिसिस-तनाव मॉडल

मनुष्य का मनोवैज्ञानिक स्तर पर कई बार समन्वित रूप से भी प्रभावित करता है। ऐसा प्रायः होता है और किसी भी असामान्यों मनोवैज्ञानिक समस्या को एकाकी रूप में रखकर नहीं किया जा सकता है। असामान्य व्यवहार की व्याख्या करने का डायथिसिस तनाव मॉडल एक ऐसा मॉडल या सिद्धान्त है जो असामान्य मनोविज्ञान के जैविक, मनोवैज्ञानिक तथा पर्यावरणी कारकों को एक मंच पर लाता है और यह कोई विशेष स्कूल या विचारधारा जैसे मनोगतिकी विचारधारा, संज्ञानात्मक विचारधारा या व्यवहारवादी विचारधारा से संबद्ध नहीं होता है। यह मॉडल असामान्य व्यवहार की व्याख्या डायथिसिस तथा तनाव की अंतःक्रिया के रूप में करता है। डायथिसिस से तात्पर्य किसी विकृति या असामान्य व्यवहार व्यक्ति में उत्पन्न होने की पूर्ववृत्ति से होता है। कहने का तात्पर्य यह है कि जब व्यक्ति पर्यावरणी कारक अर्थात् विशेष तनाव की स्थिति से गुजरता है और यदि तनाव की वह मात्रा उसकी नियंत्रण सीमा से बाहर हो जाती है, तो उस व्यक्ति से संबद्ध मानसिक विकृति उत्पन्न होने की संभावना बढ़ जाती है। इसे ही नैदानिक मनोविज्ञानियों एवं मनश्चिकित्सकों ने डायथिसिस-तनाव मॉडल की संज्ञा दी है। उक्त वर्णन से यह स्पष्ट है कि किसी मानसिक विकृति या असामान्य व्यवहार के लिये पूर्ववृत्ति होने से व्यक्ति में विकृति या असामान्यता के होने की संभावना काफी बढ़ जाती है परंतु.इस बात की कोई निश्चित गारंटी नहीं होती है कि उस व्यक्ति में अमुक विकृति होगी ही। सामान्यतः इस संदर्भ में यहाँ तनाव से तात्पर्य कुछ ऐसे अनिष्टकर या दुःखद पर्यावरणी उद्दीपक से होता है जिसका स्वरूप या तो जैविक या मनोवैज्ञानिक कुछ भी हो सकता है।

बड़ा हादसा जैसे पति या पत्नी की मृत्यु, बलात्कार तथा अन्य लघु दुःखद घटनाएँ जैसे निर्धारित लक्ष्य को नहीं प्राप्त करना आदि मनोवैज्ञानिक स्ट्रेशर के उदाहरण हैं।

डायथिसिस-तनाव मॉडल का सबसे महत्त्वपूर्ण बिन्दु यह है कि किसी मानसिक विकृति या असामान्यता के उत्पन्न होने के लिए डायथिसिस (या पूर्ववृत्ति) तथा तनाव दोनों का होना अनिवार्य है। जैसे, कुछ लोगों में मनोविदालिता जैसी मानसिक विकृति की एक जैविक पूर्ववृत्ति होती है। ऐसे लोगों को यदि जिंदगी में तनाव से होकर गुजरना पड़ता है, तो उनमें मनोविदालिता का रोग उत्पन्न होने की उम्मीद उस व्यक्ति की तुलना में अधिक होती है जिसमें ऐसी जैविक पूर्ववृत्ति नहीं पायी जाती है परंतु वैसे तनाव से होकर गुजरना पड़ता है।

निष्कर्षतः यह कहा जा सकता है कि डायथिसिस-तनाव मॉडल में असामान्यता को व्यक्ति में उस असामान्यता की पूर्ववृत्ति तथा तनाव दोनों की अंतःक्रिया का परिणाम माना गया है। दोनों में से कोई अकेले मानसिक विकृति पैदा करने में सक्षम नहीं होता है।

अध्याय के महत्त्वपूर्ण बिन्दु

1. डायथिसिस-तनाव मॉडल के अनुसार असामान्यता या मानसिक विकृति का संबंध असामान्यता की पूर्ववृत्ति तथा तनाव दोनों की अंतःक्रिया का परिणाम होता है। इस मॉडल के अनुसार दोनों में से कोई अकेले मानसिक विकृति उत्पन्न करने में सक्षम नहीं होती है।
2. सामाजिक-सांस्कृतिक मॉडल या सिद्धान्त के अनुसार असामान्य व्यवहार की व्याख्या सामाजिक-सांस्कृतिक कारकों अर्थात् गरीबी, वंचन निरक्षरता आदि के प्रभावों के रूप में की जाती है। इस विचारधारा के समर्थकों द्वारा क्रॉस-सांस्कृतिक विधि का उपयोग करके विभिन्न संस्कृतियों में उत्पन्न होने वाले असामान्य व्यवहारों का अध्ययन किया गया है। उसके तहत विशेषकर सामाजीकरण के दोष, सामाजिक विघटन तथा सांस्कृतिक मानकों को अधिक उत्तरदायी कारक माना गया है।
3. असामान्य व्यवहार की व्याख्या करने के लिए तीन प्रमुख मॉडल या सिद्धान्त का प्रतिपादन विशेषज्ञों द्वारा किया गया है—जैविक सिद्धान्त या मॉडल, मनोसामाजिक सिद्धान्त या मॉडल तथा सामाजिक-सांस्कृतिक सिद्धान्त या मॉडल।

4. जैविक सिद्धान्त जिसे मेडिकल मॉडल या रोग मॉडल भी कहा जाता है, में असामान्य व्यवहार की व्याख्या जैव-दैहिक प्रक्रियाओं के रूप में की गयी है। आरंभिक जैविक विचारधारा के अनुसार मानसिक रोग सिर्फ मस्तिष्कीय विकृति से ही नहीं बल्कि अन्य कारकों जैसे आनुवंशिक कारकों तथा मस्तिष्क में जैव-रासायनिक असंतुलन से भी उत्पन्न होता है।

5

मनोचिकित्सा का विश्लेषण

मानसिक रोग चिकित्सा का आशय एवं परिभाषा

मनोविज्ञान में मनुष्य की व्यक्तित्वगत विकृति की समस्याओं के निदान पर भी विचार किया गया है। इसे मनश्चिकित्सा के अंतर्गत रखा गया है। सामान्यतः किसी अस्वस्थ व्यक्ति को औषध, शल्य आदि प्रविधियों से पुनः स्वस्थ बनाने की प्रक्रिया को उपचार या चिकित्सा की संज्ञा दी जाती है मानसिक रूप से अस्वस्थ एवं सांवेगिक रूप से विक्षुब्ध व्यक्तियों की मनोवैज्ञानिक विधियों से उपचार करना मनश्चिकित्सा कहा जाता है। इसे नैदानिक हस्तक्षेप भी कहा जाता है क्योंकि इसमें नैदानिक मनोवैज्ञानिक अपनी व्यवसायी या पेशेवर क्षमता का उपयोग करते हुए मानसिक रूप से या सांवेगिक रूप से विक्षुब्ध व्यक्ति के व्यवहार को प्रभावित करने की कोशिश करता है। सामान्यतः मनश्चिकित्सा का उपयोग उन मानसिक रोगियों के लिए लाभकारी होता है जो मनःस्नायुविकृति से पीड़ित होते हैं। इसका उपयोग दूसरे प्रकार के मानसिक रोगियों जैसे मनोविक्षिप्ति या मनोविकृति के रोगियों के साथ भी किया जाता है परंतु ऐसे रोगियों को मनश्चिकित्सा के अलावा मेडिकल चिकित्सा भी देना अनिवार्य होता है।

मनश्चिकित्सा की कुछ प्रमुख परिभाषाएँ इस प्रकार दी गयी हैं–

रौटर के शब्दों में, "मनश्चिकित्सा मनोवैज्ञानिक की एक सुनियोजित क्रिया होती है जिसका उद्देश्य व्यक्ति की जिन्दगी में ऐसा परिवर्तन लाना होता है जो उसकी जिन्दगी को भीतर से अधिक खुश तथा अधिक सरंचनात्मक या दोनों ही बनाता है।"

वोलवर्ग के शब्दों में, "मनश्चिकित्सा सांवेगिक प्रकृति की समस्याओं के लिए उपचार का एक प्रारूप है जिसमें एक प्रशिक्षित व्यक्ति जान-बूझकर एक रोगी के साथ पेशेवर संबंध इस उद्देश्य से कायम करता है कि उसमें धनात्मक व्यक्तित्व बर्द्धन तथा विकास हो, व्यवहार के विक्षुब्ध पैटर्न के मंदित वर्तमान लक्षणों को दूर किया जा सके या उसमें परिमार्जन किया जा सके।"

रोगी तथा चिकित्सक के बीच वार्तालाप होता है जिसके माध्यम से रोगी अपनी सांवेगिक समस्याओं एवं मानसिक चिन्ताओं की अभिव्यक्ति करता है तथा चिकित्सक विशेष सहानुभूति, सुझाव एवं सलाह देकर रोगी में आत्म-विश्वास एवं आत्म-सम्मान कायम करता है जिससे रोगी की समस्याएँ धीरे-धीरे समाप्त होते चली जाती हैं और उसमें ठीक ढंग से समाज में व्यक्तित्व के समायोजन की क्षमता पुनः स्थापित होती है। मनश्चिकित्सा या नैदानिक हस्तक्षेप के स्वरूप को अधिक स्पष्ट करने के लिए यह आवश्यक है कि मनश्चिकित्सा में निहित मौलिक तथ्यों पर प्रकाश डाला जाए। इन तीनों तथ्यों का वर्णन निम्नांकित है–

(क) मनोविज्ञान में मानसिक चिकित्सा विधि–मनश्चिकित्सा की कई पद्धतियाँ हैं। मनश्चिकित्सा की प्रत्येक पद्धति की अपनी-अपनी प्रविधियाँ हैं। मनश्चिकित्सा की प्रविधियों में अन्तर होने का मुख्य कारण उनके पीछे छिपे व्यक्तित्व सिद्धान्त तथा वे सारे परिवर्तन हैं जो चिकित्सक रोगी में उत्पन्न करना चाहता है। यद्यपि मनश्चिकित्सा के कई प्रकार हैं, फिर भी कई प्रविधियाँ ऐसी हैं जो उन सभी प्रकारों में सामान्य हैं। इन प्रविधियों का स्वरूप मूलतः मनोवैज्ञानिक होता है न कि दैहिक या मेडिकल। नैदानिक हस्तक्षेप या मनश्चिकित्सा की कुछ ऐसी प्रमुख प्रविधियाँ इस प्रकार हैं–

(1) सांवेगिक अशांति को कम करना–मनश्चिकित्सा में रोगी की सांवेगिक अशांति की मात्रा को इतना कम कर दिया जाता है कि वह चिकित्सा में आगे ठीक ढंग से सहयोग कर सके तथा अपने व्यवहार में स्थायी परिवर्तन लाने के लिए अभिप्रेरित रहे। सांवेगिक अशांति को कम करने का उत्तम तरीका यह है कि रोगी की सांवेगिक शक्ति को उत्तम चिकित्सीय संबंध द्वारा बढ़ाया जाए।

(2) विरेचन को प्रोत्साहित करना—चिकित्सक की उपस्थिति में रोगी को अपने संवेगों, भावों आदि की खुली अभिव्यक्ति करने के लिए कहा जाता है। इस प्रक्रिया को विरेचन कहा जाता है। इस तरह से विरेचन की प्रक्रिया द्वारा कुछ वैसे दबे हुए संवेग की अभिव्यक्ति होती है जिसे स्वयं रोगी बहुत समय पहले से नहीं जानता था।

(3) व्यक्ति में सूझबूझ पैदा करना—मनश्चिकित्सा की एक प्रविधि रोगी को मनोवैज्ञानिक समस्याओं के दौरान सूझ-बूझ की ओर उन्मुख करती है। सूझ उत्पन्न करने के लिए रोगी में आत्म-मूल्यांकन तथा आत्म-ज्ञान विकसित करने की कोशिश की जाती है। सूझ उत्पन्न करने के लिए चिकित्सक रोगी के व्यवहार की व्याख्या भी करते हैं।

(4) नवीन सूचना देना—मनश्चिकित्सा का स्वरूप शैक्षिक होता है। चिकित्सक रोगी को प्रत्यक्ष या अप्रत्यक्ष रूप से कुछ नयी-नयी सूचनाओं को देता है ताकि रोगी के वर्तमान ज्ञान में उत्पन्न खाई या विकृति को संशोधित किया जा सके।

इस प्रकार यह कहा जा सकता है कि मनश्चिकित्सा एक जटिल प्रक्रिया है जिसमें चिकित्सक रोगी के साथ अन्तःक्रिया करके एक ऐसा उत्तम चिकित्सीय संबंध का निर्माण करते हैं कि रोगी की सांवेगिक एवं मनोवैज्ञानिक का असामान्यता उत्तम निदान हो पाता है।

(ख) चिकित्सीय संबंध—इस निदान के स्तर पर मनोवैज्ञानिक में असमान्यता को दूर करने की एक व्यवहारगत प्रक्रिया हो जिसमें मनश्चिकित्सा चिकित्सक तथा क्लायंट के बीच विकसित विशेष संबंध होता है जिसे चिकित्सीय संबंध कहा जाता है। चिकित्सीय संबंध वैसा संबंध होता है जिसमें तथा रोगी दोनों ही यह जानते हैं कि वे लोग वहाँ क्यों एकत्रित हुए हैं तथा उनकी अन्तःक्रियाओं का नियम तथा लक्ष्य क्या हैं? मनश्चिकित्सा की शुरुआत चिकित्सीय अनुबन्ध से होती है जिसमें उपचार का लक्ष्य, चिकित्सा की प्रविधि जिसका उपयोग किया जाना है, संभावित जोखिम तथा चिकित्सा एवं रोगी के वैयक्तिक जवाबदेहियों का उल्लेख होता है।

मनश्चिकित्सा की प्रक्रिया में चिकित्सक की यह कोशिश रहती है कि वह रोगी के साथ एक ऐसा भद्र संबंध व्यक्तिगत रूप से बना सके कि वह अर्थात् रोगी अपने व्यवहार में परिवर्तन लाने के लिए काफी उत्सुक रहे। कोरचीन ने यह स्पष्टतः कहा है कि चिकित्सीय संबंध में आसक्ति तथा हैडले के अनुसार कुछ रोगी या क्लायंट ऐसे होते हैं जिनके साथ चिकित्सीय संबंध विकसित होते हैं तथा कुछ

ऐसे क्लायंट होते हैं जिनके साथ इस ढंग का संबंध नहीं विकसित हो पाता है और चिकित्सा की प्रगति धीमी पड़ जाती है। स्ट्रप तथा औरलिनस्की एवं होवार्ड द्वारा इस क्षेत्र में किये गए अध्ययनों से यह स्पष्ट हुआ है कि एक उत्तम चिकित्सीय संबंध में नैदानिक बातों के अलावा अन्य प्रमुख बातें इस प्रकार हैं–

1. स्ट्रप ने इस बात पर जोर दिया है कि चिकित्सीय परिणाम उत्तम होने के लिए यह आवश्यक है कि चिकित्सीय संबंध को रोगी एक कृत्रिम या बनावटी संबंध के रूप में न लेकर उसे एक वास्तविक संबंध के रूप में प्रत्यक्षण करे।
2. असामान्य मनोविज्ञान की नैदानिक प्रक्रिया के अन्तर्गत ऐसे चिकित्सीय संबंध को उत्तम माना जाता है जिसमें भूमिका-निवेश, परानुभूतीय गूँज तथा परस्पर प्रतिज्ञापन जैसे तीन तत्त्व शामिल होते हैं। भूमिका निवेश से तात्पर्य इस बात से होता है कि चिकित्सक तथा रोगी दोनों ही चिकित्सा को सफल बनाने में व्यक्तिगत प्रयास करते हैं। परानुभूतीय गूँज का अर्थ इस बात का अर्थ होता है कि चिकित्सा के दौरान किस हद तक चिकित्सक तथा रोगी दोनों ही निदान की समस्या के बारे में समान दृष्टिकोण रखते हैं। परस्पर प्रतिज्ञापन से तात्पर्य इस बात से होता है कि किस सीमा तक चिकित्सक तथा रोगी एक-दूसरे की भलाई के लिए ध्यान देते हैं।
3. चिकित्सीय संबंध इस ढंग का होना चाहिए कि चिकित्सक रोगी के कल्याण को सर्वाधिक प्राथमिकता दे।

स्पष्ट हुआ कि चिकित्सीय संबंध मनश्चिकित्सा का एक महत्त्वपूर्ण तत्त्व है जिसमें इन बातों का भी समावेश है।

(ग) सहभागी –मनश्चिकिसा की प्रक्रिया में दो सहभागी राइसम होते हैं, पहला सहभागी क्लायंट या रोगी होता है तथा दूसरा सहभागी चिकित्सक होता है। क्लांयट वह व्यक्ति होता है जिसमें सांवेगिक या मानसिक क्षुब्धता इतनी अधिक उत्पन्न हो जाती है कि उसे किसी प्रशिक्षित चिकित्सक की मदद अपनी समस्याओं के समाधान के लिए लेनी पड़ जाती है। रोगी में समस्या की क्षुब्धता की मात्रा अधिक भी हो सकती या फिर थोड़ी भी हो सकती है। मनोवैज्ञानिकों द्वारा किये गए शोधों से यह स्पष्ट हुआ है कि मनश्चिकित्सा के लिए सबसे उत्तम क्लायंट या रोगी वह होता है जिसमें कुछ खास-खास गुण होते हैं। जैसे–मनश्चिकित्सा से सबसे अधिक लाभ उन रोगियों को होता है जो बुद्धिमान, अभिप्रेरित, शाब्दिक, अपने व्यवहार में परिवर्तन लाने के लिए साधारण मात्रा में चिन्ता दिखाते हों तथा

चिकित्सक को अपनी समस्याओं के बारे में ठीक से जानकारी दे सकते हों। गुरमैन तथा राजीन ने अपने अध्ययन से इस तथ्य की संपुष्टि की है। अब प्रश्न उठता है कि क्लायंट या रोगी मनश्चिकित्साा के लिए किस ढंग की समस्या लेकर पहुँचते हैं? इस प्रश्न का संतोषजनक उत्तर वैण्डेवॉस तथा स्टाप्प द्वारा किया गया एक सर्वे के आधार पर मिलता है। इस सर्वे में करीब 6,500 मनोवैज्ञानिकों के विचारों का अध्ययन कियाा गया और पाया कि मनश्चिकिसा द्वारा जिन समस्याओं का निदान सामान्यतः होता है, वे बारंबारता के क्रम में इस प्रकार हैं–

(i) दुश्चिंता एवं विषाद, (ii) अन्तर्वैयक्तिक समस्याएँ, (iii) वैवाहिक समस्याएँ, (iv) स्कूली समस्याएँ, (v) दैहिक शिकायत, (vi) कार्यसंबद्ध कठिनाइयाँ, (vii) द्रव्य दुरुपयोग, (viii) मनोविक्षिप्त अवस्थाएँ, मानसिक दुर्बलता।

मनोविज्ञान में असामान्यता की समस्या का व्यावहारिक संदर्भ उसकी चिकित्सा या निदान से गहराई से जुड़ा है। मनश्चिकित्सा का दूसरा सहभागी चिकित्सक होता है। चिकित्सक वह व्यक्ति होता है जो अपने विशेष प्रशिक्षण तथा अनुभव के कारण क्लायंट या रोगी को अपनी क्षुब्धताओं से निबटने में मदद करता हो। चिकित्सा के लिए यह आवश्यक है कि उसमें विशेष कौशल हो और वह विशेष रूप से प्रशिक्षित हो ताकि वह क्लायंट की क्षुब्धताओं को समझ सके और तब उसके साथ इस ढंग से अन्तःक्रिया कर सके कि वह (क्लायंट) फिर अपनी समस्याओं या क्षुब्धतों से ठीक ढंग से निबट सके। एक उत्तम चिकित्सा में पर्याप्त कौशल तथा प्रशिक्षण के अलावा कुछ व्यक्तिगत गुण भी होने चाहिए। प्रसिद्ध मनश्चिकित्सक कार्ल रोजर्स के अनुसार एक उत्तम चिकित्सक में परानुभूति, प्रामाणिकता तथा शर्तहीन धनात्मक सम्मान देने की क्षमता अवश्य होनी चाहिए। इसके अलावा इनमें क्लायंट की समस्याओं को ठीक ढंग से सुनने, बिना निर्णायक दृष्टिकोण दिखलाये बोध तथा संवेदनशीलता का भाव दिखाने आदि की क्षमता होनी चाहिए।

मानसिक रोग चिकित्सा के उद्देश्य

रोगी के संवेगात्मक समस्याओं एवं मानसिक तनाव को दूर करके उसमें सामर्थ्य, आत्म-बोध, पर्याप्त परिपक्वता आदि उत्पन्न करना ही मनश्चिकित्सा का प्रमुख उद्देश्य है। इन सामान्य उद्देश्यों के अलावा मनश्चिकित्सा के प्रमुख उद्देश्यों में जैसे–रोगी को अपने वातावरण की वास्तविकताओं के साथ अच्छी तरह समायोजन करने में सहयोग प्रदान करना तथा रोगी के अपअनुकूलित व्यवहारों में

परिवर्तन लाना इसके अलावा आत्म-बोध एवं आत्मसूझ को सुस्पष्ट करना, रोगी में अपअनुकूलित व्यवहार को सम्पोषित करने वाले कारकों या अवस्थाओं को दूर करना, रोगी के आन्तरिक संघर्षों को एवं व्यक्तिगत तनाव को कम करना, रोगी में अपने इर्द-गिर्द के वातावरण एवं स्वयं अपने बारे में बने अयथार्थ पूर्वकल्पनाओं में परिवर्तन लाना आदि।

सुन्डवर्ग एवं टाइलर ने मनचिकित्सा के विभिन्न पहलुओं एवं इस क्षेत्र में किये गए शोधों की समीक्षा की और बतलाया कि मनचिकित्सा के प्रमुख उद्देश्यों (goals) या लक्ष्यों में निम्नांकित सर्वाधिक उत्कृष्ट हैं–

इन सबों का वर्णन निम्नांकित है–

(1) तीव्र भावों की अभिव्यक्ति करके सांवेगिक दबाव में कमी लाना–प्रत्येक रोगी के अन्दर कुछ-न-कुछ भाव छिपे होते हैं, उनको अभिव्यक्त कराना भी मनश्चिकित्सा का लक्ष्य है। फ्रायड ने इस तरह की सांवेगिक मुक्ति को विरेचन कहा है।

(2) रोगी की अन्तःशक्ति को वर्धन एवं विकास हेतु मुक्त करना–व्यक्ति की जिन्दगी एक निश्चित विकास रेखा के अनुरूप हमेशा बढ़ती है और जब उसकी इस सामान्य वर्द्धन प्रवृत्ति में किसी प्रकार की अवरुद्धता आदि है तो उससे मनःस्नायुविकृति (psychoneurasis) तथा अन्य मानसिक रोगों की उत्पत्ति होती है। अतः मनश्चिकित्सा का उद्देश्य इन अवरोधों को दूर करना होता है।

(3) चयनित व्यवहार में परिवर्तन–चिकित्सा के दौरान रोग के व्यवहार में हुये बदलाव के आधार पर चिकित्सा के प्रतिफल का मूल्यांकन किया जाता है। हालाँकि चिकित्सकों के बीच आम मान्यता यह है कि मूल्यांकन की यह कसौटी अन्य कसौटियों की तुलना में सरल एवं सुरक्षित है, फिर भी इसमें समस्याएँ हैं। एक समस्या तो यह है कि चिकित्सा परिस्थिति में व्यक्ति के व्यवहार में होने वाले परिवर्तन अन्य परिस्थिति में सामान्यीकृत नहीं हो पाते हैं। इसके अलावा रोगी के व्यवहार में परिवर्तन जिसे चिकित्सक चयनित करते हैं, सचमुच में वह चिकित्सक के लक्ष्य को प्रतिबिम्बित करते हैं। जैसे–एक चिकित्सक चिकित्सा को अधिक प्रभावी कह सकता है जब उसका रोगी अपने बच्चों पर आक्रमण व्यवहार दिखाना कम कर देता है। परंतु दूसरा चिकित्सक चिकित्सा को तब प्रभावकारी कहता है जब उसका रोगी वर्द्धन-उन्मुखी तथा आत्म-निर्देशित व्यक्ति के रूप में व्यवहार करने लगता है।

(4) रोगी द्वारा कार्य करने की प्रेरणा को सुदृढ़ करना—मनश्चिकित्सा का चाहे जो भी प्रकार क्यों न हो, मनश्चिकित्सक हमेशा यह कोशिश करते हैं कि वे रोगी को सही कार्य करने की प्रेरणा को तीव्र करें। वास्तव में मनश्चिकित्सा का यह एक सामान्य उद्देश्य है जिसका बहुत महत्त्व है।

नैदानिक मनोवैज्ञानिकों तथा मनश्चिकित्सकों द्वारा विशेष रूप से कदम उठाया जा रहा है। तथा इन लोगों द्वारा कुछ ऐसे परिणाम कसौटी को भी ढूँढ़ा जा रहा है जिससे समस्या कम-से-कम उत्पन्न हो सके।

उपर्युक्त वर्णित समस्याओं के अलावा मनश्चिकित्सा के परिणाम की प्रभावशीलता के परीक्षण हेतु।

6

असामान्य मनोविज्ञान में प्रयुक्त उपचार पद्धतियाँ

मानव समाज और परिवार में अनेक प्रकार की समस्यायें उत्पन्न होती रहती हैं, जिनसे समाज और परिवार की गतिविधियाँ प्रभावित होती हैं। इन सभी समस्याओं का निदान करने हेतु कई प्रकार की विधियों का प्रतिपादन किया गया है। इसी प्रकार की एक सामूहिक उपचार विधि है, जिसके क्षेत्र में मोरिनो का योगदान विशेष रूप से महत्त्वपूर्ण रहा है। मोरिनो ने ही सन् 1925 में मनोनाटक Psychodrama उपचार-पद्धति का प्रतिपादन किया था। लेकिन सामूहिक उपचार-पद्धति की ओर ध्यान (आकर्षण) दूसरे विश्व युद्ध के समय में हुआ। प्रस्तुत अध्याय में सामूहिक उपचार-पद्धति के अतिरिक्त सामूहिक मुठभेड़ उपचार-पद्धति और पारिवारिक उपचार-पद्धति का भी वर्णन किया गया है। ये सभी उपचार पद्धतियाँ किसी न किसी प्रकार से सामूहिक उपचार-पद्धतियाँ हैं। सामूहिक उपचार-पद्धति में एक समय में एक साथ अनेक रोगियों का उपचार हो जाता है, इस दृष्टि से यह उपचार पद्धतियाँ बचत वाली उपचार पद्धतियाँ हैं।

सामूहिक उपचार-विधि

इस विधि को द्वितीय विश्व युद्ध के दौरान काफी प्रोत्साहन प्राप्त हुआ। रोगियों की संख्या अधिक और मनोचिकित्सकों की संख्या कम थी, फलस्वरूप समूह उपचार-पद्धति का विकास हुआ। सैनिकों की अनेक समस्याओं के समाधान में यह पद्धति उपयोगी थी। थोड़े ही दिनों में सामूहिक उपचार-पद्धति का उपयोग अन्य लोगों पर भी किया जाने लगा। सामूहिक उपचार-पद्धति में एक छोटा रोगियों का समूह लिया जाता है। यह समूह किसी अस्पताल या क्लीनिक में रखा जाता है। समूह के रोगियों की चिकित्सा या उपचार रोगियों की आयु, आवश्यकताओं और क्षमताओं के आधार पर किया जाता है।

सामूहिक उपचार विधि के समूह में शामिल लोगों में 6 से 10 लोग ऐसे होते हैं जो रोगी होते हैं, यह सभी आपस में सम्बन्धित नहीं होते हैं या अपरिचित होते हैं। सामूहिक उपचार पद्धति में रोगी अनुभव करता है कि उसकी तरह समूह के अन्य लोग भी पीड़ित हैं। इस उपचार-पद्धति में रोगी को अपनी समस्याओं को सुलझाने में समूह के दूसरे सदस्यों से सहायता और समर्थन प्राप्त होता है। रोगी के एकाकीपन (Isolation) की भावना समाप्त हो जाती है और उसे अपने अन्तर्वैयक्तिक सम्बन्धों को सुधारने का अवसर प्राप्त होता है। समूह में रोगी की आत्म-स्वीकृति बढ़ती है और रोगी का व्यक्तित्व सामान्यता की ओर अग्रसर होता है अथवा उसका समायोजन अच्छा और अच्छा होता जाता है।

वर्तमान समय में सामूहिक उपचार विधि की लोकप्रियता और महत्ता में निरन्तर वृद्धि हो रही है। इस उपचार पद्धति के अनेक प्रारूप या प्रकार हैं। इन प्रकारों में कुछ प्रकार आज भी लोकप्रिय हैं, जिनकी सहायता से समस्याग्रस्त लोगों का उपचार किया जाता है।

सामूहिक उपचार-विधि में उपचारी कारक

यालोम ने सामूहिक उपचार पद्धति के 11 उपचारी कारकों का वर्णन किया है, जिनको संक्षिप्त रूप में निम्न प्रकार दर्शाया गया है–

(1) प्राथमिक पारिवारिक समूह के सुधारात्मक सार–सामूहिक उपचार विधि के तहत रोगियों के समूह को एक परिवार की तरह माना जाता है। इसमें चिकित्सक माता-पिता के रूप में और सदस्य भाई-बहन के रूप में होते हैं। एक

रोगी के मौलिक परिवार के अवरोध और कटुता इस परिवार में रहकर दूर होने की सम्भावना होती है।

(2) अनुकरणीय व्यवहार—सामूहिक उपचार विधि के तहत समूह के सदस्य जब किसी सदस्य को मॉडल के रूप में स्वीकार करते हैं तब मॉडल के रूप में स्वीकार करने वाला व्यक्ति मॉडल के व्यवहार का अनुकरण करता है। अच्छे व्यवहारों का अनुकरण चिकित्सा पर धनात्मक प्रभाव डालता है।

(3) समूह सम्बन्धशीलता—रोगियों को समूह में रखने में उनका परस्पर सम्बन्ध अच्छा हो जाता है। उनमें घनिष्ठता बढ़ती है और उनमें समग्रता का भाव विकसित होता है जिससे रोगियों में 'हम' की भावना बढ़ती है और इससे उन्हें प्रोत्साहन प्राप्त होता है।

(4) अन्तर्वैयक्तिक अधिगम—इस उपचार विधि के तहत समूह में रहकर सदस्य एक-दूसरे के साथ अन्तःक्रिया करते हैं। अन्तःक्रिया के द्वारा वह न केवल सीखते हैं बल्कि उनमें सूझ भी विकसित होती है।

(5) अस्तित्ववादी तत्त्व—इस उपचार विधि में समूह के तहत रहकर रोगी कुछ समय बाद अनुभव करता है कि यद्यपि वह अनेक लोगों के बीच में है फिर भी वह अकेला है। उसे अपनी समस्याओं के सम्बन्ध में स्वयं ही निर्णय करना है स्वयं ही अपनी समस्याओं का समाधान करना है। उसे यह भी महसूस होता है कि प्रत्येक व्यक्ति में कुछ न कुछ समस्याएँ हैं, समस्याओं से मुक्त कोई भी नहीं है, जीवन में समस्याएँ आती हैं और उनका समाधान भी होता है।

(6) विरेचन—सामूहिक उपचार विधि में रोगी जब समूह में होते हैं तब उन्हें अपने संवेगों, इच्छाओं, भावनाओं, प्रेरणाओं और घटनाओं से सम्बन्धित विचारों की और कष्टों को दूसरे से कहने का अवसर प्राप्त होता है। उनके कष्टों और समस्याओं का जब इस प्रकार विरेचन होता है तब इस अवस्था में उनके उपचार पर इस विरेचन का धनात्मक प्रभाव पड़ता है।

(7) सूचना प्रदान करना—किसी रोगी का सामूहिक इलाज किये जाने के दौरान समूह में रहकर रोगी को अनेक प्रकार की सूचनाएँ प्राप्त होती हैं जैसे मनोवैज्ञानिक विघ्न, मनोगत्यात्मकता, पुनर्बलन, आकस्मिकता आदि। रोगी को समूह चिकित्सा की अवधि में समूह में रहकर अन्य रोगियों के बारे में, उनकी समस्याओं के बारे में विभिन्न प्रकार की सूचनाएँ प्राप्त होती हैं। इसके अतिरिक्त रोगी अपनी समस्याओं के सम्बन्ध में मनोचिकित्सक के साथ-साथ अन्य सदस्यों से राय और निर्देशन भी प्राप्त करता है।

(8) प्रत्याशा—सामूहिक उपचार-पद्धति में रोगी या समस्याग्रस्त व्यक्ति से यह आशा या प्रत्याशा की जाती है कि उसकी संवेगात्मक समस्याओं में परिवर्तन अवश्य होगा और यह परिवर्तन जितनी ही अधिक मात्रा में होगा उतनी ही सामूहिक उपचार विधि ज्यादा महत्त्वपूर्ण मानी जाती है।

(9) परोपकारिता—प्रायः ऐसा देखा जाता है कि सामूहिक उपचार विधि के समूह में जो सदस्य होते हैं, उनमें परोपकार की भावना होती है। समूह के सदस्य एक-दूसरे को परोपकारिता की दृष्टि से राय देते हैं, आपस में एक-दूसरे की समस्याओं के प्रति सहानुभूतिपूर्ण व्यवहार होता है। सदस्य समस्याओं से मुक्त होने को एक-दूसरे को प्रोत्साहित करते हैं। जब समूह के सदस्यों में इस प्रकार की परोपकारिता दिखायी देती है तब यह परोपकारितापूर्ण व्यवहार रोगियों की चिकित्सा की दृष्टि से बहुत लाभकारी होता है।

(10) सार्वभौमिकता—सामूहिक विधि के द्वारा उपचार के दौरान रोगी का अन्य रोगियों के साथ सम्पर्क होने पर उसे यह अनुभव होता है कि अकेले वही समस्याग्रस्त नहीं है बल्कि उसके साथ-साथ अन्य लोग भी एक या कुछ समस्याओं से ग्रस्त हैं। केवल उसमें ही समस्याएँ, चिन्ता या आशंका, तनाव और अन्तर्द्वन्द्व नहीं है बल्कि समूह के दूसरे सदस्यों में भी यह कारण उपस्थित है। व्यक्ति जब यह अनुभव करता है कि वह अकेले ही समस्याओं से नहीं जूझ रहा है बल्कि अन्य लोग भी समस्याग्रस्त हैं अर्थात् उसकी समस्याएँ सामूहिक और सामाजिक स्तर पर अनेक लोगों में हैं, दूसरे शब्दों में उसकी समस्याएँ सार्वभौमिक हैं, तब इस अवस्था में रोगी का उपचार अधिक अच्छे ढंग से होता है।

(11) सामाजिक कौशलों का विकास—सामूहिक उपचार विधि का यह भी एक प्रमुख तत्त्व है। इस उपचार-पद्धति में जब एक रोगी समूह के अन्य सदस्यों के बीच होता है तब उसे अपने अन्तर्वैयक्तिक व्यवहार की त्रुटियों को सुधारने का अवसर मिलता है। रोगी समूह में एक-दूसरे के व्यवहार को देखकर अपनी अन्तर्वैयक्तिक व्यवहार की त्रुटियों को दूर भी करते हैं। ऐसा होने से रोगियों की समस्याओं के उपचार पर धनात्मक प्रभाव पड़ता है।

सामूहिक उपचार विधि में उपरोक्त तत्त्वों को विद्यमान होने पर उसकी प्रभावशीलता में वृद्धि होती है। यह उपचारी कारक एक सामूहिक उपचार पद्धति में जितनी ही अधिक मात्रा में होते हैं, सामूहिक उपचार पद्धति के उतना ही अधिक प्रभावशाली होने की सम्भावना बढ़ जाती है। सामूहिक उपचार पद्धति में चिकित्सक इन उपचारी कारकों को बढ़ाने का पूरा-पूरा प्रयास करता है।

सामूहिक उपचार विधि के प्रमुख चरण

सामूहिक उपचार विधि के प्रमुख सोपानों का विवरण निम्न प्रकार है–

(1) समूह की बनावट–सामूहिक उपचार विधि के तहत इलाज करने के दौरान रोगियों की सख्या, उम्र और समस्या का निर्णय चिकित्सक लेता है। जब समूह में सदस्यों की संख्या 6 से नीचे होती है तब चिकित्सक की प्रभावशीलता कम हो जाती है क्योंकि अधिक संख्या में सदस्य होने पर सदस्यों को जो लाभ मिलता है, वह चिकित्सक नहीं दे पाता है। इसी प्रकार से जब समूह में रोगियों की संख्या 10-12 से अधिक होती है तब इस अवस्था में चिकित्सक की प्रभावशीलता कम हो जाती है। क्योंकि एक अकेला चिकित्सक अनेक रोगियों की समस्याओं को सुनने में कठिनाई का अनुभव करता है।

यदि रोगी एक ही लिंग के हैं और उनकी आयु लगभग समान हो तो सामूहिक उपचार विधि से इलाज में काफी सफलता मिलती है। एक ही आयु वर्ग और एक ही लिंग के जब सदस्य होते हैं तब वह सदस्य आपस में एक-दूसरे के साथ अपेक्षाकृत अधिक अन्तःक्रिया करते हैं। सामूहिक उपचार पद्धति द्वारा उपचार प्रारम्भ करने से पहले समूह की बनावट के सम्बन्ध में निम्नलिखित बिन्दुओं को ध्यान में रखना आवश्यक है–

1. समूह में स्थिर व्यामोही, आत्म-रोगभ्रमी और मनोविक्षिप्तता से ग्रस्त रोगियों को एक साथ सम्मिलित नहीं करना चाहिए क्योंकि यह सभी रोगी एक साथ होते हैं तब यह समूह के कार्यों को और समूह में सदस्य के रूप में भूमिकाओं का निर्वहन ठीक प्रकार से नहीं कर पाते हैं।
2. जब चिकित्सक के पास अनेक प्रकार के रोगी हों और अधिक संख्या में रोगी हों तब उसके लिए आवश्यक है कि वह रोगियों का मूल्यांकन करके उनको विभिन्न वर्गों में विभाजित करके समूह बनाकर उपचार प्रारम्भ करे।
3. चिकित्सक को रोगियों की समस्याओं की गम्भीरता के अनुसार यह भी निश्चित कर लेना चाहिए कि वह जो समूह बना रहा है वह समूह समजातीय होना चाहिए या विषमजातीय होना चाहिए। यहाँ समजातीय समूह से अभिप्राय उस समूह से जिसमें आयु, सैक्स और समस्या के स्वरूप की दृष्टि से समूह के सदस्य एक समान होते हैं। इसी प्रकार से विषम-जातीय समूह व समूह होता है जिसमें आयु, सैक्स और समस्या के स्वरूप की दृष्टि से

समूह के सदस्य भिन्न-भिन्न होते हैं। सजातीय समूह बनाना चिकित्सक के लिए कई बार कठिन होता है क्योंकि एक ही आयु, एक ही सैक्स और एक ही प्रकार की समस्याओं से ग्रस्त रोगियों की संख्या आवश्यक नहीं है कि चिकित्सक के पास पर्याप्त हो। किस प्रकार का समूह हो तो यह उपचार पद्धति लाभकारी रहेगी यह निर्णय चिकित्सक को ही करना पड़ता है।

4. चिकित्सक को समूह बनाते समय चाहिए कि वह समूह बनाने से पहले रोगियों या समस्याग्रस्त व्यक्तियों का पहले मूल्यांकन कर ले इसके बाद ही वह समूह में रोगियों को सम्मिलित करे।

(2) औपचारिक प्रबन्धन—सामूहिक उपचार विधि के दौरान रोगियों के समूह में सामान्यतः छः से दस लोग शामिल होते हैं। 1-2 संख्या अधिक भी हो तब भी समूह संख्या की दृष्टि से आदर्श माना जाता है। इस पद्धति से उपचार करते समय रोगियों को खुले वातावरण में और एक वृत्ताकार स्थिति में इस प्रकार बैठाया जाता है कि सदस्य आपस में एक दूसरे को देख सकें, एक-दूसरे के साथ अन्तःक्रिया कर सकें और सभी सदस्य समान रूप से चिकित्सक के साथ बातचीत और अन्तःक्रिया कर सकें। इस प्रकार यह स्पष्ट होता है कि सामूहिक उपचार पद्धति में रोगियों के साथ एक चिकित्सक होता है, कई बार एक से अधिक चिकित्सक भी होते हैं और आवश्यकता अनुसार चिकित्सक के साथ सहायक भी हो सकता है। यदि सामूहिक उपचार पद्धति में महिला सदस्य भी है तब एक महिला चिकित्सक का होना भी आवश्यक है। ऐसी औपचारिक व्यवस्था के बाद ही चिकित्सा के सत्र प्रारम्भ होते हैं। कई बार चिकित्सक के 1-2 सत्र हो जाने के बाद भी समूह में रोगियों की संख्या बढ़ा दी जाती है।

(3) चिकित्सक का उत्तरदायित्व—इस उपचार विधि में डॉक्टर या चिकित्सक की भूमिका काफी अहम् होती है। वह समूह पर न तो बहुत नियन्त्रण रखता है और न ही बहुत अधिक छूट देता है। चिकित्सक समूह में एक विशेष वातावरण या संस्कृति उत्पन्न करता है और उसे संपोषित करता है चिकित्सक समूह में सदस्यों के वैयक्तिक कार्यों की अपेक्षा अन्तर्वैयक्तिक कार्यों की ओर अधिक ध्यान देता है। चिकित्सक समूह के सदस्यों के साथ घुला-मिला भी होता है और साथ-साथ अलग एक वैज्ञानिक चिकित्सक की भाँति भी कार्य करता है। वह समस्या से ग्रस्त व्यक्तियों या रोगियों की समस्या का समाधान आवश्यकतानुसार किसी भी मनोवैज्ञानिक चिकित्सा पद्धति द्वारा करने को स्वतन्त्र होता है। चिकित्सक

किसी एक उपचार पद्धति पर निर्भर नहीं होता है। उसे उस उपचार पद्धति का अनुसरण करना होता है जिसके द्वारा रोगी जल्द से जल्द स्वास्थ्य लाभ प्राप्त कर सके।

(4) समूह की समय सीमा--इस विधि के तहत समूह की रचना हो जाने पर और इस विधि की शुरुआत हो जाने पर तब यह उपचार पद्धति आवश्यकतानुसार अनेक सत्रों तक चलती है। एक समूह के कितने सत्र होंगे सामान्यतया यह इस बात पर निर्भर करता है कि समूह के सदस्यों को कितना लाभ प्राप्त हो चुका है और कितना लाभ प्राप्त होना शेष है। उपचार के सत्रों का निर्धारण स्वयं चिकित्सक करता है। उपचार के सत्रों की संख्या बहुत कुछ इस बात पर निर्भर करती है कि उपचार के प्रत्येक सत्र की अवधि कितनी लम्बी या छोटी है।

दस से बारह सदस्यों वाले रोगियों के समूह की चिकित्सा सत्र की अवधि 2 से 3 घण्टे के बीच की होती है। जब समूह में सदस्यों की संख्या इससे कम होती है तब चिकित्सा सत्र की अवधि 1 से 2 घण्टे होती है। चिकित्सा सत्र की अवधि चिकित्सक अपने विवेक के अनुसार घटा-बढ़ा सकता है। चिकित्सक सत्र कभी कुछ कम अवधि का और कभी कुछ अधिक अवधि का रख सकता है। चिकित्सक जब यह देखता है कि सदस्यों को लाभ मिलता जा रहा है तब वह आवश्यकता अनुसार चिकित्सा सत्र की अवधि बढ़ा लेता है और जब चिकित्सक देखता है कि सदस्यों को लाभ नहीं मिल रहा है तब वह चिकित्सा सत्र छोटा कर लेता है।

अक्सर सामूहिक उपचार विधि के तहत एक ही समूह कई दिनों तक बना रहता है। जब कुछ सदस्यों को पूर्ण रूपेण लाभ हो जाता है तब इन सदस्यों को समूह से हटा दिया जाता है और इनके स्थान पर नये सदस्य ले लिये जाते हैं। इस प्रकार रोगियों की निकासी और भर्ती चलती रहती है तो ऐसे समूह का अस्तित्व बहुत लम्बे समय तक चलता है।

सामूहिक चिकित्सा विधि में रोगियों का उपचार उनके रोगों के अनुसार अलग-अलग तरीके से भी किया जा सकता है। इस उपचार पद्धति में चिकित्सक की भूमिका किस प्रकार की होनी चाहिए इस सम्बन्ध में कोरचिन ने लिखा है कि, "वैयक्तिक उपचार पद्धति की भाँति सामूहिक उपचार पद्धति में चिकित्सक बिना अधिकारवादी होते हुए भी अधिकारपूर्ण व्यवहार करता है और बिना विशेषज्ञता के प्रदर्शन के भी विशेषज्ञ की भूमिका करता है। समूह में चिकित्सक की भूमिका केन्द्रीय होती है फिर भी वह सदस्यों में कोई विशेष उलट-फेर नहीं करता है।

सामूहिक उपचार के प्रमुख सिद्धान्त

सामूहिक उपचार विधि का क्रियान्वयन कुछ निर्धारित सिद्धान्तों के आधार पर किया जाता है। इनमें कुछ प्रमुख सिद्धान्तों का विवरण निम्न प्रकार है–

(1) मानवतावादी सामूहिक सिद्धान्त–चिकित्सकों द्वारा अपनाया जाने वाला यह भी एक महत्त्वपूर्ण सिद्धान्त है। इसके तहत उपचार करने के दौरान सदस्यों के मध्य घनिष्ठता और सहयोग का भाव विकसित किया जाता है। इसके साथ-साथ मानवतावादी दृष्टिकोण अपनाते हुए सदस्य एक-दूसरे के साथ अन्तःक्रिया करते हैं इससे उन्हें स्वयं को समझने का अवसर प्राप्त होता है। इस मॉडल के अन्तर्गत निम्न तीन प्रकार के मॉडलों के द्वारा उपचार किया जाता है।

(i) टी-समूह का संवेदनशीलता प्रशिक्षण मॉडल–इसके तहत प्रमुख मान्यता यह है कि समूह के सदस्य अन्य सदस्यों के प्रति संवेदनशील रहें और ध्यान दें। इसके लिए चिकित्सक समूह के सदस्यों को समय-समय पर प्रोत्साहित करता है। इस सम्बन्ध में फेर्स का विचार है कि दूसरे सदस्यों को सुनकर, उनके प्रति अनुक्रिया करके प्रत्येक सदस्य में एक ऐसी संवेदनशीलता विकसित होती है जिससे सदस्यों में अधिक आत्मबोध और अपने तथा अन्य सदस्यों के प्रति जागरूकता विकसित होती है, साथ-साथ सदस्यों में दूसरे सदस्यों की प्रशंसा में वृद्धि उत्पन्न होती है।

(ii) गेस्टाल्ट समूह मॉडल–इसके तहत उपचार करने के दौरान चिकित्सक रोगी के रोग के प्रति समग्रता का दृष्टिकोण रखता है। वह रोगी के वर्तमान और गत् दोनों प्रकार के अनुभवों को ध्यान में रखकर चिकित्सा का कार्य करता है।

(iii) मुठभेड़ समूह मॉडल–इसके तहत यह स्वीकार किया गया है कि सदस्यों को रोने, चिल्लाने और अन्य संवेगों की अभिव्यक्ति को प्रोत्साहित किया जायेगा तो सदस्य दूसरे सदस्यों के व्यवहार को अधिक अच्छी तरह समझ पायेंगे। इसका विस्तृत वर्णन इसी अध्याय में आगे है।

(2) मनोगतिकी सामूहिक सिद्धान्त–इस मॉडल के अन्तर्गत वैयक्तिक उपचार पद्धति के रूप में मनोविश्लेषणात्मक उपचार पद्धति आती है। जिस प्रकार से मनोविश्लेषणात्मक उपचार पद्धति मनोगतिकी मॉडल पर आधारित है, उन्हीं सिद्धान्तों के आधार पर सामूहिक उपचार पद्धति में भी उपचार किया जाता है। मनोगतिकी सामूहिक उपचार पद्धति मॉडल के अन्तर्गत स्लावसन की उपचार पद्धति आती है जिसका नाम मनोविश्लेषणात्मक सामूहिक मनोचिकित्सा है।

वास्तव में स्लावसन की यह पद्धति मनोविश्लेषणात्मक उपचार पद्धति ही है, जो व्यक्तगत स्तर पर न होकर सामूहिक स्तर पर होती है। इस उपचार पद्धति में स्वतन्त्र साहचर्य का प्रयोग किया जाता है, प्रतिरोधों की व्याख्या की जाती है और स्थानान्तरण भी सम्मिलित है। स्लावसन ने अपनी इस उपचार पद्धति में रोगी में सूझ उत्पन्न करने पर अधिक बल दिया है।

वुल्फ की सामूहिक उपचार पद्धति में 8-10 रोगी सदस्य होते हैं जिनमें कुछ महिलाएं और कुछ पुरुष होते हैं। इस सामूहिक उपचार पद्धति में सप्ताह में तीन बार सत्र चलाये जाते हैं और सत्र लगभग एक घण्टे का होता है। वुल्फ की उपचार पद्धति में प्रत्येक सदस्य को अपनी भावनाओं को खुलकर अभिव्यक्त करना होता है, रोगी अपने स्वप्नों का भी पूरा-पूरा विवरण देते हैं। प्रतिरोधों का विश्लेषण करके व्याख्या की जाती है। आवश्यकतानुसार चिकित्सक रोगी की समस्याओं की व्याख्या ही नहीं करता है बल्कि वह रोगियों को ठीक करने के लिए उनमें सूझ भी उत्पन्न करने का प्रयास करता है।

(i) मनोनाटक—मनोगतिकी सामूहिक उपचार विधि के तहत प्रयोग होने वाली यह एक सामूहिक उपचार विधि है। मनोनाटक का प्रतिपादन मोरे ने अपने अध्ययनों के आधार पर सन् 1946 और 1959 में किया। इस उपचार पद्धति में एक मनोवैज्ञानिक नाटक तैयार किया जाता है जिसमें रोगी के साथ चिकित्सक व अन्य कई लोग होते हैं। उदाहरण के लिए, यदि पिता के रूप में रोगी को कुछ समायोजन सम्बन्धी कठिनाइयाँ हैं तो रोगी जब पिता की भूमिका करेगा तो बेटे के रूप में भूमिका करने वाला भी कोई व्यक्ति होगा। मनोनाटक वह उपचार पद्धति है जिसमें नियन्त्रित परिस्थितियों में रोगी अपनी कठिनाइयों और मानसिक संघर्षों की अभिव्यक्ति अभिनय के माध्यम से करता है। यह मनोनाटक सामान्य नाटकों की भाँति ही होते हैं, इनमें भी प्रधान अभिनयकर्ता, सहअभिनयकर्ता, निर्देशक और दर्शक होते हैं। इसका मंचन हूबहू उसी प्रकार से किया जाता है जैसे अन्य नाटकों का होता है।

मनोनाटक उपचार विधि के तहत रोगी अपने मानसिक संघर्षों की अभिव्यक्ति अभिनय के माध्यम से करता है, इसलिए ये इस विधि का प्रमुख अभिनयकर्ता होता है। निर्देशक के रूप में चिकित्सक कार्य करता है जिसकी देखरेख में नाटक का मंचन या संचालन होता है। मानसिक चिकित्सालय के सहायक चिकित्सक और नर्स आदि नाटक में सहायक भूमिकाएँ करते हैं। श्रोता या दर्शक के रूप में अन्य रोगी होते हैं।

मनोनाटक का मंचन करने के लिये ऐसे वातावरण का चुनाव किया जाता है जहाँ रोगी को अपने मानसिक संघर्ष की अभिव्यक्ति करने में किसी प्रकार की समस्या न हो। कब, कहाँ, कितने और कौन से संवाद बोलने हैं इन सबको चिकित्सक तैयार करता है। वास्तविक मनोनाटक से पहले पूर्वाभ्यास भी कराया जाता है। रोगी को अपने मानसिक अन्तर्द्वन्द्वों को अभिव्यक्त करने का उसी प्रकार से अवसर प्राप्त होता है जैसे मनोविश्लेषण की मुक्त साहचर्य पद्धति में प्राप्त होता है।

मनोनाटक की सबसे बड़ी कठिनाई यह होती है कि रोगी मुख्य अभिनयकर्ता की भूमिका करने को तैयार नहीं होता है। इसके लिए आवश्यक है कि रोगी को पहले दर्शक के रूप में अन्य मनोनाटकों में सम्मिलित किया जाये और उसे मनोनाटक में भूमिका करने के लिए पहले से धीरे-धीरे प्रोत्साहित किया जाये। मनोनाटक यद्यपि मनोगतिकी मॉडल पर आधारित है फिर भी इस विधि का उपयोग कम किया जाता है। इस उपचार पद्धति का उपयोग एक सहायक उपचार पद्धति के रूप में किया जाता है।

(ii) संव्यवहार विश्लेषण—मनोगतिकी सामूहिक के तहत संव्यवहार विश्लेषण की विधि भी शामिल है। इस विधि का प्रतिपादन बर्नी ने किया। सामूहिक उपचार पद्धति में समूह के सदस्य जो पारस्परिक अन्तःक्रियाएँ करते हैं उन अन्तःक्रियाओं का विश्लेषण ही संव्यवहार विश्लेषण T. A. कहलाता है। संव्यवहार विश्लेषण में अहं की अवस्थाओं का विश्लेषण किया जाता है। अहं की तीन मुख्य अवस्थाएँ होती हैं–(i) बाल्य अहं अवस्था, (ii) संरक्षक अहं अवस्था, (iii) वयस्क अहं अवस्था। अहं की इन तीन अवस्थाओं का बहुत कुछ वही अर्थ है जो फ्रायड द्वारा वर्णित इड, अहं और परा अहं का होता है।

संव्यवहार की व्याख्या करने के दौरान चिकित्सक यह भी ज्ञात करता है कि रोगी के व्यवहार में असमायोजित रूप से उत्पन्न अन्तःवैयक्तिक अनुक्रियाएँ क्या हैं? संव्यवहार विश्लेषण करते समय चिकित्सक यह भी जानने का प्रयास करता है कि एक रोगी किन लोगों के साथ क्यों अधिक अन्तःक्रिया करता है और क्यों कम अन्तःक्रिया करता है। मनोगतिकी सामूहिक उपचार पद्धति मॉडल के अन्तर्गत आने वाली इस पद्धति में कठिनाई यह होती है कि संव्यवहार विश्लेषण न केवल लम्बी जटिल प्रक्रिया होती है, बल्कि संव्यवहार विश्लेषण अधिक समय लेने वाली व खर्चीली प्रक्रिया भी होती है।

(3) सहायता समूह उपचार पद्धति मॉडल—सामूहिक उपचार विधि में चिकित्सकों द्वारा अपनाया जाने वाला यह भी प्रमुख सिद्धान्त है। इसके तहत उपचार में रोगी या समस्याग्रस्त व्यक्ति तो होते हैं लेकिन चिकित्सक नहीं होता है। रोगी स्वयं समूह बनाते हैं और आपस में विचार-विमर्श करके स्वयं ही अपनी-अपनी समस्याओं का समाधान खोजते और करते हैं। इस प्रकार के मॉडल के द्वारा समूह उपचार पद्धति से रोगियों के उपचार के अथवा स्वास्थ्य लाभ के वही परिणाम प्राप्त होते हैं जो परिणाम उस समूह उपचार पद्धति से प्राप्त होते हैं जिसमें चिकित्सक की भूमिका होती है इस प्रकार के मॉडल से तभी अच्छे परिणाम प्राप्त होते हैं जब समूह में रोगियों की समस्याएँ लगभग एक समान होती हैं।

(4) व्यवहारपरक सामूहिक सिद्धान्त—इस विधि के तहत समस्त रोगियों के इलाज हेतु व्यवहार उपचार पद्धति की अनेक प्रविधियों में से आवश्यकतानुसार कुछ प्रविधियों का उपयोग किया जाता है। लेजारस का विचार है कि, व्यवहार उपचार पद्धतियों की प्रविधियों में असंवेदीकरण तकनीक का उपयोग सामूहिक उपचार पद्धति में सफलतापूर्वक किया जा सकता है। इस तकनीक के उपयोग से बहुत ही धनात्मक और अच्छे परिणाम प्राप्त हुए हैं। व्यवहारपरक सामूहिक उपचार पद्धति मॉडल के अन्तर्गत सामूहिक उपचार पद्धति में सामाजिक कौशलों के प्रशिक्षण और निश्चयात्मकता प्रशिक्षण को रोगी में पूर्ण किया जाता है।

(i) निश्चयात्मकता प्रशिक्षण—व्यवहारपरक सामूहिक उपचार पद्धति मॉडल के अन्तर्गत निश्चयात्मकता का भी प्रशिक्षण रोगी को दिया जाता है। निश्चयात्मकता का अर्थ यहाँ इस उपचार पद्धति में यह है कि दूसरों के अधिकारों का अतिक्रमण न करते हुए अपने अधिकारों पर दृढ़ या स्थिर रहना। समूह उपचार पद्धति में रोगी को निश्चयात्मकता का प्रशिक्षण रोगी को दिया जाता है जिससे कि वह अपने अधिकार प्राप्त कर सके और अपने अधिकारों का प्रयोग कर सके।

(ii) सामाजिक कौशलों का प्रशिक्षण—अक्सर रोगियों में अन्तर्वैयक्तिक परिस्थितियों से सम्बन्धित भी कई प्रकार की समस्यायें उत्पन्न हो जाती हैं। ऐसे में चिकित्सक रोगी को सामाजिक कौशलों का प्रशिक्षण देता है जिससे कि वह विभिन्न अन्तर्वैयक्तिक परिस्थितियों में समायोजित प्रकार से अन्तःक्रिया कर सके और वह इन परिस्थितियों में व्यवहार करते समय किसी प्रकार की समस्या का अनुभव न करे। एक अध्ययन (1980) में विषाद के रोगियों के लिए एक अन्य अध्ययन (1984) में मनोविक्षिप्तता के रोगियों को सामाजिक कौशलों का प्रशिक्षण सफलतापूर्वक दिया गया।

सामूहिक उपचार-विधि की आलोचना

सामूहिक उपचार विधि के प्रमुख गुण—इसके गुणों को निम्न प्रकार स्पष्ट किया गया है—

1. सामूहिक उपचार पद्धति प्रारम्भ करने से पहले यदि समूह के सहभागी सदस्यों को कुछ सामाजिक कौशल बता दिये जायें, सदस्यों में धनात्मक अभिवृत्ति उत्पन्न कर दी जाये तो सामूहिक उपचार पद्धति अधिक प्रभावशाली बन जाती है।
2. सामूहिक उपचार पद्धति की सहायता से अनेक प्रकार के समस्याग्रस्त लोगों का उपचार किया जा सकता है। इसके द्वारा जो लाभ रोगियों को प्राप्त होता है वह अपेक्षाकृत स्थायी होता है।
3. समूह उपचार पद्धति से कम समय में अधिक लोगों का उपचार सरलता से किया जाता है जिससे समय, श्रम और धन की बचत होती है।
4. सामूहिक उपचार पद्धति आत्म-निर्भर व्यक्तियों के लिए भी उपयोगी है और साथ-साथ यह उन व्यक्तियों के लिए भी उपयोगी है जो दूसरों पर आश्रित रहते हैं।
5. सामूहिक उपचार पद्धति कोई एक उपचार पद्धति या एक सिद्धान्त पर आधारित न होकर अनेक उपचार पद्धतियों या सिद्धान्तों पर आधारित होती है। अतः इस उपचार-पद्धति के द्वारा विभिन्न प्रकार के रोगियों को लाभ होता है।
6. इस पद्धति में समूह के सहभागी सदस्य अपनी संवेगात्मक अभिव्यक्ति एक-दूसरे के साथ खुलकर करते हैं इससे सदस्यों का संवेगात्मक तनाव कम होता है और कुसमायोजित व्यवहार के लक्षण तेजी से घटने लगते हैं।

सामूहिक उपचार-पद्धति के अवगुण—इसके प्रमुख अवगुणों को निम्न प्रकार स्पष्ट किय गया है—

1. सामूहिक उपचार पद्धति में एक समूह के सभी रोगियों का उपचार एक साथ किया जाता है इसलिए सभी रोगियों पर चिकित्सक का एक समान ढंग से ध्यान देना कठिन होता है।
2. सामूहिक उपचार पद्धति के जहाँ अनेक लाभ हैं वहाँ इस उपचार पद्धति की सबसे बड़ी सीमा यह है कि इस उपचार पद्धति के द्वारा गम्भीर मानसिक रोगी या विशेष रूप से वे रोगी जिनका वास्तविकता से सम्बन्ध नहीं होता

है, उनका सफलतापर्वूक उपचार इस पद्धति के द्वारा नहीं किया जा सकता है (Wulcond, 1987)।

सामूहिक मुठभेड़ उपचार-विधि

यह उपचार विधि भी सामूहिक उपचार विधि से मिलती-जुलती है। सामूहिक मुठभेड़ उपचार पद्धति वह उपचार पद्धति है जिसके सदस्य बिना किसी नियन्त्रण विशेष के एक-दूसरे के साथ अपनी समस्याओं पर खुलकर बातचीत करते हैं। दूसरे शब्दों में सदस्य को अपनी समस्याओं पर अन्तःक्रिया करने और अपने संवेगात्मक अन्तर्द्वन्द्वों और समस्याओं को कहने की पूरी आजादी होती है। इस चिकित्सा पद्धति में चिकित्सक तो होता है लेकिन वह रोगियों पर केवल नजर रखता है, आवश्यकता पड़ने पर वह सदस्यों को अपनी समस्याएँ अभिव्यक्त करने के लिए प्रोत्साहित करता है। इस उपचार पद्धति के रोगी अनौपचारिक रूप से एक-दूसरे से मिलते हैं, वह एक साथ व्यायाम कर सकते हैं, मालिश कर सकते हैं और खेल सकते हैं इत्यादि।

इस प्रकार की विधि की लोकप्रियता होने के कारण सन् 1960 से 1978 के बीच हर तरह की उपचार विधियों को इस उपचार विधि में शामिल कर दिया गया। इस उपचार पद्धति की प्रक्रिया विधि में अनेक विचलन हैं, जैसे—इस उपचार पद्धति के एक समूह में नेता होता है, दूसरे समूह में नेता होता है आदि।

मुठभेड़ समूह में सदस्यों की संख्या 6 से 12 तक होती है, जिसमें एक या दो व्यक्ति समूह के नेता होते हैं। समूह के सभी सदस्य गोलाई में थोड़ी-थोड़ी दूर पर बैठे हुए होते हैं। वे अपनी संवेगात्मक समस्याओं का निदान करते हैं, बहुधा यह समाधान एक-दूसरे की नकल प्रविधि द्वारा करते हैं। समूह के नेता का कार्य समूह की मीटिंग को निश्चित करना तथा सभी सदस्यों के बैठने आदि की व्यवस्था करना होता है। समूह का नेता समूह में एक मनोवैज्ञानिक सुरक्षा का वातावरण बनाता है। इस वातावरण में प्रत्येक सदस्य अपनी भावनाओं को अभिव्यक्त करने में सुरक्षा का अनुभव करता है। सदस्य अपनी भावनाओं को ईमानदारी से और खुलेआम कहने में संकोच नहीं करता है। इसी प्रकार समूह के सदस्य अन्य सदस्यों की प्रतिक्रिया अभिव्यक्तियों या ऋणात्मक अभिव्यक्तियों को सहन करता है। मुठभेड़ समूह में नेता की भूमिका चिकित्सक ही करता है। चिकित्सक कुछ ऐसा व्यवहार करता है, जिससे लगे कि वह भी समूह का ही सदस्य है।

सामूहिक मुठभेड़ उपचार विधि के तहत समूह के सभी सदस्यों को आत्मप्रगटीकरण तथा भावात्मक अभिव्यक्ति सिखाई जाती है। इसके साथ-साथ उनमें खुलेपन का ईमानदारी की भावना का भी विकास होता है। बहुधा इस प्रकार की उपचार पद्धति का सत्र कम अवधि का होता है। इस उपचार पद्धति में इस बात पर बल दिया जाता है कि व्यक्ति स्वतन्त्रता और ईमानदारी से भावनाओं की अभिव्यक्ति करे तथा किसी बात को छिपाये नहीं। समूह का सामना करने और समूह में अन्तःक्रिया करने पर बल दिया जाता है। जब समूह के सभी सदस्यों में इस प्रकार की भावनाएँ विकसित हो जाती हैं तब उपचार सत्रों के बढ़ने के साथ-साथ सामूहिक और अन्तःवैयक्तिक अन्तःक्रियाएँ धीरे-धीरे सामान्य होने लगती हैं। जब अन्तःक्रियाएँ सामान्य हो जाती हैं तब एक या कुछ उपचार सूत्रों के बाद मुठभेड़ उपचार बन्द या समाप्त कर दिया जाता है। सामूहिक मुठभेड़ उपचार विधि के प्रमुख प्रकारों का विवरण निम्न प्रकार है—

(1) संव्यवहार विश्लेषण मुठभेड़ समूह—इसके तहत रोगियों का इलाज करने के लिये गेस्टाल्ट नियमों को अपनाया जाता है। संव्यवहार विश्लेषण करते समय रोगी की अहं अवस्था के विभिन्न पहलुओं का विश्लेषण किया जाता है। बर्नी का विचार है कि प्रत्येक व्यक्ति में तीन अहं अवस्थाएँ होती हैं—बालक अहं अवस्था, संरक्षक अहं अवस्था और वयस्क अहं अवस्था। बर्नी के अनुसार इन तीनों अहं अवस्थाओं का लगभग वही अर्थ है जो फ्रायड का इड, अहं और परा अहं का है।

(2) गेस्टाल्ट मुठभेड़ समूह—गेस्टाल्ट नियमों की मुख्य धारणा यह है कि रोगी उद्दीपकों का प्रत्यक्षीकरण अलग-अलग न करके समग्र रूप में करता है। रोगियों को चिकित्सा समूह में रखकर मुख्यतः इसी गेस्टाल्ट नियम के आधार पर की जाती है।

(3) मौलिक मुठभेड़ समूह—रोजर्स द्वारा प्रतिपादित इस विधि को रोजर्स का गुठभेड़ समूह भी कहा जाता है। इस समूह में रोजर्स की रोगी केन्द्रित चिकित्सा का पालन किया जाता है। इस समूह का नेता चिकित्सक होता है यह नेता चिकित्सक समूह में ऐसा परानुभूतिक वातावरण उत्पन्न करता है जिससे सदस्यों को अपनी आत्म-अभिव्यक्ति करने की स्वतः प्रेरणा प्राप्त होती है। समूह के विशिष्ट वातावरण के कारण सदस्यों में पारस्परिक विश्वास उत्पन्न होता है, जिससे वह अपने मानसिक और संवेगात्मक अन्तर्द्वन्द्वों की अभिव्यक्ति जैसे-जैसे करते हैं उनमें आत्म-स्वीकृति की भावना वैसे-वैसे बढ़ती जाती है। आत्म-स्वीकृति बढ़ने के साथ-साथ उनका व्यवहार समायोजित प्रकार का होता जाता है।

(4) साइनेनोन गेम्स–यहाँ साइनेनोन का अर्थ औषधि व्यसनियों के उस समूह से है जो स्वयं-सहायता हेतु एकत्रित होते हैं। इस समूह के सदस्य क्रोध, ईर्ष्या और अन्य संवेगात्मक अभिव्यक्तियों का बिना किसी अवरोध के खुलकर अभिव्यक्त करते हैं, उनकी यह अभिव्यक्ति सिर्फ शाब्दिक होती है किसी प्रकार की शारीरिक भिड़न्त नहीं होती है।

(5) नग्न अतिलम्बित मुठभेड़ समूह–इसमें और अतिलम्बित मुठभेड़ समूह में काफी समानता है। अन्तर केवल इतना होता है कि सदस्य नग्न अवस्था में होते हैं, लेकिन समूह के सदस्यों को लैंगिक क्रिया करना वर्जित रहता है। इस प्रकार के समूह का प्रतिपादन बिनड्रीम ने किया।

(6) अतिलम्बित मुठभेड़ समूह–इस मुठभेड़ समूह के सदस्यों को आपसी अन्तःक्रिया करने के लिये निरन्तर चौबीस से छत्तीस घण्टे का समय मिलता है। इस समूह में 15-20 सदस्य शामिल होते हैं। समूह में उपसमूह बनाना वर्जित होता है। इस प्रकार के मुठभेड़ समूह में सदस्यों की अन्तःक्रियाएँ वर्धित होती हैं।

सामूहिक मुठभेड़ उपचार विधि के उपरोक्त सभी प्रकारों में अलग-अलग प्रकार से अभिव्यक्तियों की मौखिक मुठभेड़ को प्रोत्साहित करके सदस्यों के अन्तर्द्वन्द्वों और संवेगात्मक कुण्ठाओं आदि की अभिव्यक्ति खुलकर करने का विशेष अवसर सदस्यों को एक-दूसरे के साथ अन्तःक्रिया करते हुए मिलता है। सत्रों के बढ़ने के साथ-साथ सदस्यों का व्यवहार सामान्यता की ओर अग्रसर होता है। लिबरमैन ने इस दिशा में अपने किये गये अध्ययनों के आधार पर यह निष्कर्ष निकाला कि मुठभेड़ समूहों में रहने वाले समस्याग्रस्त व्यक्ति अपने अन्दर धनात्मक परिवर्तन होना स्वीकार करते हैं। इस प्रकार स्पष्ट है कि मुठभेड़ समूहों की प्रभावशीलत कमी नहीं आती है।

सामूहिक मुठभेड़ उपचार की सीमायें

सामूहिक मुठभेड़ उपचार पद्धति की कुछ प्रमुख सीमाओं का विवरण निम्न प्रकार है–

1. मुठभेड़ समूहों में जिन रोगियों को सम्मिलित किया जाता है उनका पहले किसी भी प्रकार से मूल्यांकन नहीं किया जाता है। इसलिए कई बार उनकी पारस्परिक अन्तःक्रियाएँ और वाचिक मुठभेड़ आशाओं के अनुरूप नहीं होती हैं। इसलिए रोगियों को पर्याप्त लाभ नहीं मिलता है।

2. सामूहिक मुठभेड़ उपचार पद्धति से जो चिकित्सीय परिणाम सामने आते हैं वह उपरोक्त सीमाओं के कारण अधिक विश्वसनीय नहीं होते हैं।
3. कुछ मनोवैज्ञानिकों का यह मानना है कि मुठभेड़ समूहों के सदस्यों में जो घनिष्ठता दिखायी देती है वह अस्थायी होती है। अतः एक रोगी का व्यवहार मुठभेड़ समूह में कुछ सत्रों के बाद तो सामान्य हो सकता है लेकिन वास्तविक जीवन में रोगी इसका लाभ नहीं उठा पाता है।
4. बहुधा यह देखा गया है कि इस प्रकार के समूहों का नेतृत्व जब कम प्रशिक्षित और कम अनुभव चिकित्सक करते हैं तब इस अवस्था में रोगियों को अधिक और स्थायी लाभ नहीं मिलता है।

पारिवारिक उपचार-विधि

इस उपचार विधि और सामूहिक उपचार विधि में काफी समानता है। अन्तर है तो सिर्फ इतना कि पारिवारिक उपचार पद्धति में समूह के सदस्य एक ही परिवार से सम्बन्धित होते हैं जबकि सामूहिक उपचार पद्धति में समूह के सदस्य एक-दूसरे से अपरिचित होते हैं। पारिवारिक उपचार पद्धति में परिवार के सभी सदस्यों का उपचार इस उद्देश्य से किया जाता है कि परिवार के एक रोगी सदस्य, जिसका व्यक्तिगत उपचार हो चुका है उसे अपने साथ इस प्रकार रख सकें कि उस रोगी सदस्य को समायोजन करने में कोई कठिनाई न हो।

पारिवारिक उपचार विधि की शुरुआत सन् 1950 के आस-पास हुई है। इस विधि को शुरू करने का प्रमुख उद्देश्य इलाज किये गये मानसिक रोगियों को परिवार में होने वाली समस्याओं से बचाना है। बहुधा यह देखा गया है कि जब किसी मानसिक रोगी का व्यक्तिगत उपचार हो जाता है तब उसे वापस उसके परिवार में भेज दिया जाता है। परिवार में जो वातावरण, जिस प्रकार का स्नेह परिवार के सदस्यों से मिलना चाहिए वह उसे नहीं मिल पाता है। परिवार का यह रोगी सदस्य पुनः रोगग्रस्त न हो इस उद्देश्य की पूर्ति के लिए पारिवारिक उपचार पद्धति को प्रारम्भ किया गया है।

इस विधि के तहत चिकित्सक सबसे पहले परिवार के सदस्यों की संरचना, पारिवारिक नियमों और परिवार के सदस्यों के व्यवहार के सम्बन्ध में विचार-विमर्श करता है। परिवार के सदस्यों की अन्तःक्रियाओं को जब वह भली प्रकार समझ जाता है तब वह परिवार के सदस्यों को नये ढंग से अन्तःक्रिया करने और उनके

लाभों पर बल डालता है। चिकित्सक परिवार के सदस्यों में सहानुभूति और परानुभूति और समायोजन आदि को बढ़ाने का प्रयास करता है। पारिवारिक उपचार पद्धति के भी कई सत्र होते हैं। उपरोक्त वर्णित कार्यों को करने में चिकित्सक के अनेक सत्र लग जाते हैं। इस चिकित्सा पद्धति की उपयोगिता को साटिर ने इसे संयुक्त पारिवारिक उपचार पद्धति का नाम दिया है।

पारिवारिक उपचार विधि का प्रयोग

पारिवारिक विधि का प्रयोग उपयुक्त तरीके के और समय पर करना चाहिए। इसके बारे में कुछ जानकारियाँ निम्न प्रकार हैं–

1. पारिवारिक उपचार पद्धति उस परिवार के लिए भी उपयोगी होती है जब परिवार के सदस्यों के सामाजिक मूल्यों में भिन्नता होती है अथवा परिवार के सदस्यों में टकराव की स्थिति होती है तब इस स्थिति में पारिवारिक उपचार पद्धति आवश्यक होती है।
2. पारिवारिक उपचार पद्धति उस परिवार के लिए उपयोगी है जिस परिवार के विवाहित स्त्री-पुरुषों में लैंगिक समायोजन की कमी हो।
3. पारिवारिक उपचार पद्धति का उपयोग उस समय आवश्यक होता है जब परिवार के एक या कुछ सदस्य पूरे परिवार को उलझन में डालते हैं। इस अवस्था में पारिवारिक उपचार पद्धति से यह लाभ होता है कि परिवार में उत्पन्न उलझन या गतिरोध कम या समाप्त हो जायेगा।

उपचार विधि की सीमाएँ–पारिवारिक उपचार विधि का प्रयोग कब न करें। पारिवारिक उपचार पद्धति का उपयोग निम्नलिखित परिस्थितियों में नहीं करते हैं–

1. जब परिवार के सदस्यों में बिखराव अधिक होता है और टकराव की स्थिति होती है। बिखराव के कारण परिवार के सदस्य चिकित्सक को सहयोग नहीं करते हैं तब इस स्थिति में पारिवारिक उपचार पद्धति का उपयोग नहीं करना चाहिए।
2. पारिवारिक उपचार पद्धति का उपयोग तब भी नहीं करना चाहिए जब परिवार के वरिष्ठ सदस्य झूठे, धोखेबाज और व्यामोही हों।

फेयर्स महोदय ने इस विधि को प्रयोग किये जाने के बारे में कहा है कि कब पारिवारिक उपचार पद्धति का उपयोग किया जायेगा और कब उपयोग नहीं किया जायेगा, यह बहुधा एक कठिन बात है। इसमें सावधानीपूर्वक मूल्यांकन किया

जाना चाहिए, या मूल्यांकन पर्याप्त नैदानिक संवेदनशीलता और निजवाचक के साथ करना चाहिए। पारिवारिक उपचार का परामर्श कभी भी नहीं होना चाहिए।

पारिवारिक उपचार विधि की जटिलतायें

पारिवारिक उपचार विधि की प्रमुख जटिलताओं को निम्न प्रकार स्पष्ट किया गया है–

1. पारिवारिक उपचार पद्धति की एक यह भी समस्या है कि रोगी अपने परिवार के सदस्यों के सम्बन्ध में जो गुप्त सूचना देता है उसका निबटारा किस प्रकार किया जाये?
2. पारिवारिक उपचार पद्धति की एक समस्या यह भी है कि परिवार के वरिष्ठ सदस्यों से प्रत्येक सदस्य को समान अधिकार हैं कि वह उपचार लेने को मना कर दे।
3. पारिवारिक उपचार पद्धति के कुछ सत्रों के बाद ही परिवार के सदस्य जब तीव्र संवेगात्मक अभिव्यक्ति करते हैं, आक्रामकता की अभिव्यक्ति करते हैं, क्रोध की अभिव्यक्ति करते हैं अथवा विद्वेष की अभिव्यक्ति करते हैं तब इस अवस्था में परिवार की एकता पर प्रश्न चिह्न लग जाता है और ऐसे में पारिवारिक उपचार पद्धति चिकित्सक के लिए एक समस्या बन जाती है।
4. पारिवारिक उपचार पद्धति की एक समस्या यह भी है कि चिकित्सक कभी-कभी परिवार के लोगों का उपचार करते समय अनुभव करता है कि परिवार के सदस्यों में वास्तविक रोगी कौन है? क्योंकि उसे परिवार के एक-दो अन्य सदस्य भी समस्याग्रस्त या रोगग्रस्त दिखायी देते हैं। ऐसे में चिकित्सक के सामने यह समस्या उत्पन्न होती है कि वास्तविक रोगी कौन है?

पारिवारिक उपचार विधि के प्रयोजन

पारिवारिक उपचार विधि के लिये कई उद्देश्य निर्धारित किये गये हैं, जिनमें कुछ प्रमुख उद्देश्यों का संक्षिप्त विवरण निम्न प्रकार है–

(1) उन्नत वैयक्तिक निष्पादन–पारिवारिक उपचार पद्धति में चिकित्सक का अन्तिम लक्ष्य होता है कि वह परिवार के सदस्यों के बीच इस प्रकार समन्वय स्थापित करे कि परिवार के प्रत्येक सदस्य का कार्य निष्पादन उन्नत होकर अधिक से अधिक हो सके। परिवार के सदस्य एक-दूसरे के साथ समायोजित ढंग से व्यवहार कर सकें।

(2) लचीला नेतृत्व—इस विधि के तहत चिकित्सक लचीला रवैया अपनाता है। वह किसी एक ही बात पर अटल नहीं रहता है। वह परिवार के सभी सदस्यों के साथ तालमेल करते हुए पारिवारिक उपचार पद्धति के सत्रों को आगे बढ़ाता है।

(3) रोगी के लक्षणों को कम करना—अक्सर परिवार के विभिन्न सदस्यों में आपसी संघर्ष होता रहता है। ऐसे इस विधि का उद्देश्य हैं।

(4) संघर्ष में घटोत्तरी—परिवार के सदस्यों के बीच पनप रहे तनातनी, वाद-विवाद और मानसिक संघर्ष को जितना हो सके कम करे या समाप्त करे।

(5) समस्याग्रस्त बिन्दुओं को पहचानना—पारिवारिक उपचार का उद्देश्य समस्याग्रस्त पहलुओं को पहचानना है अर्थात् चिकित्सक सर्वप्रथम यह जानना चाहता है कि परिवार में किस या किन सदस्यों के कारण समस्या उत्पन्न हो रही है। जब तक समस्याग्रस्त पहलुओं की पहचान नहीं होती है तब तक उपचार पद्धति आगे नहीं चलती है।

(6) सम्प्रेषण का विकास—इस विधि का एक प्रयोजन परिवार के सदस्यों के बीच सम्प्रेषण या संचार को इस प्रकार विकसित करना होता है कि परिवार के सदस्य आपस में एक-दूसरे के साथ खुलकर बातचीत कर सकें। इस प्रकार अन्तःक्रिया करने में ये किसी प्रकार के अवरोधों का अनुभव न करें। इस प्रकार जब परिवार के सदस्यों का सम्प्रेषण उन्नत हो जाता है तब परिवार के सदस्य अपनी समस्याओं का समाधान आसानी से करने लग जाते हैं।

(7) उन्नत स्वायत्तता और वैयक्तिकता—परिवार के रोगियों में स्वायत्तता की भावना पैदा करना भी इस विधि का एक प्रमुख उद्देश्य है, जिससे कि रोगी आत्मनिर्भर होकर अपनी समस्याओं का समाधान स्वयं कर सके। जब रोगी इस प्रकार करने लग जाता है तब उसमें आत्म-सम्मान की भावना विकसित होती है। चिकित्सक रोगी में वैयक्तिकता की भावना को भी उत्पन्न और विकसित करता है।

(8) उन्नत परानुभूति—परानुभूति का आशय है कि व्यक्ति अपने को दूसरे के स्थान पर रखकर यह विचार करे कि दूसरे के मन में किस प्रकार के भाव उत्पन्न हो रहे हैं। पारिवारिक उपचार पद्धति में चिकित्सक का एक उद्देश्य यह भी होता है कि वह परिवार के प्रत्येक सदस्य में परानुभूति की भावना को उपयुक्त मात्रा में विकसित करे जिससे कि सदस्य एक-दूसरे के प्रति धनात्मक व्यवहार कर सकें।

(9) उन्नत भूमिका अनुबन्ध—परिवार के सदस्यों की भिन्न-भिन्न भूमिकाओं में अस्पष्टता और असहमति को दूर करके स्पष्टता, सहमति उत्पन्न करना भी इस विधि का एक मुख्य उद्देश्य है। बहुधा यह देखा गया है कि परिवार के सदस्यों को यह नहीं मालूम होता है कि परिवार के सदस्य आपस में एक-दूसरे से क्या-क्या अपेक्षाएँ करते हैं। चिकित्सक इन अपेक्षाओं की जानकारी ही सदस्यों को नहीं देता है बल्कि वह सदस्यों को इस सम्बन्ध में उनकी भूमिका को भी स्पष्ट करता है। चिकित्सक के ऐसा करने से परिवार के सदस्यों की भूमिकाएँ एक विशेष सहमति या अनुबन्ध के आधार पर आगे चलती हैं। सदस्यों में भूमिका संघर्ष कम या समाप्त हो जाता है।

पारिवारिक उपचार विधि

मनोवैज्ञानिकों ने पारिवारिक उपचार विधि को प्रमुख दस भागों में बांटा है। इनको संक्षेप में निम्न प्रकार प्रस्तुत किया गया है—

(1) नेटवर्क पारिवारिक उपचार विधि—पारिवारिक उपचार विधि के इस स्वरूप में चिकित्सक रोगी व्यक्ति के जीवन से सम्बन्धित सभी महत्त्वपूर्ण व्यक्तियों चाहे वह परिवार से सम्बन्धित हों या बाहरी व्यक्ति हों, उन सभी का चिकित्सक उपचार करता है। पारिवारिक उपचार विधि की सफलता प्रमुख रूप से इस बात पर निर्भर करती है कि परिवार के सदस्य और बाहर के लोग चिकित्सक के साथ कितना सहयोग करते हैं। चिकित्सक को जितना ही अधिक सहयोग प्राप्त होता है यह उपचार उतना ही सफल होता है। इस उपचार पद्धति के मुख्य समर्थक स्पर्क और ग्रेगर हैं।

(2) व्यावहारिक पारिवारिक उपचार विधि—पारिवारिक उपचार विधि का यह प्रकार मूल रूप से व्यवहारपरक उपचार पद्धति के सिद्धान्तों पर आधारित है। व्यवहारपरक उपचार पद्धति के अनेक प्रारूप और प्रकार हैं चिकित्सक इन अनेक प्रारूपों में से उसी प्रारूप या प्रकार का उपयोग करता है जिससे पारिवारिक उपचार पद्धति में अधिक से अधिक लाभ प्राप्त होने की सम्भावना होती है।

(3) संरचनात्मक पारिवारिक उपचार विधि—इस विधि का प्रतिपादन मिनुचिन और फिशमैन ने किया है। संरचनात्मक पारिवारिक उपचार पद्धति की मुख्य मान्यता यह है कि प्रत्येक परिवार की एक विशेष संरचना होती है जो व्यक्तिगत व्यक्तित्व की अपेक्षा अधिक महत्त्वपूर्ण होती है। परिवार का प्रत्येक सदस्य इसी पारिवारिक संरचना से प्रभावित होकर परिवार में व्यवहार और कार्य

करता है। यदि परिवार की इस संरचना में कुछ ऐसे धनात्मक परिवर्तन कर दिये जायें तो परिवार की संरचना के कार्य और प्रभाव इस प्रकार बन जाते हैं कि परिवार के सदस्यों में पुनः समन्वय और प्रेम उत्पन्न हो जाता है। इस उपचार पद्धति में चिकित्सक इसी मान्यता के आधार पर उपचार करता है।

यह विधि प्रमुख रूप से अन्तःक्रियात्मक विश्लेषण पर आधारित होती है। इसमें चिकित्सक संरचनात्मक नक्शा और शक्ति संरचना तैयार करने के बाद ही उपचार पद्धति को आगे बढ़ाता है। स्वार्ट्ज Schawartz, Barrelt and Saba, 1983 ने संरचनात्मक पारिवारिक उपचार पद्धति को महत्त्वपूर्ण और उपयोगी बताते हुए कहा कि यह उपचार पद्धति उस समय अधिक उपयोगी होती है जब परिवार की संरचना जटिल और दृढ़ होती है।

(4) बहुप्रभाव उपचार पद्धति—बहुप्रभाव उपचार विधि का प्रतिपादन मैकक्रिगोर और उनके सहयोगियों Mecregor, Ritchi, Serrano and Schuster, 1964 ने किया है। बहुप्रभाव उपचार पद्धति वह उपचार पद्धति है जिसमें चिकित्सकों का एक दल परिवार के सभी सदस्यों की पारिवारिक चिकित्सा करता है। इसके बाद यही चिकित्सकों का दल परिवार के प्रत्येक सदस्य के साथ वैयक्तिक सत्रों में उपचार करता है। इस प्रकार यह स्पष्ट होता है कि बहुप्रभाव विधि वह विधि है, जिसमें परिवार के सदस्यों का एक साथ और फिर अलग-अलग उपचार किया जाता है। इस प्रकार की उपचार पद्धति का मुख्य उद्देश्य वही होता है जो अन्य पारिवारिक उपचार पद्धतियों का होता है।

(5) समवर्ती पारिवारिक उपचार विधि—इस विधि के तहत चिकित्सक परिवार के सभी सदस्यों को एक-एक करके बुलाता है। दूसरे शब्दों में चिकित्सक परिवार के अलग-अलग सदस्यों के साथ अलग-अलग वैयक्तिक सत्रों का आयोजन करता है। समवर्ती पारिवारिक उपचार पद्धति में चिकित्सक का उद्देश्य परिवार के सदस्यों में यह भावना उत्पन्न करनी होती है कि एक-दूसरे के साथ मैत्रीपूर्ण, स्नेहपूर्ण भावनाओं को रखते हुए अन्तःक्रिया करनी है। समवर्ती पारिवारिक उपचार पद्धति तब लाभकारी होती है जब परिवार के कुछ सदस्य अन्य सदस्यों से अलग-अलग रहते हैं।

(6) बहुपारिवारिक उपचार विधि—इस विधि का प्रतिपादन लेक्वीर और स्ट्रेलिंक ने किया है। इसका प्रयोग उस समय होता है, जब एक ही परिवार में कई परिवार होते हैं अर्थात् परिवार संयुक्त परिवार होता है अर्थात् संयुक्त परिवार में एक जोड़ी माता-पिता की होती है, दूसरी जोड़ियाँ उनके भाई या उनके बेटे की

होती हैं। बहुपारिवारिक उपचार पद्धति में संयुक्त परिवार की एक-एक जोड़ी का अलग-अलग पारिवारिक उपचार किया जाता है। यह पारिवारिक उपचार पद्धति इस मान्यता पर आधारिक होती है कि हर युगल या जोड़ी की अपनी समस्याएँ या उलझनें होती हैं जिन्हें तभी सुलझाया जा सकता है जब इनकी अलग-अलग चिकित्सा की जाये।

(7) वैवाहिक उपचार विधि—इस विधि के द्वारा पति और पत्नी का इलाज एक साथ किया जाता है। यह पति-पत्नी वह होते हैं जिनके सम्बन्ध आपस में विकृत या टूटे हुए होते हैं। वैवाहिक उपचार पद्धति का उद्देश्य विकृत सम्बन्धों को पुनः स्थापित करना होता है। वैवाहिक उपचार पद्धति का आगे इसी अध्याय में विशेष वर्णन है।

(8) संयुक्त पारिवारिक उपचार विधि—इस विधि को सटिर द्वारा प्रतिपादित किया गया है। चिकित्सक परिवार के सदस्यों को संयुक्त रूप से बुलाता है और उनका उपचार करता है। चिकित्सक के साथ परिवार के सभी सदस्य एक साथ बैठकर विचार-विमर्श सुनते हैं और चिकित्सक से चिकित्सीय परामर्श प्राप्त करते हैं। संयुक्त पारिवारिक उपचार पद्धति का मुख्य उद्देश्य पारस्परिक सम्बन्धों को उन्नत बनाना, सदस्यों के बीच सम्प्रेषण को बढ़ाना होता है। संयुक्त पारिवारिक उपचार पद्धति में भी कई प्रारूप और प्रकार हैं। संयुक्त पारिवारिक उपचार पद्धति के एक प्रकार में चिकित्सक की भूमिका सक्रिय होती है। दूसरे प्रकार की संयुक्त पारिवारिक उपचार पद्धति में चिकित्सक की भूमिका निष्क्रिय और अनिदेशात्मक प्रकार की होती है। जिस प्रकार की चिकित्सा में चिकित्सक उपस्थित रहता है, उसमें वह परिवार के सदस्यों को सीधे निर्देश देता है और इस प्रकार की उपचार पद्धति में चिकित्सक की सक्रिय भूमिका रहती है। अनिदेशात्मक प्रकार की संयुक्त पारिवारिक उपचार पद्धति में चिकित्सक परिवार के सदस्यों के बीच केवल एक ऐसा वातावरण प्रस्तुत करता है कि सदस्य संयुक्त पारिवारिक उपचार पद्धति के उद्देश्यों को जान सकें, समझ सकें और उनका अनुसरण कर सकें।

(9) मनोगतिकी पारिवारिक उपचार विधि—यह विधि प्रमुख रूप से मनोविश्लेषणात्मक सिद्धान्तों पर आधारित है। मनोगतिकी पारिवारिक उपचार विधि का प्रचलन सन् 1980 के बाद से हुआ। स्कार्फ और स्कार्फ के अनुसार इस उपचार पद्धति की मुख्य धारणा यह है कि वर्तमान में परिवार के सदस्यों की जो समस्याएँ हैं वह मुख्य रूप से व्यक्ति की अचेतन की इच्छाओं, भावनाओं, संवेगों और प्रत्याशाओं से सम्बन्धित हैं।

इस विधि का स्पष्टीकरण निकोल्स और स्वार्ट्ज ने कुछ इस प्रकार किया है—"मनोविश्लेषणात्मक पारिवारिक चिकित्सा का लक्ष्य परिवार के सदस्यों को अचेतन के प्रतिबन्धों से मुक्त कराना होता है जिससे कि वह सभी एक-दूसरे के साथ वर्तमान वास्तविकताओं के आधार पर, न कि गत् अचेतन प्रतिमानों के आधार पर, स्वस्थ रूप से अन्तःक्रिया कर सकें।

यहाँ मनोविश्लेषणात्मक पारिवारिक उपचार विधि और मनोगतिकी पारिवारिक उपचार विधि का आशय एक ही है। इस उपचार पद्धति में चिकित्सक उन्हीं सिद्धान्तों के आधार पर उपचार को आगे बढ़ाता है जो मूल रूप से मनोविश्लेषणात्मक पारिवारिक उपचार पद्धति में अपनाये जाते हैं।

(10) सहयोगात्मक उपचार विधि—इस विधि के तहत परिवार के सदस्यों का इलाज एक अलग चिकित्सक करता है अर्थात् परिवार के जितने सदस्य होते हैं उतने चिकित्सक होते हैं। चिकित्सा के जब वैयक्तिक सत्र पूरे हो जाते हैं तब सभी चिकित्सक आपस में विचार करके सदस्यों को सुझाव देते हैं, जिससे कि परिवार के सभी सदस्य मित्रवत् अन्तःक्रिया करते हुए रोगी सदस्य को अपने साथ समायोजित कर सकें। यह उपचार पद्धति उन परिस्थितियों में आवश्यक होती है जब परिवार के कुछ सदस्यों में फूट या तनातनी होती है।

मूल्यांकन

पारिवारिक उपचार विधि के क्षेत्र में किये गये अध्ययनों का विश्लेषण करते हुये हाजिलरिंग ने यह निष्कर्ष निकाला कि पारिवारिक उपचार पद्धति एक आवश्यक और गुणकारी उपचार पद्धति है। यह सत्य कथन है कि रोगी की वैयक्तिक चिकित्सा जब समाप्त हो जाती है, तब उस रोगी को अपने परिवार में ही लौटना होता है। अधिकांश केसेज में यह देखा गया है कि रोगी के रोग या समस्या की जड़ या तो रोगी में स्वयं होती है या रोगी के परिवार में होती है। बहुत बार ऐसा भी होता है कि रोग की जड़ रोगी और परिवार के सदस्यों के बीच अन्तःक्रिया से सम्बन्धित होती है। जब रोगी के रोग की जड़ें किसी न किसी रूप में परिवार से सम्बन्धित होती हैं तब इस अवस्था में पारिवारिक उपचार पद्धति की सहायता से परिवार के वातावरण को या परिवार की संरचना को नहीं बदला जाता है तो बहुत कुछ सम्भावना होती है कि रोगी ऐसे परिवार में रहकर पुनः रोगग्रस्त हो जाएगा।

पारिवारिक उपचार विधि के सन्दर्भ में किये गये अपने अनुवर्ती अध्ययन के आधार पर वेलिश एवं ट्रोक ने निष्कर्ष निकाला कि गम्भीर मानसिक रोगों से ग्रस्त व्यक्ति जिनका पारिवारिक उपचार पद्धति से उपचार हो चुका था उनमें से 57% रोगियों का पुनः वैयक्तिक उपचार की आवश्यकता पड़ी। इस अध्ययन के अनुसार ऐसा प्रतीत होता है कि पारिवारिक उपचार पद्धति उपयोगी नहीं होती है। परन्तु वास्तव में पारिवारिक उपचार पद्धति उपयोगी होती है। वास्तविकता यह भी है कि एक बार पारिवारिक चिकित्सा हो जाने के बाद परिवार में सौहार्द्रपूर्ण वातावरण बना रहे। परिवार एक गतिशील इकाई है। इसलिए उसमें समय-समय पर परिवर्तन होते रहते हैं। अतः पारिवारिक उपचार विधि की पुनरावृत्ति जरूरत के अनुसार ही करनी आवश्यक होती है।

वैवाहिक उपचार विधि

यह पारिवारिक उपचार विधि का ही एक स्वरूप है इसके तहत पति और पत्नी का इलाज एक साथ किया जाता है। पति-पत्नी के सम्बन्ध खिचावपूर्ण, तनावपूर्ण, दोषपूर्ण या विकृत होते हैं। उपचार पद्धति का उद्देश्य मुख्यतः यह होता है कि बिगड़े सम्बन्धों को सुधारकर पुनः उनमें मैत्रीपूर्ण सम्बन्धों और प्राकृतिक सम्बन्धों को सामान्य किया जाये। वैवाहिक उपचार पद्धति में दो विवाहित लोग होते हैं जिनमें एक पति और दूसरी पत्नी होती है। अक्सर विवाह न होने के बाद भी स्त्री-पुरुष पति-पत्नी की तरह रहते हैं और इस प्रकार के युग्म में यदि कोई सम्बन्धों में तनाव, दरार या विकृति आती है तो इनका भी उपचार उसी प्रकार किया जाता है जैसे विवाहित जोड़े का किया जाता है। जब यह उपचार पद्धति विवाहित जोड़े पर क्रियान्वित की जाती है तब इस उपचार पद्धति को युग्म उपचार पद्धति कहते हैं।

इस प्रकार की उपचार विधि के तहत चिकित्सक पारस्परिक आवश्यकता सन्तुष्टि, सामाजिक भूमिका प्रत्याशा, पारस्पारिक अन्तर्वैयक्तिक सम्बन्ध और सम्प्रेषण प्रतिमान की विशेष छानबीन करते हुए वैवाहिक उपचार पद्धति के सत्रों को आगे बढ़ाता है। चिकित्सक आवश्यकतानुसार कभी दोनों सदस्यों को एक साथ बुलाता है तो कभी दोनों सदस्यों के अलग-अलग उपचार सत्र करता है।

यहाँ इस बात पर ध्यान देना आवश्यक है कि वैवाहिक उपचार विधि के तहत इलाज करने के लिए उन्हीं सिद्धान्तों को अपनाया जाता है, जिन सिद्धान्तों के आधार पर पारिवारिक चिकित्सा की जाती है। एक अध्ययन में वैवाहिक

उपचार पद्धति को संरचित व्यवहार उपचार पद्धति की सहायता से संचालित किया गया जिसमें निम्नलिखित छः बिन्दुओं को ध्यान में रखकर उपचार किया गया।

(1) समझौता और नया अनुबन्ध—वैवाहिक उपचार विधि के तहत इस उपचार के दौरान चिकित्सक युग्म के दोनों सदस्यों के बीच समझौता कराने का पूरा-पूरा प्रयास करता है और आवश्यकता होती है तो उन दोनों के मध्य नया अनुबन्ध तैयार करवा देता है जिस अनुबन्ध के अनुसार उनको भविष्य में पारस्परिक व्यवहार करना होता है।

(2) उपादेयता का निर्माण—इस विधि के तहत उपचार के दौरान चिकित्सक दोनों सदस्यों के बीच न केवल सम्बन्धों को पुनर्स्थापित करने का प्रयास करता है बल्कि वह यह भी निश्चित करता है कि किस प्रकार का व्यवहार करने पर वह एक-दूसरे को पुरस्कृत अथवा दण्डित करेगा।

(3) सम्प्रेषण कौशलों का विकास—वैवाहिक इलाज या उपचार के दौरन चिकित्सक युग्म के बीच टूटे हुए सम्प्रेषण को सर्वप्रथम जोड़ने का प्रयास करता है साथ-साथ वह युग्म के दोनों सदस्यों को सम्प्रेषण या संचार कौशलों का प्रशिक्षण भी देता है जिससे भविष्य में भी उनके बीच सम्प्रेषण बरकरार रहे।

(4) उपचार समाप्ति और संपोषण—पति और पत्नी के मध्य सुलह हो जाने के बाद जब चिकित्सक को यह महसूस होता है कि अब उपचार की आवश्यकता नहीं है तब वह उपचार समाप्त कर देता है। लेकिन कुछ दिनों तक चिकित्सक अपने उपचार को संपोषित रखता है, वह अपने उपचार को तब तक संपोषित रखता है जब तक युग्म के दोनों सदस्यों में पूर्णरूपेण तालमेल नहीं बैठ जाता है। यदि चिकित्सक आवश्यक समझता है तो वह कुछ अधिक दिनों तक बीच-बीच में वर्धक सत्र चलता रहता है। कई अध्ययनों में वर्धक सत्रों की उपयोगिता को महत्त्व दिया गया है। एक अध्ययन में संज्ञानात्मक पुनर्सरंचना की सहायता से वैवाहिक उपचार पद्धति के द्वारा सफल चिकित्सा की गयी।

(5) आकस्मिकता का निर्धारण करना—जिस समय चिकित्सक इलाज करता है, उस समय वह दोनों सदस्यों के बीच आकस्मिकता का अध्ययन करता है। इसमें वह देखता है कि जोड़ी बनते समय उनमें क्या अनुबन्ध या करार हुआ था, जो अनुबन्ध हुआ था वह कौन-सा सदस्य कितना अनुबन्ध को मान रहा है, अनुबन्ध को किसने तोड़ा है, अनुबन्ध की कितनी गलत व्याख्या की जा रही है। यह सब अध्ययन करने के बाद ही चिकित्सक चिकित्सा को आगे बढ़ाता है।

(6) संघर्ष समाधान में प्रशिक्षण—चिकित्सक दोनों सदस्यों के बीच संघर्ष का समाधान करता है। जिन कारणों से संघर्ष हुआ है उन कारणों को दूर किया जाता है जिससे संघर्ष का समाधान बहुत कुछ स्थायी हो सके।

वैवाहिक उपचार विधि के सन्दर्भ में किये गये विभिन्न प्रकार के अध्ययनों से यह स्पष्ट होता है कि वैवाहिक और युग्म उपचार पद्धति एक महत्त्वपूर्ण पारिवारिक उपचार पद्धति है जो दोनों सदस्यों के पारस्परिक सम्बन्धों को मजबूत बनाने में अहम् भूमिका निभाती है।

7

व्यक्तित्व दोष का मनोवैज्ञानिक अध्ययन

व्यक्तित्व सम्बन्धी समस्त विकृतियों का अध्ययन मनोविज्ञान के अन्तर्गत किया जाता है। मनोविज्ञान की विभिन्न वैज्ञानिक पद्धतियाँ ही विभिन्न वैज्ञानिक विकृतियों के विश्लेषण में सहायता करती हैं। इस क्रम-में DSM-IV वर्गीकरण (1994) में व्यक्तित्व विकृतियाँ आयाम-II को समझना जरूरी है, जबकि अन्य मानसिक विकृतियाँ आयाम-II (Axis-I) में दर्शाई गई हैं। कारसन और बूचर ने व्यक्तित्व विकृतियों को चारित्रिक विकृति भी नाम दिया है।

व्यक्तित्व विकृति का अर्थ एवं परिभाषा

वे विकृतियाँ जो व्यक्तित्व के शीलगुणों में असामान्य व्यवहार के रूप में दिखाई देती हैं, व्यक्तित्व विकृतियाँ कही जाती हैं। जब व्यक्तित्व के शीलगुण अपरिपक्व रह जाते हैं या विकृत हो जाते हैं तो मनुष्य का चिन्तन दोषपूर्ण हो जाता है। व्यक्ति का प्रत्यक्षीकरण भी दोषपूर्ण हो जाता है। इन विकृतियों के कारण व्यक्ति का समायोजन भी कुसमायोजन में बदल जाता है। ऐसी अवस्था में

यह विकृति व्यक्तित्व विकृति कहलाती है। व्यक्तित्व विकृति मानसिक विकृतियों से भिन्न है। व्यक्तित्व विकृति तनावपूर्ण परिस्थिति के प्रति प्रतिक्रिया नहीं होती है। संक्षेप में व्यक्तित्व विकृति के लिए कह सकते हैं कि अपरिपक्व व्यक्तित्व विकास का प्रतिफल ही व्यक्तित्व विकृतियाँ हैं। व्यक्तित्व विकृतियों के लक्षण किशोरावस्था से ही विकसित होना प्रारम्भ हो जाते हैं। व्यक्तित्व विकृतियों का अर्थ व्यक्तित्व के शीलगुणों की विकृतियों के रूप में भी समझा जा सकता है।

व्यक्तित्व विकृति के सम्बन्ध में **कारसन** और **बूचर** का कहना है कि "सामान्य रूप से व्यक्तित्व की विकृतियाँ व्यक्तिगत शीलगुणों का एक बढ़ा हुआ या अतिरंजित रूप है जिससे व्यक्ति का परेशानीपूर्ण व्यवहार विशेषकर कुछ अन्तर्वैयक्तिक प्रकृति के परेशानीपूर्ण व्यवहार को करने के लिए एक झुकाव उत्पन्न करती हैं।"

व्यक्तित्व विकृति के सम्बन्ध में **DSM-IV वर्गीकरण** (1994) में कहा गया है कि "व्यक्तित्व विकृति व्यवहार आन्तरिक अनुभूतियों का वह स्थाई पैटर्न है जो व्यक्ति की संस्कृति की प्रत्याशाओं से लम्ब रूप से विचलित होता है, यह पैटर्न अनमना और व्यापक होता है। इसका प्रारम्भ किशोरावस्था या आरम्भिक बाल्यावस्था से होता है। यह पैटर्न विशेष समय तक स्थिर रहता है और इससे परेशानी या हानि होती है।"

डेविसन और नील के अनुसार "व्यक्तित्व विकृतियों का विषम समूह है जिसमें व्यवहार और अनुभूतियों का स्थाई और अनमना पैटर्न पाया जाता है। यह सांस्कृतिक प्रत्याशाओं से विचलित होता है। इससे व्यक्ति को परेशानी या हानि होती है।"

मनुष्य के अन्दर जो व्यक्तित्व विकृतियाँ होती हैं वे असामान्य परिवर्तन के रूप में दृष्टिगोचर होती हैं। अर्थ स्पष्ट करते हुए कहा जा सकता है कि व्यक्तित्व विकृति व्यवहार तथा अनुभूतियों का वह स्थाई नमूना और अनम्य नमूना है जो सांस्कृतिक प्रत्याशाओं से विचलित होता है। यह विशेष समय तक स्थिर रहता है तथा व्यक्ति के लिए यह परेशानी वाला या हानिकारक होता है। किसी व्यक्ति के व्यवहार को व्यक्तित्व विकृति की श्रेणी में तभी रखा जा सकता है जब कम-से-कम निम्न विशेषताएँ हों–

मनुष्य में व्यक्तित्व शीलगुण अथवा व्यवहार समान रूप में मौजूद नहीं होता है। व्यक्तित्व शीलगुण या व्यवहार और अनुभूतियाँ अस्थाई न होकर स्थाई प्रकार की होती हैं जो एक समय विशेष तक स्थाई रहती हैं। व्यक्तित्व विकृति व्यक्ति

के यह व्यवहार और अनुभूतियाँ सांस्कृतिक प्रत्याशाओं से विचलित या भिन्न होती हैं, यह सांस्कृतिक प्रत्याशाओं से मेल खाते हुए नहीं होती हैं। व्यक्तित्व विकृतियों का प्रारम्भ बाल्यावस्था या किशोरावस्था से हो जाता है। व्यक्तित्व विकृतियों से सम्बन्धित व्यवहार और अनुभूतियाँ उस व्यक्ति या समाज या दोनों के लिए परेशानी वाली और हानि वाली होती हैं।

व्यक्तित्व विकृति की समस्या समाधान

व्यक्तित्व विकृति के निदान में सर्वप्रथम समस्या यह है कि इस दिशा में शोध अध्ययनों का अभाव है। व्यक्तित्व विकृति की पहचान के लिए अब तक हुए अनुसन्धानों के आधार पर किसी कसौटी को भी विकसित नहीं किया गया है जिससे व्यक्तित्व विकृति की पहचान की जा सके। अब तक व्यक्तित्व विकृति की कोई सर्वमान्य परिभाषा नहीं दी जा सकी है, जिसके आधार पर विकृत व्यक्तित्व की पहचान के लिए कसौटियों का निर्माण किया जा सके। व्यक्तित्व शीलगुण विभा के रूप में पाए जाते हैं। सामान्य व्यक्तियों में शीलगुण सामान्य मात्रा में पाए जाते हैं और रोगात्मक अभिव्यक्ति भी पाई जाती है। इस कारण से व्यक्तित्व विकृति की पहचान कठिन होती है।

नैदानिक स्तर पर व्यक्तित्व विकृति की विशेषताएं

नैदानिक स्तर पर विकसित होने वाली इस विकृति की कुछ प्रमुख विशेषताओं को निम्नलिखित पंक्तियों में स्पष्ट किया गया है–

1. व्यक्तित्व विकृति वाले व्यक्ति में व्यक्तित्व विकृति की गम्भीरता ज्यों की त्यों बनी रहती है। यदि कोई व्यक्ति चिकित्सक के पास ले जाता है तब वह चिकित्सक के साथ सहयोग नहीं करता है। वह चिकित्सक के परामर्श के अनुसार उपचार पर अमल नहीं करता है। वह चूँकि चिकित्सक के साथ न सहयोग करता है, न वह चिकित्सा पर अमल करता है। इसलिए उसकी व्यक्तित्व विकृति की गम्भीरता जैसी की तैसी ही बनी रहती है।
2. व्यक्तित्व विकृति किसी भी प्रकार की क्यों न हो अर्थात् सभी प्रकार की व्यक्तित्व विकृतियों में एक सामान्य विशेषता यह पाई जाती है कि रोगी के व्यक्तिगत सम्बन्ध बाधित प्रकार के या विघटित प्रकार के होते हैं। व्यक्तित्व विकृति के रोगी के अन्य व्यक्तियों से सम्बन्ध अच्छे नहीं होते हैं और वह लोग उससे नाराज रहते हैं और दूसरे लोग ऐसे रोगी से घबराए भी रहते हैं।

3. व्यक्तित्व विकृति के रोगी का व्यवहार दुःखदायी और दूसरों को परेशान करने वाला होता है उनका व्यवहार दूसरों को कष्ट पहुँचाने वाला होता है। व्यक्तित्व विकृति के रोगी का यह व्यवहार कुछ समय के लिए न होकर लम्बे समय तक रहने वाला होता है या लम्बे समय से ऐसा व्यवहार चल रहा होता है। इस व्यवहार से ग्रसित व्यक्ति सामान्य जीवन नहीं जी पाता है।
4. इस विकृति से ग्रस्त व्यक्ति अपने व्यवहार में किसी प्रकार की तब्दीली नहीं चाहता है। कोई दूसरा व्यक्ति यदि व्यवहार परिवर्तन का सुझाव देता है तब वह उस व्यक्ति के सुझावों पर भी कोई अमल नहीं करता है। रोगी अपने व्यवहार में किसी भी प्रकार के परिवर्तन को पसन्द नहीं करता है।

उपरोक्त बिन्दुओं के अध्ययन से व्यक्तित्व विकृति के रोगी का नैदानिक स्वरूप काफी कुछ स्पष्ट हो जाता है।

व्यक्तित्व विकृति का वर्गीकरण

DSM-IV वर्गीकरण (1994) में तीन व्यक्तित्व विकृतियों; जैसे—स्थिर व्यामोही विकृति, सीजोयड व्यक्तित्व विकृति और सीजोटायपल व्यक्तित्व विकृति को Cluster A में रखा गया है। यहाँ यह ध्यान देने योग्य है कि इन तीनों व्यक्तित्व विकृतियों के लक्षण और व्यवहार में काफी समानता है। इन तीनों ही व्यक्तित्व विकृतियों के लक्षणों और मनोविदिलता के लक्षण में बहुत कुछ समानता है। इन तीनों ही व्यक्तित्व विकृतियों की व्यवहार शैली या शीलगुण न केवल काफी एक-दूसरे से मिलते-जुलते हुए हैं बल्कि यह मनोविदिलता के व्यवहार और लक्षणों से भी मिलते हुए हैं।

समूह ब में चार प्रकार की व्यक्तित्व विकृतियों को शामिल किया गया है—समाज विरोधी व्यक्तित्व विकृति, सीमान्त-रेखीय व्यक्तित्व विकृति, हिस्ट्रीओनिक व्यक्तित्व विकृति और आत्ममोही व्यक्तित्व विकृति। DSM-IV वर्गीकरण (1994) में यह बताया गया है कि चारों व्यक्तित्व विकृतियों को समूह ब में इसलिए रखा गया है क्योंकि इन चारों व्यक्तित्व विकृतियों के लोगों का व्यवहार नाटकीय, सनकी और संवेगात्मक प्रकार का होता है।

DSM-IV वर्गीकरण (1994) के समूह स में निम्न तीन व्यक्तित्व विकृतियों (परिवर्जित व्यक्तित्व विकृति, अवलम्बित व्यक्तित्व विकृति और मनोग्रस्तता-बाध्यता व्यक्तित्व विकृति) को एक साथ इसलिए रखा गया है क्योंकि इन तीनों व्यक्तित्व विकृतियों में एक सामान्य लक्षण चिन्ता पाया जाता है।

उपर्युक्त विवरण से स्पष्ट होता है कि DSM-IV वर्गीकरण (1994) में विभिन्न व्यक्तित्व विकृतियों के अ, ब और स समूह से क्रमशः 3, 4, 3, व्यक्तित्व विकृतियों को रखा गया है क्योंकि एक साथ रखी गई व्यक्तित्व विकृतियों में समान लक्षण पाए जाते हैं।

DSM-IV वर्गीकरण (1994) के अनुसार व्यक्तित्व विकृति के रोग के प्रमुख प्रकार पर नीचे प्रकाश डाला जा रहा है–

(1) सीजोयड विकृति–इस श्रेणी में आने वाले व्यक्ति समाज से हमेशा कटे हुए दिखाई देते हैं। इस प्रकार की व्यक्तित्व विकृति वाले लोगों के व्यक्तित्व का प्रमुख लक्षण यह होता है कि इनमें दूसरे व्यक्तियों के साथ सम्बन्ध बनाने में कोई रुचि दिखाई नहीं देती है। साथ-साथ यही भी देखा गया है कि इन व्यक्तियों के दूसरे लोगों के साथ सामाजिक सम्बन्ध बहुत कम पाए जाते हैं। वास्तविकता यदि देखी जाए तो यह कहा जा सकता है कि इस प्रकार के व्यक्तित्व वाले लोगों में वह क्षमता नहीं पाई जाती है जिसके आधार पर व्यक्ति दूसरों से अच्छे सामाजिक सम्बन्ध बना लेते हैं।

इस विकृति से ग्रस्त रहने वाला व्यक्ति एकान्तप्रिय प्रकृति का होता है। यह लोग असामाजिक व्यवहार वाले भी होते हैं क्योंकि समाज में इनके मित्र इनकी एकांतप्रियता के कारण कम ही होते हैं। इस प्रकार के व्यक्तियों में सामाजिक कौशल कम पाया जाता है।

(2) अवलम्बित विकृति–इस प्रकार के व्यक्तित्व विकृति वाले लोग दूसरे व्यक्तियों पर निर्भर या अवलम्बित होने वाले होते हैं। यही कारण है कि जब इस प्रकार के व्यक्तित्व विकृति वाले लोग अकेले में होते हैं तब इनमें घबराहट और बेचैनी होती है। किसी व्यक्ति पर निर्भर रहने वाला व्यक्ति अकेले में अत्यधिक घबराता है एवं बेचैन होता है। इस प्रकार के व्यक्तित्व वाले लोगों में कौशल और क्षमताएँ तो पर्याप्त मात्रा में होती हैं लेकिन उनमें आत्म-विश्वास की कमी होती है। इसलिए इन्हें अवलम्बित व्यक्ति की आवश्यकता होती है। यह जब दूसरों के साथ मिलकर कार्य करते हैं तब इनका निष्पादन अच्छा होता है लेकिन इनका आश्रय हट जाता है और इन्हें अकेले में काम करना पड़ता है तब इनका निष्पादन घट जाता है।

(3) हिस्ट्रीओनिक विकृति–मनोवृत्ति एवं कार्य प्रवृत्तिक स्तर पर हिस्ट्रीओनिक व्यक्तित्व विकृति कई अभिलक्ष्य का इशारा करती है। इस प्रकार के व्यक्तित्व वाले लोगों की एक प्रमुख विशेषता या लक्षण यह है कि इन लोगों में उतावलेपन की

उत्तेजना बहुत अधिक दिखाई देती है। इन लोगों के व्यवहार में अपरिपक्वता का लक्षण भी प्रमुख रूप से पाया जाता है। संवेगात्मक अस्थिरता भी एक तीसरा प्रमुख लक्षण है, जो इस प्रकार के व्यक्तित्व वाले लोगों में पाया जाता है।

इस प्रकार के व्यक्तित्व विकृति वाले लोगों के एक-दूसरे के साथ पारस्परिक या अन्तर्वैयक्तिक सम्बन्ध तूफानी और असन्तोषजनक होते हैं। इस प्रकार के लोगों का दूसरे परिवार से लैंगिक समायोजन भी दोषपूर्ण ढंग का होता है। इस प्रकार के लोग आत्म-केन्द्रित प्रकार के होते हैं लेकिन समाज के दूसरे लोगों का अनुमोदन पाने की तीव्र लालसा होती है।

(4) समाज विरोधी विकृति—इस विकृति से ग्रस्त व्यक्ति समाज में आमतौर पर देखे जाते हैं, जिनका आचरण मूल्यों मान्यताओं के स्तर पर समाज की प्रचलित प्रथा का अनुसरण नहीं करता है। लक्षणों में इस प्रकार के व्यक्तित्व विकृति वाले लोग समाज विरोधी व्यवहारों को प्रदर्शित करते हैं। इस प्रकार की व्यक्तित्व विशेषता वाले लोग प्रायः हर समय समाज विरोधी व्यवहार की अभिव्यक्ति करते हैं तथा दूसरों के व्यवहारों की यह अवहेलना करते रहते हैं।

जो व्यक्ति इस विकृति का होता है, वह दूसरों को ठगने में कुशल होता है। इस प्रकार के व्यक्तित्व विकृति वाले लोग किसी भी स्तर के समाज विरोधी कार्य कर सकते हैं। यह लोग जब भी समाज विरोधी कार्य करते हैं तब यह समाज विरोधी कार्य करना अपना अधिकार समझते हैं।

(5) मनोग्रस्तता-बाध्यता विकृति—इस विकृति से ग्रस्त व्यक्तियों की संख्या भी अत्यधिक है। इस वर्ग के अन्तर्गत आने वाले व्यक्ति विकृति के अलावा बाह्यता अर्थात् कुछ अवरोधों से चिन्ताग्रस्त और शारीरिक स्तर पर घिर होते हैं। इस प्रकार के व्यक्तित्व वाले लोगों में मनोग्रस्तता और बाध्यता के व्यवहारात्मक लक्षण तो पाए ही जाते हैं, साथ-साथ कुछ और भी व्यक्तित्व सम्बन्धी विशेषताएँ पाई जाती हैं। इस विकृति से ग्रस्त व्यक्ति में सुव्यवस्थित चिन्तन पाया जाता है। ये लोग नियम और कानून के प्रति बहुत सतर्क होते हैं। इस प्रकार के व्यक्तित्व वाले लोग यह मानते हैं कि हर एक व्यक्ति को अपने-अपने ढंग से काम करने की स्वतन्त्रता होनी चाहिए। इस प्रकार के व्यक्तित्व वाले लोग अपनी हार्दिक भावनाओं को अभिव्यक्त करने में कठिनाई का अनुभव करते हैं। ये व्यक्ति अधिक दृढ़, कर्त्तव्यनिष्ठ और जिद्दी प्रकार के होते हैं।

उपरोक्त वर्णित प्रकारों के अलावा चिन्ता व्यामोही विकृति, जीजोफायपल विकृति, सीमान्त रेखीय विकृति तथा परिवर्तित विकृति भी है।

समाज में मनुष्य के व्यक्तित्व विकृति के कारक

वर्तमान समय में पूरे संसार में सामाजिक मनोविज्ञान के अध्ययन को बढ़ावा दिया जा रहा है। व्यक्तित्व विकृति के कारणों की दिशा में अध्ययनों का अभाव है। अध्ययनों के अभाव में व्यक्तित्व विकृति की कारणात्मक व्याख्या अधूरी है फिर भी यहाँ नीचे कुछ महत्त्वपूर्ण जानकारी व्यक्तित्व विकृति के सम्बन्ध में दे जा रही है।

सन् 1952 के बाद व्यक्तित्व विकृति की पहचान हुई। इसी कारण से इस विकृत के सम्बन्ध में शोध अध्ययनों का अभाव तथा दूसरे व्यक्तित्व विकृति की पहचान और निदान आज भी कठिन है। मनोवैज्ञानिकों के अनुसार समाज में मनुष्य के व्यक्तित्व की विकृति निम्नलिखित कारणों से होती है।

(1) मनोवैज्ञानिक कारक—मनोवैज्ञानिक कारक भी मनुष्य में विकृति को जन्म देते हैं। व्यक्तित्व विकृति के मनोवैज्ञानिक कारकों की व्याख्या करते हुए यह कहा गया है कि व्यक्तित्व विकृतियाँ बाल्यावस्था में किए गए दोषपूर्ण अधिगम का परिणाम हैं। यह देखा गया है कि बाल्यावस्था में बच्चे दूसरे लोगों के दोषपूर्ण व्यवहारों को करना सीख लेते हैं। जो आगे चलकर व्यक्तित्व विकृति का कारण बनता है। ये कारक व्यक्ति में समाज विरोधी व्यक्तित्व का विकास करते हैं।

(2) जैविक कारक—मनोविकृतियों की उत्पत्ति में इस कारक का महत्वपूर्ण योगदान होता है। जैविक कारकों की दिशा में हुए अध्ययनों से यह स्पष्ट हुआ है कि बच्चों में एक विशेष प्रकार की शारीरिक गठन सम्बन्धी प्रवृत्ति इसके अलावा निम्नलिखित शक्ति के कारण भी व्यक्तित्व प्रकृति का रोग उत्पन्न होता है।

(3) सामाजिक-सांस्कृतिक कारक— मनोवैज्ञानिकों के अनुसार आधुनिक समाज में और आधुनिक संस्कृति में प्रत्येक व्यक्ति अपनी समस्या का समाधान तुरन्त चाहता है वह आराम वाली जिन्दगी ही नहीं चाहता है बल्कि वह अपनी आवश्यकताओं की सन्तुष्टि भी तुरन्त चाहता है। इस कारण से व्यक्ति की जीवन-शैली में उत्तरदायित्वहीनता पाई जाती है। आधुनिक समाज का व्यक्ति आत्म-केन्द्रित हो गया है। इन कारणों से व्यक्ति के व्यक्तित्व विकृति के विकसित होने की सम्भावना अधिक होती है।

मनुष्य व्यक्तित्व विकृति का चिकित्सकीय उपचार

ऐसे अधिकांश व्यक्ति हैं जो अपने व्यक्तित्व में सन्तुलन को नहीं ला पाते हैं, जिसके कारण वह कई विकृतियों से ग्रस्त हो जाते हैं। ऐसे व्यक्ति के साथ

प्रमुख समस्या यह रहती है कि ये मानने को तैयार नहीं होते हैं कि वे स्वयं मानसिक रोगी हैं। यही कारण है कि जब व्यक्तित्व विकृति के रोगियों की चिकित्सा प्रारम्भ की जाती है तो वह अपनी चिकित्सा का विरोध करते हैं। इसलिए ऐसे रोगियों की चिकित्सा करने में कठिनाई होती है। जब ऐसे रोगियों को पकड़कर मनोचिकित्सक के पास ले जाया जाता है तो यह रोगी मनोचिकित्सक के साथ विचित्र व्यवहार करते हैं इसलिए इनका उपचार कठिन होता है। कुछ मनोवैज्ञानिकों ने माना कि व्यक्तित्व विकृति के रोगियों की चिकित्सा विकृतिग्रस्त रोगी को अस्पताल में भर्ती करने के बाद ही करनी चाहिए। तभी उसका सहयोग प्राप्त हो जाता है।

जो व्यक्तित्व विकृति की समस्या से ग्रस्त होता है, उसकी चिकित्सा के लिए अनेक पद्धतियों को अपनाया जाता है। इनकी चिकित्सा के लिए विद्युत आघात पद्धति और मनोचिकित्सा पद्धतियों का उपयोग किया जाता है। औषधि चिकित्सा पद्धति अर्थात् लक्षणों के अनुसार दवाइयों के आधार पर चिकित्सा भी व्यक्तित्व विकृति के रोगियों के लिए की जाती है।

कुछ अध्ययनों से यह पता चला है कि ऐसे रोगियों की चिकित्सा में व्यवहार चिकित्सा पद्धति से सम्बन्धित कुछ पद्धतियाँ उपयोगी हैं।

समाज विरोधी व्यक्तित्व का आशय एवं परिभाषा

मनुष्य के अन्दर समाज विरोधी व्यक्तित्व का विकास Psychopathy और Sociopathy के कारण होता है। ये पद समान अर्थवाले होते हैं। एक व्यवहार समाज विरोधी है या नहीं, यह समय और स्थान पर निर्भर करता है, क्योंकि प्रत्येक समाज के नियम भिन्न-भिन्न होते हैं। अतः एक समाज में एक व्यवहार समाज विरोधी हो सकता है और दूसरे समाज में वह व्यवहार सामान्य कहा जा सकता है। इसी प्रकार समाज के व्यवहार, नियम समय-समय पर बदलते रहते हैं। अतः एक समय में एक व्यवहार समाज विरोधी हो सकता है और कुछ वर्षों बाद वह सामान्य व्यवहार समझा जा सकता है।

कारसन और **बूचर** (1992) के अनुसार "समाज विरोधी व्यक्तित्व विकृति वह व्यक्तित्व विकृति है जिसकी प्रमुख विशेषता मनुष्य में नैतिक विकास की कमी है। समाज विरोधी व्यक्तित्व विकृति वाले व्यक्ति के व्यवहार में अनुमोदित मॉडल को ग्रहण करने की स्पष्ट अक्षमता होती है। मूल रूप से ये व्यक्ति असामाजिक होते

हैं तथा यह अन्य व्यक्तियों, समूहों एवं सामाजिक मूल्यों के प्रति कोई सार्थक निष्ठा अभिव्यक्त करने के योग्य नहीं होते हैं।"

कोलमैन (1981) के अनुसार–"इनकी मुख्य विशेषता नैतिक विकास का अभाव है। ये समाज द्वारा स्वीकृत मान्य व्यवहारों को करने के अयोग्य होते हैं। मूल रूप से ये असामाजिक होते हैं। ये दूसरे व्यक्तियों, समूहों या सामाजिक मूल्यों के प्रति सार्थक रूप से वफादरी के अयोग्य होते हैं।"

डी. एन. श्रीवास्तव (1979) के अनुसार–"समाज विरोधी व्यक्ति जानता है कि दूसरे लोग उससे क्या आशाएँ रखते हैं परन्तु वह जान-बूझकर दूसरे व्यक्तियों की आशाओं के विरुद्ध कार्य करता है। वह आज्ञापालन नहीं करता है, झगड़ा करता है और तोड़-फोड़ करने वाला होता है। वह दूसरों को सताता है और स्वयं गलत रहकर व्यक्तिगत आनन्द प्राप्त करता है।"

मनोवैज्ञानिकों के अनुसार व्यक्ति में समाज विरोधी तत्त्व उसके नैतिक विकास के दौरान ही आते हैं। ये समाज के नियमों का उल्लंघन करते हैं, क्योंकि समाज द्वारा स्वीकृत व्यवहार स्वीकार नहीं करते हैं। कई बार इनका व्यवहार अपराध श्रेणी के अन्तर्गत आता है। ये व्यक्ति मानसिक रूप से दुर्बल होते हैं, न इनमें मनस्ताप और न इनमें मनोविक्षिप्तता के लक्षण होते हैं।

उपरोक्त बिन्दुओं के अध्ययन से स्पष्ट होता है कि समाज विरोधी व्यक्तित्व के अन्तर्गत आपराधिक प्रवृत्तियों का जन्म होता है, जिनमें से प्रमुख हैं– सिद्धान्तहीन व्यापारी, कुटिल राजनीतिज्ञ, कपटी वकील, नीमहकीम चिकित्सक, बलात्कारी, ठग-चोर तथा वेश्याएँ आदि।

समाज विरोधी व्यक्तियों का मूल्यांकन

समाज विरोधी व्यक्तियों की संख्या का अनुमान लगाना कठिन है फिर भी यह कहा जा सकता है कि स्त्रियों की अपेक्षा पुरुषों में यह विकार अधिक मात्रा में पाया जाता है। वयःसन्धि अवस्था से लेकर आगे सभी आयु-समूहों में समाज विरोधी व्यक्ति पाए जाते हैं। इनकी संख्या अधिक आयु वाले लोगों की अपेक्षा कम आयु वाले लोगों में अधिक होती है।

मनोवैज्ञानिक स्तर पर समाज विरोधी व्यक्तित्व की पहचान

समाज विरोधी व्यक्तित्व विकृति से ग्रसित व्यक्ति की पहचान के सम्बन्ध में DSM-IV में बतलाया है कि समाज विरोधी व्यक्तित्व विकृति वाला व्यक्ति

बार-बार झूठ बोलकर अपने व्यक्तित्व लाभ और अपनी प्रसन्नता के लिए धोखाधड़ी का व्यवहार करता रहता है। समाज विरोधी व्यक्तित्व विकृति वाले व्यक्ति का व्यवहार किसी भी प्रकार से नियोजित नहीं होता है। उसका व्यवहार आवेगशील होता है। जिस व्यक्ति में समान विरोधी तत्त्व विद्यमान होता है वह हमेशा चिड़चिड़ा एवं आक्रामक व्यवहार करता है। समाज विरोधी व्यक्तित्व विकृति वाले व्यक्ति का व्यवहार यदि देखा जाए तो कहा जा सकता है कि वह अपनी और दूसरों की सुरक्षा के लिए लापरवाह होता है। समाज विरोधी व्यक्तित्व विकृति वाले व्यक्ति में उत्तरदायित्वहीनता पाई जाती है। समाज विरोधी व्यक्तित्व विकृति वाला व्यक्ति अपने द्वारा किए गए गलत कार्यों के लिए प्रायश्चित नहीं करता है या बहुत कम प्रायश्चित करता है। समाज विरोधी व्यक्तित्व विकृति वाले व्यक्ति की आयु कम से कम अट्ठारह वर्ष की होनी चाहिए। समाज विरोधी व्यक्तित्व विकृति वाले व्यक्ति में पन्द्रह वर्ष की आयु से पहले चरित्र सम्बन्धी विकृतियाँ पाई जाती हैं।

उपचारात्मक स्तर पर समाज विरोधी व्यक्तित्व विकृति का स्वरूप

समाज विरोधी व्यक्तित्व विकृति हुए दृष्टि से खतरनाक होती है। अन्य व्यक्तित्व विकृतियों की अपेक्षा इस व्यक्तित्व विकृति का अधिक अध्ययन किया गया है। समाज विरोधी व्यक्तित्व के कुछ प्रमुख नाम निम्न प्रकार से हैं–

(1) इनमें असामाजिक व्यवहार–समाज विरोधी व्यक्तित्व वाले व्यक्ति अपनी गलतियों के लिए और अपने असामाजिक व्यवहार के लिए दूसरे लोगों को दोषी ठहराते हैं। बहुधा यह दोषारोपण कमजोर लोगों पर करते हैं। इनका व्यवहार देखा जाए तो यह हास्य अनोखे ढंग से व्यक्त करते हैं। यह दिखावा करते हैं कि वे आशावादी हैं और ऐसा दिखावा करके वे दूसरों का विश्वास प्राप्त कर लेते हैं और मौका मिलते ही दूसरों की गलतियों का लाभ उठाते हैं।

(2) अपराध प्रवृत्तियों से विलगांव–समाज विरोधी व्यक्तित्व वाले व्यक्ति अपनी पूर्व गलतियों से लाभ उठाने की क्षमता नहीं रखते हैं यदि इन्हें दण्ड मिलता है तो दण्ड से कोई सीख नहीं लेते हैं।

(3) अधिकारी व्यक्तियों का तिरस्कार–समाज विरोधी व्यक्तित्व वाले व्यक्ति अधिकारिक व्यक्तित्व की उपेक्षा करते हैं, उदाहरण के लिए माता-पिता एवं शिक्षक में भी समाज विरोधी तत्त्व मौजूद होते हैं, जो किसी भी अधिकारी अथवा पदाधिकारी का तिरस्कार कर देते हैं। दूसरों शब्दों में, कानून और सामाजिक नियमों का पालन कराने वाले अधिकारियों से हमेशा संघर्ष के लिए तैयार रहते हैं।

(4) चिन्ता और दोषभाव की कमी—इस श्रेणी के लोगों में किसी प्रकार के पछतावे का भाव नहीं होता है। समाज विरोधी व्यक्तित्व वाले लोग जब समाज विरोधी व्यवहार करते हैं तो उनमें समाज विरोधी व्यवहार करने की न कोई चिन्ता होती है और न ही वह अपने को दोषी मानते हैं। जब वह समाज विरोधी व्यवहार करते हैं तब उनमें समाज विरोधी व्यवहार के लिए न कोई पछतावा होता है और न कोई चिन्ता होती है। बल्कि कई बार इनके कार्य में सद्‌भाव बाह्य रूप से दिखाई देता है जिससे कि अन्य व्यक्ति इनके समाज विरोधी व्यवहार पर उँगली न उठा सकें।

(5) अन्तःकरण का अनुपयुक्त विकास—समाज विरोधी व्यक्तित्व वाले व्यक्तियों का बौद्धिक विकास पर्याप्त मात्रा में होता है लेकिन उनकी अन्तःकरण या अन्तरात्मा का विकास आधा अधूरा होता है या अपर्याप्त होता है। अन्तरात्मा के अभाव में ये लोग सामाजिक और नैतिक मूल्यों की अवहेलना करते हैं। कई बार यह लोग कुछ ऐसे मूल्यों की चर्चा करते हैं जिनसे वह अपने को जुड़ा बताते हैं लेकिन वास्तव में ये मूल्य इन व्यक्तियों में नहीं पाए जाते हैं।

समाज विरोधी व्यक्तियों की समस्याएँ

जिन व्यक्तियों में समाज विरोधी तत्त्व होते हैं, उनमें कुछ सकारात्मक गुण भी होते हैं, जैसे—अत्यन्त प्रभावशाली होना। यह प्रथम परिचय में ही आदमी को आकर्षित कर लेते हैं। ये बुद्धिमान और मिलनसार होते हैं। कोलमैन (1976) का विचार है कि ये लोग संवेगात्मक दृष्टि से परिपक्व होते हैं उचित निर्णय न ले सकने वाले, गैर-जिम्मेदार और आवेगी होते हैं ये लोग दूसरों के हित और सुख का ध्यान नहीं रखते हैं। इन लोगों की क्रियाओं और व्यवहार का सम्बन्ध वर्तमान से अधिक होता है। इन व्यक्तियों को अपने भूत और भविष्य के परिणामों की भी परवाह नहीं होती है। इनकी एक विशेषता यह भी होती है कि ये अपने समाज विरोधी व्यवहार को तर्कपूर्ण, युक्तिसंगत और उपयुक्त बताते हैं।

कोलमैन (1972-1976) के अनुसार समाज विरोधी व्यक्तियों की निम्नलिखित विशेषताएं होती हैं—

1. ऐसे व्यक्ति अपनी बातों को साबित करने के लिए तर्क देने में कुशल होते हैं। समाज विरोधी व्यक्ति जो गलत कार्य करते हैं, उनको उपयुक्त सिद्ध करने के लिए विभिन्न प्रकार के तर्क देते हैं। यह जानते हुए भी झूठ बोलते हैं कि उनकी पोल खुल सकती है।

2. समाज विरोधी व्यक्तित्व वाले व्यक्ति गलतियों को हमेशा नजरअंदाज कर देते हैं। ये लोग अपने जीवन के अनुभवों से कुछ नहीं सीखते हैं। स्वार्थ-सिद्धि और हेर-फेर में दक्ष होते हैं। अतः गलत कार्यों के दण्ड और सजा से बच जाते हैं।
3. समाज विरोधी व्यक्ति सत्ता और अनुशासन की परवाह नहीं करते हैं। सत्ता और अनुशासन के प्रति इनका व्यवहार तिरस्कारपूर्ण, विरोधी और शत्रुतापूर्ण होता है। ये लोग कभी-कभी अपराध कर बैठते हैं परन्तु पेशेवर अपराधी नहीं कहे जा सकते हैं।
4. समाज विरोधी व्यक्तित्व वाले व्यक्तियों के बीच सामाजिक सम्बन्ध वैमनस्यपूर्ण होते हैं। ऐसे व्यक्तियों के प्रमुख लक्षण हैं—कुटिल, असहानुभूतिपूर्ण, अकृतज्ञ और पश्चातापहीन। ये न दूसरों के प्यार की कीमत समझते हैं और न ये प्यार देना जानते हैं।
5. जो व्यक्ति समाज विरोधी व्यक्तित्व वाले होते हैं, वे चिन्ता, तनाव और अपराध भावना से मुक्त होते हैं। दूसरे लोगों के प्रति इनका व्यवहार अक्सर आक्रामक और शत्रुतापूर्ण होता है तथा इस व्यवहार के लिए इनमें कोई अपराध भावना नहीं होती है। इन व्यक्तियों का ईमानदारी और दिखावे का व्यवहार ऐसा होता है कि अवैध और गलत कार्यों के लिए शक करना कठिन होता है क्योंकि इनमें न अपराध भावना दिखाई देती है और न चिन्ता दिखाई देती है।
6. ये लोग नैतिक मूल्यों को मौखिक स्तर पर तो स्वीकार करते हैं परन्तु इनकी अन्तरात्मा इन नैतिक मूल्यों को स्वीकार नहीं करती है। इन्हें नैतिक रूप से मूढ़ कहा जा सकता है। इनके बौद्धिक विकास और इनकी अन्तरात्मा में बहुत अन्तर होता है। ये अपनी बुद्धि के सहारे किसी को भी अपनी लच्छेदार बातों में फँसाकर धोखा देते हैं।

व्यवहार प्रतिमान

समाज विरोधी व्यक्तियों में स्थिरता का अभाव होता है। इसके व्यवहार में विचलनशीलता बहुत अधिक मात्रा में पाई जाती है। समाज विरोधी व्यक्तित्व के उपयुक्त लक्षण आवश्यक नहीं हैं कि प्रत्येक समाज विरोधी व्यक्ति में लक्षण विद्यमान हों। नीचे कुछ केसेज का वर्णन है। इन केसेज से यह स्पष्ट हो जाता है कि समाज विरोधी व्यक्तित्व वाले व्यक्तियों

की मृत्यु दर अधिक होती है। अतः अधिक आयु के लोगों में इस प्रकार के रोगियों की संख्या कम होती है।

सामाजिक अधिगम की दृष्टि से देखा जाए तो इनमें चिन्ता की मात्रा कम होती है। एक अध्ययन में यह देखा गया है कि इस प्रकार के व्यक्तियों में चिन्ता का निम्न स्तर होता है। चिन्ता के निम्न स्तर के कारण परिहार अधिगम उपयुक्त ढंग से नहीं हो पाता है। **रोजन** और उसके साथियों ने एक केस का वर्णन करते हुए लिखा है—एक 35 वर्ष का व्यक्ति अपने पियक्कड़पन और सैक्स सम्बन्धी दुराचार के कारण कई बार जेल में सजा काट चुका था। इस बार उसे अपने बच्चों की देखभाल करने वाली 15 वर्षीय नौकरानी के साथ बलात्कार के अभियोग में सजा हुई है। उससे जब यह प्रश्न किया गया कि आपकी सजा या इस प्रकार की परेशानियों के लिए कौन उत्तरदाई है तो उस व्यक्ति ने उत्तर दिया—"मुझे मालूम है कि अपनी इन परेशानियों के लिए मैं जिम्मेदार हूँ।"

घर से भागा हुआ लड़का 15 वर्ष का एक खिलाड़ी था। दो वर्ष बाद जब वापस लौटा तो उसे स्कूल में प्रवेश दिलाया गया। यहाँ उसने अपने से 5 वर्ष बड़ी टीचर को गर्भवती कर दिया और उससे शादी कर ली। लगभग 13 वर्ष तक उनका वैवाहिक जीवन साधारण चला क्योंकि रोगी बहुधा घर से बाहर ही रहता था। वह कभी कोई एक व्यवसाय करता तो कभी दूसरा। वह अपने पीने-पिलाने पर बहुत अधिक खर्च करता था। इस 13 वर्ष की अवधि में उसने अनेक लड़कियों से विवाह का नाटक करके उनके साथ सम्भोग किया। 13 वर्ष पूर्व विवाहित स्त्री ने तंग आकर उससे तलाक ले लिया। अब उसने एक अस्पताल में नौकरी कर ली। कुछ समय बीतने के पश्चात् उसने एक नर्स से विवाह कर लिया।

इस प्रकार समाज विरोधी व्यक्तित्व वाले वे रोगी समाज के लिए अधिक खतरनाक होते हैं जो अधिक बुद्धिमान होते हैं तथा जिनमें आत्म-नियन्त्रण अधिक होता है।

समाज विरोधी व्यक्तित्व के कारक

व्यक्तियों में जिन कारकों से समाज विरोधी तत्त्व का विकास होता है, वे कारक निम्नलिखित हैं—

(1) पारिवारिक नियंत्रण में कमी—इसके कारण भी व्यक्ति में समाज विरोधी तत्त्व आ जाते हैं। कुछ अध्ययनों में यह भी देखा गया है कि जब बालकों पर माता-पिता का कोई नियन्त्रण नहीं होता है और मनमाने ढंग से व्यवहार करते

हैं तथा अपनी प्रत्येक इच्छा की तात्कालिक सन्तुष्टि चाहते हैं तो उस अवस्था में समाज विरोधी व्यवहार सीखने की अधिक सम्भावना रहती है।

(2) असामाजिक तत्त्वों की संगति—यह देखा गया है कि यदि मित्र मण्डली में ऐसे मित्र हैं जिनका व्यवहार समाज विरोधी प्रकार का है तो साथ रहने के कारण साथी मित्र भी समाज विरोधी व्यवहार सीख लिया करते हैं।

(3) आर्थिक कमी—यह भी एक प्रमुख कारक है जो व्यक्तियों में समाज विरोधी तत्त्व को जन्म देता है। अध्ययनों में यह देखा गया है कि वयःसन्धि अवस्था के बालकों को यदि अपनी दैनिक जीवन की आवश्यकताओं को पूरा करने और जेब-खर्च आदि के लिए पैसे नहीं मिलते हैं तो बालकों में समाज विरोधी व्यक्तित्व का विकास होता है।

(4) सामाजिक-सांस्कृतिक तत्त्व—सामाजिक-सांस्कृतिक तत्त्वों का अभाव भी एक ऐसा कारक है जिसमें व्यक्ति में समाज विरोधी तत्त्व आ जाते हैं। व्यक्ति के समाज विरोधी व्यवहार के विकास में ये महत्त्वपूर्ण भूमिका अदा करते हैं। विघटन, सामाजिक प्रतिमानों में परिवर्तन आदि ऐसे महत्त्वपूर्ण कारक हैं जो समाज विरोधी व्यवहार को उत्पन्न करते हैं या इस प्रकार के विकास में सहायक हैं। एक अध्ययन में यह देखा गया है कि संगठित सम्प्रदायों की अपेक्षा असंगठित सम्प्रदायों में इस प्रकार के रोगी अधिक पाए जाते हैं। एक अन्य अध्ययन में यह देखा गया है कि सामाजिक स्तर और प्रतिष्ठा सम्बन्धी कुण्ठा और हानि एक महत्त्वपूर्ण कारक है जो समाज विरोधी व्यवहार उत्पन्न करता है।

(5) परिवार का दूषित वातावरण—पारिवारिक वातावरण दोषपूर्ण होने पर भी व्यक्ति में समान विरोधी तत्त्व आ जाते हैं। समाज विरोधी व्यक्तियों के एक अध्ययन में यह देखा गया है कि समाज विरोधी व्यक्तियों की एक विशिष्ट जीवन शैली होती है। ये लोग इसी जीवन शैली के अनुसार व्यवहार करते हैं। इनकी जीवन शैली में परिवर्तन कठिन है। अनम्य जीवन शैली के कारण इनकी पारिवारिक अन्तःक्रियाएँ दोषपूर्ण होती हैं। अनम्य जीवन शैली और दोषपूर्ण पारिवारिक अन्तःक्रियाओं के कारण इनमें समाज विरोधी व्यवहार विकसित होता है।

(6) पारिवारिक उपेक्षा—पारिवारिक उपेक्षा भी व्यक्तियों में सामाजिक विरोधी तत्त्व को जन्म देती है। परिवार, माता-पिता का उपेक्षा और अनुपयुक्त अनुशासन ही समाज विरोधी कार्यों को करने के लिए प्रेरित करता है। एक अध्ययन से यह स्पष्ट हुआ है कि परिवार का तिरस्कार समाज विरोधी व्यक्तित्व का प्रमुख कारण है।

(9) जैविक कारक—समाज विरोधी व्यक्तियों की मस्तिष्क तरंगों के अध्ययन में यह देखा गया है कि इनके मस्तिष्क के टेम्पोरेल लोव में होती है। एक अध्ययन में यह देखा गया है कि समाज विरोधी व्यक्तियों के असामान्य व्यवहार का कारण केन्द्रीय नाड़ी संस्थान की अन्तर्बाधा प्रक्रियाओं का दोषपूर्ण कार्य है। इसी कारण से व्यक्ति व्यवहार को अवरुद्ध करना सीख पाते हैं। इस दिशा में हुए अध्ययनों से यह स्पष्ट हुआ है कि मस्तिष्क कार्यों में विकास समाज विरोधी व्यवहार के प्रत्यक्ष कारण से नहीं हैं। मस्तिष्क और नाड़ी संस्थान सम्बन्धी कारक अन्य कारकों के साथ महत्त्वपूर्ण ढंग से अन्तःक्रिया करते हैं।

व्यक्ति के समाज विरोधी व्यक्तित्व का समाधान

समाज विरोधी व्यक्तियों की चिकित्सा के लिए अनेक प्रकार की चिकित्सा पद्धतियों का प्रयोग किया जाता है—मनोचिकित्सा, विद्युत आघात पद्धति तथा औषधि चिकित्सा आदि चिकित्सा पद्धतियों का प्रयोग समाज विरोधी व्यक्तियों की चिकित्सा के लिये किया जाता है। इनकी जीवन शैली अनम्य होने के कारण उनका उपचार करना कठिन होता है तथा समाज विरोधी व्यक्ति अपने व्यवहार को बदलने की इच्छा नहीं रखता है। बन्दूरा ने ऐसे व्यक्तियों को उपचार करने के लिए निम्न उपाय बतलाये गये हैं—

1. रोगी यदि इच्छित या सामान्य व्यवहार का अनुकरण करता है तो उसे पुनर्बलन या पुरस्कार देना चाहिए।
2. रोगी का व्यवहार जैसे-जैसे नियन्त्रित हो जाता है, रोगी को दिए जाने वाले प्रलोभन और पुरस्कार उसी रूप में कम करते रहना चाहिए।

8

स्वप्न का मनोवैज्ञानिक विश्लेषण

मनोविज्ञान में स्वप्न को एक मनोवैज्ञानिक प्रक्रिया माना जाता है। मनुष्य में जब भी तनाव की अवस्था आती है तो उसे स्वप्न अवश्य आता है। स्वप्न दैनिक जीवन से भी सम्बन्धित होते हैं और स्वप्नों में विभिन्न प्रकार की विचित्रताएँ भी देखने को मिलती हैं। व्यक्ति स्वप्नों में अपने आपको कभी दुःख की हालत में देखता है तो कभी मौज उड़ाता हुआ। स्वप्नों में उसे विभिन्न प्रकार की अनुभूतियाँ होती हैं। स्वप्नों का अर्थ जानने के लिए प्रायः सभी लोग उत्सुक रहते हैं। स्वप्न का वास्तविक अर्थ समझने में हमेशा कठिनाइयां आती हैं। बहुत-से लोग आज भी यह मानते हैं कि स्वप्न निरर्थक होते हैं। परन्तु उनकी यह धारणा सत्य नहीं है। स्वप्न सार्थक होते हैं।

स्वप्न का अर्थ व परिभाषा

स्वप्नों का सम्बन्ध व्यक्ति के अनुभवों और व्यक्तित्व से होता है। स्वप्नों के क्षेत्र में अब तक हजारों अध्ययन हो चुके हैं। परन्तु आज भी यह मानते हैं कि स्वप्न निरर्थक होते हैं। परन्तु उनकी यह धारणा सत्य नहीं है। स्वप्न सार्थक होते हैं। व्यक्ति के अनुभव एवं उसका व्यक्तित्व स्वप्नों के सम्बन्ध को तय करता है।

स्वप्नों के क्षेत्र में अब तक हजारों अध्ययन हो चुके हैं। परन्तु आज भी इन अध्ययनों के आधार पर स्वप्नों की सार्थकता समझना पूरी तरह सम्भव नहीं है। पिछड़े देशों में अभी भी यह विश्वास किया जाता है कि स्वप्न दैवी शक्तियों के द्वारा होते हैं। स्वप्नों में अपने आपको पहाड़ों पर चढ़ा हुआ, नदी में तैरता हुआ, भयानक जानवरों से लड़ता हुआ अथवा भय से भागता हुआ देखता है। इसके बारे में स्पष्ट जानकारी प्राप्त करने के लिए आवश्यक है कि सबसे पहले स्वप्नों के अर्थ भली-भांति समझ लिया जाय।

ब्राउन का यह विचार है कि "स्वप्न वह विभ्रम है जिसका अनुभव हम सबको प्रति क्षण होता है और जब जागते हैं तो विभ्रमित स्वरूप हमें स्पष्ट हो जाता है।"

आइजनेक और उनके सहयोगियों का कहना है कि, "स्वप्न, निद्रावस्था के अनुभव हैं जो व्यक्ति के कल्पनात्मक जीवन का एक आंशिक प्रकार है।"

फ्रायड के अनुसार, "स्वप्न विभ्रमात्मक अनुभवों की वह गाड़ी है जिसमें कुछ मात्रा में सामंजस्य स्वभाव पाया जाता है, लेकिन बहुधा स्वप्न अस्पष्ट होते हैं और यह या तो निद्रावस्था में होते हैं अथवा समान परिस्थितियों में होते हैं।"

उपरोक्त में जो परिभाषाएँ दी गयी हैं उनमें फ्रायड की परिभाषा स्वप्न के अर्थ को भली-भाँति स्पष्ट नहीं करती है। आधुनिक मनोवैज्ञानिकों ने किसी न किसी रूप में यह स्वीकार किया है कि स्वप्न एक प्रकार के विभ्रम हैं, जबकि फ्रायड ने स्वप्न को प्रक्रिया के रूप में स्वीकार की है। उपर्युक्त परिभाषाओं के विश्लेषण के आधार पर कहा जा सकता है कि स्वप्नों के सम्बन्ध में मनोवैज्ञानिकों में एक मत नहीं है। उपरोक्त परिभाषा को ध्यान में रखते हुए कहा जा सकता है कि "स्वप्न निद्रावस्था के अनुभवों से सम्बन्धित वह प्रक्रिया है जिसमें व्यक्ति को जो विभ्रमात्मक अनुभव होते हैं, उनमें सामंजस्य स्वभाव और अस्पष्टता पाई जाती है।" उपर्युक्त विवरण में यह स्पष्ट किया गया है कि स्वप्न दैनिक जीवन के अनुभवों के सम्बन्ध में हो सकते हैं, साथ ही साथ दमित इच्छाएँ भी स्वप्नों में रूप बदलकर चेतन मन में आ सकती हैं। स्वप्नों का विश्लेषण कर व्यक्ति अपनी मॉडल प्रेमिका का चुम्बन लेना चाहता है और यदि मर्यादाओं के कारण यह सम्भव नहीं है तो वह अपनी इस इच्छा की पूर्ति स्वप्न में कर सकता है। परन्तु स्वप्नों द्वारा इच्छाओं की सन्तुष्टि अपेक्षाकृत अधिक क्षणिक है। यदि कोई व्यक्ति अपने भविष्य के सम्बन्ध में स्वप्न अधिक देखता है तो इन स्वप्नों से अपने भविष्य के सम्बन्ध में प्रोत्साहन ले सकता है।

स्वप्न की प्रमुख विशेषताएँ

1. मनोविज्ञान के क्षेत्र में हुए कई अध्ययनों से पता चला है कि स्वप्न इच्छा पूर्ति के साधन हैं। व्यक्ति की अतृप्त इच्छाएँ स्वप्नों में रूप बदलकर अपने आप को थोड़ा-सम्बन्ध परिवर्तित कर प्रकट होती हैं और इस प्रकार स्वप्नों द्वारा व्यक्ति की अतृप्त इच्छाओं की सन्तुष्टि होती है।
2. स्वप्न में जो विचार और इच्छाएँ व्यक्ति को दिखाई देती हैं, वह दृश्यों के रूप में समाहित होती हैं। स्वप्नों में एक विशेष प्रकार की पृष्ठभूमि होती है और कुछ पात्र होते हैं। यह पात्र कुछ न कुछ करते हुए स्वप्नों में दिखाई देते हैं, चुपचाप नहीं होते हैं।
3. अधिकांश स्वप्नों में व्यक्तिगत जीवन से सम्बन्धित अनुभवों की सांकेतिक अभिव्यक्ति होती है। स्वप्नकर्ता भी कभी ऐसे स्वप्न नहीं देखता है जिनका सम्बन्ध दूसरों के अनुभवों से होता है अतः स्वप्न आत्मगत होते हैं।
4. अपने कुछ अद्भुत स्वरूप में आने वाले दृश्य प्रभाव वास्तविक जीवन संदर्भ में अपने तालमेल में विभ्रम भी कायम करते हैं। प्रकार विभ्रम में बिना किसी भौतिक उद्दीपक के प्रत्यक्षीकरण होता है, ठीक उसी प्रकार से बिना किसी बाह्य उद्दीपक के हमें स्वप्न दिखाई देते हैं। स्वप्न जब तक दिखाई देते हैं, तब तक व्यक्ति को यह विभ्रम बना रहता है और वह स्वप्नों की वास्तविकता पर विश्वास करता रहता है परन्तु स्वप्नों के समाप्त होते ही स्वप्नों का यह विभ्रमात्मक रूप समाप्त हो जाता है।
5. स्वप्न कई महत्त्वपूर्ण बात की ओर संकेत करते हैं। स्वप्न सार्थक होते हैं, स्वप्नों का सम्बन्ध व्यक्ति के जीवन की समस्याओं और अनुभवों से रहता है। इस दिशा में हुए मनोविश्लेषण अध्ययनों से पता चला है कि सामाजिक मर्यादाओं के कारण जिन इच्छाओं की पूर्ति व्यक्ति चेतनावस्था में नहीं कर पाता है, उन अतृप्त इच्छाओं की पूति स्वप्नों में होती है। एक बच्ची ने स्वप्न में देखा कि उसकी मौसी मर गई है। जब बालिका के स्वप्न का विश्लेषण किया गया तो ज्ञात हुआ कि उसकी सौतेली माँ उसे बहुत पीटती थी, वह बालिका अपनी सौतेली माँ से इतनी आतंकित थी कि स्वप्न में भी उसके सम्बन्ध में बुरा नहीं सोच सकती थी। अतः उसने इस प्रकार का स्वप्न देखा। स्वप्न में मौसी उसकी सौतेली माँ थी।

6. कभी-कभी व्यक्ति ऐसे स्वप्न देखता है जो केवल दैनिक जीवन से सम्बन्धित होते हैं। परन्तु कभी-कभी वह ऐसे भी स्वप्न देखता है जो उसकी दमित इच्छाओं से सम्बन्धित होते हैं। दोनों ही प्रकार के स्वप्नों में प्रतीकात्मकता पाई जाती है। पहले प्रकार के स्वप्नों में प्रतीकात्मकता कम और दूसरे प्रकार के स्वप्नों को देखता है तो यह उसके संरक्षक होते हैं या राजकुमार-राजकुमारी का स्वप्न देखता है तो यह राजकुमार-राजकुमारी स्वयं के प्रतीक होते हैं। इसी प्रकार से सीढ़ी चढ़ना, पहाड़ पर चढ़ना, किसी ऊँचाई पर चढ़ना आदि यौन संभोग के प्रतीक हैं।

स्वप्नों की अन्य विशेषताएँ

इन महत्त्वपूर्ण विशिष्टताओं के अलावा स्वप्न में सामंजस्यकारी दृश्य प्रभाव का होना और साथ ही अस्पष्टता का भी समावेश इनमें कार्य भी होता है। स्वप्न का संबंध मनुष्य को निद्रावस्था में होता है और इनमें दृश्य स्वेत-श्याम या रंगीन दोनों ही रूपों में प्रकट होता है।

1. स्वप्नों में सामंजस्य स्वभाव पाया जाता है,
2. स्वप्नों में अस्पष्टता पाई जाती है,
3. स्वप्न अधिकांशतः निद्रावस्था में ही व्यक्ति को दिखाई देते हैं,
4. स्वप्न रंगीन भी दिखाई देते हैं और काले-सफेद भी दिखाई देते हैं। अधिकांश स्वप्न काले सफेद ही दिखाई देते हैं, रंगीन स्वप्न कम ही दिखाई देते हैं।

स्वप्नों के प्रकार

स्वप्न के प्रमुख प्रकारों पर संक्षिप्त प्रकाश डाला गया है—

(1) इच्छापूर्ति स्वप्न—व्यक्ति बहुत से स्वप्न देखता है जिनसे उसकी अतृप्त इच्छाओं का समावेश होता है। कुछ मनोवैज्ञानिकों का यहाँ तक विचार है कि सभी प्रकार के स्वप्न किसी न किसी रूप में इच्छापूर्ति के साधन होते हैं। जिन स्वप्नों से स्वप्नकर्ता की किसी न किसी प्रकार की इच्छाओं की पूर्ति होती है, वह स्वप्न इच्छापूर्ति स्वप्न कहलाते हैं।

(2) चिन्ता स्वप्न—ऐसे स्वप्नों में स्वप्नकर्ता की किसी न किसी प्रकार की चिन्ता व्यक्त होती है, ऐसे स्वप्नों को चिन्ता स्वप्न कहते हैं। ऐसे स्वप्नों को

देखकर स्वप्नकर्ता पसीने से तर-बतर हो सकता है, उसकी नींद टूट सकती है अथवा वह बेचैनी का अनुभव कर सकता है।

(3) भविष्य स्वप्न—वह स्वप्न जिनका स्वप्नकर्ता के अनुभवों से सम्बध होता है, ऐसे स्वप्न भविष्य स्वप्न कहलाते हैं। इनमें व्यक्ति यह देख सकता है कि उसके घर मेहमान आने वाले हैं, बच्चा होने वाला है अथवा उसकी व्यापार या नौकरी में तरक्की हो रही है और वह बड़ा आदमी बनता जा रहा है।

(5) पुनरावर्तक स्वप्न—ये वे स्वप्न हैं जो व्यक्ति को अक्सर दिखाई देते हैं अथवा बार-बार दिखाई देते हैं। इस स्वप्न से ग्रसित व्यक्ति कोई भी व्यवहार अथवा कार्य सामान्य ढंग से नहीं करता है।

(6) मृत व्यक्तियों के स्वप्न—कुछ व्यक्तियों को स्वप्न में मरे हुए व्यक्ति दिखायी देते हैं। ये ऐसे स्वप्न हैं जिनमें व्यक्ति अपने आपको मरा हुआ अथवा अपने किसी प्रियजन को मरा हुआ देखता है अथवा मरे हुए व्यक्तियों को जीवित देखता है, उनसे बातें करता है या उनसे आशीर्वाद प्राप्त करता है। कुछ ऐसे स्वप्न होते हैं जिनका मनुष्य प्रायः अपने घर परिवार या किसी परिचित के सान्निध्य में आशीर्वाद या सहचर्यता में खुद को शामिल रखता है।

स्वप्न का मनोवैज्ञानिक कारण

स्पप्न के मनोवैज्ञानिक कारण होते हैं जिनमें से कुछ प्रमुख कारणों पर संक्षिप्त प्रकाश निम्न बिन्दुओं में डाला जा रहा है—

(1) आन्तरिक उद्दीपक—व्यक्तियों में स्वप्नों के आने का कारण कभी-कभी आन्तरिक उद्दीपक भी होते हैं। उदाहरण के लिए, व्यक्ति भूखा है, प्यासा है अथवा उसकी कोई और कई दिनों से चली आ रही आन्तरिक इच्छा है अथवा ज्वर से पीड़ित है या सोते समय लघुशंका की आवश्यकता है आदि कुछ ऐसे आन्तरिक उद्दीपक हैं जिनके कारण व्यक्तियों को स्वप्न आते हैं। दैनिक जीवन के अनुभवों के आधार पर कई व्यक्तियों ने यह बताया है कि जब सोते समय उन्हें लघुशंका की आवश्यकता होती है तो वह लघुशंका करने से सम्बन्धित स्वप्न देखते हैं। इसी प्रकार सोते में जब प्यास लगती है तो व्यक्ति पानी से सम्बन्धित स्वप्न देख सकता है जिसमें नहर, नदी, तालाब, झरने कुछ भी हो सकते हैं।

(2) विचार और भाव—कुछ अध्ययनों से यह ज्ञात हुआ है कि सोने से पहले स्वप्नकर्ता के विचार और भाव स्वप्नों को महत्त्वपूर्ण ढंग से प्रभावित ही नहीं करते हैं बल्कि स्वप्नों के दिखाई देने के कारण भी होते हैं। परीक्षा के दिनों में

अक्सर विद्यार्थी जब पढ़ते-पढ़ते सो जाते हैं तो उन्हें परीक्षा में आने वाला पर्चा दिखाई देता है या वह परीक्षा कक्ष का दृश्य देखते हैं।

स्वप्न का रोकथाम—स्वप्न को नियंत्रित करना काफी कठिन होता है क्योंकि हर व्यक्ति स्वप्न सोते वक्त देखता है जबकि उस समय उसकी चेतना शक्ति सक्रिय नहीं होती है। इसके अलावा सोने से पहले विचारधारा आदि भावों को भी व्यक्ति काफी कुछ नियन्त्रित कर सकता है जिससे उसे सुन्दर स्वप्न दिखाई दें, भयानक, चिन्ता वाले स्वप्न उसे दिखाई न दें। बहुत से व्यक्तियों को अच्छे या सुखात्मक स्वप्न देखना पसन्द होता है। वे चाहते हैं कि इच्छाएँ और उद्देश्य जो वह अपने प्रयासों से पूरे नहीं कर सकते हैं, उन्हें वह कल्पना और स्वप्नों की सहायता से पूरा करने में भी सन्तोष का अनुभव करते हैं। स्वच्छ वातावरण भी स्वप्नों को नियंत्रित करने में मदद कर सकता है। सोते समय व्यक्ति का शरीर निरोग हो, स्वच्छ वातावरण में यदि व्यक्ति सोए और उसकी शारीरिक आवश्यकताएँ पूर्ण हों, साथ ही साथ मल-मूत्र आदि की आवश्यकता से निश्चिंत हो तथा हाथ-पैर और मुँह आदि धोकर सोए, ऐसे व्यक्ति को नींद अच्छी आती है और स्वप्न कम दिखाई देते हैं और जो स्वप्न दिखाई भी देते हैं, उनमें से अधिकांश स्वप्न सुखात्मक अथवा व्यक्ति के लिए प्रिय होते हैं।

स्वप्न के अध्ययन से सम्बन्धित विवरण

स्वप्न के सम्बन्ध में EEG के नाम से महत्त्वपूर्ण अध्ययन किया गया। इस अध्ययन से पता चलता है कि निद्रावस्था की भिन्न-भिन्न अवस्थाओं से स्वप्नों के बारे में कोई विशेष सूचना प्राप्त नहीं है, अतः इन अध्ययनों के आधार पर कहा जा सकता है कि मनोवैज्ञानिकों का यह विश्वास है कि निद्रा की विभिन्न अवस्थाएँ स्वप्नों का कारण नहीं हैं। एक अध्ययन में देखा गया है कि सोते हुए प्रयोज्यों, जिनका अध्ययन किया जा रहा था, इन प्रयोज्यों की बन्द पलकों पर कुछ गतियाँ थीं। ये गति बन्द पलकों पर झटके का सा आभास देता हुआ दिखाई देता है। आँखों की इस गति को REM कहते हैं। इस अध्ययन में यह देखा गया है कि REM का सम्बन्ध स्वप्नों से है, क्योंकि REM की अवस्था में जब प्रयोज्यों को प्रयोगकर्ता ने जगाया और उनसे उनकी नींद के सम्बन्ध में प्रश्न किया तो प्रयोज्यों ने यह बताया कि वह स्वप्न देख रहे थे। इन अध्ययनकर्ताओं ने यह भी नोट किया कि स्वप्न की अवस्था में REM के साथ-साथ हृदय गति और श्वास की गति भी बढ़ जाती है।

कतिपय दूसरे अध्ययन से पता चला कि स्वप्न की अवस्था में व्यक्ति का नाड़ी संस्थान अधिक क्रियाशील हो जाता है, रक्तचाप बढ़ जाता है और हृदय में आक्रामक चलन होते हैं।

स्वप्न मनुष्य की प्रवृत्तियों के अनुरूप भी मनुष्य की चेतना में कुछ खास संकट का सकारात्मक या रूपों में प्रकट होते हैं। दैनिक जीवन के अनुभवों में यह देखा गया है कि यद्यपि व्यक्ति स्वप्नावस्था में अपेक्षाकृत गतिहीन होता है परन्तु स्वप्न में वह अपने आपको क्रियाशील देख सकता है, जैसे–नदी में तैरता हुआ, खेलता-कूदता हुआ, दुश्मनों से मुकाबला करता हुआ आदि। अतः देखने वाले व्यक्ति स्वप्न में क्रियाशील तो हो सकते हैं, परन्तु शरीरिक रूप से उसमें निष्क्रियता पाई जाती है। डीमेन्ट ने अपने REM Sleep के अध्ययनों के आधार पर बताया है कि इस प्रकार की नींद में मस्तिष्क में एक ऐसी मैकेनिज्म होती है, जिनसे व्यक्ति की गत्यात्मक क्रियाएँ अवरुद्ध हो जाती हैं। जब इस मैकेनिज्म के कारण इस प्रकार सो रहे व्यक्ति के क्रियात्मक नाड़ी आवेग अवरुद्ध हो जाते हैं तो REM Sleep में व्यक्ति गहरी नींद में सोता है और स्वप्नों में दिखाई देने वाली गत्यात्मक क्रियाओं को दोहराता नहीं है। बिल्लियों पर होने वाले एक अध्ययन में यह देखा गया कि जब बिल्लियों के मस्तिष्क की क्रिया नाड़ी को ऑपरेशन द्वारा हटा दिया गया तो इन बिल्लियों ने कूदने-उछलने जैसा व्यवहार किया।

स्वप्न का मनोवैज्ञानिक सिद्धांत

किसी भी प्रकार की परिभाषा कुछ तर्कपूर्ण तथ्यपरक वैज्ञानिक दृष्टि के समावेश से किसी विषय के बारे में करीब ले जाती है। यह बताया जा चुका है कि स्वप्नों के संदर्भ में अथवा निद्रावस्था के जो अध्ययन हुए हैं, उनसे स्वप्न क्रिया को पूर्णतः नहीं समझा जा सकता है। स्वप्नों की REM के आधार पर उपर्युक्त व्याख्या को पर्याप्त समझना उचित नहीं होता है। अतः स्वप्नों के सिद्धान्त के मुख्यतः दो प्रकार हैं–(1) दैहिक सिद्धान्त, (2) मनोवैज्ञानिक सिद्धान्त। दैहिक सिद्धान्तों में REM सिद्धान्त का वर्णन ऊपर किया जा चुका है। प्रत्यक्षीकरण-भ्रम सिद्धान्त, प्रबोध प्रयत्न और भूल का सिद्धान्त का वर्णन नीचे किया गया है। फ्रायड, एडलर और युंग के सिद्धान्तों का वर्णन मनोवैज्ञानिक सिद्धान्तों के रूप में किया गया है।

प्रबोध प्रयत्न और भूल का सिद्धान्त

उद्दीपन की प्रक्रिया के दौरान मूल रूप से स्वप्नों का जन्म होता है। इस सिद्धान्त में भी यह माना जाता है कि बाह्य भौतिक और शारीरिक उद्दीपकों की प्रतिक्रिया के फलस्वरूप ही स्वप्न होते हैं। इस सिद्धान्त के समर्थकों का यह विचार है कि निद्रावस्था में व्यक्ति के मस्तिष्क के उच्च केन्द्र यद्यपि पूर्णतः सक्रिय नहीं होते हैं, फिर भी व्यक्ति का नाड़ी-संस्थान बाह्य भौतिक और शारीरिक उद्दीपकों के उपस्थित होने पर उनका अर्थ जानने के लिए प्रयत्न करता है। इस प्रयत्न में कुछ त्रुटियाँ भी हो सकती हैं। कुछ मनोवैज्ञानिकों का मानना कि स्वप्नकर्ता की शारीरिक मुद्राएँ भी स्वप्नों के लिए उद्दीपक का कार्य करती हैं। इन शारीरिक मुद्राओं और उद्दीपकों का व्यक्ति जिस प्रकार से प्रयत्न और भूल के आधार पर प्रबोध करता है, उसी रूप में व्यक्ति को स्वप्न दिखाई देते हैं। सार्जेन्ट के अनुसार निद्रावस्था में एक व्यक्ति की नाक के पास जब इत्र रखा और कुछ देर बाद जगाकर जब प्रयोज्य से पूछा गया कि उसने किस प्रकार का स्वप्न देखा है तो इस प्रयोज्य ने बताया कि अमुक इत्र लगाने वाली प्रेमिका के साथ मैं स्वप्नों में घूम रहा था। डनलप ने अपने अध्ययनों में पाया कि सर्दी लगने पर नंगेपन का स्वप्न दिखाई देता है।

दैहिक सिद्धान्तों के दोष—उपरोक्त दोनों दैहिक सिद्धान्तों में यद्यपि प्रयोज्यों को समान उद्दीपक प्रस्तुत किए जाते हैं फिर भी इन प्रयोज्यों को समान न दिखाई देकर भिन्न-भिन्न अनुभव वाले स्वप्न दिखाई देते हैं, उपर्युक्त दोनों सिद्धान्तों की एक सीमा यह भी है कि इन सिद्धान्तों में स्वप्नों को निरर्थक और निरुद्देश्य माना गया है।

प्रत्यक्षीकरण-भ्रम सिद्धान्त

यह सिद्धान्त स्वप्न में अस्पष्ट संकेतों का समझने में सहायक है। डीमेन्ट ने अपने REM Sleep के अध्ययनों के आधार पर बताया कि इस प्रकार की नींद में एक ऐसी मैकेनिज्म होती है जिससे व्यक्ति की गत्यात्मक क्रियाएँ अवरुद्ध हो जाती हैं। साथ ही साथ मस्तिष्क के उच्च केन्द्र जिसके कारण नींद की अवस्था में बाह्य उद्दीपनों का प्रत्यक्षीकरण व्यक्ति सही ढंग से नहीं कर पाता है। इस बाह्य उद्दीपक का प्रत्यक्षीकरण व्यक्ति जिस ढंग से करता है, वह भ्रमात्मक होता है और उसे स्वप्नों में यही दिखाई देता है। सम्भवतः मस्तिष्क के उच्च केन्द्रों की निष्क्रियता

के कारण सहचर्य क्रियाएँ दुर्बल हो जाती हैं और बाह्य उद्दीपकों का अर्थ व्यक्ति सही न लगाकर गलत ढंग से लगाता है।

एडलर का स्वप्न सिद्धान्त

फ्रायड, युंग के अलावा मनोविश्लेषण के क्षेत्र में एडलर का योगदान भी महत्त्वपूर्ण है। एडलर भी युंग के समान कुछ समय तक फ्रायड के साथ रहे परन्तु सैद्धान्तिक मतभेद के कारण फ्रायड की अपेक्षा सिद्धान्तों का प्रतिपादन किया। एडलर ने शक्ति की इच्छा पर अधिक बल दिया है। उनका मानना था कि स्वप्नों से इस प्रकार की इच्छाओं की पूर्ति और प्रदर्शन होता है। **एडलर** ने लिखा है कि "स्वप्नों द्वारा उन समस्याओं के समाधान का प्रयास किया जाता है जो शक्ति की इच्छा और हीनता की भावना के संघर्ष के कारण उत्पन्न होती हैं। अतः व्यक्ति महान तो बनना चाहता है परन्तु हीनता की भावना के कारण निरुत्साहित हो जाता है। इन दो भावनाओं के बीच मानसिक संघर्ष के बीच स्वप्न सामंजस्य उपस्थित करते हैं। एडलर के अनुसार स्वप्न मूलतः अपनी संरचना में मनुष्य की जीवन शैली से प्रभावित होते हैं। एडलर ने स्वप्नों और जीवन-शैली के सम्बन्धों को स्पष्ट करते हुए कहा है, "Dreams are an attempt to make a bridge between an individual's style of life and his present problem without making any new demands of the style of life."

फ्रायड का स्वप्न सिद्धान्त

स्वप्न की व्याख्या के क्रम में प्रसिद्ध मनोवैज्ञानिक फ्रायड ने महत्त्वपूर्ण अवधारणा का प्रतिपादन किया है। उन्होंने मनुष्य की चेतना के साथ उसकी अवचेतना के समन्वय से उपजे मनोवैज्ञानिक परिणामों को देखने समझने की कोशिश की है उनका मानना है कि मनुष्य की दमित इच्छाएँ ही उसके स्वप्नों के मूल में ज्यादातर होती हैं। उसने यह भी कहा है कि स्वप्न इच्छापूर्ति के साधन होते हैं। उसने अपनी पुस्तक The Interpretation of Dreams में स्वप्न से सम्बन्धित सिद्धान्तों का वर्णन किया है। उसने अपनी पुस्तक में लिखा है कि "स्वप्न निरर्थक और अनुपयोगी नहीं होते हैं बल्कि वह सार्थक, उपयोगी और मितव्ययी होते हैं। स्वप्नों में व्यक्ति की दमित और यौन इच्छाओं की सन्तुष्टि छद्म रूप में होती है।" फ्रायड ने स्वप्नों को परिभाषित भी किया है जो इसी अध्याय में स्वप्नों का अर्थ

शीर्षक के अन्तर्गत दी हुई है। उसने कहा है कि मनुष्य में यौन इच्छाएँ अन्य इच्छाओं की अपेक्षा अधिक प्रबल होती हैं जो अपनी तृप्ति के लिए निरन्तर सक्रिय रहती हैं परन्तु सामाजिक मर्यादाओं के कारण इनकी पूर्ति साधारण ढंग से नहीं हो पाती है। फलतः ये इच्छाएँ दमित होकर अचेतन मन में चली जाती हैं। अचेतन मन में ये इच्छाएँ निष्क्रिय न होकर सक्रिय रहती हैं और स्वप्नों द्वारा इन इच्छाओं की अभिव्यक्ति होती है।

निद्रावस्था में जब व्यक्ति की चेतना शिथिल हो जाती है तो चेतना का इन इच्छाओं के लिए प्रतिरोध कम हो जाता है। अतः अचेतन की दमित इच्छाओं को स्वप्नों में अभिव्यक्त होने का अवसर मिल जाता है। परन्तु इसका अभिप्राय यह नहीं है कि अचेतन मन की दमित इच्छाओं पर किसी प्रकार का प्रतिबन्ध नहीं रहता। फ्रायड ने इन इच्छाओं के प्रतिबन्ध के लिए स्वप्न प्रतिबन्धक का वर्णन किया है। स्वप्न प्रतिबन्धक का वर्णन करते हुए फ्रायड ने लिखा है कि व्यक्ति में दो प्रकार की प्रवृत्तियाँ होती हैं। पहले प्रकार की प्रवृत्ति से उन इच्छाओं का बोध होता है जो स्वप्नों में अभिव्यक्त होती हैं। दूसरे प्रकार की प्रवृत्ति से स्वप्नों में अभिव्यक्त इच्छाओं का प्रतिरोध उत्पन्न होता है जिससे स्वप्नों में अभिव्यक्त इच्छाएँ अपना रूप बदलकर अभिव्यक्त होती हैं।

ब्राउन ने एक युवा अमेरिकी छात्र के स्वप्न के विश्लेषण से फ्रायड के स्वप्न सिद्धान्त की व्यावहारिक व्याख्या को समझने की चेष्टा की जो इस प्रकार से है— "मैं न्यूयार्क में थी, मेरे साथ एक युवक बिल था, बिल वह नवयुवक था जिसके साथ अक्सर मैं संलग्न रहती थी। एक दिन बदली का दिन था, बिल मुझे छाता लिए हुए मिला, हम दोनों पाँचवीं एवेन्यू बस में बैठकर निकले। अचानक बिल मुझसे बोला कि मैं भूखा हूँ। हम लोग बस से उतरे और एक जलपान-गृह में गए जहाँ हम दोनों ने खूब पेट भर और मन भरकर भोजन किया। अचानक बिल उठा, मैं अपना छाता तुम्हारे पास छोड़े जाता हूँ, तुम खाने की पेमेण्ट कर सकती हो। वह जलपान-गृह के दरवाजे की ओर तेजी से भागा और बाहर चला गया। घबराहट के मारे मेरी नींद टूट गई क्योंकि मेरे पास पैसे नहीं थे।"

जब इसके स्वप्न का विश्लेषण किया गया तब इस बात की पुष्टि हुई कि यह स्वप्न उनकी इच्छापूर्ति का साधन है क्योंकि इसमें पेट भर और जी भर के भोजन करना यौन-सम्भोग का प्रतीक है। बच्चों को भी स्वप्न दिखाई देते हैं और उनके स्वप्न भी इच्छा पूर्ति के साधन होते हैं।

ब्राउन ने एक उदाहरण में एक वर्ष की छोटी बच्ची के सपने का वर्णन किया है। उसने देखा कि वह पेशाबघर के बाहर बैठी हुई है, उसके पिताजी पेशाबघर के अन्दर हैं और माताजी को पेशाबघर जाने के लिए कोई स्थान नहीं है। स्थानाभाव में माताजी बिस्तर गीला कर देती है। इस स्वप्न का विश्लेषण करने पर यह मालूम हुआ कि बच्ची ने स्वयं स्वप्न के समय बिस्तर गीला कर दिया।

स्वप्न विषय (Dream Contents)—फ्रायड ने दो प्रकार के स्वप्न विषय बतलाये हैं। प्रथम विषय **व्यक्त विषय** है। स्वप्न का यह विषय है जो स्वप्नकर्ता को जागने के बाद याद रहता है अथवा जागने के बाद स्वप्न के बारे में वह जो कुछ सुना पाता है, वह व्यक्त विषय है। फ्रायड के अनुसार, The manifest content is the content of the dreams exactly as it is presented to or remembered by the dreamer. स्वप्न का दूसरा विषय **अव्यक्त विषय** है। स्वप्नों का भली-भांति विश्लेषण किया जाए तो उसका अर्थ सही-सही मालूम हो जाता है। वह अव्यक्त विषय है अथवा वह विषय है, जिसमें अचेतन मन की इच्छाएँ बदले हुए रूप में चेतन मन में आती हैं। दूसरे शब्दों में व्यक्त विषय का वास्तविक रूप अव्यक्त विषय है। फ्रायड के अनुसार, By the latent content of the dream is meant the underlying unconscious with which comes into consciousness adopting the disguished form of the menifest content. कुछ स्वप्नों में व्यक्त और अव्यक्त विषय समान होते हैं। परन्तु यह साधारण इच्छापूर्ति वाले स्वप्नों में होता है।

स्वप्न क्रिया या कार्य (Dream Work)—ब्राउन (1940) के अनुसार, स्वप्न क्रिया वह मैकेनिज्म है। जिसके द्वारा स्वप्न के अव्यक्त विषय व्यक्त विषयों में परिवर्तित होते हैं, इस स्वप्न क्रिया को Mechanism of Dream भी कहते हैं। स्वप्न क्रिया में फ्रायड ने मैकेनिज्म का वर्णन निम्न प्रकार से किया है—

(1) नाटकीकरण—अमूर्त इच्छाएँ व्यक्त होने से पूर्व मैकेनिज्म स्वप्नकर्ता के संरक्षकों की प्रतीक हैं। यात्रा करना मृत्यु का प्रतीक है। स्वप्नों में नाटकीकरण करने वाला व्यक्ति कई प्रकार की यांत्रिकताओं का शिकार होता है।

(2) उपविस्तार—स्वप्न की एक मैकेनिज्म के द्वारा अचेतन मन की दमित इच्छाओं के अन्तर्गत अतार्किक और निरर्थक अंगों को सार्थक बनाकर एक कहानी का रूप दिया जाता है।

(3) विस्थापन—स्वप्न की इस प्रक्रिया या स्वरूप में किसी प्रसंग से जुड़ी बातें मनुष्य की चेतना में विस्थापित होकर प्रकट होती हैं। विस्थापन ऐसा

मैकेनिज्म है जिसमें दमित इच्छाएँ सम्बन्धित व्यक्ति अथवा घटना के प्रति व्यक्त न होकर किसी अन्य व्यक्ति या घटना के साथ विस्थापित होकर उस व्यक्ति या घटना के साथ व्यक्त होती हैं। उदाहरण के लिए, एक छोटी बालिका ने अपनी उस सौतेली माँ को जो उसकी खूब पिटाई करती थी, स्वप्न में मौसी के रूप में देखा और देखा कि मौसी मर गई है। वह माँ से इतना डरती थी कि स्वप्न में भी उसके मरने की कल्पना नहीं कर सकती थी। परन्तु वह यह चाहती थी कि उसकी सौतेली माँ मर जाए इसलिए उसकी यह इच्छा स्वप्न में मौसी के साथ विस्थापित होकर आई और उसने देखा कि मौसी मर गई है।

(4) संक्षेपण—स्वप्न में अचेतन मन की दमित इच्छाएँ स्वप्नों के रूप में व्यक्त होने से सबसे पहले मनुष्य की इच्छाओं का संक्षेपण या आकुंचन होता है। आकुंचन में व्यक्त विषय की अनेक बातें व्यक्त होने से पूर्व लुप्त हो जाती हैं और केवल संक्षिप्त रूप में व्यक्त होती हैं। अव्यक्त विषय के बहुत से अंश व्यक्त नहीं हो पाते हैं, क्योंकि उनका संक्षिप्तीकरण हो जाता है। इस संक्षिप्तीकरण में अनेक दमित इच्छाओं के समान अंश एक ही प्रतिमा में अकुंचित हो जाते हैं, अतः स्वप्न की एक-एक प्रतिमा कई-कई घटनाओं की प्रतीक हो सकती है।

उपरोक्त में स्वप्न क्रिया अथवा कार्य का जो वर्णन किया गया है, उसकी कई दृष्टियों से आलोचना की जाती है। फ्रायड ने स्वप्न क्रिया के सम्बन्ध में कहा है कि स्वप्न इच्छापूर्ति के साधन हैं। यदि स्वप्न इच्छा पूर्ति के साधन हैं तो व्यक्ति को चिन्ता स्वप्न, दण्ड स्वप्न अथवा दुखात्मक स्वप्न क्यों दिखाई देते हैं? फ्रायड का यह विचार है कि स्वप्नों में प्रतीकीकरण होता है। अनेक अध्ययनों में देखा गया है कि स्वप्नों में हमेशा प्रतीकीकरण नहीं होता है क्योंकि व्यक्ति बहुत से स्वप्न दैनिक जीवन से सम्बन्धित घटनाओं के सम्बन्ध में देखता है। फ्रायड के अनुसार स्वप्न सिद्धान्त का प्रमुख दोष यह है कि उसमें अचेतन मन को अत्यधिक महत्त्व दिया जाता है। दैनिक जीवन के स्वप्नों में अचेतन मन का कोई महत्त्व नहीं होता है। यद्यपि उसने यौन का उपयोग विस्तृत अर्थों में किया है, फिर भी साधारण दैनिक जीवन के अनुभवों से सम्बन्धित स्वप्नों में यौन इच्छाओं का कोई महत्त्व और कार्य नहीं होता है। फ्रायड का स्वप्न सिद्धान्त मानसिक रोगियों के स्वप्नों के विश्लेषण पर आधारित है अतः इस स्वप्न सिद्धान्त के सभी नियम सामान्य व्यक्तियों के स्वप्नों को समझने में पूर्ण रूप से सहायक नहीं हैं।

दिवास्वप्न

दिवास्वप्न का अर्थ निष्क्रिय सृजनात्मक कल्पना से लगाया जाता है। इन दिवास्वप्नों का सम्बन्ध बहुधा भविष्य से रहता है, व्यक्ति इनमें विभिन्न प्रकार की कोरी कल्पनाएँ करता है, परन्तु उसका कोई महत्व नहीं होता है क्योंकि यह सिर्फ काल्पनिक ही होता है। दिवास्वप्नों और स्वप्नों में कुछ प्रमुख अन्तर इस प्रकार हैं–

स्वप्न निद्रावस्था में होते हैं, जबकि दिवास्वप्न जागते समय होते हैं। स्वप्न अधिक सार्थक होते हैं, जबकि दिवास्वप्न निरर्थक होते हैं। स्वप्नों का सम्बन्ध वास्तविकता से अधिक होता है, जबकि दिवास्वप्नों का सम्बन्ध वास्तविकता से बहुत ही कम होता है। यद्यपि दिवास्वप्नों के द्वारा भी अतृप्त इच्छाओं की सन्तुष्टि होती है, परन्तु इस सन्तुष्टि में कल्पना की प्रधानता अधिक होती है। स्वप्नों द्वारा जो अतृप्त इच्छाओं की सन्तुष्टि होती है, उससे कल्पना का कार्य नहीं के बराबर होता है।

9

तनाव : समायोजन की मनोवैज्ञानिक प्रक्रिया

तनाव सभी व्यक्तियों में किसी न किसी रूप में पाया जाता है। किसी व्यक्ति पर ज्यादा तो किसी में कम पाया जाता है। आज देखा जाए तो मानव के सामने तनाव एक प्रमुख समस्या के रूप में देखा जा रहा है। लोग एक दूसरे से आगे बढ़ने की होड़ में तनाव ग्रस्त जीवन यापन कर रहे हैं। इस सन्दर्भ में किये गये कुछ अनुसन्धानों से यह स्पष्ट हुआ है तनाव ही मनुष्य में होने वाली कई बीमारियों का कारण है। यहाँ तक हृदय रोग एवं कैंसर जैसे जानलेवा रोग में भी तनाव की भूमिका स्थापित हो चुकी है। प्रश्न यह उठता है कि तनाव का क्या अर्थ होता है?

परिभाषा

मनोवैज्ञानिकों ने तनाव को परिभाषित करने के लिए भिन्न-भिन्न दृष्टिकोणों को अपनाया है जो निम्न प्रकार हैं–

(क) कुछ मनोवैज्ञानिकों ने तनाव को उद्दीपक तत्त्व माना है और इसी रूप में इसे समझने का प्रयास किया है। इस वर्ग के मनोवैज्ञानिक का मानना है कि कोई भी घटना या परिस्थिति जो व्यक्ति को असाधारण अनुक्रिया करने के लिए मजबूर करती है, को तनाव कहते हैं। घटनाएँ जैसे भूकम्प, आगजगी, नौकरी छूट जाना, व्यवसाय का खत्म हो जाना, प्रियजनों की मृत्यु कुछ प्रमुख घटनाएं हैं जो व्यक्ति में तनाव उत्पन्न करती हैं। ऐसे भौतिक, सामाजिक तथा पर्यावरणी कारकों को जो तनाव उत्पन्न करते हैं, **आसेधक** कहा जाता है। क्योंकि इसमें व्यक्ति का अधिकांश जीवन तनाव में ही बितता है।

(ख) कुछ मनोवैज्ञानिकों ने तनाव को अनुक्रिया माना है और इसी के रूप में परिभाषित करने की कोशिश की है। यहाँ मनोवैज्ञानिकों द्वारा कठिन परिस्थितियों में व्यक्ति की इस विशेष तरह की मनोवैज्ञानिक एवं दैहिक अनुक्रियाओं पर बल डाला गया है। जब व्यक्ति इस विशेष तरह की मनोवैज्ञानिक अनुक्रियाएँ जैसे चिन्ता, क्रोध, आक्रामकता आदि एवं दैहिक अनुक्रियाएँ जैसे पेट की गड़बड़ी, नींद न आना, रक्त चाप में वृद्धि आदि दिखलाता है तो हम कहते हैं कि व्यक्ति में तनाव उत्पन्न हो गया है। इस क्षेत्र के प्रसिद्ध मनोवैज्ञानिक हंस सेली ने तनाव को एक अनुक्रिया के रूप में ही परिभाषित करते हुए कहा है "तनाव से तात्पर्य शरीर द्वारा आवश्यकतानुसार की गई अविशिष्ट अनुक्रिया से होता है।"

(ग) कुछ मनोवैज्ञानिकों ने तनाव को उद्दीपक और अनुक्रिया दोनों माना है। ऐसे मनोवैज्ञानिकों को मत है कि कुछ परिस्थितियाँ या घटनाएँ ऐसी हैं जो व्यक्ति में तनाव उत्पन्न कर सकती हैं। अतः तनाव को उद्दीपक के रूप में सार्थक ढंग से परिभाषित नहीं किया जा सकता है। उसी तरह से तनावपूर्ण घटनाओं के प्रति की जाने वाली अनुक्रियाओं यहाँ तक कि दैहिक अनुक्रियाओं को भी मनोवैज्ञानिक कारकों द्वारा आसानी से प्रभावित किया जा सकता है।

लेजारस एवं फोल्कमैन, टेलर आदि के विचारों को संचित करते हुए मार्गन, किंग, विस्ज एवं स्कौपलर ने तनाव की एक उपयुक्त परिभाषा प्रस्तुत की है जो इस प्रकार है—"हम लोग तनाव को एक आन्तरिक अवस्था के रूप में परिभाषित करते हैं जो शरीर की दैहिक माँगों (बीमारी की अवस्थाएँ, व्यायाम, अत्यधिक तापक्रम आदि) या वैसी पर्यावरणी एवं सामाजिक परिस्थितियाँ जिसे सचमुच में हानिकारक, अनियंत्रण योग्य तथा निबटने के मौजूद साधनों को चुनौती देने वाले के रूप में मूल्यांकित किया जाता है, से उत्पन्न होता है।"

बेरोन द्वारा दी गई परिभाषा भी इसी आशय से सम्बन्धित है। इनकी परिभाषा इस प्रकार है—तनाव एक ऐसी बहुआयामी प्रक्रिया है जो हम लोगों में वैसी घटनाओं के प्रति अनुक्रिया के रूप में उत्पन्न होती है जो हमारे दैहिक एवं मनोवैज्ञानिक कार्यों को विघटित करती है या विघटित करने की धमकी देती है।"

यदि हम उपर्युक्त दोनों विस्तृत परिभाषाओं का विश्लेषण करें तो तनाव के स्वरूप के बारे में निम्नांकित विशेषताएँ प्रकाश में आएंगी।

1. तनाव एक बहुआयामी प्रक्रिया है जो आसेधकों के मूल्यांकन के बाद उसके प्रति की गयी एक तरह की अनुक्रिया है।
2. आमतौर पर लोग कहते हैं कि तनाव जीवन की नकारात्मक घटनाओं या दुर्भाग्यपूर्ण घटनाओं से होता है। परंतु सच्चाई यह है कि तनाव स्वीकारात्मक घटनाओं से भी व्यक्ति में उत्पन्न होता है। उदाहरण के तौर पर—किसी उच्च कुल में शादी होना, अच्छे पद पर प्रोन्नति होना, बहुत बड़ा पुरस्कार या इनाम पाना आदि कुछ घटनाएँ ऐसी हैं जिनसे भी व्यक्ति में तनाव उत्पन्न होता है। मशहूर कैनाडियन शरीरशास्त्री हंस सेली ने इसी कारण से तनाव या प्रतिबल को दो भागों में बाँटा है—स्वीकारात्मक तनाव तथा नकारात्मक तनाव। स्वीकारात्मक तनाव को **यूस्ट्रेस** तथा नकारात्मक तनाव को **ड्रिसस्ट्रेस** कहते हैं। इन कारणों से तनाव को एक बहुआयामी प्रक्रिया माना जाता है।
3. तनाव में मनोवैज्ञानिक तथा दैहिक दोनों तरह की अनुक्रियाएँ होती हैं। दूसरे शब्दों में, तनाव में व्यक्ति मानसिक रूप से तथा शारीरिक दोनों ही रूप से क्षुब्धता का अनुभव करता है।
4. जिस परिस्थिति के कारण व्यक्ति में तनाव उत्पन्न होता है वह उसके नियंत्रण के बाहर होती है। यदि किसी विशेष कारण से परिस्थिति व्यक्ति के नियंत्रण में की जाती है तो तनाव की स्थिति कम होने लगती है।
5. तनाव अल्पकालिक भी होता है और लम्बे समय तक चल भी सकता है। तनाव कम समय तक चलेगा या लम्बे समय तक चलेगा, यह बहुत कुछ तनाव उत्पन्न करने वाली घटनाओं या परिस्थितियों के स्वरूप पर निर्भर करता है।

प्रतिफल के रूप में यह कहना उचित होगा कि तनाव परिस्थिति या घटना का मूल्यांकन करने के बाद उसके प्रति की गयी एक विशेष अनुक्रिया होती है

जिसमें व्यक्ति अपने मानसिक एवं दैहिक कार्यों को विघटित होते पाता है। तनाव की स्थिति उत्पन्न होने से व्यक्ति मानसिक व दैहिक रूप से विघटित हो जाता है।

तनाव दूर करने के उपाय

सर्वविदित है कि मनुष्य अपने को तनाव मुक्त करने के लिये विभिन्न प्रकार के तरीकों का प्रयोग करता है। परंतु ऐसे उपाय हमेशा कारगर साबित कई कारणों से नहीं हो पाते हैं इन कारणों में सबसे प्रमुख कारण प्रतिबल या तनाव की गंभीरता है या उसकी नवीनता है। ऐसी परिस्थितियों से निबटने के लिए स्वास्थ्य मनोवैज्ञानिकों ने प्रतिबल प्रबंधन की कुछ प्रविधियों की ओर ध्यान दिया है। उन प्रविधियों पर विचार करने के पहले हम यहाँ बता देना उचित समझते हैं कि प्रतिबल प्रबंधन क्या है? प्रतिबल प्रबंधन से तात्पर्य एक ऐसे कार्यक्रम से होता है जिसमें लोगों को तनाव के स्त्रोतों से अवगत कराते हुए उनसे निबटने के आधुनिक एवं वैज्ञानिक तरीकों के बारे में शिक्षा दी जाती है। इतना ही नहीं, इस प्रकार के कार्यक्रमों में ऐसे कौशलों का अभ्यास भी करवाया जाता है जो तनाव को कम कर सकें।

तनाव प्रबंधन के कई तरीके हैं जिनमें मूलतः तीन अवस्थाएँ सम्मिलित होती हैं—पहली अवस्था में तनाव प्रबंधन में सम्मिलित होने वाले व्यक्ति यह सीखते हैं कि तनाव क्या होता है? दूसरी अवस्था में वे तनाव को दूर करने या कम करने के कौशलों को सीखते हैं तथा उनका इस कार्य में अभ्यास भी कराया जाता है। अंतिम अवस्था में लक्षित तनावपूर्ण परिस्थितियों में वे तनाव प्रबंधन प्रविधियों का अभ्यास करते हैं तथा उनकी प्रभावशीलता को मॉनीटर करते हैं।

उक्त तीनों अवस्थाओं के आधार पर अमेरिका में एक अति महत्त्वपूर्ण तनाव प्रबंधन कार्यक्रम विकसित किया गया है जिसे 'कामवैट स्ट्रेस नाऊ' कहा जाता है जिसका सफलतापूर्वक विकास उन कॉलेज के छात्रों के लिए किया गया जो शैक्षिक जीवन के तनावों से निबटने में कठिनाई अनुभव करते हैं।

लेहरेर एवं ऊलफोल्क ने तनाव प्रबंधन की कई प्रविधियाँ बताई हैं, जिन्हें सामान्यतः दो मुख्य भागों में बाँटा गया है—पहला वैयक्तिक उपागम और दूसरा पर्यावरणीय बदलाव उपागम। इन दोनों का विस्तृत वर्णन निम्न प्रकार है—

(1) पर्यावरणीय बदलाव उपागम—पर्यावरणीय बदलाव उपागम में तनाव कम करने के लिये वातावरण को एक समस्या मानकर उसमें उपयुक्त बदलाव

किया जाता है। इसमें सामाजिक समर्थन की भूमिका को काफी महत्त्वपूर्ण बतलाया गया है। कोहेन तथा विल्लस ने सामाजिक समर्थन के दो प्रकार बतलाये हैं। जिसमें पहला, संरचनात्मक सामाजिक समर्थन और दूसरा, कार्यात्मक सामाजिक समर्थन।

(2) वैयक्तिक उपागम—इसके तहत तनाव प्रबंधन के लिए मुख्यतः व्यक्ति विशेष पर कार्य किया जाता है। वैयक्तिक उपागम में निम्नलिखित प्रविधियाँ सम्मिलित हैं—

(क) संज्ञानात्मक पुनर्संरचना—यह एक ऐसी प्रविधि है जिसमें व्यक्ति के विश्वास तंत्रों में परिवर्तन लाने की कोशिश की जाती है ताकि वह अपनी जिंदगी की अनुभूतियों की एक उचित एवं सही व्याख्या प्रस्तुत कर सके एवं अपने संवेगों एवं स्पष्ट व्यवहार में वांछित परिवर्तन ला सके। इल्लिस एवं बेक का मत है कि व्यक्ति में तनावग्रस्त अनुभूतियों के उत्पन्न होने के कारण अयौक्तिक विश्वास उत्पन्न होता है। ऐसे विश्वास के कारण व्यक्ति दूसरों से और यहाँ तक कि स्वयं से अधिक अपेक्षाएँ करने लगता है ऐसे समय में वह तनाव की स्थिति में आ जाता है। संज्ञानात्मक पुनर्संरचना की प्रविधि में ऐसे विश्वासों को दूर करके उनकी जगह पर यौक्तिक विश्वास उत्पन्न किया जाता है जिससे वे अपनी दिन-प्रतिदिन की जिंदगी से तनाव को दूर रखने में समर्थ हो सकें। फोल्कमैन तथा लोजारस ने अपने अध्ययन में इस विषय में समर्थन किया।

(ख) उत्तेजना की कमी—व्यक्ति मे उत्तेजना की कमी से विभिन्न प्रकार के शारीरिक दोष पाये जाते हैं। इस प्रविधि में व्यक्ति की मांशपेशियों के शिथिलीकरण का प्रशिक्षण दिया जाता है और इस कार्य में कभी-कभी वायोफीडवैक का भी सहारा लिया जाता है। कुछ ऐसे तथ्य सामने आये हैं कि इस तरह से व्यक्ति को प्रशिक्षित करने से वह इस कौशल का उपयोग फिर धीरे-धीरे अपनी वास्तविक जिंदगी के तनावों को कम करने के लिए सफलतापूर्वक करने लगता है। डेविसन एवं थॉम्पसन ने इस क्षेत्र में किये गए अध्ययनों की समीक्षा करने के बाद यह बतलाया है कि इस तरह के प्रशिक्षण का स्थायी लाभ तभी मिलता है जब व्यक्ति शिथिलीकरण का अभ्यास करता है।

अत्यधिक तनाव की क्षतिपूरणहीनता

सामान्य स्तर का आसेधक होने पर व्यक्ति उसके साथ समायोजन स्थापित करके व्यवहार करने की कोशिश करता है और इसमें उसे बहुत हद तक

सफलता भी मिल जाती है। परंतु जब आसेधक गंभीर स्तर का होता है जैसे किसी प्रियजन की मृत्यु या नौकरी का छूट जाना आदि तो व्यक्ति उसके साथ समायोजन स्थापित करने में सफल नहीं भी हो पाता है तो वह तनाव की स्थिति में आ जाता है। इससे उसका स्वास्थ्य बिगड़ने लगता है। ऐसी अवस्था में व्यक्ति के समायोजी कार्यों में जो न्यूनता उत्पन्न होती है, उसे क्षतिपूरणहीनता कहा गया है। अतः यहाँ अत्यधिक एवं गंभीर तनाव के कुछ सामान्यीकृत प्रभावों एवं संबद्ध क्षतिपूरणीहीनता के प्रकारों पर विचार करना आवश्यक है। इनका उल्लेख निम्नलिखित शीर्षकों के अन्तर्गत कर सकते हैं–

(1) जैविक क्षतिपूरणहीनता–गंभीर तनाव में जैविक क्षतिपूरणहीनता का एक निश्चित क्रम होता है जिसकी व्याख्या सेली द्वारा प्रतिपादित विशेष मॉडल जिसे **सामान्य अनुकूलन संलक्षण** कहा जाता है, किया गया है। सेली के अनुसार गंभीर तनाव के प्रति जो जैविक प्रक्रियाएँ होती हैं, वे तीन प्रमुख अवस्थाओं से होकर गुजरती हैं–अलार्म प्रतिक्रिया की अवस्था, प्रतिरोध की अवस्था तथा समापन की अवस्था।

(2) गंभीर तनाव का प्रभाव–मानव जीवन की यह एक सच्चाई है कि तनाव का प्रतिबल जीवन का एक मुख्य तथ्य है। तनाव की स्थिति में व्यक्ति जितना ही कम रहेगा, उसके लिए उतना ही लाभकारी होगा। परंतु यदि तनाव की मात्रा अधिक गंभीर हो जाती है, तो इसका व्यक्तित्व पर कुप्रभाव पड़ता है और व्यक्ति में तरह-तरह के असामान्य लक्षण विकसित हो जाते हैं। मनोवैज्ञानिकों द्वारा किये गये अध्ययनों से यह स्पष्ट हुआ है कि गंभीर तनाव से कम-से-कम निम्नांकित तीन स्पष्ट प्रभाव होते हैं–

(क) शारीरिक तंत्रों पर बुरा प्रभाव–यदि व्यक्ति का तनाव ज्यादा गम्भीर है तो वह उसके तन्त्रों को भी दोषयुक्त बना देता है।

(ख) समायोजनात्मक कार्यक्षमता में कमी–अगर व्यक्ति अधिक तनाव की स्थिति में है तो उसमें विभिन्न प्रकार के रोग होते हैं। मनोवैज्ञानिक रूप से ऐसे व्यक्तियों का प्रत्यक्ष ज्ञानात्मक क्षेत्र संकुचित हो जाता है तथा संज्ञानात्मक प्रक्रियाएँ काफी अनस्य (rigid) हो जाती हैं।

(ग) समायोजी साधनों का क्षीण होना–जो व्यक्ति अधिक समय तक गम्भीर तनाव से ग्रसित होता है उसकी समायोजी क्षमता काफी कम हो जाती है। जब व्यक्ति एक गंभीर आसेधक से निबटने में अपनी शक्ति को लगाता है,

तो दूसरे आसेधक के निबटने के लिए उसके पास कम शक्ति या साधन रह जाता है।

(3) मनोवैज्ञानिक क्षतिपूरणहीनता—अगर व्यक्ति अधिक तनाव की स्थिति में है तो इसका कुप्रभाव मनोवैज्ञानिक पहलुओं पर भी पड़ता है। इस तरह की परिस्थिति में व्यक्तित्व में कुछ ऐसी क्षतिपूरणहीनता होती है जिसे स्पष्ट रूप से निर्दिष्ट किया जाता है और ये बहुत कुछ जैविक क्षतिपूरणहीनता से मिलता-जुलता भी है क्योंकि इसमें कुछ जैविक अनुक्रियाएँ भी होती हैं। मनोवैज्ञानिक क्षतिपूरणहीनता में निम्नांकित तीन तरह की प्रक्रियाएँ सम्मिलित होती हैं:—

(क) प्रतिरोध—तनाव की स्थिति में व्यक्ति स्वयं समस्या का समाधान ढूँढ़ता है। इस तरह से वह मनोवैज्ञानिक विघटन को बहुत हद तक प्रतिरोधीकृत कर लेता है। कार्य-उन्मुखी समायोजी उपायों तथा अहं-रक्षात्मक प्रक्रमों का उपयोग करके प्रतिरोध के स्तर को व्यक्ति ऊँचा बनाये रखता है।

(ख) समापन—अगर व्यक्ति अधिक तनाव ग्रस्त है तो उसको समायोजन स्थापित करने में समस्या आती है तथा प्रतिरोध की अवस्था में अपनाये गये समायोजी उपाय असफल होने लगते हैं। जब यह अवस्था शुरू होती है तो समन्वित व्यवहार कम होते हैं तथा अनुपयुक्त सुरक्षात्मक उपायों में बढ़ोतरी हो जाती है।

(ग) अलार्म एवं संघटन—अलार्म एवं संघटन की स्थिति में व्यक्ति को सतर्क रहना पड़ता है। इस अवस्था में संवेगिक उत्तेजना, अत्यधिक तनाव, अत्यधिक संवेदनशीलता, अत्यधिक सतर्कता आदि व्यक्ति बना कर रखता है ताकि उसमें अधिक-से-अधिक आत्म-नियंत्रण बना रह सके।

(4) सामाजिक-सांस्कृतिक क्षतिपूरणहीनता—विभिन्न मनोवैज्ञानिकों ने यह स्पष्ट किया है कि अत्यधिक एवं गंभीर तनाव की स्थिति में जैविक क्षतिपूरणहीनता एवं मनोवैज्ञानिक क्षतिपूरणहीनता के समान सामाजिक-सांस्कृतिक क्षतिपूरणहीनता भी होती है।

क्षतिपूरणहीनता का स्परूप चाहे जैविक या मनोवैज्ञानिक या सामाजिक-सांस्कृतिक कुछ भी हो, किसी भी परिस्थिति में उसका परिणाम इस मुख्य बिंदु पर आधारित होता है कि क्षतिपूरणहीनता से उत्पन्न क्षति को कहाँ तक ठीक-ठाक किया जा सकता है और बचे हुए संसाधनों को कहाँ तक पुनर्गठित किया जा सकता है।

उत्तर आघातीय तनाव विकृति

DSM-III में उत्तर आघातीय तनाव विकृति की पहचान सबसे पहले एक ऐसे निदान के रूप में की गई थी जिसमें इसमें व्यक्ति के तनाव बढ़ जाने से व्यक्ति क्रिया-प्रतिक्रिया करने लगता है, इससे दुश्चिंता में वृद्धि होने लगती है, दर्शाया गया था। परंतु DSM-IV में PTSD को अधिक स्पष्ट एवं वस्तुनिष्ठ बनाकर एक ऐसी दुश्चिंता विकृति के रूप में उपस्थित किया गया है जिसकी उत्पत्ति गंभीर तनाव या प्रतिबल के परिणामस्वरूप होती है।

पी.टी.एस.डी. एक ऐसी दुश्चिंता या डर विकृति है जो विभिन्न प्रकार की घटनाओं से यह उत्पन्न होती है। कुछ हालातों में तो विशिष्ट घटना महाविपत्ति जैसे प्राकृतिक आपदा अर्थात् अकाल, आगजनी, भूकंप, बाढ़, युद्ध आदि होती हैं, तो कुछ हालातों में विभिन्न घटना के स्वरूप स्वयं मानव द्वारा ही उत्पन्न होते हैं जैसे विवाह-विच्छेद, प्रियजनों की मृत्यु, पीछे से वार करके किसी को जान से मार देना, बलात्कार आदि होते हैं। ऐसी स्वाभाविक या अस्वाभाविक विशिष्ट घटना के बाद व्यक्ति में सांवेगिक एवं मनोवैज्ञानिक समस्याएँ उत्पन्न हो जाती हैं इससे उसका व्यवहार समायोजन पूर्ण नहीं रह पाता। इस स्थिति को PTSD कहा जाता है। इस प्रकार यह स्पष्ट होता है कि पी.टी.एस.डी. का प्रमुख कारण विशेष घटना है। ऐसे व्यक्ति की पहचान करने में निम्न तत्व सहायक होते हैं।

1. व्यक्ति में एकाग्रता का स्तर ऊँचा हो जाता है। वह अपने आप को सामाजिक संपर्क से दूर कर लेता है तथा उन सभी अनुभूतियों से दूर रहना चाहता है जो उसमें उत्तेजना को और बढ़ा देते हैं।
2. व्यक्ति को अपनी दिन-प्रतिदिन की जिंदगी से गंभीर तनाव से उत्पन्न मानसिक आघात की याद बार-बार आती है। यहाँ तक व्यक्ति को नींद में या स्वप्न में भी घटना याद आ जाती है।
3. व्यक्ति को हमेशा उच्च स्तरीय उत्तेजना जैसे चिरकालिक तनाव तथा चिड़चिड़ेपन का अनुभव होता है। साथ-ही-साथ उसमें अनिद्रा की शिकायत हो जाती है तथा उसमें चिड़चिड़ेपन का स्तर इतना बढ़ जाता है कि आघात के साधारण स्तर को भी वह सहन नहीं कर पाता है।

(DSM-IV) में PTSD में मिलता-जुलता एक और विकृति का भी वर्णन किया गया है जिसे तीव्र तनाव विकृति कहा गया है। अतः PTSD एवं तीव्र तनाव विकृति का अंतर जान लेना लाभप्रद ही होगा। इन दोनों में मुख्य अंतर यह है कि

तीव्र तनाव विकृति में जो मानसिक आघात से उत्पन्न तनाव होता है, उससे व्यक्ति कुछ दिनों या एकाध सप्ताह में अपने आप को बाहर कर लेता है और लगभग सामान्य हो जाता है।

अनेक मनोवैज्ञानिकों ने अध्ययन किया है और उनके अध्ययन को काफी महत्त्वपूर्ण माना गया है। पी.टी.एस.डी. के सभी संभावित जोखिम कारकों को निम्नांकित तीन भागों में बाँटा जा सकता है–

(1) जैविक कारक–पी.टी.एस.डी. की व्याख्या कई तरह के जैविक कारकों या सिद्धान्तों के रूप में की गयी है। क्रयस्टल एवं उनके सहयोगियों के अनुसार मानसिक आघात प्रभावित हो जाता है जिससे रक्त में नोरइपानफ्राइन का स्तर बढ़ जाता है और व्यक्ति में उत्तेजकता एवं आक्रामकता अधिक हो जाती है जो इस विकृति का मुख्य लक्षण है। जैविक तत्त्वों के सन्दर्भ में एक दूसरा महत्त्वपूर्ण सिद्धान्त यह है कि जब व्यक्ति को तनावपूर्ण परिस्थिति का सामना करना पड़ता है, तो इससे व्यक्ति के शरीर में एक विशेष प्रकार के रासायनिक तत्त्व जिसे ओपीयाडस (opiods) कहा जाता है, की वृद्धि हो जाती है। इसका प्रभाव शरीर पर कुछ वैसा ही होता है जैसा कि मार्फिन का होता है।

(2) सामाजिक कारक–कुछ मनोवैज्ञानिकों ने पी.टी.एस.डी. की उत्पत्ति में सामाजिक तत्त्वों का भी योगदान माना है। इस क्षेत्र में किये गये अध्ययनों से यह पता चला कि अधिक तीव्र एवं जाने वाली धमकीपूर्ण परिस्थितियों से PTSD के उत्पन्न होने की भावना काफी तीव्र हो जाती है।

(3) मनोवैज्ञानिक कारक–पी.टी.एस.डी की उत्पत्ति में मनोवैज्ञानिक तत्त्वों का भी योगदान है। इस क्षेत्र में अब तक जो भी अध्ययन किये गये हैं उनसे यह खुलासा हुआ है कि कुछ ऐसे मनोवैज्ञानिक कारक हैं जिनकी उपस्थिति होने से जब भी किसी तनावपूर्ण परिस्थिति से उत्पन्न मानसिक अध्ययन से व्यक्ति प्रभावित होता है, उसमें PTSD की विकृति का विकास होने लगता है। जोन्स एवं बारलो का मानना है कि मानसिक आघात उत्पन्न होने के पहले जिन लोगों में मनोवैज्ञानिक कठिनाइयाँ अधिक होती हैं, उनमें भी PTSD के लक्षण तेजी से विकसित होते हैं। इस तरह के व्यक्तित्व को पूर्व विकृत व्यक्तित्व कहा जाता है। उपर्युक्त कारकों के अलावा कुछ अन्य विशेष सिद्धान्त या मॉडल द्वारा भी PTSD की व्याख्या की गयी है जो इस प्रकार है–

1. संख्यात्मक-व्यवहारात्मक सिद्धान्त में फोला, स्टेकेटी एवं रथवाम तथा जोन्स एवं वारलो का मुख्य योगदान है, इन सभी मनोवैज्ञानिक का मानना है कि

जब व्यक्ति में आत्म-निन्दा, भविष्य में होने वाले मानसिक आघात की प्रत्याशा तथा डर का विकास आदि मौजूद होते हैं तो उनसे व्यक्ति में PTSD विकसित होता है। जिनके परिणामस्वरूप व्यक्ति में तनाव की स्थिति बढ़ जाती है, जिससे उसमें PTSD के लक्षण उत्पन्न होते हैं।

2. मनोगतिक मॉडल के अनुसार PTSD की उत्पन्न चिंताओं से बचने के लिए अपनाये गये सुरक्षात्मक प्रक्रमों पर बल डाला गया है। जब व्यक्ति का मानसिक आघात व्यापक रूप में होता है तो उसके निदान हेतु वह दमन का मार्ग अपना लेता है, जिससे उसमें प्रत्याहार एवं सुन्नता के लक्षण विकसित होते हैं। दूसरी तरफ जब दमन कमजोर पड़ जाता है तो व्यक्ति पुनः उस मानसिक आघात का अनुभव करने लगता है। ओई, लिम एवं हेनीसी के अनुसार इस तरह के व्यक्ति चिंता एवं सुरक्षा के बीच एक संतुलन बनाये रखने में कठिनाई का अनुभव करते हैं जिसका परिणाम यह होता है कि व्यक्ति में पुनः शनैः-शनैः पी टी एस डी के लक्षणों का विकास होने लगता है।

3. परिहार अधिगम के द्विकारकीय सिद्धान्त द्वारा भी PTSD की व्याख्या करने की कोशिश की गयी है। इस द्विसिद्धान्त में क्लासिकी अनुबंधन तथा क्रियाप्रसूत अनुबंधन दोनों तरह के तत्त्व सम्मिलित होते हैं। इडना फोआ जिन्होंने PTSD के लक्षण एवं कारण के क्षेत्र में अधिक महत्त्वपूर्ण योगदान किये हैं, ने PTSD की व्याख्या इसी द्विकारकीय सिद्धान्त के माध्यम से की है। इनके अनुसार शामिल आघात से उत्पन्न आतंक आघात उत्पन्न करने वाली परिस्थिति के कई संकेतों के साथ संयोजित होकर व्यक्ति में कई तरह के डर उत्पन्न करते हैं। ऐसा क्लासिकी अनुबंधन के नियमों के कारण होता है। क्रियाप्रसूत अनुबंधन के नियमों के अनुरूप व्यक्ति डर उत्पन्न करने वाली अन्य परिस्थितियों से भी दूरी बनाकर रखना सीख लेता है क्योंकि इन परिस्थितियों से दूर रखने से वह अपनी चिंता को कम करता है। जैसे, एक महिला पर रात में अकेले जाते समय यदि किसी व्यक्ति द्वारा आक्रमण किया जाता है, तो वह सामान्य स्थिति में भी डरी-डरी-सी रहती है। रात के अलावा उसके अन्दर दिन में भी डर की भावना उत्पन्न हो जाती है। अकेले रहने से डरेगी। स्पष्टतः इस उदाहरण में PTSD के जो लक्षण हैं, उसमें क्लासिकी अनुबंधन तथा क्रियाप्रसूत अनुबंधन दोनों का ही योगदान रहा है।

उपरोक्त सभी तत्त्वों का अध्ययन करने से यह परिणाम प्राप्त होता है कि यद्यपि मानसिक आघात PTSD का एक आवश्यक कारण है, इसका विशिष्ट कारण निश्चित और जटिल है। मानसिक आघात उत्पन्न होने से पहले के कारक, मानसिक आघात के दौरान उत्पन्न होने वाले कारक और उसके बाद उत्पन्न होने वाले कारक सबों का PTSD में संयुक्त योगदान होता है।

व्यक्ति को जब मानसिक आघात होता है तो उसके कुछ समय पश्चात् जिसमें महीनों या सालों का भी समय लग सकता है, पी.टी.एस.डी. के लक्षणों का विकास शुरू हो सकता है। परंतु अधिकतर केसेज में मानसिक आघात के कुछ ही दिनों बाद कठिनाई प्रारंभ हो जाती हैं। चाहे PTSD का प्रारंभ तुरंत हो या देरी से हो, मानसिक आघात पुनर्अनुभव लंबे समय तक चल सकता है। अतः PTSD की उपचार की दिशा में पहले कुछ आपातकालीन उपाय का विचार किया जाता है। इन आपातकालीन उपायों में गहरे वैयक्तिक परामर्श से लेकर सामूहिक परिचर्या का सहारा लिया जाता है। इस तरह के आपातकालीन उपाय से एक तरह का निवारण उपाय होता है क्योंकि इनमें व्यक्ति में मानसिक आघात का समय-समय पर पुनर्अनुभव नहीं हो पाता है और फिर गंभीर परिणाम नहीं होते हैं।

पी.टी.एस.डी. का निदान करने में मनोट्रोपिक दवाइयाँ भी सहायक हैं, इनका कभी-कभी प्रयोग किया जा सकता है। विभिन्न तरह के चिंता-विरोधी औषध तथा विभिन्न तरह के विषाद-विरोधी औषध का उपयोग करने पर PTSD के लक्षणों में कुछ कमी देखी गयी है। जैसे, डेविडसन एवं उनके सहयोगियों के अनुसार जब ऐसे रोगियों को विषाद-विरोधी औषध दिये गये, तो करीब उनमें से 36% में PTSD के लक्षण में काफी कमी आ गयी। वैसे मनश्चिकित्सक जिन्हें PTSD में विशिष्टता प्राप्त है, ने इस विकृति के उपचार के लिए कुछ विशेष सुझाव दे रखा है जिनका एक निश्चित निम्नांकित क्रम में चिकित्सा के समय प्रयोग करना चाहिए–

1. मानसिक आघात का पुनर्अनुभव करने का साहस उत्पन्न करना।
2. तनाव-प्रबंधन प्रशिक्षण।
3. क्लायंट के साथ एक विश्वसनीय चिकित्सीय संबंध कायम करना।
4. क्यायंट के अनुभवों में मानसिक आघात से संबद्ध अनुभवों को समन्वित करना।
5. मानसिक आघात से निबटने की प्रक्रियाओं के बारे में क्यायंट को शिक्षा देना।

10

लैंगिक विकृति : समाधान की मनोवैज्ञानिक प्रक्रिया

लैंगिक विकृतियों का प्रभाव कभी-कभी असामान्य हो जाता है।

लैंगिक कार्यों में विद्यमान असामान्यता को लैंगिक DSM के अनुसार मूलतः तीन भागों में विभाजित किया गया है लैंगिक दृष्टि, लैंगिक विसामान्यता, लिंग पहचान विकृति। मानव लैंगिक व्यवहार एक जटिल व्यवहार है। कभी-कभी इस व्यवहार में कुछ असामान्यताएँ भी पायी जाती हैं। लैंगिक दुष्क्रिया एक ऐसी ही असामान्यता है जिसमें लैंगिक सन्तुष्टि का अभाव पाया जाता है।

कारर्सन, वुचर तथा कोलमैन ने लैंगिक दुष्क्रिया की परिभाषा को "लैंगिक दुष्क्रिया से तात्पर्य लैंगिक तुष्टि की इच्छा में कमी या लैंगिक तुष्टि प्राप्त करने की क्षमता में क्षीणता से होती है। कुछ अपवाद को छोड़कर इस तरह की क्षीणता दैहिक या संरचनात्मक विकृति के अभाव में होती है तथा दोषपूर्ण मनोलैंगिक समायोजन तथा सीखने पर आधारित होती है।"

कोलमैन की परिभाषा यह दर्शाती है कि लैंगिक दुष्क्रिया का संबंध व्यक्ति में लैंगिक तुष्टि की कमी से होता है। इस परिभाषा का विश्लेषण करने पर हमें

कुछ प्रमुख बिन्दुओं का पता चलता है जो निम्नलिखित हैं–

1. इस तरह की क्षीणता प्रायः किसी दैहिक या संरचनात्मक विकृति के अभाव में ही होती है।
2. लैंगिक दुष्क्रिया में व्यक्ति में लैंगिक संतोष या तुष्टि की इच्छा में क्षीणता पाई जाती है।
3. इस तरह की क्षीणता प्रायः अर्जित होती है जो दोषपूर्ण लैंगिक समायोजन तथा दोषपूर्ण सीखने पर आधारित होती है।

पुरुषों तथा महिलाओं में यह अलग-अलग प्रकार की पायी जाती है।

पुरुषों और महिलाओं में पाई जाने वाली उपरोक्त लैंगिक दुष्क्रियता के अलावा कुछ ऐसी लैंगिक दुष्क्रियता हैं जो दोनों यौन के व्यक्तियों में होती हैं। इस प्रकार यह स्पष्ट होता है कि लैंगिक विसामान्यता जिस पर DSM में सबसे पहले-पहल बल डाला गया है, एक महत्त्वपूर्ण लैंगिक विकृति है जिससे महिला तथा पुरुष दोनों वर्ग ग्रसित होते हैं।

लैंगिक दुष्क्रिया के प्रमुख कारण

लैंगिक दुष्क्रियता के कारण अलग-अलग होते हैं, फिर भी इसके कुछ सामान्य कारण बतलाए गए हैं जो निम्नांकित हैं–

(1) अन्तर्वैयक्तिक सम्बन्ध का सही न होना–अन्तर्वैयक्तिक सम्बन्ध सही न होने पर भी लैंगिक दुष्क्रियता उत्पन्न हो जाती है, ऐसा अध्ययनों से ज्ञात हुआ है। उदाहरण के तौर पर यदि यौन साथियों के बीच संबंध ऐसा है कि एक साथी दूसरे को काफी चाहता है तथा दूसरा साथी उसे उतना नहीं चाहता है तथा किसी और को चाहता है, तो परिस्थिति में अधिक चाहने वाले साथी में लैंगिक दुष्क्रियता उत्पन्न हो सकती है। फ्रिडमैन तथा लोविज एवं लोविज ने अपने-अपने अध्ययनों से यह स्पष्ट कर दिया है कि इस तरह का एकतरफा अन्तर्वैयक्तिक संबंध लैंगिक क्रियाओं को क्षीण करता है।

ऐसे में यह स्पष्ट होता है कि लैंगिक दुष्क्रिया के कई कारण हैं। लैंगिक दुष्क्रिया का उपचार करते समय इन कारणों पर ध्यान देना आवश्यक होता है।

(2) दोषपूर्ण मनोवृत्ति–मास्टर्स तथा जौनसन के अध्ययनों से यह निष्कर्ष निकला है कि लड़का तथा लड़की दोनों में ही बचपनावस्था से ही यौन के प्रति परिवार के सदस्यों तथा समाज के अन्य लोगों द्वारा एक खास तरह की मनोवृत्ति

विकसित करा दी जाती है जिससे आगे चलकर लैंगिक दुष्क्रिया उत्पन्न हो जाती है। जैसे, लड़कियों को प्रायः बचपन से यह सिखा दिया जाता है कि यौन संबंध अच्छी चीज नहीं है। फलस्वरूप उनमें निषेध की मनोवृत्ति विकसित हो जाती है जिससे बाद में लैंगिक संबंधों के बारे में चिन्ता तथा दोषभाव उत्पन्न हो जाता है चाहे वह संबंध शादी के बाद किया जाए या शादी के पहले किया जाए। इस तरह की मनोवृत्ति एवं दोषपूर्ण सीखने से लड़कियों में लैंगिक दुष्क्रिया उत्पन्न हो जाती है। लड़कियों के समान लड़कों में भी यौन संबंधों के प्रति गलत मनोवृत्ति का विकास होने लगता है। मास्टर्स तथा जानसन के अध्ययन के अनुसार अपरिपक्व स्खलन जैसी लैंगिक दुष्क्रियता उन पुरुषों में अधिक विकसित होती है जिन्हें पहली बार जल्दबाजी में स्खलन करने का पैटर्न एक बार पुरुष में स्थापित हो जाता है, तो ऐसे ही व्यक्तियों में आगे चलकर अपरिपक्व स्खलन जैसी दुष्क्रियता का विकास होता है।

(3) भय और चिन्ता—लैंगिक दुष्क्रियता के सन्दर्भ में किये गये कतिपय अध्ययनों में यह पाया गया है कि पुरुष तथा महिला में यौन संबंधों के बारे में कुछ अनावश्यक डर एवं चिन्ता कई कारणों से उत्पन्न हो जाती है जिसका परिणाम यह होता है कि उनमें किसी-न-किसी प्रकार की लैंगिक दुष्क्रियता उत्पन्न हो जाती है। जैसे, कूपर ने एक शोध में 49 ऐसे पुरुष वयस्कों का अध्ययन किया जो अपर्याप्त उत्थानाशीलता से ग्रसित थे।

लैंगिक दुष्क्रियता के ऊपर कूपर ने निष्कर्ष निकाला कि लगभग 94% ऐसे पुरुषों में इसका कारण अपनी नपुंसकता से उत्पन्न चिन्ता होती है। उसी तरह से अपरिपक्व स्खलन से ग्रसित पुरुष में अपने नियंत्रण की कमी तथा अपने यौन साथी को संतुष्ट करने की अक्षमता से उत्पन्न चिन्ता की मात्रा अधिक पाई जाती है। महिलाओं को भी यौन संबंधों के बारे में कुछ चिन्ताएँ घेरे रखती हैं जिनसे उनमें दुष्क्रियता विकसित हो जाती है। प्रायः महिला यह सोच-सोचकर परेशान रहती हैं कि क्या उसके यौन साथी उसे लैंगिक रूप से आकर्षक पाते हैं या नहीं। इस ढंग की चिन्ता तथा परेशानी यदि लम्बे समय तक मौजूद होती है, तो इसका प्रभाव महिलाओं के भी ऊपर पड़ता है इस कारण से महिलाओं में लैंगिक दुष्क्रियता का विकास होता है।

लैंगिक दुष्क्रिया का उपचार और परिणाम

प्राचीनकाल की अपेक्षा आज दुष्परिणाम का उपचार कर बहुत सरल हो गया है। लोपिकोलो, स्टॉक, वैनडेरीकेन आदि मनोवैज्ञानिकों का मानना है कि यदि यौन साथियों से अनावश्यक निषेध, डर तथा गलत धारणाओं को हटा दिया जाता है और उसकी जगह पर यौन व्यवहार के प्रति सही एवं सुखद मनोवृत्ति विकसित कर ली जाती है, तो इससे लैंगिक दुष्क्रिया में काफी कमी आ जाती है। इन विशेषज्ञों ने 30% से 100% तक इन प्रविधियों के सहारे सफलता प्रतिफल का दावा किया है।

यौन विकृति का अर्थ व परिभाषा

वर्तमान समय में यौन विकृति अथवा लैंगिक विसामान्यता की समस्या एक जटिल समस्या के रूप में विद्यमान है। लैंगिक विसामान्यता एक तरह की व्यक्तित्व विकृति है जिसे कभी-कभी लोग मनःस्नायुविकृति या मनोविकृति का कोई प्रकार समझने की भूल कर बैठते हैं। पहले लैंगिक विसामान्यता को मनोविकारी व्यक्तित्व का एक प्रकार समझा जाता था और यही कारण है कि मनश्चिकित्सकों द्वारा ऐसे रोगियों के लिए **लैंगिक मनोरोगी** पद का भी प्रयोग किया जाता था। परन्तु आजकल लैंगिक विसामान्यता को एक अलग श्रेणी में रखकर इसका अध्ययन करते हैं। लैंगिक विसामान्यता से तात्पर्य उन सभी लैंगिक व्यवहारों से होता है जो अपने आप में इसलिए विचित्र एवं असामान्य समझे जाते हैं क्योंकि समाज के वर्तमान मानक के अनुसार ऐसी व्यवस्था को विकृत या विचलित कहा जाता है।

कोलमैन ने यौन विकृति का आशय स्पष्ट करते हुए यह परिभाषा प्रस्तुत की है—"विस्तृत अर्थ में लैंगिक विसामान्यता से तात्पर्य वैसे लैंगिक व्यवहार से होता है जो भिन्न या असामान्य होते हैं और जो विशेष समाज के सामाजिक रीति-रिवाज या नियमों द्वारा अनुमोदित प्रबल पैटर्नस् के अनुरूप नहीं होते हैं।"

उपरोक्त परिभाषा के अध्ययन से पता चलता है कि लैंगिक विसामान्यता के स्वरूप के दो तथ्य प्राप्त होते हैं। पहला, लैंगिक विसामान्यता में उन लैंगिक व्यवहारों को रखा जाता है जो विचित्र एवं असामान्य होते हैं और दूसरा, ऐसे लैंगिक व्यवहार सामाजिक रीति-रिवाजों एवं मानकों द्वारा स्थापित लैंगिक व्यवहार से काफी भिन्न एवं विचलित होते हैं। इसका मतलब यह हुआ कि किसी लैंगिक व्यवहार को सामाजिक मानक एवं रीति-रिवाजों के संदर्भ में आँका जाता है और चूँकि

ऐसे रीति-रिवाज भिन्न-भिन्न संस्कृतियों में अलग-अलग होते हैं, अतः लैंगिक व्यवहार किसी एक संस्कृति में विसामान्य होगा, वह दूसरी संस्कृति में भी विसामान्य हो, यह कोई जरूरी नहीं है। समान भी हो सकता है और अलग-अलग भी हो सकता है।

इस प्रकार यह कहा जा सकता है कि यौन विकृति के तहत मात्र वही लैंगिक व्यवहार आते हैं जो समाज एवं संस्कृति के रीति-रिवाज एवं मानकों के अनुरूप नहीं होते हैं। ये व्यवहार इससे अलग होते हैं।

यौन-विकृति का वर्गीकरण

मानसिक रोगों का विभाजन करने वाली नवीन अमेरिकन प्रणाली DSM-IV के तहत लैंगिक विसामान्यता के विभिन्न प्रकारों का एक नए नाम **'पाराफिलियाज'** के अन्तर्गत वर्णन किया गया है। 'पाराफिलिया' की संरचना दो शब्दों पारा तथा फिलिया से हुआ है। 'Para' का अर्थ होता है साधारण से परे तथा 'Philia' का अर्थ होता है प्यार। इसे ध्यान में रखते हुए कहा जा सकता है कि इसका कार्य असाधारण वस्तुओं से प्यार से होता है। पाराफिलियाज को कारसन, वुचर तथा कोलमैन के शब्दों में इस प्रकार परिभाषित किया जा सकता है, "पाराफिलियाज सतत् लैंगिक उत्तेजना पटैर्नस क़ा एक ऐसा समूह होता है जिसमें पूर्ण लैंगिक तुष्टि के लिए असाधारण वस्तुओं, धर्मविधि तथा परिस्थितियों की जरूरत पड़ती है।"

जो अवस्था पहले यौन विचलन कहलाती थी वह आज पाराफिलियास के नाम से जानी जाती है। DSM-IV के अनुसार सभी पाराफिलियाज की मुख्य विशेषता वैसी सतत लैंगिक इच्छा एवं कल्पना होती है जो संबंधित होती है–

1. अपना या अपने सहयोगी की तकलीफ से
2. बच्चे या अन्य ऐसे व्यक्ति जिनकी राय न हो
3. अमानव वस्तुओं से।

DSM-IV की कसौटी के अनुसार जिन लोगों में ऐसी प्रवृत्ति कम-से-कम छह महीनों तक होती है, उन्हें ही इस श्रेणी से प्रभावित व्यक्ति माना जाता है।

ऐसे में यह कहा जाता है कि पाराफिलियाज में व्यक्ति की लैंगिक तुष्टि कुछ असाधारण वस्तुओं या परिस्थितियों से ही पूर्णरूपेण मिल जाती है और उसके बिना कामोत्ताप प्रायः संभव नहीं हो पाता है। यद्यपि इस तरह की असाधारण वस्तुओं से

लैंगिक तुष्टि थोड़ी बहुत प्राप्त करने का सबूत बहुत से सामान्य व्यक्तियों में मिलता है परन्तु पाराफिलिक व्यक्तियों में मात्र ऐसी वस्तुओं से ही पूर्ण लैंगिक तुष्टि मिल जाती है और यही लैंगिक पैटर्न उनके जीवन का आदत बन जाती है। जैसे, बहुत सारे ऐसे सामान्य व्यक्ति हैं जिन्हें अपनी प्रेमिका द्वारा उपहार में दिए गए रूमाल से लैंगिक तुष्टि कुछ मात्रा में होती है परन्तु पाराफिलिक व्यक्ति को मात्र ऐसे रूमाल से पूर्ण लैंगिक तुष्टि हो जाएगी और उन्हें अपनी प्रेमिका की कोई जरूरत ही नहीं होगी।

पाराफिलियाज ने यौन विकृति को नौ भागों में विभाजित किया है–

बाल लैंगिकता, पशु लैंगिकता, फ्रोटियूरिज्म, भिन्न लिंग वस्त्रधारण, वस्तु-कामुकता, अंग प्रदर्शन, नग्नदर्शन-रति, परपीड़न, आत्मपीड़न या स्वपीड़न आदि प्रमुख हैं।

यौन विकृति के उपरोक्त सभी प्रकारों के अलावा तीन और प्रकार की लैंगिक विसामान्यताओं का भी वर्णन किया गया है जो तुलनात्मक रूप से कम बारंबारता में देखने को मिलता है। वे तीन विसामान्यताएँ हैं–

1. कौटुम्बिक व्यभिचार
2. बलात्कार
3. समजाति लैंगिकता

इस प्रकार कुल मिलाकर यौन विकृति को 11 भागों में विभक्त किया गया है, जिनका वर्णन निम्न प्रकार किया गया है–

1. पशुलैंगिकता

जब कोई पशुओं के साथ लैंगिक संबंध स्थापित करता है तब उसे पशु लैंगिकता की संज्ञा प्रदान की जाती है। प्रायः इस तरह का लैंगिक व्यवहार ग्रामीण पुरुषों एवं लड़कों में अधिक देखने को मिलता है। किन्सी ने अपने अध्ययन में पाया कि करीब 40 से 45 प्रतिशत ऐसे ग्रामीण लोग पशुओं के साथ यौन सम्पर्क स्थापित करते हैं। फ्रोटियूरिज्म एक ऐसी यौन विकृति है जिसमें व्यक्ति अपने विपरीत लिंग के व्यक्ति के शारीरिक अंगों को छूकर यौन सन्तुष्टि प्राप्त करता है। यह भी लैंगिक विसामान्यता का एक विरल रूप है जो पुरुषों में महिलाओं की अपेक्षा अधिक होता है।

एक और विशेष विरल प्रकार की लैंगिक विसामान्यता का वर्णन असामान्य मनोविज्ञान के साहित्य में मिलता है और वह है नेक्रोफिलिया जिसमें व्यक्ति मृत व्यक्तियों के प्रति लैंगिक रूप से आकर्षित होते हैं।

2. बाल लैंगिकता

इस प्रकार की यौन विकृति महिलाओं की तुलना में पुरुषों में ज्यादा पाई जाती है। इसमें यौन वस्तु बच्चे होते हैं। इस तरह की विकृति से ग्रस्त पुरुषों की आयु औसतन 40 साल होती है। वे बच्चों से अपना यौन-अंग को पकड़वाते हैं जिनसे उन्हें आनन्द आता है। यदि पीड़ित व्यक्ति छोटी उम्र जैसे 10-12 साल की लड़की है, तो उसके साथ अंशतः या पूर्णतः लैंगिक समागम भी किया जाता है। लेनियान के अध्ययन के अनुसार इस विकृति से ग्रसित व्यक्ति प्रायः विवाहित होते हैं और उनमें से कुछ कई बच्चों के माता-पिता भी होते हैं। बाल लैंगिकता में पीड़ित बालक या बालिका का अपराधी से परिचय प्रायः पहले से ही होता है और लैंगिक व्यवहार लम्बे समय से बिना किसी दबाव के चलते रहता है।

इस सन्दर्भ में रौसमैन ने काफी गहन अध्ययन किया और इसके निष्कर्ष के आधार पर इसकी चार कारणात्मक श्रेणियां बताई हैं जो निम्नांकित हैं–

(1) मनोविकारी अपराधी–बाल लैंगिकता की इस श्रेणी में उन पुरुषों को रखा जाता है जिनका व्यक्तित्व समाज-विरोधी या मनोविकारी होता है और सचमुच में वे नए-नए लैंगिक भावोत्तेजना प्राप्त करने के लिए बच्चों को अपनी हवस का शिकार बनाते हैं। ऐसे बाल लिंगी व्यक्तियों में आक्रामक व्यवहार भी देखने को मिलता है।

(2) व्यक्तिगत रूप से अपरिपक्व अपराधी–इसमें अपरिपक्व लोग होते हैं, जो इस प्रकार की गलती करते हैं। ऐसे लोगों को अपनी उम्र के व्यक्तियों के साथ संतोषजक संबंध बनाने की अक्षमता होती है और वे अपने से कम उम्र के व्यक्तियों विशेषकर बच्चों के साथ अपना अच्छा संबंध बनाकर रखने वाले में से होते हैं। कुछ मनोवैज्ञानिकों का मत है कि ऐसे लोग विकास की प्रारंभिक अवस्था पर ही स्थाईकृत होते हैं।

(3) अनुबंधित अपराधी–बाल लैंगिकता की इस श्रेणी में उन पुरुषों को रखा जाता है जिन्हें छोटे-छोटे बच्चों के साथ लैंगिक व्यवहार करने की अनुपम अनुभूति होती है और वयस्कावस्था में प्रवेश करने पर भी इस आदत को नहीं छोड़ते हैं।

(4) प्रत्यागमित अपराधी–बाल लैंगिकता की इस श्रेणी के तहत शामिल लोग किशोरावस्था में तो सामान्य होते हैं परन्तु कुछ लोग वयस्कावस्था में भी इस प्रकार की गलती करते हैं और वे अपनी लैंगिक हवस का शिकार किसी बालिका

या बालक को बना लेते हैं। इस तरह के प्रत्यागमन का प्रमुख मौजूदा कारण अपराधी द्वारा यह अनुभव करना होता है कि उसकी पत्नी या स्त्री दोस्त का लैंगिक संबंध किसी अन्य व्यक्ति के साथ होता है।

जहाँ तक बाल लैंगिकता के कारण का प्रश्न है, मनश्चिकित्सकों का मत है कि ऐसे व्यक्तियों में गंभीर मस्तिष्कीय क्षति पाई जाती है जिससे उनमें सामान्य प्रतिरोधात्मक नियंत्रण समाप्त हो जाता है और वे अपने आप को बाल लैंगिकता जैसी विकृति से अछूता नहीं रख पाते हैं। जो मद्यपान का सेवन करते हैं वे भी इस विकृति के शिकार पाये जाते हैं।

3. कौटुम्बिक व्यभिचार

कौटुम्बिक व्यभिचार की स्थिति में यौन विकृति का आशय परिवार के सदस्यों के बीच में सामाजिक एवं सांस्कृतिक रूप से निषेधित यौन समागम से होता है। इसमें भाई एवं बहन, पिता एवं पुत्री, माँ-बेटा, चाचा-भतीजी, श्वसुर-बहु, मामा-भानजी के बीच यौन समागम अधिक सामान्य है। इनमें से माँ-बेटे के बीच यौन समागम सरल विरल होता है। समीट एवं क्रोइसो ने अपने अध्ययन के आधार पर संयुक्त राज्य अमेरिका में करीब प्रतिवर्ष 36,000 पिता-पुत्री यौन संबंध की प्रतिपुष्टि की है। हरमैन के अनुसार केसेज की वास्तविक संख्या इससे भी अधिक हो सकती है। बागले ने भिन्न-भिन्न तरह के कौटुम्बिक व्यभिचारी व्यवहारों का अध्ययन किया है और बतलाया है कि इस प्रकार के व्यवहार प्रमुख रूप से पांच कारणों से होते हैं जो निम्नलिखित हैं–

(1) बाल लैंगिकता–कतिपय माता-पिता ऐसे भी होते हैं जो बाल लैंगिकता से इतनी बुरी तरह प्रभावित होते हैं कि वे अपने ही बच्चों को बेझिझक अपनी लैंगिक हवस का शिकार बना लेते हैं।

(2) दोषपूर्ण पैतृक मॉडल–दोषपूर्ण पैतृक मॉडल में पिता अपनी पुत्री के साथ सहवास करते हैं तो वे अपने लड़के को एक ऐसा अवांछनीय मॉडल प्रदान करते हैं जिससे वे (लड़के) अपनी बहनों के साथ सहवास करने या फिर अपनी बेटियों के साथ सहवास करने की पर्याप्त प्रेरणा प्राप्त करते हैं। इस तरह से दोषपूर्ण पैतृक मॉडल से कौटुम्बिक व्यभिचारी व्यवहार को बढ़ावा मिलता है।

(3) परिस्थितिजन्य कौटुम्बिक व्यभिचार–इस तरह के कौटुम्बिक व्यभिचार में परिस्थिति महत्त्वपूर्ण कारण माना गया है। जैसे, यदि किशोरावस्था में भाई तथा

बहन एक ही कमरे में सोते हों, तो उन दोनों में लैंगिक प्रयोग तथा लैंगिक समागम की संभावना अधिक हो जाती है।

(4) गंभीर मनोरोग—जो व्यक्ति मद्यपानता और मनोविकृति के शिकार होते हैं उनका स्वयं पर नियंत्रण नहीं होता। उन्हें कौटुम्बिक व्यभिचारी व्यवहार करने में किसी प्रकार की कोई हिचकिचाहट नहीं होती है। इस तरह का व्यवहार मनोविकारी माता-पिता में भी अधिक देखने को मिलता है।

(5) पारिवारिक विकृति तथा क्षुब्ध वैवाहिक संबंध—लेनिओन ने अपने अध्ययन में पाया है कि जब पति-पत्नी का संबंध ठीक नहीं होता है, तो इससे पिता-पुत्री सहवास में सम्भावना अधिक पायी जाती है।

उपरोक्त विवरण के आधार पर यह कहा जा सकता है कि कौटुम्बिक व्यभिचार के कई रूप होते हैं तथा उसके कई प्रकार होते हैं।

4. विपरीत लिंग वस्त्रधारण

इस प्रकार की यौन विकृति को क्रॉस-पहनावा भी कहते हैं। इससे ग्रसित व्यक्ति अपने से विपरीत लिंग के व्यक्ति के कपड़ों को पहनकर यौन सन्तुष्टि प्राप्त करता है। एपीए के अनुसार ऐसे लोगों में उत्तरबाल्यावस्था या किशोरावस्था आते ही इस तरह की प्रवृत्ति उत्पन्न हो जाती है। इस तरह का विचलन सिर्फ विषमलिंग पुरुषों में पाया जाता है। ऐसे पुरुष दिन-प्रतिदिन की जिन्दगी में तो पौरुष दिखलाते हैं परन्तु अन्य जगहों में महिलाओं का वस्त्र धारण कर लैंगिक उत्तेजना प्राप्त करते हैं। इसमें से कुछ तो ऐसे होते हैं जो महिलाओं का कोई एक वस्त्र जैसे अंडरवियर पहनते हैं तो कोई और अन्य तरह के वस्त्रों का उपयोग करते हैं। कुछ तो ऐसे होते हैं जो पूर्णतः महिलाओं के समान सौन्दर्य प्रसाधन से अपने आप को लैस करके तथा महिलाओं के समान सम्पूर्ण ढंग से पोशाक पहन लेते हैं। कोलोडनी, मास्टरस एवं जानसन के अध्ययन के अनुसार बहुत से विवाहित पुरुष जिनमें भिन्न लिंग वस्त्र धारण का विचलन पाया जाता है, अपनी पत्नी को क्रॉस पहनावा व्यवहार करने के लिए भी बाध्य करते हैं। हाल में किए गए शोधों से यह भी पता चला है कि ऐसे व्यक्ति में ईर्ष्या अधिक होती है और वे आत्म-केन्द्रित होते हैं तथा घनिष्ठता की क्षमता इनमें सीमित होती है। इनके वैवाहिक जीवन में लड़ाई-झगड़े अधिक होते हैं। इस प्रकार के पुरुषों में महिलाओं जैसे भाव पाये जाते हैं।

5. वस्तु-कामुकता

इसमें व्यक्ति विपरीत लिंग के प्रति ज्यादा आकर्षित रहता है। इस प्रकार की यौन विकृति में व्यक्ति अपने से विपरीत लिंग के व्यक्ति के शरीर की कोई निर्जीव वस्तु जैसे बाल आदि को अपने पास रखता है और उसे स्पर्श करके लैंगिक तुष्टि प्राप्त करता है। जिस वस्तु को व्यक्ति अपनी लैंगिक तुष्टि का स्रोत बनाता है, उसे फेटिश या कामोत्तेजक-वस्तु कहा जाता है। महिलाओं की अपेक्षा पुरुषों में अधिक वस्तु कामुकता पायी जाती है। और प्रायः कामोत्तेजक-वस्तु के रूप में विपरीत लिंग के पैर, बाँह, जूते, दस्ताना, रूमाल, कलम, बटुआ, अधोवस्त्र जैसे पैण्टी, ब्रेसियर्स तथा अन्य ऐसी ही वस्तुएँ उपयोग की जाती हैं। इन वस्तुओं को स्पर्श कर या चूम कर उन्हें इतनी अधिक लैंगिक तुष्टि होती है कि वे विपरीत लिंग के साथ संभोग की कोई जरूरत ही महसूस नहीं करते हैं।

एक नैदानिक मिसाल—"रिचार्ड एच. में स्त्रियों के कपड़े चुराने की आदत थी। इन्हें इलाज के लिए एक मनोवैज्ञानिक चिकित्सालय में लाया गया। ये अगल-बगल के फ्लैट में प्रायः इस ख्याल से घूमते रहते थे कि जब भी मौका मिलेगा, वे महिलाओं के अधोवस्त्र को चुरा लेंगे। महिलाओं ने इनकी हरकत से ऊबकर पुलिस को सूचना दे दी और एक दिन वे रंगे हाथों पकड़े गए और न्यायाधीश के सामने अपनी सफाई पेश करने के लिए उन्हें उपस्थित किया गया। सफाई पेश करने के दौरान इन्होंने यह स्वीकार किया कि अब तक उन्होंने महिलाओं के बहुत सारे अधोवस्त्र चुरा लिए हैं और जिसकी खबर उनकी पत्नी और बच्चों को भी नहीं है। जब रोगी अपने दोष को स्वीकार करके उपचार कराने के लिए सहमत हो गया, तो न्यायाधीश ने उन्हें सजा मुक्त कर दिया।"

इस उदाहरण के आधार पर यह कहा जा सकता है कि वस्तु-कामुकता में व्यक्ति की लैंगिक तुष्टि का स्रोत कोई ऐसी वस्तु होती है जिसका उपयोग विपरीत लिंग के व्यक्तियों द्वारा किया जाता है।

कुछ मनोवैज्ञानिक ने कहा है कि वस्तु-कामुकता का कारण अनुबन्धात्मक अनुभूतियाँ बतलाई गई हैं। व्यक्ति उस वस्तु को अपनी लैंगिक तुष्टि का आधार मान लेता है जो प्रथम लैंगिक आनन्द में उपस्थित होते हैं। जैसे, यदि किसी पुरुष को किसी महिला के जूड़े में लगाए गए क्लिप अधिक सुंदर एवं कामोत्तेजक लगते हैं तो बाद में वह उस ढंग के क्लिप को स्पर्श कर अपनी लैंगिक तुष्टि करेगा। मनोविश्लेषणवादी सिद्धान्त के अनुसार फेटिश वस्तुएँ लैंगिक वस्तुओं का प्रतिनिधित्व

करती हैं और यही कारण है कि इन वस्तुओं से व्यक्ति को पूर्ण लैंगिक तुष्टि होती है।

वस्तु-कामुकता से ग्रसित व्यक्ति का इलाज करने के लिये प्रयोग की जाने वाली विधियों में समूह चिकित्सा और व्यवहार चिकित्सा काफी उपयुक्त होती है, ऐसा कुछ मनोवैज्ञानिक का भी मानना है। कुशनर ने व्यवहार चिकित्सा के माध्यम से एक 33 वर्षीय पुरुष जिन्हें महिला की पैन्टी पहनने और उसके बाद हस्तमैथुन कर लैंगिक तुष्टि प्रदान करने की बुरी लत विकसित हो गई थी, का सफलतापूर्वक उपचार किया।

6. बलात्कार

धमकी अथवा जोर-जबर्दस्ती के साथ स्थापित किया गया लैंगिक सम्बन्ध को बलात्कार कहा जाता है। अधिकतर बलात्कार की घटना कम उम्र के पुरुषों द्वारा अर्थात् 18 से 24 साल के पुरुषों द्वारा ही किया जाता है। अधिक उम्र के पुरुषों द्वारा इस तरह का व्यवहार कम संख्या में किया जाता है। मनोवैज्ञानिकों का मानना है कि बलात्कार एक सुनियोजित व्यवहार है और यह कोई पृथक् क्रिया न होकर पुनरावृत्तीय क्रिया होती है। बलात्कार की घटना में करीब एक-तिहाई बलात्कार ऐसे होते हैं, जिसमें अपराधियों की संख्या एक से अधिक होती है। बलात्कार चाहे एक अपराधी द्वारा किया गया हो या अपराधियों के एक समूह द्वारा किया गया हो, इसमें शारीरिक आघात अधिक होता है। कभी-कभी तो महिला की हत्या भी कर दी जाती है। ग्रोथ एवं उनके सहयोगियों ने बलात्कार की 225 घटनाओं का विश्लेषण किया और पाया कि बलात्कार में तीन तरह के तत्त्व मिले होते हैं—क्रोध, बल तथा लैंगिकता। इन लोगों ने इन तीनों तथ्यों में लैंगिकता को बलात्कार में सबसे कम महत्त्वपूर्ण पाया है और कहा है कि बलात्कार में मूलतः क्रोध तथा बल की प्रधानता होती है। इन लोगों ने बल-प्रेरित बलात्कार एवं क्रोध-प्रेरित बलात्कार दोनों को दो-दो भागों में बाँटा है और इस तरह से बलात्कार के मूल चार प्रकार हो जाते हैं जो निम्नांकित हैं—

(1) क्रोध-उत्तेजना बलात्कार—इस प्रकार का बलात्कार ऐसा होता है, जिसमें बलात्कारकर्ता को लैंगिक सुख एवं उत्तेजना अपने आक्रामक व्यवहार के लैंगिक तत्त्वों से नहीं होता है बल्कि माहेला को तड़पते देखने से होता है। इस तरह के बलात्कारकर्ता का व्यक्तित्व परपीड़न श्रेणी का होता है। ग्रोथ एवं उनके

सहयोगियों द्वारा अध्ययन किए गए प्रतिदर्श में करीब 5% बलात्कार इसी श्रेणी के थे।

(2) क्रोध-प्रतिशोध बलात्कार—इस प्रकार का बलात्कार प्रतिशोध की भावना से किया जाता है। उसमें महिला के प्रति घृणा, क्रोध एवं विरक्ति की भावना भी होती है। ऐसे बलात्कार में लैंगिक सुख यदि कुछ होता भी है, तो वह नाम मात्र का ही होता है। ग्रोथ एवं उनके सहयोगियों के प्रतिदर्श में करीब 30% बलात्कार इसी श्रेणी के पाये गये थे।

(3) बल-आश्वस्त बलात्कार—इस तरह के बलात्कार में भी बलात्कारकर्ता महिला को डरा-धमकाकर रास्ते पर लाता है और उसमें यह भाव प्रधान होता है कि यह तो अबला है जो हमेशा हमसे कमजोर है। अतः वह विश्वस्त होकर उस पर जबरदस्ती बलात्कार करता है। ग्रोथ के प्रतिदर्श में करीब 21% बलात्कार इस श्रेणी के पाये गये थे।

उपरोक्त अध्ययन से स्पष्ट होता है कि बलात्कार कई प्रकार के होते हैं, जो परिस्थिति एवं समय के अनुसार लोग इसका शोषण करते हैं।

7. नग्नदर्शन-रति

इस प्रकार की यौन-विकृति वाला व्यक्ति अपने विपरीत लिंग के व्यक्ति के शारीरिक अंगों को नग्न अवस्था में देखकर लैंगिक संतुष्टि प्राप्त करता है। कभी-कभी छिपकर देखते-देखते वह इतना उत्तेजित हो जाता है कि हस्तमैथुन भी करना प्रारंभ कर देता है। उसे **स्कोटोफीलिया** या **इन्सपेक्सनलिज्म** भी कहा जाता है। इस तरह की लैंगिक असामान्यता केवल पुरुषों में ही पाई जाती है।

इस सन्दर्भ में किये गये अध्ययनों से यह परिणाम प्राप्त हुआ कि नग्नदर्शन-रति की असामान्यता उन पुरुषों में तेजी से विकसित होती है जिन्हें महिलाओं के अर्द्धनग्न एवं लुभावने अंगों को देखने का मौका अधिक मिला होता है। ऐसी परिस्थिति में उनमें लैंगिक उत्तेजना अधिक बढ़ जाती है और उनमें उत्सुकता काफी बढ़ जाती है जिससे उनमें नग्नदर्शन-रति जैसी असामान्यता बाद में विकसित हो जाती है। जब ऐसी विसामान्यता विवाहित पुरुषों में होती है, तो इसका कारण पत्नी से लैंगिक समायोजन का अभाव माना जाता है। लैंगिक समायोजन ठीक न होने से इस प्रकार की समस्या आती है। कोलमैन ने अपने कई अध्ययनों से इस तथ्य की पुष्टि की है जिसमें विवाहित पुरुषों में नग्नदर्शन-रति का कारण अपनी

पत्नियों से पर्याप्त लैंगिक तुष्टि का न मिलना बतलाया गया है। ऐसी परिस्थिति में ऐसे व्यक्ति नग्नदर्शन-रति द्वारा अपनी कुंठित लैंगिक इच्छाओं की पूर्ति करते हैं।

नग्नदर्शन-रति के इलाज में व्यवहार चिकित्सा को अन्य विधियों से अधिक सफलता प्राप्त हुई।

8. अंग प्रदर्शन

यौन विकृति से ग्रसित व्यक्ति अंग प्रदर्शन में लैंगिक तुष्टि की प्राप्ति करता है। कभी-कभी इन यौन अंगों को दिखलाने के साथ-साथ व्यक्ति कुछ खास शारीरिक मुद्रा जैसे हस्तमैथुन आदि करके भी दिखलाता है। इस ढंग की विसामान्यता पुरुषों में ही अधिक होती है। महिलाओं में यह न के बराबर पाई जाती है। अध्ययनों से यह भी पता चला है कि अंग-प्रदर्शन से ग्रसित व्यक्ति अपने इस घृणित कार्य को प्रायः एक खास जगह पर एक खास समय में करते हैं। अमेरिका तथा यूरोप के देशों में प्रायः यह कार्य उद्यान, आफिस, गिरजाघर के मैदानों आदि में किया जाता है।

9. आत्मपीड़न

आस्ट्रेलिया के प्रसिद्ध उपन्यासकार एल. वी. सेकर-मैसोक के नाम पर इस यौन विकृति का नामकरण किया गया है। सचमुच में यह विकृति परपीड़न के ठीक विपरीत है। इस विकृति से प्रभावित व्यक्ति अपने आपको कष्ट पहुँचाकर तथा तकलीफ देकर लैंगिक आनन्द प्राप्त करता है। कुछ मनोवैज्ञानिक का मानना है कि आत्मपीड़न की प्रमुख वजह अनुबन्धित अधिगम है। जहाँ तक इस विकृति के उपचार का प्रश्न है, इसके लिए मनोवैज्ञानिकों ने व्यवहार चिकित्सा को विशेषकर विरुचि अनुबंधन प्रविधि को अधिक उपयुक्त एवं उपयोगी बतलाया है।

10. समजाति लैंगिकता

समलैंगिकता में समान लिंग के साथ लैंगिक सम्बन्ध स्थापित किया जाता है। महिलाओं में इस तरह के व्यवहार को स्त्रीसमलिंगकामुकता कहा जाता है। पहले के मनोवैज्ञानिकों एवं मनश्चिकित्सकों द्वारा समजातिलैंगिकता को एक मानसिक विकृति माना जाता था तथा समजातिलिंगी को एक बीमार व्यक्ति माना

जाता था। परन्तु आधुनिक मनोवैज्ञानिकों एवं मनश्चिकित्सकों ने स्पष्ट कर दिया है कि समजातिलैंगिकता में किसी प्रकार का व्यक्तित्व अपसमायोजन नहीं होता है। यही कारण है कि अमेरिकन मनश्चिकित्सक संघ द्वारा प्रकाशित DSM में मानसिक रोग की सूची से इसे हटा दिया है। लैनसन द्वारा किए गए अध्ययनों से पता चला है कि दिन-ब-दिन समजातिलिंगियों की संख्या में वृद्धि होती जा रही है।

समजातिलैंगिकता की वजह क्या है? इसका विश्लेषण करने के लिये तीन प्रकार के सिद्धान्तों का प्रतिपादन किया गया है। पहला जैविक, दूसरा मनोवैज्ञानिक और तीसरा समाजशास्त्रीय। जैविक सिद्धान्त के अनुसार इसकी उत्पत्ति में हारमोन्स गड़बड़ी/मनोलैंगिक विचारधारा के अनुसार समजातिलिंगी मनोलैंगिक विकास के जनेन्द्रिय अवस्था में स्थाईकृत होते हैं। समाजशास्त्रीय सिद्धान्त के अनुसार समजाति लैंगिकता का कारण दोषपूर्ण पारिवारिक संबंध तथा माता-पिता द्वारा विकृत देख-रेख बतलाया गया है।

इन सबके बाद भी विशेषज्ञों, मनोवैज्ञानिकों एवं मनश्चिकित्सकों के बीच समजातिलैंगिकता के कारण के बारे में कोई सहमति नहीं है।

लिंग पहचान असामान्यता

कुछ लोगों में इस भावना की प्रबलता होती है कि उन्हें एक गलत शरीर ईश्वर ने दे दिया है। अन्य शब्दों में इस तरह की अनुभूति वाले पुरुष को यह महसूस होता है कि वे पुरुष ही हैं परन्तु गलती से शरीर स्त्री का दे दिया गया है। ऐसा महसूस करके पुरुष तथा स्त्री दोनों ही काफी परेशान रहते हैं और इस तरह की स्थिति को **लिंग पहचान विकृति** कहा जाता है।

परालैंगिक पुरुष के लिए दिया जाने वाले हारमोन एस्ट्रोजेन है जबकि परालैंगिक महिला के लिए दिया जाने वाला हारमोन टेस्टोस्ट्रोन है। इस तरह के उपचार के बाद महिलाओं में पुरुषों के गौण यौन गुण तथा पुरुषों में महिलाओं के गौण यौन गुण विकसित हो जाते हैं। फिर बाद में यौन-पुनर्हस्तान्तरण सर्जरी द्वारा उनमें नए यौन के अनुसार प्राथमिक यौन गुण का विकास किया जाता है। अधिकतर परालैंगिक व्यक्ति मानते हैं कि उन्हें बाल्यावस्था से ही अपने परालैंगिक होने की जानकारी है। यद्यपि लिंग पहचान विकृति बहुत कुछ भिन्न लिंग वस्त्र धारण से मिलता-जुलता है, फिर भी ये दोनों एक-दूसरे से भिन्न हैं।

11

अपराध : मनोवैज्ञानिक उपचार

अपराध को एक ऐसी घटना माना है जो सम्पूर्ण विश्व में आग की तरह फैल चुकी है। फर्क केवल यही है कि कहीं यह अधिक है तो कहीं कम। किन्तु अनेक देशों में यह पूर्णतया फल-फूल रहा है। किन्तु अपराधविहीन समाज की कल्पना नहीं की जा सकती है। जहाँ तक यह प्रश्न है कि अपराध है क्या? इस बारे में यह कहा जा सकता है कि अपराध मानव-व्यवहार है किन्तु सभी प्रकार के मानव-व्यवहार अपराध नहीं हो जाते। उन्हीं मानव-व्यवहारों को अपराध कहा जा सकता है जो सामाजिक मूल्यों के विपरीत हों और जिससे समाज को क्षति पहुँचती हो। मनुष्य के ऐसे व्यवहार जिनका संबंध अपराध से होता है, सार्वभौमिक हैं। अपराध आदिम समाज से लेकर आधुनिक समाज तथा शिक्षित समाज से लेकर अशिक्षित समाज तक में पाया जाता है। अपराध को विचलनकारी व्यवहार का एक विशिष्ट रूप भी कहा जा सकता है। अपराध की व्याख्या समाजशास्त्रीय मनोवैज्ञानिक तथा वैधानिक तीनों दृष्टिकोणों से की जा सकती है।

समाजशास्त्रीय दृष्टिकोण से अपराध समाज विरोधी-व्यवहारों को कहा जा सकता है, मनोवैज्ञानिक दृष्टिकोण से अपराध मनुष्य के असामान्य व्यवहारों को कहा जा सकता है एवं वैधानिक दृष्टिकोण से अपराध ऐसे व्यवहारों को कहा जा

सकता है जो कानून विरोधी हों। इसलिए यह मालूम होता है कि अपराध की व्याख्या कई दृष्टिकोणों से की जा सकती है। अपराधी और अपराध दोनों ही समाज के लिए हानिप्रद होते हैं। अतः समाज द्वारा इनका विरोध किया जाता है। अपराधी केवल सामाजिक कल्याण के लिए ही खतरनाक नहीं होता अपितु उससे व्यक्तिगत सम्पत्ति व स्वतंत्रता को भी नुकसान पहुँचता है। गिलीन इस संबंध में 'Criminology and Penology' में लिखते हैं कि "अपराधी हमारे हृदय में हमारे अपने लिए तथा हमारी अपनी सम्पत्ति के लिए आशंका की जो भावना उत्पन्न कर देता है वह भावना ही अधिक महत्त्वपूर्ण है।" हालाँकि अपराध एक सार्वभौमिक घटना है किन्तु इसकी व्याख्या में सार्वभौमिकता की कमी पायी जाती है। इसका कारण यह है कि अपराध की अवधारणा स्थान, समय, सामाजिक मूल्यों, परिस्थितियों तथा आदर्शों से जुड़ी होती है। अतः अपराध को रिलेटिव अवधारणा कहा जाता है।

अपराध एक प्रकार का मानव व्यवहार है, फिर भी अपराधी व्यवहारों की सूची तैयार करना संभव नहीं होता है। इसका कारण यह है कि एक स्थान विशेष में जो व्यवहार अपराध की श्रेणी में रखा जाता है वह दूसरे स्थान में अपराध की श्रेणी में नहीं गिना जाता है। उदाहरण के तौर पर भारतवर्ष में किसी का कत्ल कर देना अपराध है किन्तु एस्कीमो जनजाति में अपने वृद्ध अभिभावकों का कत्ल कर देना अपराध नहीं माना जाता है किन्तु इसे सन्तान का एक आवश्यक कर्त्तव्य समझा जाता है। इस बात की चर्चा आर.ई.एल. फेरिस ने अपनी पुस्तक 'Social Disorganization' में की है। इसी प्रकार बलात्कार हमारे देश में एक गंभीर अपराध है जबकि कुछ देशों में इसे एक छोटी-सी भूल के रूप में स्वीकार किया जाता है। मद्यपान कहीं अपराध समझा जाता है तो कहीं इसे अपराध नहीं समझा जाता है। इसी प्रकार एक ही समाज में एक समय में जो व्यवहार अपराध की परिधि के बाहर रहता है, दूसरे समय अपराध के क्षेत्र में सम्मिलित हो जाता है। उदाहरण के लिए भारतवर्ष में सती-प्रथा 1829 ई. के पहले एक रूढ़ि थी एवं 1829 के पश्चात् यह अपराध की सीमा में आ गई।

हिन्दुओं के लिए 'Hindu Marriage and Divorce Act' 1955 ई. के पास होने के पश्चात् एक से अधिक स्त्रियों से विवाह करना कानूनन अपराध हो गया जबकि इससे पहले ऐसा करना अपराध नहीं समझा जाता था। दूसरे की अनुमति के बिना किसी की सम्पत्ति लेना अपराध समझा जाता है, परन्तु प्रत्येक परिस्थिति में नहीं। उदाहरण के तौर पर कस्टम अधिकारी द्वारा स्मगलिंग के मालों

को जब्त कर लेना अपराध नहीं समझा जाता है। किसी भी स्त्री के साथ बिना उसकी स्वीकृति के यौन संबंध स्थापित कर लेना अपराध समझा जाता है परन्तु प्रत्येक परिस्थिति और हर स्थान पर नहीं। उदाहरण के तौर पर आस्ट्रेलिया की जनजातियों में यौन संबंधी नियमों का उल्लंघन करने पर दण्डस्वरूप उसी स्त्री पर यौन आक्रमण करना अपराध नहीं समझा जाता है। उपर्युक्त बातों से ज्ञात होता है कि अपराध एक सार्वभौमिक घटना है किन्तु प्रत्येक जगहों पर इसका स्वरूप अलग-अलग होता है। दूसरे शब्दों में यह कहा जा सकता है कि अपराध की व्याख्या देश, काल और परिस्थितियों के अनुसार होती है।

समाज गतिशील है और इस गतिशीलता के कारण समाज की प्रथाओं, मूल्यों और परम्पराओं में सदैव बदलाव होता रहता है। परिणामस्वरूप अपराध की व्याख्या भी परिवर्तित होती रहती है। सामाजिक तौर पर अपराध को निर्धारित करने वाले आदर्शों एवं मूल्यों में ही जब बदलाव होता रहेगा तो यह स्वाभाविक है कि अपराध का स्वरूप ही परिवर्तित होता रहेगा। साथ ही कानूनी तौर पर अपराध को निर्धारित करने वाले कानूनों में भी सदैव परिवर्तन आता रहता है। अतः अपराधी व्यवहारों की सूची प्रस्तुत करना सम्भव नहीं प्रतीत होता है। अपराध फ्रेंच शब्द 'Crime' का हिन्दी अनुवाद है। 'मानक अंग्रेजी हिन्दी कोश' में 'क्राइम' के जो अन्य पर्याय दिए गए हैं वे निम्न प्रकार हैं—जुर्म, अपकृत्य, पातक, पाप, कसूर, दोष, गुनाह आदि।

क्राइम शब्द लैटिन भाषा के क्रिमेन शब्द से बना है जिसका मतलब है विलगाव। सामान्य या साधारण बोलचाल की भाषा में अपराध एक ऐसा काम है जो व्यक्ति का सामाजिक विलगाव (अलगाव) पैदा करता है। अन्य शब्दों में यह कहा जा सकता है कि अपराध एक ऐसा काम है जिसके करने वाले को समाज कभी स्वीकार नहीं करता है। अपराध के सम्बन्ध में कोई एक ठोस परिभाषा नहीं है, अपितु इस बारे में अनेक विद्वानों ने अपने-अपने तरीके से पारिभाषित दिया है। अन्य शब्दों में यह कहा जा सकता है कि अपराध को किसी एक आधार पर पारिभाषित नहीं किया जा सकता है।

अपराध की परिभाषा

मुख्यतः अपराध की परिभाषाएँ पाँच अवधारणाओं के आधार पर विद्वानों ने प्रस्तुत की हैं। ये अवधारणाएँ निम्नांकित हैं—प्रेतविद्या संबंधी अवधारणा, विधिशास्त्रीय

अवधारणा, समाजशास्त्रीय अवधारणा, सामाजिक एवं विधिशास्त्रीय अवधारणा तथा मनोवैज्ञानिक अवधारणा।

प्रेतविद्या संबंधी अवधारणा के आधार पर अपराध की परिभाषा

अपराध को प्रारम्भ में भूत-प्रेतों से जुड़ा माना जाता था। जब तक किसी औपचारिक सरकार की स्थापना नहीं हुई थी तब तक कुछ ऐसे काम थे जिन्हें अपराध माना जाता था। ये समुदाय के लिए भी हानिप्रद समझे जाते थे। इन अपराधों में सबसे गंभीर अपराध किसी देवता का सार्वजनिक स्थानों पर अपमान करना माना जाता था। ऐसा माना जाता था कि इस प्रकार के अपराध से समूह एवं समाज की समृद्धि को नुकसान पहुँचता है। देवताओं को रक्षक माना जाता था। ऐसा माना जाता था कि कोई व्यक्ति भूत-प्रेत का साया होने के कारण इस प्रकार का अपराध करता था। इस बारे में बार्न्स एवं टीटर्स ने 'New Horizons in Criminology' में लिखा है, "अपराध करने वाले व्यक्तियों पर भूत-प्रेतों का निवास या अधिकार होता था अतः अपराध के लिए सजा देने का प्रमुख उद्देश्य या तो इन भूत-प्रेतों को भगाना होता था या फिर उस व्यक्ति को ही समूह से निकाल दिया जाता था या उसको मार दिया जाता था जिसने भूतों के प्रभाव में आकर ऐसे व्यवहार किए, जो अपराध समझे गए। एक अंश में तो इस सिद्धान्त के पीछे समुदाय के अपराधी को और ज्यादा अपराधों से बचाने का विचार था। किन्तु इससे भी अधिक जरूरी बात यह थी कि देवताओं को प्रसन्न रखा जाए।" हालाँकि आज के वैज्ञानिक युग में भूत-प्रेत संबंधी अवधारणाओं का कोई महत्त्व नहीं है। फिर भी यदा-कदा समाज में कुछ सीमा तक अभी भी यह विचार कायम है कि स्वेच्छाचारी व्यक्ति भूत-प्रेत के प्रभाव में रहते हैं अतः सजा देकर उनका पवित्रीकरण किया जाए।

विधिशास्त्रीय अवधारणा पर आधारित अपराध की परिभाषा

अपराध के बारे में सर्वमान्य विचार विधिशास्त्रीय या कानूनी है। इस आधार पर भी अपराध को पारिभाषित किया जा सकता है। कानूनी दृष्टिकोण से कानून का उल्लंघन करना अपराध समझा जाता है। अनेक विद्वानों ने प्रत्यक्ष या अप्रत्यक्ष रूप से अपराध का अर्थ कानूनों का उल्लंघन करना बताया है। इन विद्वानों में हेकरवाल, मावरर, लैण्डिस एवं लैण्डिस, हाल्सबरी, सी. डैरो, मैकेन्जी, इलियट एवं मेरिल, माइकेल एवं एडलर तथा एम.जे. सेथाना आदि प्रमुख हैं। विभिन्न विद्वानों द्वारा विधिशास्त्रीय दृष्टिकोण से अपराध को पारिभाषित किया

गया है। इनमें से कुछ विद्वानों द्वारा प्रस्तुत परिभाषाएँ यहाँ प्रस्तुत की जा रही हैं जो निम्न प्रकार हैं–

हेकरवाल अपराध को पारिभाषित करते हुए लिखते हैं, "अपराध कानून का उल्लंघन है।" यह परिभाषा अपराध की अवधारणा को पूर्ण रूप से स्पष्ट नहीं करती है।

ब्लैकस्टोन 'Commentaries', Vol. 4 में अपराध को पारिभाषित करते हुए लिखते हैं, "कोई सार्वजनिक कानून जो किसी व्यवहार के करने पर रोक लगाता है या ऐसा करने की अवज्ञा देता है, उसके उल्लंघनस्वरूप किया गया व्यवहार अपराध है।" इस परिभाषा से ज्ञात होता है कि कानून द्वारा जिन व्यवहारों पर रोक लगायी जाती है उसका उल्लंघन करना अपराध कहा जाता है।

अपराध को पारिभाषित करते हुए पॉल डब्ल्यू. टेपर ने "Crime, Justice and Correction' में लिखा है, "अपराध कानून का उल्लंघन है जो बिना किसी तर्कसंगति तथा प्रतिवाद के किया जाता है। विधिवेत्ताओं के अनुसार अपराध ऐसा आचरण है जो अपराध दण्ड संहिता के अंतर्गत है। अपराध की वैधानिक अवधारणा इस तरह के कार्य का राज्य शक्ति द्वारा निषिद्ध होना है।"

लैण्डिस तथा लैण्डिस अपराध को पारिभाषित करते हुए अपनी पुस्तक 'Social Living' में लिखते हैं "अपराध वह क्रिया है जिसे राज्य ने सामूहिक कल्याण के लिए हानिकारक घोषित किया है और जिसके लिए राज्य दण्ड देने की शक्ति रखता है।" इस परिभाषा से ज्ञात होता है कि कानूनी दृष्टिकोण से वही काम अपराध समझा जाता है जो कानून द्वारा निषिद्ध होता है। साथ ही इसके लिए व्यक्ति राज्य द्वारा सजा भी पा सकता है।

माइकेल तथा एडलर ने अपराध को पारिभाषित करते हुए 'Crime, Law and Social Science' में लिखा है, "अपराध वह व्यवहार है जो दण्ड संहिता (Criminal Code) द्वारा निषिद्ध ठहरा दिया गया है।" इस परिभाषा से पता चलता है कि अपराध कानून द्वारा निषिद्ध व्यवहार को कहा जाता है।

टैपन द्वारा भी अपराध की परिभाषा दी गई है। उन्होंने अपराध को पारिभाषित करते हुए 'Who is the Criminal?' में लिखा है, "अपराध कानून संहिता के उल्लंघन में जान-बूझकर किया गया एक व्यवहार है, जो बिना किसी आरक्षण के किया गया तथा जो राज्य द्वारा दण्डनीय है।" इस परिभाषा से स्पष्ट होता है कि कानून का उल्लंघन जब जान-बूझकर किया जाता है तब वह अपराध कहा जाता है। ऐसे अपराधों हेतु राज्य द्वारा सजा का भी प्रावधान रहता है।

अपराध की परिभाषा मैकेन्जी द्वारा भी दी गई है। उनके अनुसार, ''यह समाज के खिलाफ उन अपराधों से सम्बन्धित हैं जो राष्ट्रीय कानून द्वारा स्वीकृत हैं तथा जो दण्डनीय हैं।''

हाल्सबरी अपराध को पारिभाषित करते हुए लिखते हैं, ''अपराध गैर-कानूनी क्रिया या गलती है जो जनता के खिलाफ अपराध है और इस क्रिया या गलती को करने वाला कानूनी सजा के योग्य है।''

एडलर ने अपराध को पारिभाषित करते हुए लिखा है, ''व्यवहार का वह उदाहरण जो अपराधी-कानून द्वारा वर्जित है।''

अपराध के अनुसार सदरलैण्ड ''अपराध सामाजिक दृष्टिकोण से जुड़े हैं। अपराधी-कानून का उल्लंघन करने वाला व्यवहार ही अपराधी-व्यवहार है।'' इस परिभाषा से मालूम होता है कि जिन व्यवहारों द्वारा अपराधी-कानून का उल्लंघन होता है वही व्यवहार अपराध कहलाते हैं।

गिलीन एवं गिलीन ने अपराध को पारिभाषित करते हुए लिखा है, ''अपराध देश के खिलाफ किया गया व्यवहार है।''

अपराध के संदर्भ में मावरर का विचार है कि ''अपराध वह क्रिया है जिससे कानून का उल्लंघन होता है।''

अपराध को पारिभाषित करते हुए जस्टिन मिलर ने कहा है, ''जिन कार्यों को करने के लिए कानून प्रोत्साहित करता है या आज्ञा देता है उनको न करने और जिन कानूनों को कानून मना करता है उनको करने का नाम ही अपराध है।

कानून को शक्तिशाली बनाने के लिए दण्ड होता है जो राज्य द्वारा प्रदान किया जाता है। कोई भी वह काम जो व्यक्तियों की अंतरात्मा को कितना ही खराब क्यों न लगे तब तक अपराध नहीं है जब तक कानून उसको मना न करे।'' इस परिभाषा से ज्ञात होता है कि कानून द्वारा वर्जित कार्यों को करना ही अपराध है। इसके लिए दण्ड का प्रावधान होता है। साथ ही मनुष्य का कोई भी काम तब तक अपराध नहीं माना जाता जब तक कानून उस काम को करने के लिए मना नहीं करे। अपराध की प्रकृति को स्पष्ट करते हुए और इसे पारिभाषित करते हुए सी. डैरो ने अपनी पुस्तक 'Crime–Its Causes and Punishment' में लिखा है, "Crime is an Act forbidden by the law of the land for which penality prescribed." इस परिभाषा से स्पष्ट होता है कि अपराध एक ऐसा काम है जो एक स्थान विशेष से जुड़ा होता है। जिस स्थान का कानून जिस काम को करना निषिद्ध घोषित करता है, उस काम को करना कानूनी तौर पर अपराध

होता है। साथ ही इस परिभाषा से यह ज्ञात होता है कि अपराधी कार्यों के लिए व्यक्ति दण्ड भी पाता है। साथ ही यह भी कहा जा सकता है कि अपराध वह काम है जो जनसमूह के लिए हानिप्रद होता है।

जब एक विशेष प्रकार के काम को सामूहिक कल्याण के दृष्टिकोण से राज्य हानिकारक घोषित करता है तब वह काम अपराध की श्रेणी में आ जाता है। इसका अर्थ कानूनी दृष्टिकोण से वही काम अपराध समझा जाता है जो कानून द्वारा निषिद्ध होता है। तभी तो सदरलैण्ड ने लिखा है, "Anti-social behaviour is not crime unless it is prohibited by law." इलियट तथा मेरिल अपराध को पारिभाषित करते हुए लिखते हैं, "अपराध वह क्रिया है जो कानून द्वारा वर्जित है, जिसके लिए मृत्यु, कारावास, जुर्माना, कार्यगृह, सुधारगृह या जेल में रखकर दण्डित किया जा सकता है।" इस परिभाषा से मालूम होता है कि अपराध कानून द्वारा वर्जित क्रिया होता है व इसके लिए कानून में कई प्रकार से सजा का प्रावधान होता है। किसी काम को अपराध घोषित करने के लिए कर्त्ता का क्रिमिनल इनटेंशन का होना भी जरूरी होता है। इसकी कमी में किया गया काम अपराध नहीं माना जाता है। किन्तु ऐसा भी सार्वभौमिक नहीं है। इसलिए कोई काम अपराध है या नहीं, इसके लिए देखना चाहिए कि वह काम राज्य द्वारा निषिद्ध है या नहीं तथा कर्त्ता के intention and behaviour में कोई co-relation है या नहीं।

साथ ही डी.आर. टैफ्ट ने विचार दिया है कि किसी भी काम को अपराध घोषित करने के लिए यह देखना जरूरी है कि इस काम को करने वाले कर्त्ता की आयु कितनी है। अगर कर्त्ता कम आयु का है तो उसका काम अपराध की श्रेणी में न आकर बाल-अपराध की श्रेणी में आएगा। अपराध कानूनी दृष्टिकोण से कानून द्वारा निषिद्ध काम है लेकिन इसका अर्थ यह नहीं है कि यदि समाज में अपराधी कानून हो तो अपराध नहीं होंगे।

अपराधी कानून किसी काम को अपराध घोषित करे या न करे, सामाजिक तौर पर अपराध की भावना हमेशा बनी रहेगी। इतना हो सकता है कि इनके स्वरूपों या प्रकारों में अंतर पाया जाए। इस सन्दर्भ में सदरलैण्ड ने लिखा है, "The name of the behaviour would be changed but behaviour and the societal reaction to the behaviour would remain essentially the same, for the "Social interests" damaged by the behaviour would remain essentially unchanged." अपराध के उपर्युक्त वैधानिक दृष्टिकोण

से वर्णन का अध्ययन करने पर मालूम होता है कि वैधानिक दृष्टिकोण से अपराध कानून द्वारा वर्जित व्यवहारों या कार्यों को करना है। अन्य शब्दों में यह कहा जा सकता है कि जिस काम को कानून निषिद्ध घोषित कर देता है उसे करना ही कानूनी या वैधानिक दृष्टिकोण से अपराध है। अतः कानून में दण्ड का प्रावधान भी रहता है। साथ ही समय व स्थान विशेष में कानून भी पृथक्-पृथक् होता है तथा अलग-अलग व्यवहारों को अपराध की श्रेणी में रखा जाता है।

समाजशास्त्रीय अवधारणा और अपराध की परिभाषा

अपराध को विभिन्न समाजशास्त्रियों द्वारा सामाजिक दृष्टिकोण एवं समाजशास्त्रीय अवधारणा के आधार पर पारिभाषित किया गया है। परन्तु प्रत्यक्ष या अप्रत्यक्ष रूप से सभी ने इस बात को स्वीकार किया है कि अपराध एक ऐसा काम है जिससे समाज को क्षति पहुँचती है और जो सामाजिक आदर्श के खिलाफ होता है। हेकरवाल, सदरलैण्ड, टैफ्ट, रेडक्लिफ ब्राउन, थॉमस एवं जैनेनिकी आदि विद्वानों ने सामाजिक तौर पर अपराध की अवधारणा को स्पष्ट करने का प्रयास किया है। अपराध की समाजशास्त्रीय अवधारणा इस बात पर आधारित है कि अपराध के लिए समाज उत्तरदायी है। इस बात की पुष्टि करते हुए महात्मा गाँधी ने कहा है, "समाज का कर्त्तव्य है कि उन लोगों के प्रति, जो निश्चित रीतियों और परम्पराओं के खिलाफ काम कर बैठते हैं, हृदयहीन सौतेली माँ जैसा व्यवहार न करें। इस प्रकार के अपराध अलग प्रकार की बीमारियाँ हैं।"

महात्मा गाँधी के अनुसार गुप्त रूप से हम सभी अपराधी हैं। इस प्रकार यह पता चलता है कि सामाजिक रूप से परम्पराओं, सामाजिक मूल्यों तथा रूढ़ियों आदि का उल्लंघन करना अपराध कहलाता है। कभी-कभी व्यक्ति जान-बूझकर भी इसका उल्लंघन करता है तो कभी-कभी परिस्थितिवश भी। समाज ऐसा करने वालों को सामाजिक दण्ड देता है। अर्थात् सामाजिक रूप से भी अपराध करने पर सजा का प्रावधान होता है। अनेक विद्वानों द्वारा समाजशास्त्रीय रूप से दी गई परिभाषाओं का अवलोकन करने पर अपराध का स्वरूप और स्पष्ट हो जाएगा। विभिन्न विद्वानों द्वारा प्रस्तुत परिभाषाएँ निम्नांकित हैं–

अपराध को पारिभाषित करते हुए इलियट तथा मेरिल ने लिखा है, **"जब किसी व्यक्ति का आचरण असामाजिक ठहराया जाता है तो उसका आचरण उस मान्य आचरण से, जो उस समूह के माध्यम से उस स्थिति में निश्चित होता है, अलग होता है।"**

अपराध को पारिभाषित करते हुए हेकरवाल लिखते हैं, "सामाजिक दृष्टिकोण से अपराध या बाल-अपराध एक ऐसा व्यवहार है जो कि उन मानव-संबंधों की व्यवस्था में अवरोध उत्पन्न करता है जिसे कि समाज अपने अस्तित्व के लिए मौलिक शक्ति के रूप में मानता है।"

अपराध की परिभाषा थॉमस ने भी की है। उनके अनुसार, "अपराध एक ऐसा काम है जो उस समूह के स्थायित्व का विरोधी है जिसे कि व्यक्ति अपना समझता है।"

अपराध को पारिभाषित करते हुए प्रोफेसर रेकलेस ने लिखा है, "समाज के बनाए और माने हुए रास्ते को तोड़ने का नाम अपराध है, अपराध समाजशास्त्रीय दृष्टिकोण से उन कामों का नाम है जो सामाजिक रूढ़ियों एवं प्रथाओं को तोड़ते हैं किन्तु इसके लिए यह जरूरी नहीं है कि आधुनिक युग की कानून की किताब में इसका उल्लेख ही हो।"

अपराध की परिभाषा गैरोफेलो के द्वारा भी की गई है। उनके अनुसार "दया और ईमानदारी की प्रचलित भावनाओं का उल्लंघन ही अपराध है।"

डॉ. राम आहूजा ने अपराध को पारिभाषित करते हुए 'Social Problems of Modern India' में लिखा है, "समाजशास्त्रीय दृष्टिकोण से वह व्यवहार जो आदर्शमूलक समूहों के व्यावहारिक नियमों के अनुरूप है वह 'सामान्य' व्यवहार है और जो इन नियमों का उल्लंघन करता है वह 'समाज-विरोधी' व्यवहार है और यह 'अपराध' भी कहलाता है।"

अपराध को पारिभाषित करते हुए ई.आर. मोवरर ने 'Disorganization: Personal and Social' में लिखा है, "अपराध एक समाज-विरोधी काम है।"

गिलीन ने अपनी पुस्तक 'Criminology and Penology' में अपराध को पारिभाषित करते हुए लिखा है, "अपराध ऐसा काम है जो समाज के लिए हानिकारक साबित हो चुका है तथा समाज ऐसे व्यवहार को सकारात्मक दण्ड विधानों के अंतर्गत निषिद्ध करता है।"

रेडक्लिफ ब्राउन अपराध को पारिभाषित करते हुए लिखते हैं, "अपराध उन प्रचलित रीतियों को तोड़ना है जो सजा की अभिमति के अभ्यास को जन्म देती है।"

अपराध की समाजशास्त्रीय अवधारणा के आधार पर वृहत् एवं स्पष्ट रूप से परिभाषा सदरलैण्ड द्वारा की गई है। उनके अनुसार, "एक मूल्य जो एक समूह द्वारा या उस समूह की राजनीतिक दृष्टि से महत्त्वपूर्ण अंग द्वारा मान्यता प्राप्त है, समूह के

दूसरे भाग का उससे अलग होना अथवा सांस्कृतिक संघर्ष होना जिससे कि इस पृथक् भाग के सदस्य उस मूल्य की सराहना नहीं करते या बहुत कम सराहना करते हैं तथा फलस्वरूप उस मूल्य को खतरा पहुँचाने की ओर झुकते हैं, फिर उस अंग के द्वारा जो उस मूल्य की सराहना करता है उस अंग के लिए एक प्रभावपूर्ण दबाव की व्यवस्था जो उसकी सराहना नहीं करता।

इस प्रकार अपराध व्यक्ति के जगह पर समूह या समाज की नजर से देखा जाता है जो इन्हीं उपर्युक्त संबंधों का एक जाल मालूम पड़ता है।" समाजशास्त्रीय अवधारणा के आधार पर अपराध की उक्त परिभाषाओं के अवलोकन से ज्ञात होता है कि समाज में प्रचलित रीतियों एवं परम्पराओं को तोड़ना ही सामाजिक दृष्टिकोण से अपराध समझा जाता है। इन रीतियों एवं परम्पराओं को तोड़ने वाले समाज के द्वारा दण्ड के भागीदार भी होते हैं। साथ ही यह भी कहा जा सकता है कि सामाजिक एकता एवं संगठन को यदि किसी क्रिया द्वारा नष्ट किया जाता है तो वह अपराध कहलाता है।

मनोवैज्ञानिक अवधारणा पर आधारित अपराध की परिभाषा

अपराध की मनोवैज्ञानिक धारणा के अंतर्गत वृत्ति व अपराधी-व्यवहार के विश्लेषण पर विशेष जोर दिया गया है। अपराध का संबंध मानव-व्यवहार से है। किन्तु सभी मानव व्यवहार अपराध की सीमा में नहीं गिने जाते हैं। मनुष्य के मुख्य रूप से दो तरह के व्यवहार होते हैं—सामान्य व्यवहार तथा असामान्य व्यवहार। अगर मानव के सामान्य व्यवहार को सामाजिक रूप से स्वीकार कर लिया जाता है तो अपराध एक तरह के असामान्य व्यवहार के रूप में प्रदर्शित होता है। इसीलिए थॉमस का यह कथन सही प्रतीत होता है कि अपराध वह प्रक्रिया है जिसमें सामान्य व्यवहार-प्रतिमान में विचलन होता है। अपराध की मनोवैज्ञानिक अवधारणा इस वास्तविकता पर बल देती है कि अपराध के लिए व्यक्ति परिवेश की तुलना में अधिक उत्तरदायी है।

व्यक्ति अपराधी व्यवहार का कारक स्वयं होता है परिवेश तो मात्र जरिया होता है। सभी व्यक्ति सामाजिक परिवेश में ही रहते हैं किन्तु सभी अपराधी नहीं बन जाते। इसका कारण यह है कि ये व्यक्ति सामाजिक परिवेश के साथ अनुकूलन एवं अभियोजन स्थापित कर लेते हैं। केवल वे व्यक्ति अपराधी बन जाते हैं जो सामाजिक परिवेश के साथ अनुकूलन एवं अभियोजन स्थापित नहीं कर पाते। इस प्रकार यह कहा जा सकता है कि मनोवैज्ञानिक धारणा के अनुसार

व्यक्ति या उसका विघटनकारी व्यक्तित्व ही अपराध की उत्पत्ति करता है। इस संबंध में गौरेफेलो ने कहा है कि दया, ईमानदारी की भावना का दोषपूर्ण होना ही व्यक्ति को अपराधी बनाता है। इसी प्रकार गोडार्ड का कथन है कि अपराध मानसिक दुर्बलता का परिणाम है।

एडलर का कहना है कि अपराधी मन से होता है। आटोरेन्फ के अनुसार विघटित-व्यक्तित्व अपराध का कारक है। फ्रॉयड का विचार है कि अपराध दमन की अभिव्यक्तियाँ हैं। उक्त विद्वानों के विचारों से यह ज्ञात होता है कि मनोवैज्ञानिक कारणों से व्यक्ति अपराधी बनता है। इसके लिए सामाजिक परिवेश उत्तरदायी नहीं होता अपितु व्यक्ति स्वयं जिम्मेदार होता है। इसलिए मनोवैज्ञानिक अवधारणा के आधार पर भी अपराध का स्वरूप स्पष्ट होता है।

अपराधी कौन?

अपराधियों के वर्गीकरण से पूर्व यह जानना अत्यन्त आवश्यक है कि आखिर अपराधी कौन है? क्या वह, जैसा कि लोम्ब्रासो ने कहा था, नैतिक दृष्टिकोण से पतित व्यक्ति है? क्या वह मानसिक दृष्टि से अवकिसित व्यक्ति है? क्या वह वातावरण से घिरा हुआ असहाय व्यक्ति है और अपनी स्वेच्छा के वातावरण में रहना पसन्द करता है? क्या वह व्यक्ति बदलती सामाजिक परिस्थितियों के साथ सामंजस्य करने में असमर्थ रहा है? क्या वह अपराध केवल उत्सुकतावश करता है? इन सबसे महत्वपूर्ण प्रश्न यह है कि वह अपराधी क्यों है? और अपराधी कौन है? कानून तोड़ने वाले व्यक्ति को ही अपराधी की संज्ञा दी गई है।

आधुनिक युग में जब कानून और न्याय का समुचित विकास हो चुका है, अपराधी वह व्यक्ति है जो न्यायालय द्वारा घोषित दोषी व्यक्ति हो और उसके लिए कुछ दण्ड की भी व्यवस्था हो। अपराध की व्याख्या अनेक दृष्टियों से की जाती है। इसी प्रकार अपराधियों को भी अनेक दृष्टियों से समझने का प्रयत्न किया जाता है। समाजशास्त्रीय दृष्टिकोण से अपराधी वह व्यक्ति है जो समाज की रीतियों, प्रथाओं और परम्पराओं की अवहेलना करता है।

सामाजिक कल्याण की दृष्टि से कुछ मूल्यों की स्थापना हर समाज इन मूल्यों की रक्षा करता है। जो व्यक्ति इन मूल्यों की निन्दा करते हैं उन्हें अपराधी कहा जाता है। गिलिन और गिलिन ने लिखा है कि "समाजशास्त्रीय दृष्टि से अपराधी वह है जो ऐसा कार्य करने का दोषी है जिस पर समाज का विश्वास है और इसे

कार्यान्वित करने की शक्ति है, समाज के लिए खतरनाक है और अतः ऐसा करना निषिद्ध है।" जो व्यक्ति दण्ड संहिता का उल्लघंन करता है, कानून की दृष्टि से वह व्यक्ति अपराधी है। कानून तोड़ने वाला व्यक्ति ही अपराधी है। धार्मिक दृष्टि से धर्म और ईश्वर की अवहेलना करने वाला व्यक्ति अपराधी है, अतः उसे अधार्मिक की संज्ञा दी जाती है। नैतिक दृष्टि से नीतिशास्त्र के विरुद्ध काम करना ही अपराध है। सरल शब्दों में सदाचार का उल्लंघन अपराध है। बुरे आचरणों को ही अपराध कहा जाता है। कुछ भी हो, अपराधी अपने समाज के साथ संघर्षरत वह व्यक्ति है जो अपने समाज के साथ सामंजस्य और सहयोग करने में असमर्थ रहा है, उसकी इस असमर्थता की वजह से कुछ भी हो सकता है।

इसके साथ ही कुछ विद्वानों के मतानुसार अपराधी व्यवहार सीखा हुआ व्यक्ति होता है। जिस प्रकार कुशल शिक्षा और प्रशिक्षण किसी भी व्यक्ति को चिकित्सक बना देता है, ठीक इसी प्रकार अपराध भी सीखा जाता है और आगे चलकर यह व्यक्ति की आदत के रूप में बदल जाता है। जब वह अपनी इस आदत का समाज पर प्रदर्शन करता है तो अपराधी कहा जाता है। समाज में कुछ व्यक्ति शक्तिशाली होते हैं जो दूसरे व्यक्तियों पर सामाजिक मूल्य लादते हैं। ये सामाजिक मूल्य दो प्रकार के होते हैं—क्षेत्रीय और सार्वभौमिक। क्षेत्रीय सामाजिक मूल्य वे हैं जो एक क्षेत्र-विशेष तक ही सीमित रहते हैं जबकि सार्वभौमिक मूल्य वे हैं जो सभी समाजों में समान रूप से मान्यताप्राप्त होते हैं। किसी संस्कृति में व्यक्ति का एक विशेष प्रकार का कार्य अपराध नहीं समझा जाता, जबकि दूसरे समाज में उसी प्रकार के कार्य को अपराध की संज्ञा दी जाती है। उदाहरणार्थ मद्यपान को सार्वभौमिक अपराध नहीं माना जाता है।

अपराध एवं अपराधियों का वर्गीकरण

अपराध एक प्रकार के नहीं अपितु कई तरह के होते हैं। चूंकि ये मनुष्य द्वारा किए जाते हैं एवं मनुष्य के व्यवहार भी अलग-अलग प्रकार के होते हैं इसलिए अपराध भी अलग-अलग प्रकार के होते हैं। समाजशास्त्रियों के अध्ययन का विषय अपराध का अध्ययन न होकर अपराधियों का अध्ययन करना होता है। यदि अपराधी का अध्ययन हो जाए तो अपराध का अध्ययन स्वयं हो जाता है। यहाँ विभिन्न विद्वानों द्वारा प्रस्तुत अपराधियों के वर्गीकरण का उल्लेख निम्न प्रकार से किया जा सकता है—

ई.एच. सदरलैण्ड ने दो प्रकार के अपराधियों का उल्लेख किया है–

(i) साधारण या निम्न श्रेणी के अपराधी तथा

(ii) श्वेतवस्त्रधारी अपराधी।

सामान्य या निम्न श्रेणी के अपराधी वे अपराधी हैं जिनकी आर्थिक व सामाजिक स्थिति निम्न है। अर्थात् सामाजिक एवं आर्थिक रूप से पिछड़ा हुआ व्यक्ति अगर कोई अपराध करता है तो वह साधारण या निम्न श्रेणी के अपराध के अधीन आता है। ऐसे अपराधी उचित न्याय पाने में भी असमर्थ होते हैं। उन अपराधियों को श्वेतवस्त्रधारी अपराधी कहा जाता है जिनकी सामाजिक तथा आर्थिक स्थिति समाज में उच्च होती है। उनके अपराध पर कोई शीघ्र विश्वास भी नहीं करता। किन्तु वे अपराध करते हैं। ऐसे लोग अपने व्यवसाय के दौरान अपराध करते हैं जिसका लोगों को पता नहीं चलता है जैसे–डॉक्टर प्राइवेट प्रैक्टिस के दौरान, वकील अपने पेशे के दौरान व उच्च अधिकारी भी रिश्वत आदि लेकर इस तरह का अपराध करते हैं। इस प्रकार के अपराध का कोई पता नहीं चलता तथा अधिकतर अपराधी को इस प्रकार के अपराध के लिए कोई सजा भी नहीं मिलती है।

बार्न्स व टीटर्स ने 'New Horizons in Criminology' में कहा है कि श्वेतवस्त्रधारी अपराधी वह है जो सन्देहपूर्ण आचार द्वारा व्यापार करते हैं। गबन, रिश्वत, कर-चोरी, धोखाधड़ी, मिलावट, काला-बाजारी आदि इस प्रकार के अपराध कहे जा सकते हैं। काल्डवेल, टेपन, जार्ज बोल्ड एवं कुछ अन्य विद्वानों ने सदरलैण्ड द्वारा प्रस्तुत इस वर्गीकरण की आलोचना की है। उनका मानना है कि सदरलैण्ड द्वारा कोई ऐसा निश्चित लक्षण नहीं बतलाया गया है जिसके आधार पर अपराधी के प्रकार को निश्चित किया जाए।

सीजर लोम्ब्रोसो ने 'Crime : Its Causes and Remedies' नामक पुस्तक में 383 इटालियन अपराधियों का अध्ययन कर उन्हें वर्गीकृत किया। उन्होंने अलग-अलग आधारों पर अपराधियों का वर्गीकरण प्रस्तुत किया जो निम्नलिखित हैं–

(i) जन्मजात अपराधी,

(ii) पागल अपराधी,

(iii) कामुक अपराधी,

(iv) आकस्मिक अपराधी।

जन्मजात अपराधी वैसे अपराधी को कहा जाता है जिनमें कुछ विशिष्ट शारीरिक विशेषताएँ पाई जाती हैं। लोम्ब्रोसो ने 19 विशिष्ट शारीरिक विशेषताओं का वर्णन किया है व बताया है कि इनमें से किसी पाँच या उससे अधिक लक्षण अगर किसी व्यक्ति में पाये जाएं तो वह अवश्य अपराधी प्रवृत्तिवाला व्यक्ति होगा।

लोम्ब्रोसो के अनुसार दूसरे प्रकार के अपराधी पागल अपराधी होते हैं। ये मानसिक बीमारी के कारण अपराध कर बैठते हैं।

लोम्ब्रोसो के अनुसार तीसरे तरह के अपराधी कामुक अपराधी होते हैं। ऐसे अपराधी अपनी काम-पिपासा शान्त करने हेतु अपराध करते हैं।

चौथे प्रकार के अपराधी लोम्ब्रोसो के अनुसार आकस्मिक अपराधी हैं। इस प्रकार के अपराधी मानसिक व शारीरिक दोषों से स्वतंत्र होते हैं। ये बाह्य परिस्थितियों के कारण अपराध कर बैठते हैं। आकस्मिक अपराधी को तीन उपश्रेणियों में विभक्त किया जा सकता है–

(क) मिथ्या अपराधी

(ख) अभ्यस्त अपराधी

(ग) अपराधी सम मिथ्या अपराधी।

हैण्डर्सन ने 'Atlantic Monthly' में अपराधियों को तीन श्रेणियों में विभक्त किया है। ये श्रेणियाँ निम्नांकित हैं–

(i) आदतन अपराधी नहीं,

(ii) जो ऊपरी तौर पर अपराध करते हों तथा

(iii) जिनकी आदत ही अपराध करने की हो गई है।

लेमर्ट ने अपराधों का तीन तरह से वर्गीकरण किया है–

(i) स्थितिजन्य अपराध

(ii) नियोजित अपराध तथा

(iii) विश्वासघातक अपराध।

उक्त विवरणों से पता चलता है कि कई विद्वानों ने अपराधियों का अलग-अलग वर्गीकरण प्रस्तुत किया है।

स्थितिजन्य अपराध मनुष्य जान-बूझकर नहीं करता। ऐसी परिस्थितियाँ आ जाती हैं जिनमें ये अपराध हो जाते हैं। अर्थात् यह कहा जा सकता है कि मनुष्य स्वभावतः समाज-विरोधी काम नहीं करना चाहता है। क्योंकि इस प्रकार के

अपराध परिस्थितिवश होते हैं अतः इनमें व्यक्ति की इच्छा एवं अनिच्छा का प्रश्न ही नहीं उत्पन्न होता। इस प्रकार के अपराध प्रायः देखने को मिलते रहते हैं।

हमारे देश में बेरोजगारी की समस्या एक विकराल समस्या है। यदि सभी तरह से योग्य व्यक्ति को रोजगार नहीं मिलता है और इससे ऊबकर अगर वह आत्महत्या कर लेता है तो इस प्रकार का अपराध परिस्थितिजन्य अपराध कहलाता है। यह अपराध परिस्थितिवश किया जाता है। नियोजित अपराध ऐसे अपराधों को कहा जाता है जो सोच-विचारकर नियोजित तरीके से किए जाते हैं। आधुनिक युग में इस तरह के अपराधों में बढ़ोतरी हो रही है। चोरी करना, लूटना, डाका डालना, सरकारी अध्यादेशों का उल्लंघन करना तथा धारा 144 का उल्लंघन करना आदि नियोजित अपराध के उदाहरण कहे जा सकते हैं।

इस तरह के अपराध परिस्थितिवश नहीं होते अपितु इसमें अपराध करने वाले की इच्छा प्रबल होती है। विश्वासघात ऐसा अपराध है जिसमें अपराध करने वाला व्यक्ति पहले लोगों का विश्वास पाता है तथा उसके उपरांत में उनके साथ अपराध करता है। इस अपराध को ठगी की संज्ञा दी जा सकती है। अपराधों का वर्गीकरण दो बातों के आधार पर हेज ने किया है। इनमें प्रथम आधार अपराधी का उद्देश्य है तथा द्वितीय आधार अपराध की प्रेरक शक्तियाँ हैं। इन दो तत्त्वों के आधार पर हेज ने अंपराधों को तीन भागों में विभक्त गया है जो अग्रांकित हैं–

(i) व्यक्ति के खिलाफ अपराध,

(ii) सम्पत्ति के खिलाफ अपराध तथा

(iii) व्यवस्था के खिलाफ अपराध।

व्यक्ति के खिलाफ अपराध ऐसे अपराध को कहा जाता है जो किसी व्यक्ति विशेष या व्यक्तियों को क्षति पहुँचाती हो।

सम्पत्ति के खिलाफ अपराध ऐसे अपराध को कहा जाता है जो सम्पत्ति को प्राप्त करने या उसे क्षति पहुँचाने के लिए किया जाता है।

व्यवस्था के खिलाफ अपराध ऐसे अपराध को कहा जाता है जब किसी व्यवस्था के प्रति रोष व्यक्त करते हुए कोई अपराध किया जाता है।

बोंजर ने अपराधों का वर्गीकरण प्रयोजन के आधार पर किया है। इस आधार पर उन्होंने अपराध के प्रकार बताए हैं–

(i) आर्थिक अपराध,

(ii) यौन-संबंधी अपराध,

(iii) राजनीतिक अपराध तथा

(iv) विविध अपराध।

आर्थिक अपराध वैसे अपराध को कहा जाता है जिसका प्रयोजन आर्थिक कल्याण को साधना होता है।

यौन-संबंधी अपराध वैसे अपराध हैं जिनमें यौन-संबंधी आवश्यकता की पूर्ति अनैतिक माध्यम से किया जाता है।

राजनीतिक अपराध वैसे अपराध हैं जो राजनीति के क्षेत्र में होते हैं। जब राजनेता राजनीतिक रूप से कोई अपराध करते हैं तब उसे राजनीतिक अपराध कहा जाता है।

अन्य अपराध के अधीन कई प्रकार के अपराध आते हैं। अपराधों की कोई कमी नहीं है। अतः अनेक प्रकार के अपराध विविध अपराध के अधीन रखे जाते हैं।

अपराध के उपर्युक्त वर्गीकरणों के अलावा कुछ अन्य वर्गीकरणों की चर्चा की जा सकती है जो निम्नलिखित हैं–

गंभीरता के आधार पर अपराध को दो वर्गों में विभक्त किया जा सकता है–

(i) साधारण अपराध तथा

(ii) गंभीर अपराध।

साधारण अपराध वैसे अपराध को कहा जाता है जिनकी प्रकृति सामान्य होती है। अर्थात् इस प्रकार के अपराध के कोई गंभीर परिणाम नहीं होते।

गंभीर अपराध वैसे अपराध को कहा जाता है जिनसे समाज तथा देश को हानि पहुँचती है। अतः ऐसे अपराधों की प्रकृति गंभीर होती है।

संख्या के आधार पर सरकार ने पाँच प्रकार के अपराध निर्धारित किए हैं जो निम्नलिखित हैं–

(i) व्यक्ति के खिलाफ अपराध,

(ii) सम्पत्ति के खिलाफ अपराध,

(iii) राज्य के खिलाफ अपराध,

(iv) व्यवस्था के खिलाफ अपराध तथा

(v) न्याय के खिलाफ अपराध।

आपराधिक प्रवृत्ति के लक्षण

अपराध की प्रकृति पृथक्-पृथक् होती है। यही वजह है कि सभी समाजों में अपराध एक जैसे नहीं पाए जाते हैं। यह एक सार्वभौमिक घटना है। यह संसार के सभी देशों में पायी जाती है। भले ही भिन्न-भिन्न समाजों या समयों में इसकी प्रकृति में अंतर पाई जाती हो। किन्तु यह सदैव विद्यमान रहता है। अपराध मुख्य रूप से समाज एवं कानून के खिलाफ व्यवहार को कहा जाता है। अर्थात् व्यक्ति के किसी व्यवहार से यदि सामाजिक आदर्श, प्रथा, मूल्य एवं परम्परा को खतरा हो तो उसका यह व्यवहार अपराध कहलाता है।

प्रत्येक समाज अपने सदस्यों के लिए कुछ व्यवहारों को निर्धारित करता है जो उस समाज के आदर्श, प्रथा, मूल्य एवं परम्परा के अनुकूल हो। समाज द्वारा निर्धारित इन्हीं व्यवहारों का उल्लंघन करना अपराध कहलाता है। इसी प्रकार कानून भी व्यक्तियों के लिए कुछ व्यवहार या नियम निर्धारित करता है। कानून द्वारा निर्धारित व्यवहार या नियम का पालन नहीं करना या उसका उल्लंघन करना ही कानूनी दृष्टिकोण से अपराध कहा जाता है। इस तरह पता चलता है कि सामाजिक तथा कानूनी दोनों दृष्टिकोणों से अपराध व्यक्तियों का इसके खिलाफ व्यवहार को कहा जाता है। अपराध के कुछ लक्षण या विशेषताएँ होती हैं जिनके आधार पर मनुष्य की क्रियाओं को अपराध कहा जाता है। अपराध की निम्नलिखित विशेषताएँ अथवा लक्षण बताए जा सकते हैं–

(1) अपराध का बाह्य परिणाम होता है–अपराध की प्रथम विशेषता या लक्षण यह है कि इसका बाह्य नतीजा होता है। कहने का अभिप्राय यह है कि अपराध द्वारा किसी-न-किसी प्रकार की क्षति अवश्य होती है चाहे वह हानि व्यक्तिगत हो या सामूहिक। अपराधी क्रिया के अधीन वे ही क्रियाएँ आती हैं जिनसे समाज को नुकसान हो। इस परिप्रेक्ष्य में सदरलैण्ड ने लिखा है, "अपराध हानिकारक क्रिया है, केवल मानसिक या भावात्मक क्रिया ही पर्याप्त नहीं है।" इस तरह यह कहा जा सकता है कि अपराध किसी-न-किसी रूप में व्यक्ति या समाज को क्षति ही पहुँचाता है।

(2) अपराध के लिए क्रिया का होना आवश्यक है–अपराध की दूसरी विशेषता अथवा लक्षण यह है कि अपराध के लिए क्रिया का होना आवश्यक है। अर्थात् यदि कोई व्यक्ति अपराध के बारे में सोचता है और उसे करता नहीं है तो वह अपराध नहीं कहलाएगा। साथ ही यह क्रिया समाज अथवा कानून द्वारा

निषिद्ध भी होनी चाहिए। यदि कोई क्रिया समाज अथवा कानून द्वारा निषिद्ध नहीं है तो वह अपराध की श्रेणी में नहीं आता। उदाहरणार्थ अगर कोई व्यक्ति ट्रेन में डाका डालने की सोचता है तो उसका ऐसा सोचना अपराध नहीं कहलाएगा। जब वह अपनी सोच को कार्यान्वित करेगा तो उसे अपराध कहा जाएगा। साथ ही अगर आत्मरक्षार्थ कोई विवश होकर क्रिया करे तो वह भी अपराध की श्रेणी में नहीं रखा जाता है।

यदि कोई व्यक्ति किसी लड़की की अस्मत लूट रहा हो और अपने आत्मरक्षार्थ यदि वह गोली चलाती है जिससे उस व्यक्ति की मृत्यु हो जाती है तो ऐसी क्रिया अपराध नहीं कहलाएगी। कहने का अभिप्राय यह है कि ऐसी क्रिया जान-बूझकर नहीं की गई है तथा अपने आत्मरक्षार्थ बाध्य होकर की गई है। इस प्रकार यह पता चलता है कि व्यवहार में लाकर या क्रिया करके ही अपराध किए जा सकते हैं, केवल सोचने से नहीं। अतः क्रिया अपराध की एक विशेषता कही जा सकती है।

(3) अपराध कानून द्वारा निषिद्ध होता है—अपराध की तीसरी विशेषता या लक्षण यह है कि यह कानून द्वारा निषिद्ध होता है। कहने का अभिप्राय यह है कि जब तक कोई क्रिया या व्यवहार कानून द्वारा निषिद्ध घोषित नहीं किया जाता है तब तक वह अपराध नहीं कहा जाता। भले ही उस क्रिया या व्यवहार से व्यक्ति तथा समाज का कितना ही क्षति क्यों न हो रहा हो। इस संबंध में सदरलैण्ड ने भी कहा है, "समाज-विरोधी व्यवहार को तब तक अपराध नहीं कहा जा सकता जब तक कि वह कानून के द्वारा निषिद्ध न हो।" अर्थात् जब तक समाज विरोधी व्यवहार कानून द्वारा अपराध घोषित नहीं कर दिया जाता है तब तक वह अपराध की श्रेणी में नहीं आता है भले ही इससे व्यक्ति या समाज का जितना भी नुकसान हो जाए। तभी तो गिलीन एवं गिलीन ने भी लिखा है, "किसी भी देश के कानून के खिलाफ किया गया काम अपराध है।" इससे यह ज्ञात होता है कि कानून के खिलाफ किया गया काम अपराध है। इसे एक उदाहरण से स्पष्ट किया जा सकता है।

भारत में जब सती-प्रथा का प्रचलन था उस समय यह अपराध नहीं था चूँकि कानून ने इसे अपराध घोषित नहीं किया था। जब कानून ने सती-प्रथा को अपराध घोषित कर दिया तब वह प्रथा अपराध हो गया। हालाँकि सती-प्रथा अमानवीय प्रथा थी व इससे धन एवं जन दोनों की क्षति होती थी किन्तु यह कानून द्वारा अपराध घोषित नहीं किया गया था तो यह अपराध नहीं था। इसी प्रकार

बहुत जगहों पर मद्यपान को कानूनन अपराध घोषित किया गया है। वहाँ मद्यपान अपराध है किन्तु जहाँ इसे अपराध घोषित नहीं किया गया है वहाँ यह अपराध नहीं है। इस सन्दर्भ में पी. गोस्वामी ने लिखा है, ''कोई भी हानि जो अपराध है या कहा जा सकता है, निश्चित रूप से कानूनी दृष्टि से वर्जित काम होना चाहिए।'' इस प्रकार यह मालूम होता है कि कोई भी काम जब तक वह कानून द्वारा निषिद्ध घोषित नहीं किया गया हो तब तक अपराध नहीं कहा जा सकता है।

(4) अपराध के लिए अपराधी नीयत का होना आवश्यक है—अपराध की चौथी विशेषता या लक्षण यह है कि अपराध के लिए अपराधी नीयत का होना आवश्यक है। अपराध में दो तत्त्वों का मिश्रण होता है। इनमें एक है प्रयोजन तथा दूसरा है नीयत। अपराध का संबंध प्रयोजन से कम होता है। अर्थात् अगर अपराधी का प्रयोजन कितना ही उच्च क्यों न हो किन्तु यदि वह कानून द्वारा वर्जित है तो वह अपराध की श्रेणी में ही आएगा। यदि कोई निर्धन स्त्री अपने भूख से तड़पते बच्चे को देख नहीं पाती है व विवश होकर उसका गला दबा देती है। इस काम में माँ का प्रयोजन गलत नहीं है लेकिन उसकी नीयत समाज विरोधी है और इसे कानून द्वारा अपराध की श्रेणी में रखा जाएगा। किन्तु ऐसा सार्वभौमिक नहीं है। इस प्रकार यह कहा जा सकता है कि अपराध की एक विशेषता या लक्षण अपराधी नीयत है।

(5) अपराध के लिए दण्ड का निर्धारित होना—अपराध की पाँचवीं विशेषता या लक्षण यह है कि अपराध के लिए दण्ड निर्धारित रहता है। दण्ड का निर्धारण न्यायालयों के माध्यम से होता है। सजा भी किसी को यूं ही नहीं दे दिया जाता। पहले कोई व्यक्ति अभियुक्त होता है। यानी जब किसी व्यक्ति पर कोई अभियोग लगाया जाता है तो उस पर न्यायालय में मुकदमा चलाया जाता है। इस समय व्यक्ति अपराधी न होकर अभियुक्त होता है। जब न्यायालय किसी अभियुक्त को अपराधी मानकर उसे सजा सुना देता है तब वह व्यक्ति अपराधी कहलाता है। अगर व्यक्ति को अपराध से स्वतंत्र कर दिया जाता है अर्थात् सजा नहीं दिया जाता है तब वह अपराधी नहीं कहलाता है। इसलिए यह पता चलता है कि अपराध के लिए दण्ड निर्धारित किया जाता है। इस संबंध में पी. गोस्वामी ने भी 'Criminology' में लिखा है, "If there is no punishment, fixed and prescribed by law, then it will be difficult task to point out which is a crirminal act and which is not." इसलिए यह स्पष्ट होता है कि अपराध की एक विशेषता या लक्षण दण्ड का निर्धारण कहा जा सकता है।

अपराध हेतु उत्तरदायी कारक

अपराध का संबंध मनुष्य से प्रत्यक्ष रूप से सम्बन्धित है। यह एक सार्वभौमिक घटना है। मानव व्यवहार सभी समाजों तथा सभी समयों में एक बराबर नहीं होते हैं। इस तरह अपराध के कारण या कारक भी अनेकों हो सकते हैं। इसके कारण असंख्य हो सकते हैं। भरसक इसीलिए काल्डवेल्स ने 'क्रिमिनोलॉजी' में अपराध के कारणों के संबंध में बहुकारवाद के सिद्धान्त का प्रतिपादन किया। अनेक विद्वानों ने अपरध के कारणों की सूची प्रस्तुत की। यहाँ कुछ विद्वानों द्वारा प्रस्तुत अपराध के कारणों की सूची प्रस्तुत की जा रही है जो निम्नांकित हैं–

डेविड ड्रैस्लर ने अपराध के कारणों की एक सूची प्रस्तुत की है जो निम्न प्रकार है–

1. अत्यधिक दमनकारी पुलिस व्यवस्था
2. सिनेमा घरों से हिंसा का बढ़ता हुआ प्रदर्शन।
3. तलाक तथा पारिवारिक या गृह-विच्छिन्नता
4. बाल्यावस्था में अभिभावकों का अधिक स्नेह
5. बाल्यावस्था में अभिभावकों का अपर्याप्त प्रेम
6. घर में अधिक शारीरिक दण्ड
7. अपराध साहित्य एवं जासूसी
8. अति दबावमूलक धार्मिक प्रशिक्षण
9. परिवार में अपर्याप्त शारीरिक दण्ड
10. परिवार में असंगत शारीरिक दण्ड
11. निर्धन बाल्यकाल
12. अधिक सम्पन्न बाल्यकाल
13. अधिक शिक्षा
14. अपर्याप्त शिक्षा
15. धार्मिक प्रशिक्षण की कमी
16. भग्न परिवार या घर
17. पुलिस की सख्त व्यवस्था
18. धनाढ्यता
19. गरीबी
20. बौद्धिक कुशाग्रता

21. मन्द-बुद्धिता।

सिरील बर्ट ने 'दि यंग डेलिन्क्वेंट' में अपराध के कारणों की एक सूची प्रस्तुत की है जो निम्नांकित है–

1. दोषपूर्ण नैतिक तथा सामाजिक परिस्थितियाँ।
2. शारीरिक दुर्बलता
3. जर्जर तथा थका हुआ शरीर
4. दोषपूर्ण ग्रन्थि
5. अभिभावकों में नियंत्रण का अभाव
6. शराब तथा नशीली दवाइयों का सेवन
7. दाग व आय का असमान वितरण
8. अपूर्ण मनोरंजन सुविधाएँ
9. भावनात्मक असन्तुलन
10. शिक्षा का अभाव
11. मजदूरों का शोषण
12. अस्थायी पागलपन
13. व्यक्तिवादी अराजकता
14. स्वच्छन्दतावादी दृष्टिकोण
15. सामाजिक अपूर्णता
16. अवैध तरीके से धनोपार्जन
17. विभाजित परिवार
18. धार्मिक भ्रष्टाचार
19. पुलिस का भ्रष्टाचार
20. प्रेम की कमी

उपर्युक्त दोनों विद्वानों द्वारा प्रस्तुत सूचियों से ज्ञात होता है कि अपराध के असंख्य कारण हो सकते हैं। इसके सभी कारणों को स्पष्ट करना संभव नहीं प्रतीत होता है। अपराध के कारण से जुड़ी विभिन्न विद्वानों ने विभिन्न सिद्धान्तों का प्रतिपादन भी किया है जिनका यहाँ अवलोकन करना सही प्रतीत होता है।

(1) क्लासिक थ्योरी–अपराध के कारण से सम्बन्धित एक सिद्धान्त सी. बेकारिया ने प्रस्तुत किया है। इन्होंने अपराध से जुड़े जिस सिद्धान्त को प्रतिपादित किया वह सिद्धान्त 'क्लासिकल थ्योरी' के नाम से जानी जाती है। बेकारिया के अनुसार अपराध का कारण यह है कि अपराध करने पर व्यक्ति को दुःख की

अपेक्षा सुख की अधिक अनुभूति होती है। अर्थात् अपराध का कारण दुःख की तुलना में सुख की ज्यादा अनुभूति है। यह सिद्धान्त काल्पनिक विश्वासों पर आधारित कहा जा सकता है क्योंकि अपराधी एक एकाउण्टेंट नहीं होता जो अपराध करने से पूर्व उससे मिलने वाले दुःख और सुख का हिसाब जोड़ ले।

(2) जियोग्राफिक थ्योरी—अपराध के कारण से जुड़ा दूसरा सिद्धान्त 'जियोग्राफिकल थ्योरी' के नाम से जाना जाता है। इसके प्रवर्तक क्वेटलेट एवं गुरे हैं। इनके अनुसार भौगोलिक स्थितियाँ यथा—मौसम, वातावरण तथा इसी प्रकार की अन्य स्थितियाँ अपराध के लिए उत्तरदायित्व होती हैं। अर्थात् इनके विचार में भौगोलिक स्थितियाँ अपराध की प्रकृति और मात्रा को निश्चित करती हैं। अपराध के कारण से सम्बन्धित यह सिद्धान्त उचित नहीं प्रतीत होता है। अगर भौगोलिक स्थितियाँ अपराध का कारण हैं तो एक समान भौगोलिक स्थितियों के दो समाजों में अपराध की प्रकृति, स्वरूप एवं मात्रा एक जैसा होना चाहिए। किन्तु ऐसा नहीं होता है। अतः अपराध के कारण से सम्बन्धित इस सिद्धान्त को सही नहीं माना जा सकता है।

(3) टाइपोलॉजिकल थ्योरी—अपराध के कारण से सम्बन्धित तीसरा सिद्धान्त 'टाइपोलॉजिकल थ्योरी' है। इस सिद्धान्त के प्रवर्तकों में लोम्ब्रोसो, फेरी, गैरोफेलो व हूटन, आदि का नाम प्रमुख है। इन लोगों का कहना है कि अपराधी जन्मजात होते हैं। इनके अनुसार अपराध का गुण आनुवंशिक प्रक्रियाओं के माध्यम से एक पीढ़ी से दूसरी पीढ़ी को हस्तांतरित होता रहता है। टाइपोलॉजिकल थ्योरी के प्रवर्तकों का मत भी उचित नहीं प्रतीत होता है। अगर अपराधी जन्मजात होते तो सभी समाजों में अपराध की समान प्रकृति पाई जाती क्योंकि व्यक्ति की जैविकीय क्षमताएँ हर समाज या जगह पर एक समान होती हैं।

इस प्रकार यह सिद्धान्त भी अपराध के कारणों पर उचित प्रकाश डालने में असमर्थ होता है। अगर यह मान भी लिया जाए कि 'अपराधी जन्मजात होते हैं' तब इस बात को स्वीकार करना होगा कि अपराध के लिए दण्ड देने से कोई लाभ नहीं होगा क्योंकि जन्मजात प्रवृत्ति को परिवर्तित नहीं किया जा सकता है। लेकिन ऐसे भी उदाहरण इतिहास में हैं कि दुर्दांत अपराधियों का भी हृदय परिवर्तन हुआ है और वे समाज की धारा में जुड़ गए हैं।

स्वर्गीय जयप्रकाश नारायण द्वारा चम्बल के दुर्दांत डाकुओं का आत्मसमर्पण कराना इस बात का प्रत्यक्ष उदाहरण है। इसलिए यह सिद्धान्त भी अपराध के कारणों को स्पष्ट नहीं कर पाता। अपराध के कारणों से सम्बन्धित एक सिद्धान्त

समाजशास्त्रीय सिद्धान्त के नाम से जाना जाता है। इस सिद्धान्त के आधार पर अपराध विभिन्न कारकों की उपज है। किन्तु इस सिद्धान्त के अनुसार अपराधी व्यवहार सामाजिक दशाओं के द्वारा ही निर्धारित होता है या उसी का नतीजा है। समाजशास्त्रीय सिद्धान्त भी अपराध के कारणों पर सही प्रकाश नहीं डाल पाता है।

यह सिद्धान्त मानता है कि सामाजिक दशाएँ ही अपराध में महत्त्वपूर्ण भूमिका अदा करती हैं, जो उचित नहीं प्रतीत होता। इसलिए यह सिद्धान्त भी पूर्णरूपेण मान्य नहीं कहा जा सकता है। अपराध के कारणों से सम्बन्धित उपर्युक्त सिद्धान्तों के अवलोकन से ज्ञात होता है कि कोई भी सिद्धान्त अपराध के कारणों पर उचित प्रकाश नहीं डाल पाया है। इसका कारण यह है कि हर सिद्धान्त अपराध के लिए किसी खास कारक को ही जिम्मेदार मानता है। दरअसल अपराध का निर्धारण किसी एक विशेष कारण या कारक के आधार पर नहीं किया जा सकता। इस बारे में मैक्सवेबर तथा परेटो ने भी कहा है कि अपराध के एक कारण नहीं होकर अलग कारण हैं। इसका कारण यह है कि भिन्न-भिन्न घटनाएँ एक-दूसरे से अंतःसम्बन्धित होते हैं। इस संबंध में इलियट तथा मेरिल ने भी अपनी पुस्तक 'Social Disorganization' में लिखा है, "The factors in relation to the whole, rather than the sum of the single isolated factors, must be considered in any satisfactory analysis..... The behaviour is a resultant of the forces impinging upon the individual plus the characteristics of his personality." इस प्रकार यह कहा जा सकता है कि अपराध किसी एक कारक का नतीजा नहीं होता है अपितु इसके विभिन्न कारण होते हैं। अर्थात् अपराध के कई कारण होते हैं। अपराध से जुड़े कारणों को निम्नांकित भागों में विभक्त किया जा सकता है–

(1) शारीरिक दशाएँ एवं बीमारियाँ–शारीरिक दशा एवं बीमारियों के कारण भी व्यक्ति अपराध की तरफ अग्रसर होता है। लोम्ब्रोसो, फेरी, हूटन, गैरोफेलो, गोडार्ड, एडोल्फ लेन्जे तथा गोरिंग आदि विद्वानों ने शारीरिक दशाओं एवं बीमारियों को अपराध का कारण माना है। इन विद्वानों का कहना है कि अपराधी प्रवृत्तियाँ एक पीढ़ी से दूसरी पीढ़ी को आनुवंशिकता की प्रक्रिया के माध्यम से हस्तांतरित होती रहती हैं और इस तरह आनुवंशिकता अपराध का एक कारण माना जा सकता है। हूटन ने 1939 में 13,873 अपराधियों तथा 3,000 गैर-अपराधियों का अध्ययन कर यह बताया कि प्रजातीय लक्षणों के कारण अपराध फैलता है।

इसी तरह U.S.A. के पूर्वी राज्य के 'Peniten siyati' नामक सुधार गृह ने 1986 में 63 अपराधियों का अध्ययन किया।

यह अध्ययन वैयक्तिक अध्ययन पद्धति द्वारा किया गया। इस अध्ययन से यह ज्ञात होता है कि अपराधी लक्षण आनुवंशिकता की प्रक्रिया द्वारा एक पीढ़ी से दूसरी पीढ़ी को हस्तांतरित होता रहता है। इसी प्रकार डूगेल एवं एस्टाब्रूक ने ज्यूक तथा इडवार्ड परिवारों का अध्ययन कर यह निष्कर्ष निकाला कि आनुवंशिकता अपराध का एक मुख्य कारण है। इस प्रकार यह पता चलता है कि आनुवंशिकता के कारण अपराध पनपता है। शारीरिक दशाओं एवं बीमारियों के अधीन आयु-चक्र एवं अपराधों में भी गहरा संबंध है।

उम्र के साथ ही अपराधों में उतार-चढ़ाव आता रहता है। ऐसा विभिन्न अध्ययनों से स्पष्ट हो चुका है। किशोरावस्था से प्रौढ़ावस्था के बीच अपराधों की संख्या में बढ़ोतरी होती है। इसी प्रकार इण्डियाना में किए गए यौन-अपराधों के अध्ययन से इस बात का पता चला कि 50 वर्ष से ज्यादा उम्र के लोगों द्वारा अधिकांश यौन-अपराध किए गए थे। बर्क ने 909 अपराधी लड़कों का अध्ययन कर यह निष्कर्ष निकाला कि अधिकतर अपराधी बच्चों की आयु 19 वर्ष की थी। इसी प्रकार सदरलैण्ड ने अपने अध्ययन के आधार पर यह निकर्ष निकाला कि उम्र एवं अपराध में सह-संबंध है। शारीरिक दशाओं के अधीन लिंग भी आता है। लिंग के आधार पर भी अपराध का निर्धारण होता है।

अमेरिकन समाज में एक अध्ययन के दौरान यह पाया गया कि इस समाज में महिलाओं की अपेक्षा पुरुष 20 गुणा अधिक अपराध करते हैं। इसका कारण यह है कि महिलाओं को बहुत कारणों से अपराध की ओर से विमुख होना पड़ता है। इस बारे में सदरलैण्ड का कहना है कि चूँकि नारी को गर्भ रह जाता है अतः इस प्रत्यक्ष प्रमाण के कारण उन्हें मर्यादित रहना पड़ता है। इसके विपरीत पुरुष को इसका कोई डर नहीं रहता। अतः वे उच्छृंखल हो जाते हैं और यौन-अपराधों में बढ़ोतरी होती है।

जन्म-क्रम के कारण भी अपराध होता है। इस बात का वर्णन स्टेटो ने 'American Journal of Sociology' में किया है। स्टेटो ने अपने अध्ययन के आधार पर निष्कर्ष निकाला कि बड़े लड़के और लड़कियाँ कनिष्ठों की अपेक्षा अधिक अपराध करते हैं। वे लड़कियाँ, जिनके भाई नहीं हैं परन्तु बहनें हैं, उन लड़कियों की अपेक्षा कम अपराध करती हैं जिनकी बहनें नहीं हैं परन्तु भाई हैं। इस प्रकार यह पता चलता है कि जन्म-क्रम के आधार पर भी अपराध होते हैं।

पॉलक ने अध्ययन करके यह निकर्ष निकाला कि कुछ विशेष प्रकार के अपराध स्त्रियों द्वारा ही किए जाते हैं। इन अपराधों में बलात् धन प्राप्त करना, भ्रूण हत्या, ठगना और गर्भपात करना तथा उठाईगिरी आदि प्रमुख हैं। शारीरिक भिन्नता भी अपराध का एक कारण है। शारीरिक भिन्नता से अभिप्राय शरीर के बाह्य आकार-प्रकार में भिन्नता से लिया जाता है। लोम्ब्रोसो ने बताया है कि शारीरिक भिन्नता के आधार पर अपराधी और गैर-अपराधी का निर्धारण होता है।

लोम्ब्रोसो ने 'Crime, Its Causes and Remedies' में बताया है कि किसी-किसी व्यक्ति में कम चौड़ा व ढालू मत्था, बहुत बड़े-बड़े, काफी अधिक गोल भौंहें और बाहर निकले हुए कान, बायाँ हाथ अधिक सक्रिय, साधारण व्यक्तियों की तुलना में दर्द कम मालूम होना, सूँघने, देखने, सुनने और चखने की शक्तियाँ असाधारणतया कम होना तथा नैतिकता का लगभग अभाव आदि होता है। इनका स्वभाव बहुत ही आततायी तथा हिंसात्मक होता है।

गोरिंग एवं बोआस ने 1912 में अंग्रेज कैदियों पर अध्ययन किया तथा इस बात से घोर असहमति व्यक्त की कि अपराधियों के शारीरिक बनावट में अंतर आती है। उन लोगों ने लोम्ब्रोसो द्वारा दिए गए विचारों की आलोचना भी की। गोरिंग ने इतना जरूर पाया कि कुछ आनुवंशिक कारण होते हैं जो अपराध की ओर व्यक्तियों को प्रेरित करते हैं। उसी तरह क्रैशमर, किनबर्ग तथा मोर एवं गण्डलैक आदि विद्वानों ने भी शारीरिक बनावट या शारीरिक अंतर के आधार पर अपराधों का निर्धारण किया है। शारीरिक विकास भी अपराध के निर्धारण में काफी सीमा तक अपनी भूमिका निभाती है।

कभी-कभी शारीरिक विकास के कारण भी व्यक्ति अपराध की ओर प्रवृत्त होता है। यथा—अगर किसी लड़की का शारीरिक विकास उसकी आयु की तुलना में ज्यादा हो जाता है तो लड़की अपनी आयु की लड़कियों के साथ रहने में शर्म का अनुभव करती है तथा अपने से प्रौढ़ों के साथ सामाजिक स्वीकृति के अभाव के कारण नहीं रह सकती है। ऐसी स्थिति में उसके अंदर अपराध करने की सम्भावनाओं में वृद्धि हो जाती है। यदि यही बात किसी लड़के के साथ है तो साथी लड़के उसका हँसी-मजाक उड़ाते हैं जिससे वह आक्रमणकारी प्रवृत्ति का हो जाता है तथा ऐसी स्थिति में वह अपराध की ओर अग्रसर हो जाता है। स्थायी रूप से शारीरिक दुर्बलता होने पर भी व्यक्ति अपराध की ओर प्रेरित होता है।

स्थायी रूप से दुर्बल व्यक्ति विक्षोभ, निराशा, अपमान तथा चिड़चिड़ापन आदि का शिकार हो जाता है। परिणामस्वरूप उनमें अपराधी प्रवृत्ति पनपती है

तथा वह अपराध की ओर मुड़ जाता है। शारीरिक दशाओं एवं बीमारियों के अंतर्गत बीमारी, अवयवी विचलन, अंग-भंग, कान दर्द, आँख दोष, नाक-गले की तकलीफ, बाएँ हत्था, हकलाना तथा ग्रंथि असन्तुलन आदि विभिन्न ऐसे कारण हैं जिनके कारण व्यक्ति अपराधी प्रवृत्ति की ओर प्रेरित होता है व अपराधी बन जाता है। इस प्रकार यह पता चलता है कि शारीरिक दशाएँ एवं बीमारियाँ विभिन्न रूपों में अपराध के कारण हैं।

(2) मानसिक दशाएँ एवं बीमारियाँ—अपराध के प्रमुख कारकों में मानसिक दशाएँ और बीमारियाँ भी एक मुख्य कारक हैं। प्रायः विद्वानों का मानना है कि अपराधी वे व्यक्ति हैं जिनमें बुद्धि की कमी या कम बुद्धिमान हैं। कम बुद्धिवाले व्यक्तियों के मस्तिष्क का विकास सही तरीके से नहीं हो पाता अतः उनमें तार्किक शक्ति का अभाव पाया जाता है। इसके कारण व्यक्ति समाज-विरोधी व्यवहार या अपराध की ओर मुड़ जाते हैं। कुछ मानसिक दशाएँ एवं बीमारियाँ व्यक्ति को अपराध की ओर प्रेरित करती हैं जो निम्नांकित हैं—

मानसिक कमजोरी या मानसिकहीनता अपराध का एक प्रमुख कारण है। विभिन्न अध्ययनों से यह बात स्पष्ट है। एच.एच. गोडार्ड ने अपने अध्ययन के आधार पर यह निष्कर्ष निकाला कि 80% अपराधी मानसिक दृष्टि से दुर्बल होते हैं। इसी आधार पर गोडार्ड ने 'मानसिक परीक्षा संबंधी सम्प्रदाय' की भी स्थापना की। एच.एच. गोडार्ड अपनी पुस्तक 'Human Efficiency and Level of Intelligence' में अपराध के विस्तार में मानसिक कमजोरी के महत्त्व की चर्चा करते हुए लिखते हैं—"It is no longer to be denied that the greatest single cuase of delinquency and crime is low grade mentality much of it within the limits of feeble mindedness." इसी प्रकार गोरिंग ने 1913 में अपराधियों के बुद्धि परीक्षा के माध्यम से यह निष्कर्ष निकाला था कि अपराधी कम बुद्धि के होते हैं।

गैरोफेलो ने भी अपने अध्ययन के आधार पर यह निष्कर्ष निकाला कि अपराधी 'मनोवैज्ञानिक प्रकार' के होते हैं। उनकी मानसिक दशाएँ एक पीढ़ी से दूसरी पीढ़ी तक हस्तांतरित होते रहते हैं। सामाजिक और नैतिक स्वास्थ्य समिति के अनुसार अधिक वेश्याएँ मानसिक दृष्टिकोण से हीन होती हैं और मानसिक कमजोरी वेश्यावृत्ति का एक मुख्य कारण है। क्लारा चासेल कूपर ने अपनी पुस्तक 'Comparative Study of Delinquents and Non-delinquents' में इस बात का उल्लेख किया है कि अपराधी कम बुद्धिवाले

होते हैं। इसी प्रकार विलियम हीली तथा ब्रानर ने शिकागो (अमेरिका) में अपराधियों का अध्ययन कर यह निष्कर्ष निकाला कि 91% अपराधी मानसिक दृष्टि से कमजोर थे।

स्कलैप तथा स्मिथ ने भी मानसिक दुर्बलता को अपराध का एक प्रमुख कारक माना है। निम्न बुद्धिवाले व्यक्तियों में उचित और अनुचित कार्यों में अंतर महसूस करने की क्षमता का अभाव होता है। फलस्वरूप गलत रास्तों पर मुड़ जाना मुश्किल नहीं होता है। इसी प्रकार कुछ मानसिक बीमारियाँ, यथा—साइकोसिस आदि मानसिक सन्तुलन को प्रभावित कर व्यक्तियों को समाज विरोधी व्यवहार की तरफ बढ़ाती हैं। यहाँ यह स्पष्ट करना आवश्यक प्रतीत होता है कि निम्न श्रेणी के अपराध बुद्धिहीनता के कारण हो सकते हैं किन्तु जालसाजी तथा गबन आदि अपराध उच्च श्रेणी के बुद्धिवाले ही कर सकते हैं। इस प्रकार यह पता चलता है कि अधिक अपराध बुद्धिहीनता या मानसिक दुर्बलता के ही कारण होते हैं। कभी-कभी उच्च श्रेणी के बुद्धिवाले भी अपराध करते हैं। इसलिए मानसिक दुर्बलता अपराध का एक प्रमुख मानसिक कारक कहा जा सकता है। हीनता की भावना के कारण भी अपराध पनपता है।

हीनता की भावना व्यक्तित्व को कुंठित कर देता है। इससे व्यक्ति का विकास अवरुद्ध होता है। हीनता की भावना के कारण भावात्मक अस्थिरता का जन्म होता है, मानसिक सन्तुलन बिगड़ता है, क्रोध तथा कायरता आदि की भावना विकसित होती है। हीनता की भावना के कारण व्यक्ति कुंठित हो जाता है और वह अपराध की ओर प्रेरित हो जाता है। व्यक्ति भावात्मक अस्थिरता के कारण भी अपराध की ओर उन्मुख होता है। यदि व्यक्ति में भावात्मक अस्थिरता है तो उसका प्रभाव उस पर मानसिक रूप से पड़ता है।

व्यक्ति में हमेशा मानसिक संघर्ष चलता रहता है और वह झूठ एवं सच में अंतर नहीं अनुभव कर पाता है। इसका परिणाम यह होता है कि वह अपराध की ओर अग्रसर होता है। अपराध के उक्त मानसिक दशाओं एवं बीमारियों के अतिरिक्त मानसिक विकृति, मस्तिष्क का क्रियाकलाप तथा व्यवहार का प्रेरक आदि ऐसे अनेक मानसिक कारक हैं जिनके कारण अपराध पनपता है। इसलिए यह कहा जा सकता है कि मानसिक दशाएँ एवं बीमारियाँ विभिन्न रूपों में अपराध को पनपाने में सहायक साबित होती हैं। इसलिए मानसिक दशाएँ एवं बीमारियाँ अपराध का एक मुख्य कारण साबित होती हैं। ऐसा अनेक अध्ययनों से सिद्ध भी हो चुका है कि मानसिक कारणों से अपराध पनपता है।

(3) पारिवारिक दशाएँ और बीमारियाँ—परिवार व्यक्ति के समाजीकरण में महत्त्वपूर्ण भूमिका निभाता है। परिवार ही वह जगह है जहाँ से व्यक्ति के व्यक्तित्व का निर्माण होता है। परिवार से ही व्यक्ति के व्यक्तित्व के संगठन एवं विभाजन की प्रक्रिया आरम्भ होती है। वर्तमान में परिवार संक्रमण के दौर से गुजर रहा है जिससे पारिवारिक कारणों से भी अपराध के प्रचार-प्रसार में वृद्धि हो रही है। कुछ ऐसी पारिवारिक दशाएँ एवं बीमारियाँ होती हैं जिनके कारण अपराध पनपते हैं। वे दशाएँ निम्नांकित हैं—

(क) पारिवारिक बिखराव—पारिवारिक विभाजन के कारण अपराध पनपता है। परिवार का निर्माण स्त्री और पुरुष में एकमत के आधार पर होता है। यदि दोनों के मध्य एकमत की कमी हो जाए तो पारिवारिक विभाजन की स्थिति उत्पन्न होती है। एकमत के अभाव के विभिन्न कारण हो सकते हैं। वर्तमान युग में स्त्री और पुरुष दोनों को आर्थिक स्वतंत्रता मिल जाने के कारण पारिवारिक विभाजन की स्थिति उत्पन्न हुई है। साथ ही औद्योगीकरण, आधुनिकीकरण, नगरीकरण तथा पाश्चात्यीकरण के चकाचौंध ने इसको और अधिक बढ़ावा दिया है।

पारिवारिक विभाजन की स्थिति उत्पन्न हो जाने से सबसे बुरा हाल बच्चों का होता है। उनका समाजीकरण उचित रूप में नहीं हो पाता है और वे अपराधी प्रवृत्ति के हो जाते हैं। विभिन्न अध्ययनों से भी इस बात का पता चला है। हीली एवं ब्रोनर के अनुसार कम-से-कम 25% अपराधी टूटे हुए परिवार की उपज होते हैं। इसी प्रकार डॉ. हेकरवाल ने भी अपने अध्ययन के आधार पर बताया कि लगभग 60% बाल अपराधी इन्हीं टूटे हुए परिवारों से असमर्थता, अज्ञानता तथा मानसिक-दोषों के कारण उत्पन्न होते हैं। ऐसे परिवारों में पिता का बच्चों पर नियंत्रण नहीं रहता है। परिवार के सदस्यों में कलह, ईर्ष्या, द्वेष तथा घृणा की भावना पाई जाती है। ऐसे परिवारों में बेकारी तथा आर्थिक संकट की स्थिति उत्पन्न हो जाती है। परिणामस्वरूप बच्चों का अपराध की ओर अग्रसर होना स्वाभाविक है। इस तरह यह पता चलता है कि टूटे हुए परिवार या पारिवारिक विभाजन अपराध को जन्म देते हैं।

(ख) दुःखद वैवाहिक संबंध—दुःखद वैवाहिक संबंध भी अपराध को पनपाने का एक कारण कहा जा सकता है। अनेक सर्वेक्षणों से यह सिद्ध हो चुका है कि बहुत-सी स्त्रियाँ अपने पति द्वारा सताए जाने या मजबूर किए जाने के कारण वेश्यावृत्ति का व्यवसाय अपनाती हैं। इसलिए यह पता चलता है कि दुःखद वैवाहिक संबंधों के कारण अपराध पनपता है। अपराधी अभिभावक या अपराधी

भाई-बहन के कारण भी अपराध को बढ़ाने में सहायक है। ज्यादातर यह देखा जाता है कि जिनके अभिभावक या माता-पिता में से कोई एक भी अपराधी है तो उसके बच्चे भी अपराधी बन जाते हैं। इसका कारण यह है कि बच्चों में सीखने की प्रवृत्ति ज्यादा होती है। वे अपने अभिभावक या भाई-बहन की अपराधी प्रवृत्ति देखकर उस ओर आकर्षित हो जाते हैं। फलस्वरूप अपराध पनपता है।

(ग) वैवाहिक स्थिति—वैवाहिक स्थिति भी अपराध का एक मुख्य कारण है। दुर्खीम के आत्महत्या संबंधी आँकड़ों से यह ज्ञात होता है कि विवाहित व्यक्तियों की तुलना में अविवाहित व्यक्तियों में तथा तलाकशुदा व्यक्तियों में आत्महत्या की दर अधिक होती है। एक तरफ अगर पारिवारिक जीवन में स्नेह का अभाव या नियंत्रण की कमी अपराधों की संख्या में बढ़ोतरी करती है तो दूसरी तरफ आवश्यकता से अधिक स्नेह और जरूरत से ज्यादा नियंत्रण भी अपराध की उत्पत्ति का कारण बन जाता है।

(घ) परिवर्तित यौन-नैतिकता—परिवर्तित यौन-नैतिकता भी अपराध का एक कारण कहा जा सकता है। वर्तमान में यौन-नैतिकता में तेज गति से बदलाव हो रहा है। आज न केवल परिवार यौन सन्तुष्टि का माध्यम रह गया है अपितु वेश्यालय, क्लब, थियेटर, होटल आदि इसके केंद्र बन गए हैं। इससे यौन सन्तुष्टि के बदले यौन अशांति मिलती है। इस यौन अशांति के कारण अपराध को प्रश्रय मिलता है। इस बारे में एलिस ने लिखा है, ''यौन-संबंधी शान्ति के असफल होने पर विवाह का ढाँचा ढलती हुए बालू पर खड़ा होता है।''

(ङ) सहोदर स्थिति—सहोदर स्थिति भी अपराध का एक कारण माना जा सकता है। परिवार के बच्चों के बीच किसी बालक या सभी बालकों का क्या स्थान है, इस पर बहुत से अन्वेषण हुए हैं। न्यूयार्क क्राइम कमीशन, 1930 ने यह पाया कि उम्र में दूसरा बालक प्रायः अपराधी होता है और सबसे छोटे बालक से बड़ा बालक सबसे कम अपराध करता है। इस अध्ययन के निष्कर्ष से पूर्ण सहमति प्रकट नहीं की जा सकती है चूँकि यह अध्ययन बहुत कम बच्चों पर किया गया था। स्लेटो का कहना है कि जब परिवार में अकेला बालक होता है तो उसके साथ अभिभावकों का व्यवहार अलग तरीके का होता है और जब कई बालक होते हैं तो अभिभावकों का व्यवहार भी परिवर्तित हो जाता है। इस संबंध में स्लेटो ने लिखा है, ''अपराध का अर्थ होता है सांस्कृतिक स्तरों से असहमति होना।

यह असहमति उस परिवार के बच्चों में ज्यादा होती है, जहाँ कई बच्चे होते हैं। इसलिए यह ज्ञात होता है कि बच्चों का अधिक संख्या में होना भी अप्रत्यक्ष

रूप से अपराध बढ़ाता है। अभिभावकों और बालकों के मध्य असन्तोषजनक संबंध भी अपराध का एक कारण माना जा सकता है। इस बारे में बुशांग का कहना है कि साधारण वातावरण में रहने वाले जितने बच्चे अपराध करते हैं, उससे तीन गुणा अधिक अपराध अशान्त परिवार में रहने वाले बच्चे करते हैं। बुशांश का कहना है कि इनमें 1:3 का अनुपात है। इसी तरह हीली और ब्रोनर ने 153 बाल-अपराधियों का विस्तृत अध्ययन किया। इनके पारिवारिक वातावरण को भी ध्यान में रखा गया था। अध्ययन में उन्होंने पाया कि केवल 20% परिवारों में सन्तोषजनक संबंध था। इसलिए यह ज्ञात होता है कि पारिवारिक वातावरण या अभिभावकों और बालकों के मध्य असन्तोषजनक संबंध का अपराध से बहुत सीमा तक संबंध है।

(च) बालकों पर नियंत्रण का अभाव—बच्चों पर नियंत्रण और उनकी देख-रेख का अभाव भी अपराध का एक कारण माना जा सकता है। अगर अभिभावक स्वभाववश या अन्य कारणों से अपने बच्चों पर उचित नियंत्रण नहीं रख पाते हैं या उनकी देखरेख उचित तरीके से नहीं कर पाते हैं तो बालकों का अपराध की ओर झुकाव हो जाता है। इस संबंध में बर्ट ने अंग्रेज बाल-अपराधियों का अध्ययन किया तथा पाया कि अपराधी बालकों में गैर-अपराधी बालकों की अपेक्षा करीब 4.5 गुणा अनुशासन न होने और देख-रेख की कमी जैसी गड़बड़ियाँ थीं। किन्तु अनेक अध्ययन ऐसे भी हुए हैं जिनसे यह ज्ञात होता है कि घर में नियंत्रण की कमी होने या अशान्त वातावरण होने पर भी बहुत से बच्चे अपराधी नहीं बने। उदाहरण के लिए हीले एवं ब्रोनर ने 105 अपराधी बालकों का अध्ययन किया और पाया कि उनके अन्य भाई-बहन और साथ रहने वाले बालक अपराधी नहीं थे। इसलिए यह कहा जा सकता है कि नियंत्रण एवं देख-रेख के अभाव में बालकों के अपराधी बनने की सम्भावना रहती है किन्तु यह जरूरी नहीं है कि सभी अपराधी बन ही जाएँ चूँकि अध्ययनों से इस बात की पुष्टि होती है।

(छ) अनैतिक परिवार—अनैतिक परिवार के कारण भी अपराध जन्म लेता है। घर में यदि अनैतिकता का वातावरण होगा तो स्वाभाविक है कि उसका प्रभाव बच्चों पर भी पड़ेगा। नशाखोरी हो, घर में चाहे जूआखोरी हो, व्याभिचार हो या अन्य किसी प्रकार का अपराध हो बच्चे उससे प्रभावित अवश्य होते हैं। विभिन्न विद्वानों ने अपने अध्ययन के आधार पर इस तरह का निष्कर्ष निकाला है। हीले ने 823 व्यक्तियों का अध्ययन किया। उन्होंने अपने अध्ययन में पाया कि 823 में

से 157 अर्थात् 18% व्यक्तियों के परिवारों में मद्यपान या ऐसी ही अन्य कोई बात जरूर थी। 28 व्यक्तियों अर्थात् 3.4% व्यक्तियों के घर का वातावरण अनैतिक था। हीले एवं ब्रोनर ने एक अन्य अध्ययन में पाया कि उन व्यक्तियों में से जिन पर अध्ययन आधारित था करीब 21% के घर में मद्यपान, अनैतिकता तथा असामान्य स्थितियाँ थीं। इस बारे में यह भी कहा जा सकता है कि ये सभी अपराध के प्रत्यक्ष कारण नहीं कहे जा सकते हैं। इस संबंध में हीले एवं ब्रोनर ने भी कहा है कि परिवार की खराब बात का प्रभाव बालक पर तभी पड़ता है जब इससे उसका कुछ संबंध हो, उसका कुछ स्वार्थ हो। उक्त विवरणों से ज्ञात होता है कि विभिन्न पारिवारिक दशाओं एवं बीमारियों के कारण अपराध पैदा होते हैं।

उपर्युक्त कारणों के अतिरिक्त कुछ और पारिवारिक कारणों को बताया जा सकता है जिनके कारण अपराध उत्पन्न होते हैं। इन कारणों में पति-पत्नी का विरोधी स्वभाव, अत्यधिक स्नेह, तिरस्कृत बालक तथा शराब आदि प्रमुख हैं जिनके कारण अपराध पनपते हैं। इस तरह पारिवारिक दशाएँ एवं बीमारियाँ अपराध का एक प्रमुख कारक स्पष्ट होती हैं।

(4) आर्थिक स्थितियाँ एवं बीमारियाँ—आर्थिक दशाएँ एवं बीमारियां अपराध का एक कारक कही जा सकती हैं। आर्थिक कारणों से अनेक अपराध जन्म लेते हैं। जिनकी आर्थिक दशा दयनीय होती है। वे किसी-न-किसी माध्यम से अपनी जरूरतों की पूर्ति करना चाहते हैं। 'वुभुक्षितम् किम न करोति प्राणम्' यह कहावत भी इस बात को चरितार्थ करता है। मावरर का भी कहना है कि आर्थिक दशाएँ अपराध के लिए मुख्य भूमिका अदा करती हैं। अपराध का मुख्य उद्देश्य प्रत्यक्ष या अप्रत्यक्ष रूप से आर्थिक ही होता है। अतः अपराध को आर्थिक दशाओं की देन कहकर भी पुकारा जाता है। विभिन्न आर्थिक दशाएँ अपराध का कारण बनती हैं जिनका विवरण निम्नलिखित है—

(क) गरीबी—अपराध का एक प्रमुख कारण निर्धनता को कहा जा सकता है। गरीबी के शिकार व्यक्तियों का आर्थिक क्रियाओं के लिए अपराध की ओर आकृष्ट होना अस्वाभाविक नहीं कहा जा सकता है। आगबर्न ने भी अपने लेख 'Factors in the variation of crime among cities' में 62 शहरों का तुलनात्मक अध्ययन कर उसके आधार पर यह निष्कर्ष निकाला कि 'निर्धनता एवं अपराध' में महत्त्वपूर्ण संबंध है। इसी तरह डोरोथी, थॉमस, बोंगर तथा बर्ट आदि विद्वानों ने यह कहा है कि आर्थिक तंगी के समय में अपराध की दरों में बढ़ोतरी

होती है। अर्थात् आर्थिक विपन्नता को अपराध का कारण कहा जा सकता है। निर्धनता के कारण वेश्यावृत्ति, जूआ, नशाखोरी, भिक्षावृत्ति, डकैती एवं लूट-पाट आदि की समस्याएँ उत्पन्न होती हैं। इस संबंध में डॉ. हेकरवाल के कथनानुसार 'अपराध के थर्मामीटर का पारा अच्छी और बुरी फसल के साथ ही गिरता और उठता है', अपराध के प्रसारण में आर्थिक कारकों के महत्त्व को स्पष्ट करता है।

(ख) व्यापार-चक्र—यह भी अपराधों को उत्पन्न करने में सहायक साबित होता है। इस संबंध में वानकेन ने लिखा है, "सम्पत्ति के खिलाफ अपराधों का प्रायः अप्रत्यक्ष कारण बुरी आर्थिक दशा होती है। इसके प्रत्यक्ष कारण घोर दरिद्रता और आर्थिक आवश्यकताएँ हैं।" इसलिए यह ज्ञात होता है कि न सिर्फ Condition of Economic Depression अपराधी समस्या उत्पन्न करने के लिए उत्तरदायी है अपितु Condition of Economic Prosperity भी अपराधी घटना के लिए उत्तरदायी है। सैलीन ने भी व्यापार-चक्र और अपराध के संबंधों का अध्ययन कर कुछ निष्कर्ष निकाले तथा बताया कि व्यापार की अवनति के समय अपराध बढ़ जाते हैं। जब व्यापार समृद्ध होता है तो उस समय शराब तथा यौन-अपराधों में बढ़ोतरी हो जाती है। इसी प्रकार लैफर्ग ने भी गेहूँ की कीमत और अपराध की दरों का तुलनात्मक अध्ययन किया। उनके अध्ययन का निष्कर्ष था कि जैसे ही गेहूँ के मूल्यों में बढ़ोतरी होती है वैसे ही अपराध भी बढ़ जाते हैं तथा जैसे ही गेहूँ के मूल्यों में कमी होती है वैसे ही अपराध भी कम हो जाते हैं। इस प्रकार यह ज्ञात होता है कि व्यापार-चक्र के कारण अपराधों की उत्पत्ति होती है।

(ग) भुखमरी—अपराधों को उत्पन्न करने में आकाल का भी मुख्य सहयोग है। अकाल सबसे बुरी आर्थिक स्थिति होती है। हालाँकि भारत एक कृषि प्रधान देश है। किन्तु यहाँ भी अकाल की नौबत आने पर भुखमरी की स्थिति उत्पन्न हो जाती है। यहाँ बाढ़ और सूखा दोनों ही अकाल की स्थिति पैदा करते हैं। अकाल की स्थिति में चोरी, राहजनी, डकैती तथा लूट आदि अपराध जन्म लेते हैं। इस संबंध में हेकरवाल ने भी लिखा है, "क्षुधा और भुखमरी व्यक्ति को अपराध के आसान एवं कुत्सित कार्यों को करने के लिए मजबूर करते हैं।" इसलिए यह पता चलता है कि अकाल के कारण भी अपराध उत्पन्न होते हैं।

(5) सामाजिक-सांस्कृतिक स्थितियाँ एवं बीमारियाँ—अपराध का एक कारण सामाजिक-सांस्कृतिक दशाएँ एवं बीमारियाँ हैं। हर समाज में कुछ ऐसी प्रथाएँ पाई जाती हैं व कुछ ऐसे रीति-रिवाज पाए जाते हैं जिनके कारण मानव समाज को क्षति पहुँचती है। भारत वर्ष का अगर उदाहरण लिया जाए तो यह कहा

जा सकता है कि दहेज प्रथा, बाल विवाह, विधवा विवाह पर रोकथाम आदि की प्रथाओं ने यौनिक अपराधों की मात्रा में बढ़ोतरी करने में योगदान दिया है। साथ ही पहले समाज में प्रचलित देवदासी प्रथा ने भी वेश्यावृत्ति को प्रश्रय देने में महत्त्वपूर्ण भूमिका निभायी है। ऐसा Committee on the Social and Moral Hygiene के रिपोर्ट से पता चलता है। धर्म की ओट में मन्दिरों एवं चर्चों में यौन अपराध होते हैं। धार्मिक अंधविश्वास के कारण भी अपराध पनपता है। इस बारे में एस. वेनुगोपाल राव ने 'Facets of Crime in India' में कहा है, "भौतिक सम्पदा प्राप्त करने के लिए आवेगों एवं बलिदानों में अटूट विश्वास अपराध का एक सामान्य कारण है।"

(क) मनोरंजन का व्यवसायीकरण—मनोरंजन के व्यावसायिक साधनों ने भी अपराध को बढ़ावा देने में मदद की है। आधुनिक युग में सिनेमा, थियेटर, क्लब, पार्टी तथा सामूहिक नृत्य आदि मनोरंजन के साधन बन गए हैं। इन सभी में पैसे की आवश्यकता होती है। जिनको इनकी लत पड़ जाती है वे अपराध के द्वारा ही पैसा जमा कर अपना मनोरंजन करते हैं। इस प्रकार यह कहा जा सकता है कि अप्रत्यक्ष रूप से व्यावसायिक मनोरंजन के साधनों से भी अपराध में वृद्धि हुई है।

(ख) बेरोजगारी—बेरोजगारी के कारण भी अपराध की उत्पत्ति होती है। बेरोजगारी एक ऐसी दशा है जिसमें व्यक्ति शारीरिक एवं मानसिक रूप से सक्षम होते हुए भी कोई रोजगार प्राप्त नहीं कर सकता है। ऐसी स्थिति में व्यक्ति में क्षोभ एवं आक्रोश पैदा होता है। इस प्रकार व्यक्ति समाज के साथ सामंजस्य करने के बजाय विद्रोह कर बैठता है। वह अपराधी प्रवृत्ति की ओर बढ़ जाते हैं जिससे वह अपनी आवश्यकताओं की पूर्ति कर सके। इस प्रकार बेरोजगारी भी अपराध को बढ़ावा देने का काम करता है।

(ग) सामाजिक संगठन का अभाव—सामाजिक संगठन की कमी के कारण अपराध पनपता है। सामाजिक संगठन के अभाव में सामाजिक नियंत्रण के साधन अप्रभावकारी होते हैं।

सामाजिक नियंत्रण के साधनों में प्रभावहीनता की स्थिति से अपराधी व्यवहारों में बढ़ोतरी होनी स्वाभाविक है। उक्त वर्णनों से ज्ञात होता है कि पृथक्-पृथक् सामाजिक-सांस्कृतिक कारकों के कारण भी अपराध पनपता है। अपराध के उपरोक्त लिखित कारकों के अलावा विभिन्न कारकों के अंतर्गत अपराध के अनेक कारणों की चर्चा की जा सकती है।

औद्योगीकरण, शराब, छपे हुए आलेख, राजनीतिक भ्रष्टाचार, जेल, मित्रता और संग-साथ का कारण, सामुदायिक परिस्थितियाँ, गुटबन्दी तथा कुल बैर, वयस्कों द्वारा बच्चों का शोषण, मनोरंजन और संदेशवाहन के साधन, युद्ध, न्यायालय, पुलिस तथा शिक्षा आदि प्रत्यक्ष या अप्रत्यक्ष रूप से अपराध को बढ़ाने का काम करते हैं। इनमें से कुछ कारकों की चर्चा यहाँ की जा रही है। शराब एवं सिनेमा के कारण अपराध उत्पन्न होता है।

शराब के कारण शारीरिक बीमारियों के साथ-साथ मानसिक बीमारियाँ भी होती हैं। साथ ही इसके कारण स्मरण-शक्ति, मानसिक चेतना तथा उचित तथा अनुचित में अंतर महसूस करने की शक्ति का ह्रास होता है। ऐसी स्थिति में व्यक्ति अपराध की ओर बढ़ता है। राबर्ट स्ट्रॉस तथा एस.डी. बेकन के अनुसार मद्यपान से यौन अपराधों में वृद्धि होती है। साथ ही व्यक्ति अपनी शराब की आवश्यकताओं की पूर्ति के लिए सम्पत्ति के खिलाफ अपराध करने से भी नहीं चूकता। इस प्रकार डकैती, चोरी, लूटपाट आदि अपराधों में बढ़ोतरी होती है। ब्रूसेल्स में हुए 'On International Panitentiary Congress' की रिपोर्ट के अनुसार यह ज्ञात होता है कि शराब के कारण लगभग 50% अपराध होते हैं। इसी प्रकार सिनेमा में भी अलग-अलग हिंसात्मक दृश्यों को देखकर व्यक्ति अपराध की ओर आकृष्ट होते हैं।

सिनेमा में तरह-तरह से नए अपराध दिखाए जाते हैं और Law of Limitation के कारण व्यक्ति अपराधी व्यवहारों को अपना लेते हैं और अपराधी बन जाते हैं। औद्योगीकरण और अपराध का भी घनिष्ठ संबंध है। आधुनिक युग औद्योगीकरण का युग है। औद्योगीकरण के कारण समाज के परम्परागत ढाँचे में परिवर्तन हो रहा है और फलस्वरूप अपराध की संख्या में वृद्धि हो रही है। औद्योगीकरण के कारण संयुक्त परिवारों का विभाजन हो रहा है। एकाकी परिवारों में पति-पत्नी के मध्य सामंजस्य का अभाव पाया जाता है। साथ ही इस असामंजस्यता को सुलझाने के लिए भी कोई दूसरा रास्ता नहीं है। फलस्वरूप पारिवारिक विभाजन बढ़ रहा है और यह विभाजन अपराध की ओर प्रेरित करता है।

औद्योगीकरण के कारण आवास की समस्या उत्पन्न हो रही है और मलिन बस्तियों का विकास हो रहा है। इन क्षेत्रों में बच्चे प्रायः घर से बाहर रहते हैं और गलत वातावरण के कारण बुरी संगति में पड़कर अपराध की ओर झुक जाते हैं। भीड़-भाड़ के वातावरण में गोपनीयता की कमी रहती है। बच्चे तनावग्रस्त रहते हैं और यौन-अपराध की ओर प्रेरित हो जाते हैं। इस संबंध में डॉ. सेथाना 'Society and the Criminal' में लिखते हैं, ''युवकों का मस्तिष्क अधिक परामर्श ग्रहण करने योग्य रहता है क्योंकि भीड़भाड़ का उनके जीवन पर सर्वाधिक प्रभाव पड़ता है। एक ही कमरे में सोने से बच्चे अभिभावकों की बातों को सुनते हैं और उनकी क्रियाओं का अनुकरण करते हैं। इसका परिणाम यह होता है कि अभिभावकों के प्रति बालकों में ईर्ष्यालु दृष्टिकोण की उत्पत्ति होती है।

अभिभावकों द्वारा जब उनकी भावनाओं को दबाया जाता है, तो वे अचेतन में जाकर बैठ जाती हैं, परन्तु पूर्णतया खत्म नहीं होती हैं। कुछ ऐसी परिस्थितियाँ आती हैं, कि आखिर में दबी ये भावनाएँ अभिभावकों के प्रति घृणा के रूप में बदल जाती हैं और समाज-विरोधी कार्यों का जन्म होता है।'' औद्योगिक क्षेत्रों में यौन-अनैतिकता भी पाई जाती है। ऐसा विभिन्न रिपोर्टों से मालूम हुआ है। इसका कारण यह है कि वहाँ पुरुषों की अपेक्षा स्त्रियों की संख्या कम रहती है। परिणामस्वरूप यौन-अनैतिकता का पनपना कोई बड़ी बात नहीं होती। औद्योगिक क्षेत्रों में जनसंख्या गतिशील रहती है। इस वजह से वहाँ अनेक जाति एवं धर्म के लोग निवास करते हैं।

सभी के व्यवहार प्रतिमान अलग-अलग होते हैं। जीवन-व्यापारों में अंतर के कारण सामंजस्य नहीं हो पाता है और अपराधियों की संख्या में बढ़ोतरी होती है। साथ ही औद्योगिक क्षेत्रों में मजदूरों को अधिक श्रम करना पड़ता है। अपनी थकान मिटाने के लिए वे शराब का सहारा लेते हैं और वेश्यागमन करते हैं। इस प्रकार अपराधों को बढ़ावा मिलता है। इस प्रकार यह पता चलता है कि औद्योगीकरण के कारण भी विभिन्न रूपों में अपराधों की बढ़ोतरी होती है। मनोरंजन एवं संदेशवाहन के साधनों में समाचार पत्र भी काफी सीमा तक अपराध फैलाने के लिए जिम्मेदार हैं। इस संबंध में डी.आर. टैफ्ट ने 'Criminology' में लिखा है कि अधिकतर समाचार पत्रों का उद्देश्य ज्यादा-से-ज्यादा धन कमाना होता है।

आधुनिक युग में समाचार पत्र एवं पत्रिकाएँ एक प्रकार के व्यवसाय बन चुके हैं। समाचार पत्र का द्वितीय उद्देश्य नेतागिरी है और इसी के आस-पास समाचारों का प्रकाशन है। छापेखाने एक प्रकार से मनोरंजन के अंग होते हैं। टैफ्ट ने कुछ विधियाँ बताई हैं जिनसे अपराधों की संख्या में बढ़ोतरी होती है। ये विधियाँ हैं—

1. अपराध और विधि बताकर,
2. अपराध को सामान्य बनाकर,
3. अपराध को आकर्षक दिखाकर

4. अपराध को लाभदायक दिखाकर,
5. अपराधी की प्रतिष्ठा देखकर,
6. अपराधी के प्रति सहानुभूति दिखाकर तथा
7. न्याय को प्रभावित करके।

इस प्रकार समाचार पत्र भी अप्रत्यक्ष रूप से अपराध में वृद्धि करते हैं। मनोरंजन के साधनों में सिनेमा, टेलीविजन एवं विलासी साहित्यों के द्वारा भी विभिन्न रूपों में अपराध पनपते हैं। मित्रता और संग-साथ के कारण भी अपराध को प्रश्रय मिलता है। मनुष्य एक सामाजिक प्राणी है और इसके कारण उसे बहुत से व्यक्तियों से सम्पर्क करना पड़ता है। अंतर्क्रिया वाले समूहों का अपराध के साथ गहरा संबंध होता है। अलग-अलग प्रकार के अध्ययनों से भी इस बात की पुष्टि हो चुकी है कि समूह में अपराध होते हैं। शॉ और मैके ने 'Social Factors in Juvenile Delinquency' में इस बात का वर्णन किया है। उन्होंने 1928 में शिकागो बाल न्यायालय में आने वाले बाल-अपराधियों में सिर्फ 18% ऐसे अपराधी पाए जिन्होंने अकेले अपराध किया था। ऐसे अकेले अपराधी को भीषण अपराधी कहते हैं। बाकी सभी अपराधियों ने तब अपराध किए थे जब उनके कुछ अन्य साथी भी थे। ऐसे अपराधों की संख्या बहुत थी जिसमें अपराधी के साथ एक अन्य व्यक्ति या बालक ने साथ दिया था। अपराधी के साथ उसके दो मित्र हों इस प्रकार के अपराधों की संख्या भी कुछ कम नहीं थी। इस प्रकार यह मालूम होता है कि अपराध, मित्रता और संग-साथ के कारण पनपता है।

इसी तरह वेल्स ने भारतीय अपराधों के विषय में 'Indian Village Crimes' में कहा है, "इंग्लैण्ड में प्रायः अकेला व्यक्ति ही अपराध करता है। वहाँ प्रति अपराध व्यक्तियों का औसत ऐसा पता चला है कि दो व्यक्तियों से कम ही बैठता है। संयुक्त प्रान्त (अब उत्तर प्रदेश) में प्रति अपराध व्यक्तियों का औसत कम-से-कम दस व्यक्ति आता है। इसका मुख्य कारण यह है कि खेत में पानी आदि को लेकर काफी झगड़े होते रहते हैं। इसके अतिरिक्त बहुत से सामुदायिक झगड़े, डाका आदि कुछ ऐसे अपराध थे जिनके कारण अपराध में सम्मिलित होने वाले व्यक्तियों की औसत संख्या बढ़ जाती है।" इस तरह यह मालूम होता है कि अपराध मित्रता और संग-साथ के कारण अपराध होता है।

इस सन्दर्भ में हीले ने भी अध्ययन किया है। उन्होंने अध्ययन कर 'The Individual Delinquent' में बताया है कि 823 व्यक्तियों के अध्ययन में यह पाया गया कि अपराध करने में मित्रता 44 अपराधियों में प्रमुख कारण था। 279

अपराधियों में बहुत-से कारणों में से एक कारण मित्रता भी था, जो पूरे अपराधियों का 34% था। इसलिए यह पता चलता है कि मित्रता और संग-साथ के कारण भी अपराध पनपता है। उक्त विवरणों से ज्ञात होता है कि अपराध किसी एक कारक की उपज नहीं है अपितु विभिन्न कारकों की उपज है। अर्थात् अपराध के एक कारण नहीं होकर अनेक कारण होते हैं। इस तरह किसी एक कारक या कारण के आधार पर अपराध की व्याख्या नहीं की जा सकती। अपराध की व्याख्या विभिन्न कारकों या कारणों के आधार पर ही की जा सकती है। ऐसा होना स्वाभाविक भी है क्योंकि विभिन्न कारणों से अपराधी उत्पन्न होते हैं।

12

मद्यपान एवं ड्रग्स सेवन : मनोवैज्ञानिक उपचार

अनेक प्रकार के नशीले पदार्थों का गलत प्रयोग जब निर्भरता का रूप ले लेता है, तब व्यक्ति के लिए शारीरिक और मनोवैज्ञानिक दोनों प्रकार से हानिकारक हो जाता है। विभिन्न नशीले पदार्थों का अत्यधिक सेवन हानिकारक होता है। एल्कोहल (मदिरा), गाँजा और अफीम आदि पदार्थ नशीले होते हैं। आठवीं शताब्दी में अरब के रसायनिज्ञों ने आश्वासन प्रक्रिया विकसित की, तब से एल्कोहल का प्रयोग बढ़ता ही चला गया। नशीले पदार्थों का गलत प्रयोग कुसमायोजन का ही प्रतीक नहीं है बल्कि मनोविकृतिकृत्यात्मक समस्याएँ भी उत्पन्न करता है।

मद्यपान का घटनाक्रम

आधुनिक युग में मद्यपान प्रत्येक राष्ट्र के लिए एक समस्या है। उपयुक्त मात्रा में मदिरा का सेवन स्वास्थ्य के लिए बहुधा हानिकारक नहीं है। अधिकांश देशों में मदिरा का प्रयोग दिन-प्रतिदिन बढ़ता जा रहा है। युवावस्था में मदिरा

का बढ़ता हुआ गलत प्रयोग युवा पीढ़ी के लिए ही समस्या नहीं बल्कि राष्ट्र के लिए भी घातक है। अकेले अमेरिका में ही लगभग 150 लाख मद्यपान करने वाले हैं। मोटर दुर्घटनाओं में अनेक दुर्घटनाएँ मदिरापान के कारण ही होती हैं। अमेरिका में मद्यपान के कारण हत्याएँ, हमले, बलात्कार और आत्महत्याएँ भी होती हैं। **कोलमैन** (1976) के अनुसार मद्यपान 50% हत्याओं, 40% हमला, 35% बलात्कार और 30% आत्महत्या के कारण होती हैं। **लेविट** के अनुसार मदिरापान करने वाले व्यक्ति की आयु सामान्य अवस्था की अपेक्षा 12 वर्ष कम हो जाती है। अमेरिका में मृत्यु का यह एक महत्वपूर्ण कारक है। अमेरिका में मदिरापान करने वाले लोगों में उनकी संख्या ज्यादा है जो विवाहित हैं। यह स्त्री और पुरुषों में समान रूप से पायी जाती हैं। अपने देश में पुरुषों में यह ज्यादा मात्रा में पायी जाती है। मदिरापान की आदत बाल्यावस्था से वृद्धावस्था तक कभी भी विकसित हो सकती है।

मद्यपान करने वाले व्यक्ति सभी शैक्षिक, व्यावसायिक और सामाजिक, आर्थिक स्तर के वर्गों में मिलते हैं। किसी भी प्रकार का वाहन चलाने वाले लोग यदि मद्यपान करने वाले हैं तो ऐसे लोगों द्वारा दुर्घटनाओं से घटित होने की सम्भावना ज्यादा होती है।

मदिरापान के सामान्य प्रभाव

मदिरापान अवसादक है जो मस्तिष्क के उच्च केन्द्रों को प्रभावित करता है। फलस्वरूप व्यक्ति का आत्म-नियन्त्रण कम हो जाता है। तथा निर्णय और तर्क भी त्रुटिपूर्ण हो जाता है। ऐसे व्यक्ति का व्यवहार आदिम और संवेगात्मक हो जाता है। मद्यपान की अवस्था में व्यक्ति में हत्या, आत्महत्या, बलात्कार और अहिंसा के लिए उत्प्रेरणा बढ़ जाती है। व्यक्ति सामान्य अवस्था में जिन आवेगों की सन्तुष्टि नहीं करता, उनकी सन्तुष्टि वह मदिरापान में करना चाहता है। गत्यात्मक असमन्वय उत्पन्न हो जाता है। संवेदना और प्रत्यक्षीकरण धुँधले पड़ने लग जाते हैं। आत्म-सम्मान और उपयुक्तता की भावनाएँ बढ़ जाती हैं। मदिरापान की अवस्था में ये ऐसे अवास्तविक संसार में पहुँच जाते हैं जहाँ परेशानियाँ कुछ देर के लिए समाप्त हो जाती हैं।

व्यक्ति के रक्त में जब एल्कोहल की मात्रा 0.1% हो जाती है, तब उससे नशा बढ़ जाता है। इस अवस्था में माँसपेशीय समन्वय, भाषा, दृष्टि, विकार प्रक्रिया आदि

दोषपूर्ण हो जाते हैं। जब रक्त में एल्कोहल की मात्रा 0.5% होती है, Neural सन्तुलन बिगड़ जाता है, वह बेहोश हो जाता है। रक्त में एल्कोहल की मात्रा जब 0.55% हो जाती है तो यह व्यक्ति के लिए घातक होती है और व्यक्ति की मृत्यु हो सकती है।

मदिरापान में नशा कितना होगा, यह इस बात पर निर्भर करता है कि रक्त में एल्कोहल की कितनी सान्द्रता है। यह इस बात पर निर्भर नहीं करता कि मदिरा कितनी मात्रा में पी गयी है।

मदिरा का प्रभाव व्यक्ति पर कितना पड़ेगा, यह मुख्यतः इस बात पर निर्भर करता है कि व्यक्तित्व किस प्रकार का है, उसके पेट में भोजन किस प्रकार का है, उसकी शारीरिक अवस्था क्या है, उसने कितने समय तक मदिरा का सेवन किया है। मदिरा का व्यक्ति पर प्रभाव इस बात पर भी निर्भर करता है कि व्यक्ति में मदिरा के प्रति क्या अभिवृत्ति है? यही कारण है कि मदिरापान कर कुछ लोग अपना दुखड़ा रोते हैं। और शोकाकुल हो जाते हैं, कुछ लोगों को चक्कर आते हैं तो कुछ लोग झगड़ालू हो जाते हैं।

इसी प्रकार कुछ लोगों में सामाजिकता बढ़ जाती है, वे पर्याप्तता और कुशलता का अनुभव करते हैं।

मद्यपान निर्भरता और ह्रास

अमेरिका के 'Department of Health, Education and Welfare, 1974' का विचार है कि सामान्य मात्रा में मदिरापान शारीरिक और मनोवैज्ञानिक रूप से घातक नहीं है। इस विभाग ने यह भी विचार व्यक्त किया है कि तीन पैग Wishky, आधी बोतल Wine, चार गिलास बियर का अलग-अलग सेवन ज्यादांश लोगों के लिए हानिप्रद नहीं है बल्कि यह कुछ लोगों के लिए लाभप्रद हैं।

कोई व्यक्ति जब उपयुक्त मात्रा में एल्कोहल का सेवन करता है तो उस व्यक्ति का लिवर सामान्य कार्यक्षमता से काम करता है, परन्तु अत्यधिक उपयोग उसके विचार को अत्यधिक कार्यशील बनाकर क्षतिग्रस्त कर सकता है। अत्यधिक मद्यपान करने वाले सभी व्यक्तियों में 10% लोगों के लिवर के सेल्स क्षतिग्रस्त हो जाने की सम्भावना होती है। मद्यपान का कोई आहारात्मक मूल्य नहीं होता, अतः बहुधा अत्यधिक मद्यपान में शरीर उपयुक्त मात्रा के आहार से वंचित रह जाता है।

अत्यधिक मद्यपान से व्यक्ति में अनुपयुक्तता की भावनाएँ बढ़ती हैं। तर्क और निर्णय दोषपूर्ण हो जाता है तथा धीरे-धीरे व्यक्तित्व का ह्रास होने लगता है। व्यक्ति का व्यवहार अनुपयुक्त हो जाता है। उत्तरदायित्व की भावना कम हो जाती है। परिवार के प्रति तिरस्कृत व्यवहार अपनाता है। उसका सामान्य स्वास्थ्य बिगड़ जाता है। उसका मस्तिष्क भी क्षतिग्रस्त हो सकता है। इसके अतिरिक्त नौकरी छूट सकती है, विवाह-विच्छेद हो सकता है और पारिवारिक विघटन हो सकता है।

मद्यपान से सम्बन्धित मनोविक्षिप्तता

जब व्यक्ति लम्बी अवधि तक मद्यपान करता है और मद्यपान की मात्रा भी ज्यादा होती है, तब उसमें कुछ मनोविक्षिप्तताएँ उत्पन्न हो जाती हैं। ये मनोविक्षिप्तताएँ उन व्यक्तियों में भी उत्पन्न हो जाती हैं जिनमें मद्यपान की सहनशीलता कम होती है। मद्यपान से सम्बन्धित मुख्यतः निम्न चार प्रकार की मनोविक्षिप्तताएँ हैं -

(1) मनोविकारी मादकता–यह एक तीव्र प्रतिक्रिया है जो उन व्यक्तियों में घटित होती है जिनमें एल्कोहल के प्रति सहनशीलता बहुत कम होती है। उदाहरण के लिए मिर्गी से पीड़ित व्यक्ति या वे व्यक्ति जिनका व्यक्तित्व अस्थिर होता है। कुछ सामान्य व्यक्तियों में भी यह मनोविक्षिप्तता उत्पन्न हो सकती है। जिनमें एल्कोहल के प्रति सहनशीलता कम होती है। थकान और संवेगात्मक तनाव आदि कुछ ऐसी अस्थायी स्थितियाँ हैं। जिनमें एक सामान्य व्यक्ति की एल्कोहल के प्रति सहनशीलता कम हो जाती है। इस प्रकार के व्यक्ति यदि साधारण मात्रा में भी एल्कोहल पीते हैं तो इनका व्यवहार परिस्थितियों के अनुकूल नहीं रहता है। इनका व्यवहार सम्भ्रमित प्रकार का होता है। इस अवस्था में व्यक्ति आग लगाने, नर हत्या, सेंधमारी तथा कामुक आक्रमण जैसे व्यवहार कर सकता है। बहुधा इस सम्भ्रमित अवस्था के बाद गहरी नींद में सो सकता है।

(2) संज्ञाहीनता सकम्प–मद्यपान से सम्बन्धित चार मनोविक्षिप्तताओं में यह सार्वधिक प्रचलित प्रतिक्रिया है। यह मनोविक्षिप्तता उन लोगों में होती हैं जो अत्यधिक और लम्बी अवधि तक मदिरापान करते हैं। यह मनोविक्षिप्तता मद्यपान त्याग के बाद भी उस समय उत्पन्न हो सकती है, जब व्यक्ति के सिर में चोट लग जाय या कोई संक्रमण हो जाय। संज्ञाहीनता उत्पन्न होने से पूर्व रोगी बेचैन रहता है, उसे नींद आती है। शोरगुल और गतिशील वस्तुओं से

वह उत्तेजित होता है। इस प्रकार के रोगी के कुछ प्रमुख लक्षण निम्न प्रकार से हैं–

1. समय और स्थान को पहचानने में त्रुटि करता है। उदाहरण के लिए, वह अस्पताल को जेल समझ सकता है, मित्रों को पहचानने में भूल करता है। इसी प्रकार इस रोगी को यदि अस्पताल ले जाया जाय तो अस्पताल के स्टाफ को पूर्व परिचित समझता है।
2. विभिन्न प्रकार के विभ्रम होते हैं। यह विभ्रम में साँप, चूहों आदि को भगाते हुए देखता है।
3. वह तीव्र भय का अनुभव करता है। विभ्रम में भागते हुए दिखायी देने वाले पशु जब आकार, आकृति और रंग में परिवर्तित होते हैं तो रोगी भयभीत हो जाता है।
4. अत्यधिक सुझाव ग्रहणशीलता पायी जाती है। भागते हुए पशुओं से सम्बन्धित कोई भी सुझाव दिया जाय तो वह रोगी जल्दी से मान लेता है।
5. रोगी के होंठ, जीभ और हाथ काँपते हैं। हृदय की धड़कन बढ़ जाती है, पसीना आता है और रोगी दुर्बल हो जाता है। श्वास में दुर्गन्ध और ज्वर के लक्षण भी दृष्टिगोचर होते हैं।

इस प्रकार की अवस्था या लक्षण तीन दिन से छः दिन तक रह सकते हैं, तत्पश्चात् रोगी गहरी नींद में सो जाता है। जब रोगों के लक्षण समाप्त हो जाते हैं तो वह पश्चाताप करता है। फलस्वरूप वह कुछ सप्ताह या माह मद्यपान नहीं करता लेकिन अपनी आदत को ज्यादा दिन रोक नहीं पाता और मद्यपान करता है। इस प्रकार के रोगियों की मृत्यु का बहुधा कारण हार्टफेल या लिवर के खराब हो जाने से कारण होती है। इस प्रकार के रोगियों के उपचार में Chlordiazepozide औषधि का प्रयोग किया जाता है।

(3) तीव्र मद्यजन्य विभ्रमशीलता–इस मनोविक्षिप्तता का मुख्य लक्षण श्रवणात्मक विभ्रम है। इस प्रकार का रोगी कुछ कथन या बोलती हुई आवाजें सुनता है। कुछ ज्यादा समय बाद वह व्यक्तियों की आवाजें सुनता है जो उसकी आलोचना करते हैं। ये आलोचनाएँ बहुधा उसकी कमजोरियों (व्यक्तिगत और कामुक) के सम्बन्ध में होती हैं। आलोचना में दण्ड भी प्रस्तावित किया जाता है। वह जंजीरों की झनझनाहट, चाकू तेज करने और पिस्तौल चलने तथा भयानक पैरों की आहट जैसे कोई मारने चला आ रहा हो, आदि सुनता है। इन सबसे आतंकित

होकर रोगी चीखता-चिल्लाता है दूसरों को सहायता के लिए बुलाता है या आत्महत्या का प्रयास करता दृष्टिगोचर होता है।

(4) कोर्साकोफ का मनःस्ताप—इस प्रतिक्रिया का सर्वप्रथम वर्णन रूसी मनोचिकित्सक Korsakoff ने सन् 1887 में किया। इस प्रतिक्रिया का प्रमुख लक्षण स्मृति-दोष है। वह तात्कालिक घटनाएँ भूल जाता है लेकिन उन्हें छिपाने के लिए झूठ बोलता है। रोगी अपनी स्मृति की रिक्तियों को काल्पनिक कहानियों और संस्मृतियों Reminiscences से पूरा करता है। इस प्रकार के व्यक्ति की विस्मृतियों का मुख्य कारण घटनाओं के बीच साहचर्य स्थापित नहीं हो पाता। इन रोगियों में संज्ञाहीनता विभ्रम, समय और स्थान नहीं पहचान पाता, सम्भ्रान्ति आदि होते हैं। इनकी स्मृति में विघ्न उत्पन्न होने का कारण नये साहचर्यों का न बनना भी है। इस प्रकार की प्रतिक्रिया बहुधा बूढ़े लोगों में होती है। जो अनेक वर्षों से मद्यपान के आदी होते हैं।

मद्यपान निर्भरता की अवस्थाएँ

मद्यपान का विकास पूर्व निर्धारित अनुक्रम के अनुसार चलता है। जेनीनेक ने 1952 और 1971 में अपने अध्ययनों के आधार पर मद्यपान निर्भरता की निम्न अवस्थाओं का वर्णन 2000 मद्यपान करने वाले व्यक्तियों के अध्ययन के आधार पर किया है :-

(1) मद्यपान से पूर्व की लक्षणात्मक अवस्था—कुछ परम्परागत सामाजिक स्थितियों के कारण व्यक्ति मद्यपान प्रारम्भ करता है। इस प्रकार मद्यपान करते-करते वह तनाव से राहत अनुभव करने लगता है। तनाव से राहत अनुभव करने का एक कारण यह हो सकता है कि उसमें तनाव की मात्रा ज्यादा होती है अथवा उसको तनावों का समाधान करना नहीं आता। प्रारम्भ में उसे तनावों से राहत का अनुभव कभी-कभी होता है परन्तु बाद में वह अक्सर तनावों से राहत उस समय करता है जब वह मद्यपान करता है। कुछ समय बाद तनावों के प्रति उनकी सहनशीलता कम हो जाती है। फलस्वरूप वह तनाव होने पर मद्यपान का सहारा लेता है। कुछ महीनों में या ज्यादा-से-ज्यादा दो वर्ष में मद्यपान की आदत पड़ जाती है।

(2) पूर्वरूप अवस्था—इस अवस्था की प्रमुख विशेषता यह है कि मद्यपान करने वाले व्यक्ति की स्मृति में अँधेरा छाने लग जाता है। मद्यपान करने वाले व्यक्ति में स्मृति-लोप के लक्षण अवश्य पाये जाते हैं। लेकिन व्यक्ति में पूर्ण

चेतना बनी रहती है। स्मृति लोप के अतिरिक्त कुछ अन्य प्रमुख लक्षण हैं :-

1. चोरी छिपे मद्यपान करता है—लोग उसके पीने की आलोचना न करें इसलिए वह दूसरों की निगाह से बचकर मद्यपान करता है।
2. एल्कोहल में पूर्ण व्यस्तता—वह किसी पार्टी में जाने से पूर्व ही मद्यपान करके आता है क्योंकि उसको यह आशंका रहती है कि पार्टी में मद्यपान की सुविधा होगी या नहीं।
3. व्यग्र मद्यपान—व्यक्ति जब भी मद्यपान प्रारम्भ करता है तो वह कुछ पैग जल्दी-जल्दी पी जाता है।
4. अपने मद्यपान व्यवहार के प्रति व्यक्ति में अपराध भावना होती है इस अवस्था में रोगी यह समझने लगता है कि वह आवश्यकता से ज्यादा पीता है।
5. वह अपने मद्यपान के सम्बन्ध में दूसरों से बातचीत नहीं करना चाहता।

(3) संकटमय अवस्था—इस अवस्था की प्रमुख विशेषता है कि व्यक्ति को मद्यपान पर नियन्त्रण नहीं रहता अर्थात् मद्यपान करने वाला व्यक्ति एक बार पीना प्रारम्भ करता है तो वह तब तक मद्यपान करता रहता है जब तक कि उसके पीने की शक्ति समाप्त नहीं होती है। यह शक्ति तभी समाप्त होती है जब वह अत्यधिक नशे में हो जाता है। इस प्रकार जब वह एक व्यक्ति ज्यादा दिन तक मद्यपान करता है तो वह मद्यपान के कारण बीमार भी हो जाता है। वह मद्यपान बीमारी के कारण बार-बार थोड़ी पीने की कसम खाता है लेकिन जब वह एक बार पीना प्रारम्भ करता है जो अपनी कसम तोड़कर आगे बढ़ जाता है।

मद्यपान करने वाला व्यक्ति अपनी आदत को तर्कसंगत समझता है। अपनी आदत का दोषारोपण दूसरों पर करता है लेकिन वह प्रायश्चित करता है। फलस्वरूप वह तनावग्रस्त हो जाता है और तनावग्रस्त होकर ज्यादा पीने लग जाता है। इस अवस्था तथा मद्यपान करने वाले व्यक्ति के मित्र कम होने लग जाते हैं। कभी-कभी तो नौकरी से भी मद्यपान के चक्कर में हाथ धोना पड़ जाता है। उसके परिवार पर इस गम्भीर आदत का बहुत बुरा प्रभाव पड़ता है। वह मदिरा का एकत्रीकरण करता है, वह इसे छिपा-छिपाकर सुरक्षित स्थानों पर रखता है। उसकी कामुकता कम हो जाती है। परिणामस्वरूप अपनी स्त्री के प्रति शत्रुता की भावना रखने लग जाता है।

अन्त में उसकी हालत ऐसी हो जाती है कि सुबह उठते ही उसे ऐसा अनुभव होता है कि बिना पिये उसका दिन नहीं बीतेगा और वह जागकर सुबह से ही पीना प्रारम्भ कर देता है।

(4) दीर्घकालीन अवस्था—यह वह अवस्था है जिसमें व्यक्ति में एल्कोहल पीने की निरन्तरता दृष्टिगोचर होती है। उसका मनाबल गिर जाता है। वह अपने से निम्न स्तर के व्यक्ति के साथ बैठ-बैठकर पीता है। वह घटिया किस्म की शराब भी पीने लग जाता है। वह निरन्तर पीता रहता है।

मद्यपान के कारण

मद्यपान के अनेक कारण हैं। मद्यपान के लिए किसी एक कारक को उत्तरदायी नहीं ठहराया जा सकता बल्कि मद्यपान मनोवैज्ञानिक जैविक, सामाजिक और सांस्कृतिक कारकों की अन्तःक्रियाओं के परिणामस्वरूप उत्पन्न होता है। इसके विकास में निम्न कारकों का योगदान सर्वाधिक महत्वपूर्ण है।

(1) जैविक कारक—बहुत ज्यादा समय तक मद्यपान करते रहने के बाद कोई व्यक्ति मद्यपान करना बन्द कर देता है तो उस व्यक्ति में प्रत्यागमन के लक्षण दिखाई देते हैं जैसे- दुर्बलता, पसीना आना, उल्टी होना, विभ्रम, ज्वर, शरीर में ऐंठन आदि। रोगों में यह प्रत्यागमन के लक्षण इसलिए उत्पत्र होते हैं कि रोगों के शरीर की कोशिकाओं में चयापचय क्रिया एल्कोहल की अभ्यस्त हो जाती है। दूसरे शब्दों में एल्कोहल के प्रति दैहिक आश्रितता के कारण प्रत्यागमन सम्बन्धी लक्षण उत्पन्न होते हैं।

एक अध्ययन में यह देखा गया है कि मद्यपान की आदत उन व्यक्तियों को पड़ती है जिनके परिवारों में मद्यपान चला आ रहा है या जिनके पिता पहले से मद्यपान करते आ रहे हैं। इस अध्ययन में यह देखा गया है कि मद्यपान करने वाले लोगों के 40% पिता लोग भी पहले से मद्यपान के आदी थे। एक अन्य प्रयोगात्मक अध्ययन में यह देखा गया है कि वे बच्चे जिनके पिता मद्यपान करने वाले थे, उन्हें उन परिवारों में पाला गया जहाँ मद्यपान नहीं होता था। इस प्रयोगात्मक समूह की तुलना नियन्त्रित समूह से की गयी। नियन्त्रित समूह में वे बालक थे जिनके परिवार में कभी किसी के द्वारा मद्यपान नहीं किया गया था। इस अध्ययन से यह निष्कर्ष निकला कि नियन्त्रित समूह के बालकों की अपेक्षा प्रयोगात्मक समूह के बालकों में मद्यपान की समस्याएँ दो गुनी थीं।

(2) मनोवैज्ञानिक कारक—अध्ययनों में यह देखा गया है कि एल्कोहल पर व्यक्ति केवल दैहिक रूप से ही आश्रित नहीं होता है बल्कि वह एल्कोहल पर मनोवैज्ञानिक रूप से भी आश्रित हो जाता है। मद्यपान का सीधा सम्बन्ध समायोजन से है। अत्यधिक मद्यपान से सम्पर्क जीवन का समायोजन क्षतिग्रस्त हो जाता है। अब प्रश्न यह उठता है कि एल्कोहल पर व्यक्ति इतना ज्यादा मनोवैज्ञानिक रूप से किस प्रकार आश्रित हो जाता है। कुछ प्रमुख मनोवैज्ञानिक कारक निम्न प्रकार से हैं :-

(क) व्यक्तित्व विशेषताएँ—जिन अध्ययनों में मद्यपान करने वाले और मद्यपान न करने वाले व्यक्तियों की व्यक्तित्व विशेषताओं की तुलना की गयी है उन अध्ययनों से यह स्पष्ट हुआ है कि मद्यपान करने वाले व्यक्ति संवेगात्मक रूप से अपरिपक्व होते हैं। मद्यपान करने वाले व्यक्ति चाहते हैं कि समाज के लोग उनकी प्रशंसा करें। मद्यपान करने वाले व्यक्तियों में यह भी देखा गया है कि इन व्यक्तियों में असफलता के कारण हीनता की भावनाएँ उत्पन्न हो जाती हैं। इनमें कुण्ठा के प्रति सहनशीलता भी निम्न स्तर की होती है। वे अपने आपको अनुपयुक्त भी अनुभव करते हैं। कुछ अन्य अध्ययनकर्ताओं ने अपने अध्ययनों के आधार पर यह स्थिर किया कि व्यक्ति अपने पुरुषत्व और अपनी उपयुक्तता की भावना को स्थापित और स्थिर करने के लिए मद्यपान करता है।

कुछ अन्य अध्ययनों के आधार पर स्थिर किया गया कि अवसाद और समाज विरोधी व्यक्तित्व वाले लोग मद्यपान करते हैं। कुछ अध्ययनों में यह भी देखा गया है कि कुसमायोजित व्यक्तियों के मद्यपान करने की सम्भावना ज्यादा होती है लेकिन आवश्यक नहीं है कि कुसमायोजित व्यक्ति में मद्यपान की आदत पड़ ही जाय।

मद्यपान करने वाले व्यक्तियों की व्यक्तित्व विशेषताएँ सामान्य व्यक्तियों की अपेक्षा भिन्न होती हैं। आदतजन्य मद्यपान करने वाले व्यक्ति में प्रतिबल सहनशीलता कम ऋणात्मक आत्म-प्रतिभा, अनुपयुक्तता की भावनाएँ और अपसाद की भावनाएँ पायी जाती हैं।

जब मद्यपान करने वाले व्यक्ति बहुत ज्यादा मद्यपान करते हैं और उनकी स्थिति अस्पताल में भर्ती या उपचार वाली हो जाती है तो उनके व्यक्तित्व में कुछ निम्न प्रमुख विशेषताएँ पायी जाती हैं—मनोरचनाओं का अतिरंजित प्रयोग करता है जिसमें युक्तिकरण और प्रक्षेपण का ज्यादा प्रयोग करता है। इस अवस्था में वह अपने आवेगों को नियन्त्रित करने में कठिनाई का अनुभव करता है। उसमें उत्तरदायित्व का अभाव भी पाया जाता है।

(ख) प्रतिबल और पुनर्बलन—यह पहले बताया जा चुका है कि आदतजन्य मद्यपान करने वाले व्यक्ति में प्रतिबल के प्रति सहनशीलता बहुत कम होती है। वह प्रतिबल और तनाव को सहन करने के अयोग्य ही नहीं होता बल्कि वह ऐसी परिस्थितियों का सामना करने का इच्छुक भी नहीं होता।

एक अध्ययन में यह निष्कर्ष निकाला गया कि मद्यपान चिन्ता के प्रति एक अनुबन्धात्मक प्रत्युत्तर है। मद्यपान करने वाले व्यक्ति की चिन्ता मद्यपान के द्वारा कम होती है। साथ ही साथ प्रतिबल से उत्पन्न व्यवसाय और असुखद भावनाएँ कम होती हैं।

(ग) दोषपूर्ण पैतृक प्रतिमान—मद्यपान करने वाला पिता बालक के लिए दोषपूर्ण प्रतिमान है। बालक को सामाजिक मूल्यों को सीखने में कठिनाई होती है। वह यह नहीं समझ पाता कि उससे क्या प्रत्याशाएँ हैं।

कुछ मामलों में देखा गया है कि बच्चे अपने पिता को ऋणात्मक मॉडल के रूप में स्वीकार करते हैं। ये बालक यदि अपने पिता के व्यवहार प्रतिमानों को स्वीकार करते हैं तो वे भी मद्यपान की ओर अग्रसर होते हैं।

(3) सामाजिक-सांस्कृतिक कारक—सामाजिक-सांस्कृतिक मूल्य भी मद्यपान को बढ़ावा देते हैं। यदि किसी समाज में मद्यपान को बुरा नहीं समझा जाता है तो उस समाज के व्यक्ति मद्यपान की ओर अग्रसर होते हैं। बालक अपने परिवार के बड़े-बूढ़ों को मद्यपान करते देखते हैं। तो वे भी मदिरा की ओर अग्रसर होते हैं, एक अध्ययन में एक समाज और संस्कृति में मद्यपान का क्या घटनाक्रम होगा यह उस समाज की संस्कृति द्वारा कई तथ्यों के आधार पर निर्धारित हैं–

1. संस्कृति के द्वारा उत्पन्न प्रतिबल और आन्तरिक तनाव की मात्रा कितनी है? यह मात्रा जितनी ही ज्यादा होगी मद्यपान का घटनाक्रम उतना ही ज्यादा होगा।
2. संस्कृति की मद्यपान के प्रति क्या अभिवृत्तियाँ हैं? अभिवृत्तियाँ जितनी ही मद्यपान के प्रति धनात्मक होंगी, मद्यपान को संस्कृति से उतना ही ज्यादा बढ़ावा प्राप्त होगा।
3. तनाव और चिन्ता से मुक्ति के संस्कृति में क्या-क्या साधन उपलब्ध हैं? ये साधन जितने ही ज्यादा होंगे, लोग मद्यपान के प्रति उतने ही कम उन्मुख होंगे।

मद्यपान का उपचार

तीव्र और दीर्घकालीन मद्यपान का उपचार आवश्यक है। मद्यपान एक जटिल विचार है जिसका उपचार अनेक उपचार पद्धतियों से मिले-जुले ढंग से किया जाना चाहिए। मद्यपान के उपचार के कुछ प्रमुख उपाय निम्न प्रकार से हैं—

1. जैविक उपाय

(1) औषधियों से सम्बन्धित उपाय :- विभिन्न औषधियों के प्रयोग के द्वारा एल्कोहल के प्रभाव को कम किया जाता है। इन औषधियों के द्वारा एल्कोहल से सम्बन्धित हानिकारक तत्त्वों को मद्यपान करने वाले व्यक्ति के शरीर से निकाला या कम किया जाता है। यह कार्य अस्पताल या क्लीनिक में Chlordiazepoxide औषधि की सहायता से किया जाता है अर्थात् इस औषधि के प्रतिगमनात्मक लक्षणों को दूर किया जाता है अर्थात् इस औषधि के द्वारा संज्ञाहीनता, उल्टी और शरीर की ऐंठन को कम किया जाता है। इस प्रकार की दवाई के प्रयोग के बाद उपचार में सामाजिक मनोवैज्ञानिक उपाय अपनाये जाते हैं।

इन रोगियों के उपचार के लिए हल्की प्रशान्तक दवाइयों का उपयोग भी किया जाता है। इनके प्रयोग से तीव्र एल्कोहल प्रतिक्रिया के रोगी को नींद आ जाती है।

(2) हानिकारक पद्धति :- प्राचीन रोम के लोग मदिरा के गिलास में जीवित सर्पमीन डालकर रोगों को गिलास की मदिरा पीने के लिए बाध्य करते थे जिससे मद्यपान करने वाले व्यक्ति का जी मिचलाने लगता था तथा जी खराब हो जाता था। इससे मद्यपान करने वाला कुछ समय के लिए मदिरा का त्याग कर देता था। आधुनिक युग में कुछ वमनकारी औषधियों के द्वारा उपयुक्त स्थिति पैदा की जाती है। इनके उपयोग से रोगी को उल्टी-सी लगती है और जी खराब हो जाता है। मद्यपान करने वाले व्यक्ति का जी खराब करने के लिए का एक इंजेक्शन लगा दिया जाता है। इसी प्रकार से Disulphreim औषधि को यदि रोगी को पिला दिया जाये तो इस औषधि के पीने के बाद पीने वाले को पीते समय बेचैनी और परेशानी लगती है। फलस्वरूप वह नहीं पीता है।

(3) मस्तिष्क सर्जरी :- जर्मनी में एक अध्ययन के अनुसार जिस प्रकार खाने और सेक्स की पूर्ति की इच्छा होती है ठीक उसी प्रकार मद्यपान की इच्छा होती है। इन इच्छाओं को नियन्त्रित करने के लिए मस्तिष्क के कुछ विशिष्ट केन्द्रों

का ऑपरेशन किया जाता है। इसके लिए मस्तिष्क के इन विशिष्ट केन्द्रों का लगभग 50 क्यूबिक किलोमीटर कि क्षेत्र को उदासीन कर दिया जाता है फिर रोगी को पीने की इच्छा नहीं उत्पन्न होती।

2. मनोसामाजिक उपाय

(1) सामूहिक चिकित्सा :- सामूहिक चिकित्सा में मनोचिकित्सक पहले इस बात पर जोर देता है कि रोगी अनुभव करें कि यह एक समस्यात्मक पीने वाला है लेकिन उसकी सहायता और ठीक होने के उपाय हैं। बहुधा समूह चिकित्सा में दूसरों के अनुकरण के द्वारा रोगी के पीने की आदत को कम या समाप्त किया जाता है।

(2) सामाजिक चिकित्सा :- इस चिकित्सा पद्धति में रोगों को तथा उसके परिवारजनों को विभिन्न प्रकार के सुझाव दिये जाते हैं कि रोगी स्वास्थ्य लाभ कर समायोजन स्थापित कर ले।

(3) एल्कोहलिक्स एनॉनिमस :- यह एक संस्था या संगठन है जिसे अमेरिका में 1935 में डॉ. बोड और अन्य ने ओहायो में प्रारम्भ किया। स्वयं बिल महोदय ने आध्यात्मिक परिवर्तन द्वारा मद्यपान का त्याग किया। आपने फिर डॉ. बाब की सहायता की। तत्पश्चात् आप दोनों व्यक्तियों ने उपयुक्त संगठन की नींव डाली। आज अमेरिका में इस प्रकार की अनेक संस्थाएँ हैं।

इस संगठन का कार्य लगभग इसी तरह से ही है। मद्यपान करने वाले व्यक्ति को पहले उन व्यक्तियों की जानकारी और पूरा परिचय दिया जाता है जो पहले ठीक हो चुके हैं। फिर रोगी में अलौकिक शक्ति या धर्म के प्रति आस्था उत्पन्न हो जाती है। इसमें रोगी को यह विश्वास दिलाया जाता है कि वह एक महत्त्वपूर्ण सदस्य है। इन सब प्रयासों का उद्देश्य ही होता है कि रोगी को नया जीवन नये उद्देश्य और भाई-चारे के सम्बन्ध स्थापित हों।

आधुनिक चिकित्सा पद्धतियों द्वारा 70% से 90% तक रोगी ठीक हो जाते हैं।

नशीले पदार्थों का सेवन

आधुनिक समाज में अनेक नशीले पदार्थों एवं रसायनों का उपयोग दिन-प्रतिदिन बढ़ता जा रहा है। इनका ज्यादा उपयोग न केवल उस व्यक्ति के लिए हानिकारक है जो इनका उगयोग करता है बल्कि उस परिवार समाज और राष्ट्र के लिए भी

परोक्षस्वरूप से हानिकारक है जिसमें वह व्यक्ति रहता है। नशीले पदार्थों की निर्भरता दिन-प्रतिदिन प्रत्येक आयु एवं समाज के लोगों में बढ़ती ही जा रही है। बहुधा किशोरावस्था और युवावस्था के लोग इसका प्रयोग करना जल्दी सीखते और अपनाते हैं। इस प्रकार के नशीले पदार्थों का सेवन करने वाले लोगों के लक्षणों में बहुत ज्यादा भिन्नता पायी जाती है। जिसका प्रमुख कारण इनके सेवन की मात्रा तथा अवधि महत्त्वपूर्ण कारक है।

औषधि व्यसन और औषधीय निर्भरता किसी भी आयु वर्ग के लोगों में पाई जा सकती है। आजकल किशोरों और युवकों में यह आदत तेजी से विकसित हो रही है। यह आदत किसी भी आयु वर्ग के लिए अच्छी नहीं है। किशोरों और युवकों के लिए तो यह और भी घातक है। महानगरीय संस्कृति में स्कूल जाने वाले बच्चों और किशोरों में औषधि-व्यसन बढ़ रहा है। एक बार इनका शिकार हो जाने पर इनसे छुटकारा पाना कठिन होता है।

नशीले पदार्थ सेवन (औषधि व्यसन) के प्रमुख कारण—अपने देश में बढ़ते औषधि व्यसन के कुछ प्रमुख कारण निम्न प्रकार से हैं-

1. अपने देश में औषधि व्यसन का व्यापार आपराधिक प्रवृत्ति वाले लोगों द्वारा प्रत्यक्ष या परोक्ष रूप से किया जाता है। कुछ शहरों में यह बिना रोक-टोक बड़े पैमाने पर चलता है। इसका व्यापार करने वाले लोग अपना ग्राहक बनाने में माहिर होते हैं। स्कूली बच्चों तथा मजदूरी करने वाले लोगों और फुटपाथ पर जीवन व्यतीत करने वालों को इसके व्यापारी अपना शिकार बनाते हैं। पुलिस की निगाहों से बचकर यह व्यापार किया जाता है। कई बार तो पुलिस जानकर भी अनजान बनी रहती है। अतः कहा जा सकता है कि सख्ती न होने के कारण औषधि व्यसन फलफूल रहा है।
2. औषधि व्यसन का वे लोग ज्यादा शिकार होते हैं जो अपने उत्तरदायित्वों को पूरा करने में ज्यादा कठिनाई का अनुभव करते हैं। आधुनिक समाज में महँगाई, बेरोजगारी, जनसंख्या, घनत्व आदि के कारण आज आम आदमी अपने उत्तरदायित्वों को पूरा करने में कठिनाई का अनुभव करता है। इन कठिनाइयों को भूलने के लिए सस्ते नशीले पदार्थों की ओर आकर्षित होता है।
3. समाज में नशेबाजी का फैशन चल रहा है। हर व्यक्ति शराब का नशा इसके महँगे होने के कारण नहीं कर पाता। अन्य नशीले पदार्थ शराब की अपेक्षा बहुत सस्ते हैं। अपने गरीब देश में महँगाई के जमाने में ये नशीले पदार्थ केवल कुछ रुपयों में सुलभ हो जाते हैं।

4. स्कूली बच्चे किशोर या युवक कई बार जिज्ञासावश इनका सेवन करते हैं, फिर औषधीय प्रभाव होकर इनका उपयोग बार-बार करते हैं।
5. स्कूली बच्चे किशोर और युवक नशीले पदार्थों का सेवन कई बार मित्रों के आग्रह पर मित्रों के अनुकरण के कारण और कई बार मित्रों के जिद करने के कारण नये लोग इसकी शुरुआत कर देते हैं।
6. जिन बालकों के माता-पिता या घर के कोई अन्य सदस्य इनका सेवन करते हैं यह बच्चे उन्हें देखते-देखते उनका अनुकरण कर बैठते हैं और इस प्रकार औषधि व्यसन का शिकार हो जाते हैं।
7. तनाव और चिन्ता से मुक्ति दिलाने के चक्कर में भी कई बार लोग नशीले पदार्थों का सेवन करते हैं, फिर धीरे-धीरे आदी हो जाते हैं और फिर उनमें औषधि निर्भरता उत्पन्न हो जाती है।
8. इस दिशा में हुए अध्ययनों में यह देखा गया है कि जिन व्यक्तियों में हीनता की भावना होती है, कुण्ठा होती है या जो व्यक्ति अपने को अनुपयुक्त समझते हैं वह अपनी इन भावनाओं और कुण्ठा से मुक्ति पाने हेतु नशीले पदार्थों की ओर आकर्षित होकर औषधि निर्भरता तक पहुँच जाते हैं।
9. इस दिशा में हुए अध्ययनों में यह देखा गया है कि जो व्यक्ति कुसमायोजित होते हैं या अवसाद से ग्रस्त होते हैं वह भी इनसे मुक्ति पाने हेतु नशीले पदार्थों की ओर आकृषित होते हैं।
10. अपने देश में औषधि विक्रेता नये नशीले पदार्थों की दवाई के नाम पर बेच रहे हैं। विक्रेता और क्रेता दोनों को खुली छूट होने से नशीले पदार्थों का चलन बढ़ रहा है।
11. कई बार औषधि निर्माता नशीली दवाओं का दुष्प्रचार ऐसे स्वच्छ ढंग से करते हैं जैसे यह नशीली दवाइयाँ व्यक्ति के लिए अनेक प्रकार से लाभदायक हैं। अतः लोग धोखे में आकर इनका प्रयोग आरम्भ करते हैं फिर धीरे-धीरे इनके आदी हो जाते हैं।

नशीले पदार्थों का वर्गीकरण

(क) **अवसाद उत्पन्न करने वाली औषधियाँ**—अवसाद उत्पन्न करने वाली औषधियों को मुख्यतः अग्रलिखित पाँच वर्गों में बाँट सकते हैं—

(1) बेहोशी लाने वाली औषधियाँ—जैसे क्लोरोफार्म और साइक्लाप्रापेज आदि।

(2) अफीम और उससे निकलने वाली औषधियाँ—मार्फीन, काडीन, हिरोइन मेटोपोन पेण्टोपोन आदि।

(3) बारबीचुरेट्स—एमीटॉल, नेम्बुटॉल, सेकोनल, पेण्टोथल, लुमाल आदि।

(4) मारीजुआना।

(5) ब्रोमाइड्स—न्यूरोस्अटोन, पोटेशियम ब्रोमाइड, सोडियम ब्रोमाइड, नरवाइन आदि।

(ख) उत्तेजित करने वाली औषधियाँ—इनमें से कुछ प्रमुख इस प्रकार हैं- आइसोमिन, मिथाइल एम्फेटेमाइन, डेक्सोड्रिन, बेन्जेड्रीन, मीकोड्रीन, एम्फेटेमाइन सल्फेट, कोकेन आदि।

(ग) विभ्रम उत्पन्न करने वाली औषधियाँ—इनमें से कुछ प्रमुख हैं- मेस्केलीन, एल.एस.डी आदि।

(घ) प्रशान्तक—इनमें से कुछ प्रमुख हैं - क्लोरप्रोमेजीन, रेसरपीन, सर्पेसिल तथा बेन्जीड्रोल रसायन से बनने वाली औषधियाँ आदि।

नशीले पदार्थों के रूप में जिन औषधियाँ का बहुतायत से उपयोग आज अपने देश में हो रहा है उनमें से कुछ प्रमुख हैं—

(1) अफीम और उससे निकलने वाले पदार्थ—अफीम का उपयोग लगभग 500 वर्षों से किया जा रहा है। एशिया के देशों में इसकी खेती की जाती है और बड़ी मात्रा में इसका उत्पादन किया जाता है। अपने देश में भी इसका उत्पादन किया जाता है। आधुनिक युग में अफीम का सीधे उपयोग न करके इससे निकलने या बनने वाले रसायनों का उपयोग इसलिए किया जाता है कि ये रसायन मूल अफीम की अपेक्षा ज्यादा शक्तिशाली और प्रभावशाली हैं। इससे निकलने वाले कुछ प्रमुख नशीले पदार्थ हैं—Morphine, Heroin तथा Codeine

अफीम में नाइट्रोजन से युक्त 18 एजेण्ट होते हैं जिन्हें तकनीकी भाषा में Alkoloid कहते हैं। अफीम से बनने वाले सभी नशीले पदार्थ शक्तिशाली दर्दनाशक हैं जिनका उपयोग चिकित्सा के क्षेत्र में किया जाता है। इस प्रकार के नशीले पदार्थों में सर्वाधिक उपयोग Heroin का किया जाता है। केवल अमेरिका में ही इसके सेवन करने वालों की सख्या 300,000 है M.H Green and R.L. Dupont, 1974। हिरोइन का उपयोग अब बड़े शहरों से ग्रामीण क्षेत्रों में भी बढ़ता जा रहा है (J.Q. Willson)।

अफीम खाने वाले व्यक्ति को जब आदत पड़ जाती है, तब इसको छोड़ना बहुत कठिन हो जाता है। उसमें थकान, अपच, कब्ज, शरीर में दर्द, पेट दर्द, मिचली,

कमजोरी अरुचि जैसे लक्षण उत्पत्र हो जाते हैं। इस प्रकार वह अफीम की निर्भरता ग्रहण कर लेता है। बिना अफीम के उसे अच्छा नहीं लगता है। उपरोक्त कोई भी लक्षण उत्पन्न हुआ तो वह अफीम का सेवन करता है, जैसे पेट में दर्द शुरू हुआ तो अफीम के लिए तड़पता है।

आधुनिक चिकित्सा पद्धति में शुद्ध अफीम के स्थान पर इससे उत्पन्न रसायनों जैसे मारफीन और हीरोइन का प्रयोग किया जाता है। मारफी और हीरोइन का सेवन सूँघकर, खाकर, धूम्रपान द्वारा अथवा इसका सेवन बहुधा इंजेक्शन द्वारा ही करते हैं।

हीरोइन के नशेबाज में हीरोइन के उपयोग के बाद निम्न लक्षण दृष्टिगोचर होते हैं- उल्लासोन्माद लगभग 60 सेकण्ड तक रहता है। इसके बाद ही नशेबाज को सुस्ती और ओंघाई आती है। सुस्ती के बाद शारीरिक आवश्यकताएँ चाहे वे खाने से सम्बन्धित हों, चाहे वे सेक्स से सम्बन्धित हों, कम हो जाती हैं। व्यक्ति को सुखात्मक अनुभूतियाँ होती हैं। वह शान्त किन्तु उल्लास का अनुभव करता है। इस प्रकार हिरोइन का प्रभाव 6 घण्टे तक रहता है। अन्त में आदतजन्य नशेबाजों में प्रारम्भ होता है जिसमें उनमें हिरोइन की ज्यादा खुराक लेने की इच्छा उत्पन्न होती है। अध्ययनों में यह देखा गया है कि कोई व्यक्ति लगभग एक माह तक हिरोइन का लगातार सेवन करता है तो वह उसका आदतजन्य नशेबाज बन जाता है।

बहुधा यह देखा गया कि अफीम और उससे बनने वाले नशीले पदार्थों का जो लोग आदतजन्य नशे के रूप में सेवन करते हैं उनका स्वास्थ्य और व्यक्तित्व दुर्बल हो जाता है। उसका स्वास्थ्य और ज्यादा दुर्बल हो जाता है जिसकी आहार सम्बन्धी आवश्यकताओं की पूर्ति नहीं होती।

उपर्युक्त नशीले पदार्थों के सेवन के कुछ प्रमुख कारण निम्नलिखित हैं-

1. रोगियों को उनकी किसी शारीरिक बीमारी के इलाज में दर्दनाशक के रूप में इस प्रकार के नशीले पदार्थ दिये जाते हैं। कुछ रोगियों का जब ज्यादा लम्बी अवधि तक इलाज चलता है तो उन्हें इन नशीले पदार्थों के सेवन की आदत पड़ जाती है।
2. इसी प्रकार यह देखा गया है कि जो व्यक्ति ऐसे लोगों के निकट सम्पर्क में रहते हैं जो इन पदार्थों का सेवन, उत्पादन या बिक्री कहते हैं उनमें भी पदार्थों का सेवन करने की आदत पड़ जाती है।

3. एक अध्ययन में यह देखा गया कि जिन व्यक्तियों में तनाव, असुरक्षा, विवाद तथा अनुपयुक्तता की भावनाएँ पाई जाती हैं, उनमें इन पदार्थों के सेवन की आदत शीघ्र और ज्यादा पड़ने की सम्भावना होती है।
4. इन नशीले पदार्थों के सेवन के कारण सामाजिक-सांस्कृतिक कारक भी हो सकते हैं।

इन प्रकार के नशीले पदार्थों के आदतजन्य व्यक्तियों की आदत छुड़ाने के लिए वही उपचार पद्धतियाँ अपनानी चाहिए जो मद्यपान सम्बन्धी आदतों को छुड़ाने में उपयोगी हैं।

(2) बारबीचुरेट्स—शताब्दियों से रासायनिक कम्पाउण्डर ब्रोमाइड शान्त करने वाली औषधि के रूप में प्रचलित है। आधुनिक युग में इन शान्त करने वाली औषधियों का लाखों व्यक्ति सेवन करते हैं। ज्यादांश इस प्रकार की औषधियाँ निम्नलिखित बारबीचुरेट्स हैं, जैसे—Barbital, Sodium Pantothal, Amytal, Phenobarbital, Seconal and Nembutal आदि। इस प्रकार की औषधियों का उपयोग कभी अनैतिक, असंवैधानिक तथा शरीर के लिए इनकी ज्यादा मात्रा हानिकारण है। ज्यादा शक्तिशाली Sedatives ही Barbiturate कहलाते हैं।

बहुधा इन औषधियों का उपयोग नींद की गोलियों के रूप में किया जाता है। इनका सेवन चिकित्सक की सलाह पर ही ठीक होता है। इनकी ज्यादा मात्रा व्यक्ति के लिए हानिकारक होती है। एक रिपोर्ट के अनुसार लगभग डेढ़ हजार आत्महत्याएँ अमेरिका में इन्हीं औषधियों के माध्यम से ही होती हैं। एक अध्ययन के अनुसार इस प्रकार के नशीले पदार्थों का सेवन करने वाले आदतजन्य व्यक्तियों की आयु का विस्तार 30 से 50 वर्ष है।

जहाँ तक इन औषधियों के प्रभाव का प्रश्न है, इनके सेवन से व्यक्ति शान्त ही नहीं होता है बल्कि वह गहरी नींद में सो जाता है। अतः कहा जा सकता है। कि यह केन्द्रीय नाड़ी संस्थान की क्रियाशीलता को शिथिल कर देती है। इनके सेवन से व्यक्ति शान्त, तनावमुक्त ही नहीं होता बल्कि उसे मस्तिष्क में शून्यता और नींद आने लगती है। ज्यादा मात्रा व्यक्ति में तुरन्त नींद ला देती है। इन औषधियों का ज्यादा दिनों तक सेवन व्यक्ति की स्मृति और भाषा में दोष उत्पन्न कर सकता है। ज्यादा सेवन से उसकी गत्यात्मक क्रियाओं का सन्तुलन बिगड़ सकता है। इनके दोषों का वणर्न करते हुए **मियर्स** और **गैचेल** (1979) ने लिखा है कि "Chronic usage can creat serious physiological and psychological dependence and can have serious side effects such as depression. Like the barbiturates, they are dangerous when combined with alcohol."

एमीटाल का उपयोग जब व्यक्ति करता है, तब वह संवेदन रहित हो जाता है। एमीटाल औषधि के प्रभाव के कारण व्यक्ति के मस्तिष्क का कॉर्टेक्स और हाइपोथैलेमस सर्वाधिक प्रभावित होते हैं। मस्तिष्क तरंगों के अध्ययन से यह ज्ञात हुआ है कि EEG की गति निद्रावस्था में मतज के समान होती है। यह औषधि स्वचालित नाड़ी संस्थान को भी प्रभावित करती है।

एमीटाल के सेवन से व्यक्ति शान्त होकर गहरी नींद सो जाता है। उसका केन्द्रीय नाड़ी संस्थान और स्वचालित नाड़ी संस्थान शान्त हो जाता है। इस अवस्था में व्यक्ति अपने को तनावमुक्त और शान्त अनुभव करता है। इस औषधि का व्यक्ति ज्यादा दिनों तक प्रयोग करते हैं, तो उनकी गत्यात्मक क्रियाओं का सन्तुलन दोषपूर्ण हो जाता है। उनकी स्मृति और चिन्तन भी दोषपूर्ण हो सकता है।

(3) एम्फीटैमाइन्स और कोकीन—इस प्रकार के रसायन व्यक्ति को शान्त करने के बजाय उद्दीप्त करने के लिए प्रयोग किये जाते हैं। अतः कहा जा सकता कि इन रसायनों के उपयोग से व्यक्ति का केन्द्रीय नाड़ी संस्थान उद्दीप्त हो जाता है। एम्फीटैमाइन्स सल्फेट के रूप में यह दवा विक्रेताओं के यहाँ उपलब्ध है। आजकल यह रसायन Dexedrine और Metherine के नामों से भी उपलब्ध है, जो ज्यादा शक्तिशाली है। यदि कोई व्यक्ति इन रसायनों का ज्यादा दिनों तक प्रयोग करता है तो उसकी भूख मर जाती है, थकान जल्दी आती है, ज्यादा उत्तेजना के कारण उसको शारीरिक नुकसान भी पहुँच सकता है। अत्यधिक मात्रा में सेवन विभ्रम और पैरानोइया के व्यामोह उत्पन्न कर सकता है।

कोकीन भी एक उत्तेजक है जो कोका पौधे की पत्तियों से बनाया जाता है। इसका सेवन सूँघकर, खाकर, या इंजेक्शन के रूप में किया जा सकता है। इसके सेवन से व्यक्ति में अत्यधिक उद्दीप्तावस्था उत्पन्न हो जाती है, उसको बढ़ी हुई शक्ति का आभास होता है, उसकी नींद गायब हो जाती है। इसके सेवन से व्यक्ति का विषाद और तनाव कम हो जाता है। आधुनिक युग में कोकीन का प्रचलन अब प्रारम्भ हुआ लेकिन प्राचीन काल से ही भारत के लोग कोका की पत्तियों का सेवन थकान और भूख कम करने कि लिए या दुखद जीवन से छुटकारा पाने के लिए किया करते थे।

(4) विभ्रमात्मक औषधियाँ—कुछ प्रमुख विभ्रमात्मक औषधियाँ निम्न प्रकार से हैं-

मैस्कलाइन—प्रायः इस औषधि के सेवन से व्यक्ति थकानमुक्त हो जाता है, उसे नींद भी नहीं आती। इस औषधि के सेवन करने वाले व्यक्ति के मानस पटल पर अनेक रंगीन चित्र और घटनाएँ उपस्थित होती हैं। इसके सेवन से व्यक्ति को मिश्रित संवेदनाएँ होती हैं। व्यक्ति के मूड में प्रतिक्षण परिवर्तन होता रहता है। कई बार व्यक्ति अपना दोहरा व्यक्तित्व और इसका कृत्य मानस-पटल पर होता हुआ देखता है। इस औषधि का निर्माण लोफोफोरस कैक्टस पौधे से होता है।

LSD तथा सम्बन्धित नशीले रसायन व्यक्ति में विभ्रम उत्पन्न करते हैं। इस श्रेणी के अन्तर्गत आने वाले रसायन कहलाते हैं।

कुछ प्रमुख Hallucinogens हैं—LSD Lysergic Acid Biethylamide, Mescaline and Psilocybin इनमें LSD का सेवन सर्वाधिक होता है। इसका संश्लेषण सर्वप्रथम हाफमैन ने किया था। इसके सेवन से ऐसे विभ्रम उत्पन्न होते हैं जैसे मनोविदलता के रोगी में उत्पन्न होते हैं। हिप्पी लोगों में LSD का सेवन सर्वाधिक लोकप्रिय है। इसका सेवन करने वाले व्यक्तियों का ऐसे रंगीन, सुन्दर दृश्य दिखायी देते हैं जो पहले कभी नहीं देखे हैं। समय का ज्ञान नाटकीय रूप से परिवर्तित होता रहता है।

LSD के अनुभव हमेशा सुखदायी ही नहीं होते हैं, कभी-कभी दुःखदायी भी होते हैं। ये अनुभव, चिन्ता, भय और संवेगात्मकता से पूर्ण होते हैं। उसका प्रभाव लगभग आठ घण्टे तक रहता है। सर्वाधिक विचित्र अनुभव दूसरे से चौथे घण्टे के बीच होते हैं।

(5) मारीजुआना—यह *Cannabis sativa* पौधे की पत्तियाँ और फूल हैं। ये पौधे भारतवर्ष, अमेरिका और मैक्सिको में पाये जाते हैं। इसकी सूखी पत्तियाँ सिगरेट व चिलम में भी पी जाती हैं। यह LSD की भाँति हल्का है। उसी पौधे से इसमें ज्यादा शक्तिशाली रसायन हशीश तैयार किया जाता है।

इससे व्यक्ति की अल्पकालिक स्मृति प्रभावित होती है। इसके सुखात्मक और दुखात्मक किसी भी प्रकार के अनुभव हो सकते हैं। इसके सेवन के बाद इसका प्रभाव लगभग दो या तीन घण्टे तक रहता है। इससे व्यक्ति में खुश्की और भूख बढ़ जाती है। हृदय की धड़कनें बढ़ जाती हैं लेकिन प्रतिक्रिया काल कम हो जाता है।

भारतवर्ष में पाया जाने वाला यह भाँग या गाँजे का पौधा है। जब इस पौधे की पत्तियों का सुखाकर चिलम में या सिगरेट की तम्बाकू में मिलाकर पिया जाता है, तब यह हिन्दुस्तानी भाषा में गाँजा कहलाती है। इस पौधे की पत्तियों को सिल पर पीस कर गोली बना कर खाया जाता है, तब इसे भाँग कहते हैं।

मारीजुआना का उपयोग करने वाले व्यक्तियों के व्यवहार को यदि देखें तो कहा जा सकता है कि इसके नशे में सभी व्यक्ति एक जैसे व्यवहार का प्रदर्शन नहीं करते हैं। इसके सेवन के उपरान्त कुछ व्यक्ति गुमसुम हो जाते हैं या शान्त हो जाते हैं। कुछ व्यक्तियों में प्रसन्नता और प्रफुल्लता दिखाई देती है। कुछ व्यक्ति हर समय खिलखिलाते या हँसते दिखाई पड़ते हैं। इसके सेवन के प्रभाव की अवधि में व्यक्तियों की सुझावग्रहणशीलता बढ़ जाती है। इनमें से किस व्यक्ति में कौन-से लक्षण होंगे और लक्षण कितने प्रधान होंगे, यह बहुत कुछ इस बात पर निर्भर करता है कि व्यक्ति को इस औषधि का नशा कितना है? इसके सेवन से व्यक्ति को स्थान और समय की भूल हो सकती है। दीर्घकाल तक इस औषधि के सेवन से व्यक्ति में थकान, नींद, दुर्बलता आदि लक्षण स्थायी रूप से उत्पन्न हो जाते हैं।

(6) प्रशान्तक औषधियाँ—प्रशान्तक औषधियों से उत्तेजित व्यक्ति शान्त हो जाता है। ये औषिधियाँ नींद उत्पत्र नहीं करतीं। बाजार में अनेक नामों से औषधियाँ उपलब्ध हैं। इनमें से कुछ प्रमुख हैं—क्लोरप्रोमेजाइन, मैगाफन, प्रोमेजाइन, रेसरपाइन, सर्पोसिल, सैवॉनोल आदि।

(7) ब्रोमाइड्स—विभिन्न धातुओं के ब्रोमाइड्स का उपयोग शान्त करने वाले रासायनिक यौगिक के रूप में शताब्दियों से किया जा रहा है। इनमें से कुछ प्रमुख औषधियाँ हैं- सोडियम ब्रोमाइड, पोटैशियम ब्रोमाइड, नरवाइन, न्यूरोसाइन आदि। अन्य कई औषधियाँ के प्रचलन के कारण, ब्रोमाइड्स का उपयोग बहुत कम हो गया है क्योंकि थोड़ी सी असावधानी से यह रोगी के बहुत घातक सिद्ध होती है।

ब्रोमाइड्स के व्यसनी व्यक्ति में अनेक घातक शारीरिक और मानसिक लक्षण उत्पन्न हो जाते हैं, जैसे- गड़बड़ पाचन क्रिया, हृदय और नाड़ी गति की शिथिलता, अवधान एकाग्रता का अभाव, अनिद्रा, स्मृति दोष, थकान, दुर्बलता, मूर्च्छा, भ्रम और विभ्रम, मानसिक विक्षिप्तता आदि।

इनसे बचने का पहला उपाय यही है कि इनका उपयोग करना बन्द कर दें। घरेलू उपचार में नमक का पानी पर्याप्त मात्रा में थोड़ी-थोड़ी देर में लेते रहना चाहिए।

मादक द्रव्य सेवन का प्रभाव

1. कानूनी तौर पर मादक द्रव्य स्वास्थ्य के लिए हानिकारक है।
2. स्वास्थ्य पर इनका बुरा प्रभाव पड़ता है।
3. मादक द्रव्य का उपयोग करने वाले समाज की नजरों में उच्च सम्मान प्राप्त नहीं कर पाते।
4. बच्चों पर बुरा प्रभाव पड़ता है।
5. आर्थिक हानि होती है।
6. नशे में व्यक्ति कई गलत कार्य कर बैठता है।
7. रक्त संचार पर प्रभाव पड़ता है।
8. व्यक्ति रोगग्रस्त हो जाता है।
9. व्यक्ति अपनी सूझ-बूझ खो बैठता है।
10. पारिवारिक सुख नहीं मिलता है।
11. व्यक्ति मानसिक शक्ति खो बैठता है।
12. भविष्य अन्धकारमय हो जाता है।

खिलाड़ियों को निम्नलिखित मादक वस्तुओं का प्रयोग नहीं करना चाहिए -

दवाइयाँ

किसी रोग का उपचार करना, उसकी रोकथाम करना एवं स्वास्थ्य में वृद्धि करने वाले पदार्थों को दवाई कहते हैं। बहुत सारे खिलाड़ी खेलों के समय शक्तिवर्द्धक दवाइयों का प्रयोग करते हैं।

दवाइयों का मानव शरीर पर प्रभाव

आमतौर पर लोग दवाइयाँ किसी भी छोटी से छोटी बीमारी के लिए लेते रहते हैं लेकिन वे उसके प्रभाव से अनभिज्ञ होते हैं। दवाइयों के शरीर पर निम्नलिखित प्रभाव पड़ते हैं।

1. डॉक्टर की सलाह के बिना सिरदर्द, पेटदर्द आदि दवाइयों का प्रभाव हृदय और मस्तिष्क पर पड़ता है।
2. सस्ती और निम्न स्तर की दवाइयाँ हानिकारक होती हैं।
3. दवाइयों का अनावश्यक प्रयोग स्वास्थ्य पर बुरा प्रभाव डालता है।

4. साधारण बीमारियों के लिए प्राकृतिक उपचार करने चाहिएँ।
5. नशे वाली दवाइयों से शरीर शक्तिहीन हो जाता है।
6. शक्तिवर्द्धक दवाइयों का असर स्थायी रूप से नहीं होता है।
7. निद्रा वाली दवाइयाँ नहीं खानी चाहिएँ, व्यक्ति को उसकी आदत पड़ जाती है।
8. दवाइयों की आदत पड़ जाने से व्यक्ति जब तक दवाई खाता रहता है तब तक ठीक रहता है यदि दवाई न मिले तो शरीर ठीक कार्य नहीं करता।
9. दवाइयों से मनोवैज्ञानिक प्रभाव पड़ता है।

मदिरा या शराब

शराब कई प्रकार की होती है। कुछ शराबों में मादक तत्व कम होते हैं और कुछ में ज्यादा। सभी प्रकार की शराबों में एल्कोहल नामक द्रव्य होता है, जो पूरे शरीर पर प्रभाव डालता है। मदिरा में अन्य पदार्थ, जैसे—अंगूर फल और जौ इत्यादि होते हैं। यह गन्ने के रस में खमीर मिलाकर आसवन द्वारा तैयार की जाती है। इसका स्वाद कड़वा एवं गन्ध बुरी होती है। शराब को साधारण नशे का नाम दिया जाता है, परन्तु यह तन्तु एवं स्नायु-संस्थान के कार्य में रुकावट डालती है। इससे मस्तिष्क की कार्यशीलता धीमी पड़ जाती है।

आजकल यह एक रिवाज बन गया है कि शराब का उपयोग करो। यदि किसी के घर में खुशियाँ मनाई जा रही हों, जैसे- शादी, बच्चे का जन्म या कोई और खुशी का दिन हो तो शराब दी जाती है और दूसरों को पिलाई जाती है। यहाँ तक कि लोग आजकल त्योहारों को मनाने के लिए शराब का उपयोग करते हैं।

कई लोग इसे गर्मी की दवाई भी कहते हैं। जैसे कि किसी को कोई परेशानी हो या कोई अन्य गम। ऐसे अवसरों पर लोग कहते हैं कि शराब पियो और गमों को दूर करो।

कई लोग इसे थकान दूर करने का भी एक साधन मानते हैं कि आज बहुत थक गये हैं, थोड़ी सी पी लेते हैं।

लेकिन यह मादक द्रव्य न तो खुशी मनाने का साधन है, न ही गमों की दवाई, और न ही यह थकान दूर करने का साधन है, परन्तु यह एक वह साधन है जिससे व्यक्ति अपने आपको सही दिशा से मोड़कर उल्टी दिशा में चलना शुरू करता है।

शराब का मानवीय शरीर पर प्रभाव

शराब व्यक्ति के शरीर पर निम्नलिखित प्रभाव डालती है -

1. यह गुर्दों की कार्य में रुकावट डालती है।
2. यह नब्ज को गति के ऊपर बुरा प्रभाव डालती है।
3. इससे तपेदिक और फेफडों के रोग होते हैं।
4. रक्त संचार पर प्रतिकूल प्रभाव डालती है।
5. सोचने की शक्ति में कमी होती है।
6. इससे तर्क-शक्ति में कमी आती है।
7. शराब का ज्यादा सेवन करने से मनुष्य बेहोश हो जाता है।
8. थोड़ी मात्रा में शराब का प्रयोग, पाचन-संस्थान के कार्य को तेज करता है।
9. यह गैस्ट्रिक रस के विसर्जन में सहायक होती है।

तम्बाकू और धूम्रपान

तम्बाकू खाना या उसका धूम्रपान करना शरीर के लिए हानिकारक है। बहुत सारे शौक के तौर पर शुरू में इसका इस्तेमाल करते हैं, परन्तु धीरे-धीरे इसकी आदत पड़ जाती है और इसकी आदत छोड़ना एक मुश्किल बन जाती है। युवा पीढ़ी इसकी ज्यादा शिकार हो रही है। पान में तम्बाकू खाना, सिगरेट, सिगार एवं बीड़ी पीना आम साधारण सी बात हो गई है। हम रोज पेपरों में इसकी हानियाँ पढ़ते हैं। रेडियो पर सुनते हैं और टेलीविजन में देखते हैं कि तम्बाकू से कौन-कौन सी हानियाँ होती हैं। परन्तु फिर भी इसका सेवन किया जाता है। जब सिगरेट खरीदते हैं तो इस पैकेट को खोलने से पहले सभी पीने वाले पढ़ते हैं।

'वैधानिक चेतावनी'

सिगरेट पीना स्वास्थ्य के लिए हानिकारक है।

'Statutory Warning'

Cigarette Smoking is Injurious To Health.

इसके बावजूद भी बहुत सारे लोग सिगरेट पीते हैं।

तम्बाकू खाने एवं धूम्रपान से निम्नलिखित हानियाँ होती हैं–

(1) कैंसर का कारण–गले एवं छाती के कैंसर का प्रमुख कारण तम्बाकू ही है। सिगरेट पीने से भोजन नली, ब्लैडर एवं मुँह में कैंसर होने का डर रहता है।

(2) निकोटिन—तम्बाकू से निकोटिन नाम का विषैला पदार्थ उत्पन्न होता है। इससे शुरू में चक्कर आने लगते हैं, फिर उल्टियाँ आने लगती हैं, अन्त में बुरा प्रभाव पड़ता है।

(3) रक्त दबाव में वृद्धि—तम्बाकू के सेवन करने से रक्त-दबाव में वृद्धि होती है।

(4) हृदय पर बुरा प्रभाव—हृदय की धड़कन तेज होती है। इससे हृदय की नाडियाँ सिकुड़ जाती हैं। कई बार यह मृत्यु का भी कारण बनता है।

(5) दृष्टि पर कुप्रभाव—तम्बाकू का सेवन करने से आँखों में जहर फैल जाता है और आँखों पर बुरा प्रभाव पड़ता है।

(6) आमाशय के जख्म—तम्बाकू के सेवन से आमाशय के जख्म बढ़ जाते हैं।

(7) स्नायु संस्थान पर प्रभाव—तम्बाकू के सेवन से स्नायुओं में क्रिया बन्द हो जाती है। ये सुन्न हो जाते हैं और इसके कारण नींद नहीं आने का रोग लग जाता है।

(8) तम्बाकू पीने वालों की खाँसी—तम्बाकू पीने से इसका धुआँ गले में इकट्ठा होता रहता है और इससे गले में खाँसी और खारिश पैदा होती है।

(9) एलर्जी—तम्बाकू से मनुष्यों में कई प्रकार की एलर्जी पैदा होती है।

(10) दूषित वातावरण—जहाँ पर व्यक्ति सिगरेट पीता है वहाँ का वातावरण दूषित हो जाता है। यदि व्यक्ति किसी कमरे में सिगरेट पीता है तो उस कमरे में बैठे सभी लोगों पर धुएँ का बुरा प्रभाव पड़ता है।

रोकथाम और उपचार

प्राचीन काल से ही नशीली औषधियों का उपयोग होता रहा है। इन औषधियों को नशीले पदार्थों की सूची में अब रखा गया है। पहले नशाखोरी की समस्या गम्भीर नहीं थी। आधुनिक समाज में औषधि-व्यसन इतना विकराल हो गया है कि इसकी लपेट में स्कूली बच्चे भी आ गये हैं। 'वर्ल्ड हैल्थ आर्गेनाइजेशन' की एक रिपोर्ट के अनुसार विश्व में लगभग 5 करोड़ व्यक्ति नशे के आदी होकर बेबसी का जीवन जी रहे हैं। इसी प्रकार करोड़ों लोग इस आत्मघाती मार्ग की ओर बढ़ रहे हैं। पिछले एक दशक में इस समस्या ने तो और भी विकराल रूप धारण कर लिया है। भारतवर्ष में नशीले पदार्थों का व्यापार इसलिए भी होता है कि यह नशीले पदार्थों के उत्पादक क्षेत्र

में बसा है और यहाँ से नशीले पदार्थ दूसरे देशों को भारी मात्रा में भेजे जाते हैं। नशीली औषधियों के व्यसन की रोकथाम और उपचार के सम्बन्ध में कुछ महत्त्वपूर्ण बिन्दु निम्न प्रकार से हैं–

1. नशीली औषधियों की रोकथाम और उपचार का पहला महत्त्वपूर्ण उपाय यह है कि जिन कारणों से इनका उपयोग किया जा रहा है, उन कारणों को रोका या हटाया जाये। कुछ महत्त्वपूर्ण कारक जिनसे नशीली औषधियों की लत पड़ती है, इस प्रकार हैं- (i) कौतूहल, नया अनुभव, (ii) निराशा, अति उत्साह, अड़ियल और अपरिपक्व व्यक्तित्व, (iii) अपराधी मनोवृत्ति, (iv) टूटे परिवार, (v) तनावयुक्त जीवन, (vi) हताश जीवन, (vii) उन लोगों से सम्बन्ध और प्रभाव जो नशे के आदी हैं, (viii) उन लोगों से सम्बन्ध जो नशे के व्यापारी हैं, (ix) बेरोजगारी, (x) शैक्षिक असफलता, (xi) मायूसी, (xii) जीवन में उत्साह की कमी, (xiii) अकेलापन, (xiv) नैतिकता की कमी आदि।
2. सरकार के जो नियम 4 नवम्बर, 1985 से लागू हुए हैं, उनके अनुसार नशे का व्यापार करने वालों को 20 वर्ष तक की कैद तथा 2,00,000 रु. तक का जुर्माना है। दुबारा पकड़े जाने पर 30 वर्ष की कैद तथा तीन लाख तक का जुर्माना है। इन नियमों में 1989 में संशोधन कर कुछ मामलों में मौत की सजा का भी प्रावधान किया गया है। नशीले पदार्थों का धन्धा करने वालों की सम्पत्ति जब्त कर ली जाती है। नशीली पदार्थों का सेवन बिना चिकित्सक की सलाह के करना अपराध है। नशीली औषधियों का प्रयोग करने वाले व्यक्ति को 6 माह से एक वर्ष तक की सजा का प्रावधान है लेकिन यह व्यक्ति अपनी चिकित्सा कराये तो उसे एक बार छूट दी जा सकती है। इस कानून को ज्यादा प्रभावी बनाया जाये तो ज्यादा सफलता प्राप्त हो सकती है।
3. नशीली औषधियों का सेवन एक प्रकार की बीमारी है। इससे व्यक्ति मुख्यतः चार स्तरों पर पीड़ित होता है- शारीरिक, मानसिक, सामाजिक और नैतिक। इस बीमारी का इलाज उन्हें चिकित्सकों से कराना चाहिए जो इसमें विशेष योग्यता रखते हैं। इस बीमारी के इलाज में नशाखोर व्यक्ति के कष्टदायक लक्षणों को दूर करने के साथ उसके बिखरे व्यक्तित्व को सँवारना और उसमें आत्मविश्वास पैदा करना भी है।

4. नशीली औषधियों का सेवन करने वालों का उपचार एक लम्बे समय तक चलने वाली प्रक्रिया है और मात्र यह मानकर कि उसने नशा बन्द कर दिया है, उसका उपचार पूरा नहीं होता। चिकित्सक को चाहिए कि समाज में जब तक उसका पुनर्वास न हो जाये, तब तक उस पर कड़ी निगाह रखनी चाहिए।
5. औषधि व्यसनी रोगी का इलाज करने से पूर्व आवश्यक सूचना एकत्र करना आवश्यक है, जैसे- वह कौन-सा, कितनी मात्रा में और कब, कहाँ नशा करता है? वह किस समय और किन लोगों के साथ नशा करता है? खून, पेशाब और मानसिक जाँच इलाज से पूर्व आवश्यक है। डॉक्टरी इलाज के बाद रोगी ठीक होने के पश्चात् कुछ समय बाद फिर से नशा करना प्रारम्भ कर देता है। यह तभी होता है जब चिकित्सक उसके शारीरिक कष्टों पर ज्यादा ध्यान देता है और शारीरिक कष्ट दूर होते हैं। वह मान लेता है कि रोगी ठीक हो गया है, परन्तु ऐसा नहीं होता। लम्बी समय तक नशा करते रहने के कारण उसमें कुछ इस तरह के परिवर्तन हो जाते हैं कि नशा बन्द करने के बाद या थोड़ा उपचार के बाद उसमें शारीरिक कष्ट या लक्षण फिर उभर आते हैं, जिससे वह फिर से नशा प्रारम्भ कर देता है। ऐसे रोगियों का फिर से इलाज प्रारम्भ कर देना चाहिए।
6. रोगी का चिकित्सकीय इलाज के साथ-साथ मनोवैज्ञानिक इलाज भी आवश्यक है। मनोवैज्ञानिक इलाज में मनोविश्लेषण चिकित्सा पद्धति, व्यवहार उपचार पद्धति, सामूहिक उपचार पद्धति और क्रीड़ा उपचार पद्धतियों की सहायता से मनोवैज्ञानिक चिकित्सा ज्यादा अच्छे परिणाम देने वाली है। मनोवैज्ञानिक उपचार में रोगी को ऐसा लगना चाहिए कि उसके विचारों को महत्त्व दिया जा रहा है। मनोवैज्ञानिक को चाहिए कि वह रोगी में आत्म-विश्वास पैदा करे और उसकी हिम्मत बढ़ाये। रोगी को समस्या को समझने के लिए उत्साहित करे, उसमें जीवन के प्रति नया दृष्टिकोण पैदा करना चाहिए।
7. मनोवैज्ञानिक को रोगी को समझाना चाहिए कि ठीक होने कि लिए सबसे पहला प्रयास तो आपको ही करना है, यह जीवन सुख-दुख, आशा-निराशा और सफलता-असफलता के बीच झूलता हुआ आगे बढ़ता है। एक महान पुरुष ने जीवन की कठिनाइयों के सम्बन्ध में लिखा है- ''मैं अपने जीवन में आई आँधियों का आभारी हूँ जिन्होंने मुझे सिखाया कि जिनकी जड़ें मजबूत नहीं होती हैं वे इन आँधियों में ठहर नहीं पाते हैं।''

8. मनोवैज्ञानिक को रोगी को यह भी समझना चाहिए कि कोई भी कार्य करने से पहले उसके गुण-दोषों पर विचार करना चाहिए। महज सुनी हुई बातों या कौतूहलवश मित्रों के आग्रह पर इन औषधियों का उपयोग करना समझदारी नहीं है। स्वयं निर्णय लेना सीखिये कि क्या उचित है और क्या अनुचित?
9. मनोवैज्ञानिक को रोगी के आत्म-संयम, आत्म शक्ति, और आत्म-विश्वास को बढ़ाना चाहिए। इससे ही वह बुराइयों से बच सकता है और जीवन में सुख पा सकता है।
10. सामाजिक कार्यकर्त्ताओं को चाहिए कि समाज में नशाखोरी से बचने कि लिए जागरूकता लायें, इसकी बुराइयों से लोगों को अवगत कराना चाहिए।
11. नशीली औषधियों का प्रयोग करने वाले व्यक्ति के साथ सहानुभूतिपूर्ण व्यवहार करना चाहिए। इसके साथ विचारों का आदान-प्रदान करते रहना चाहिए। उसके मनोरंजन का भी ध्यान रखना चाहिए। उसे नया जीवन दिलाने में यथासम्भव सहायता करनी चाहिए।

13

वृद्धावस्था की मनोविक्षिप्तता : मनोवैज्ञानिक उपचार

मनुष्य जीवनकाल में विभिन्न अवस्थाओं से होकर गुजरता है। जैसे—शैशवावस्था, बाल्यावस्था, किशोरावस्था तथा प्रौढ़ावस्था। प्रौढ़ावस्था को 18 वर्ष की आयु के बाद माना जाता है। वृद्धावस्था मनुष्य की आखिरी अवस्था होती है मनुष्य की अंतिम समय तक वृद्धावस्था ही रहती है। एक आम धारणा है कि जब व्यक्ति 60 साल की अवस्था में पहुँचता है तो उसका वृद्ध जीवन शुरू हो जाता है। सभी लोगों में इसका विस्तार एक समान नहीं होता है। विकास की अन्य अवस्थाओं की भाँति वृद्धावस्था की अन्तिम सीमा का निर्धारण कठिन ही नहीं, असम्भव भी है। इसलिए मृत्यु को ही वृद्धावस्था की अन्तिम सीमा के रूप में माना गया है।

अमरीका के कुछ विकासात्मक मनोवैज्ञानिकों ने वृद्धावस्था का प्रसार 120 वर्ष तक मान लिया है क्योंकि कुछ ऐसे भी लोग पाये गये हैं जो 120 वर्ष तक जीवित रहे हैं। इन मनोवैज्ञानिकों ने वृद्धावस्था 'Old Age' को अब 'उत्तर-प्रौढ़ावस्था कहना शुरू कर दिया है। इस प्रकार, सभी वृद्धों

की समस्याओं का अध्ययन करने हेतु उन्हें निम्नलिखित तीन भागों में विभक्त किया गया है।

1. The young old—65 से 75 वर्ष
2. The old old—75 से 85 वर्ष
3. The oldest old—85 से ऊपर (John W. Santrock, 1997).

इसे व्यक्ति की अन्तिम अवस्था कहा गया है इसलिये वह शैशव, बालकाल, किशोर और प्रौढ़ावस्था के सुनहरे वर्षों की खट्टी-मीठी अनुभूतियों को समेटे वृद्धावस्था में प्रवेश करता है। उसके पीछे अतीत की एक विशाल चादर फैली होती है जिसकी लम्बाई उसने स्वयं अपने पैरों से नापी है। इस अवस्था में व्यक्ति सभी अवस्थाओं में बीते गये क्रियाकलापों के विषय में चिन्तन करता है।

रॉबर्ट ब्राउनिंग ने वृद्धावस्था के महत्त्व को प्रदर्शित करते हुए कहा है–

"Grow old along with me
The best is yet to be
The last of life, for which the first was made."

जोसेफ कैम्पबेल ने वृद्ध व्यक्ति के सम्मान में लिखा है–

"As a white candle.
In a holy place,
So is the beauty
Of an aged face."

वृद्धावस्था के सम्बन्ध में आशावादी दृष्टिकोण रखना निश्चय ही भावनात्मक मनोवृत्ति का परिचायक है। आम तौर पर देखा जाता है कि कई वृद्ध व्यक्ति अनुभवी, साहसी, सहिष्णु, विवेकशील, उदार और धैर्यवान होते हैं। कुछ तो उत्साह से भरे होने के कारण अपनी सीमित शारीरिक क्षमता के बावजूद अभूतपूर्व मानसिक दृढ़ता, सृजनात्मक कौशल और इच्छा-शक्ति का प्रदर्शन करते रहते हैं। वे न तो अपने परिवार पर और न ही समाज पर आश्रित रहते हैं। इन सभी गुणों वाले वृद्ध कम मिलते हैं।

ऐसे भी कुछ वृद्ध होते हैं, जिसमें सामाजिक समायोजन की क्षमता निहित होती है। ऐसे लोग वृद्धावस्था की वास्तविकताओं को स्वीकारते हुए परिवार एवं समाज के साथ समझौता कर लेते हैं और वृद्धावस्था की कमियों तथा कठिनाइयों के बीच प्रायः सुखी जीवन व्यतीत करते हैं। परन्तु उपर्युक्त दोनों प्रकार के वृद्धजनों से सर्वथा भिन्न वे होते हैं जो पूर्णतः पराश्रयी होकर जीवन के शेष दिनों को 'येन केन प्रकारेण' काटते हैं। इन वृद्धजनों में शारीरिक-मानसिक ह्रास

अपेक्षाकृत तीव्र गति से होता है और उन्हें विवश होकर दूसरों की सहायता लेनी पड़ती है। जिससे उनका जीवन सुखपूर्वक व्यतीत नहीं हो पाता है।

इस प्रकार स्पष्ट है कि सभी वृद्धों में पायी जाने वाली मनोवृत्तियाँ भिन्न-भिन्न होती हैं। इनकी दिनचर्या अलग-अलग होती है। कुछ तो काम को ही जीवन मानते हैं और अपने पिछले वर्षों की दिनचर्या को दुहराते रहने का संकल्प ले लेते हैं। परन्तु कुछ लोग बुढ़ापे को विश्राम करने की अवस्था मानकर चारपाई पकड़ लेते हैं और समय से पूर्व ही बुढ़ापे को आमंत्रित करने का प्रयत्न करते हैं।

सक्रिय वृद्धावस्था

कुछ मनोवैज्ञानिकों ने कहा है कि जो वृद्ध सक्रिय होते हैं उनमें प्राणशक्ति तुलनात्मक रूप से ज्यादा पाई जाती है। वे मानसिक और शारीरिक रूप से स्वस्थ होते हैं और उनमें जिजीविषा बची रहती है। विशेषज्ञों ने इस बात के प्रति अपना दृढ़ विश्वास जताया है कि यदि कोई निरोग वृद्ध समुचित आहार लेता रहे, नियमित रूप से व्यायाम करता रहे और उत्तम सामाजिक सम्बन्धों तथा आवश्यक सहायता का लाभ उठाता रहे तो उसकी अनेक क्षमताएँ उतनी शीघ्रता से कमजोर नहीं होने पायेंगी जितना कि आमतौर पर समझा जाता है। इसलिए वृद्धजनों को नियमित रूप से सक्रिय रहना आवश्यक है। वृद्धावस्था की सक्रियता काफी लाभदायक होती है। इसमें शरीर व दिमाग दोनों चुस्त-दुरूस्त रहते हैं। शारीरिक क्षीणता के कारण वृद्धावस्था में व्यायाम करना तथा कठिनाइयों का सामना करना कठिन अवश्य होता है परन्तु जिसने परिस्थितियों का सक्रियता से सामना करने का संकल्प ले रखा है वह जीवन से अधिक सन्तुष्टि प्राप्त कर पाता है। बुढ़ापे में सक्रिय बने रहने के कारण व्यक्ति का अपने परिवार के सदस्यों तथा समाज के साथ उत्तम कोटि का समायोजन भी बना रहता है। जो लोग वृद्धावस्था में किसी व्यवसाय से जुड़ जाते हैं उन्हें व्यावसायिक शून्यता भी नहीं महसूस होती बल्कि उससे उन्हें कुछ धन भी मिलता है।

दैनिक गतिविधियों से दूर रहने वाले वृद्ध शीघ्र ही शारीरिक व मानसिक दृष्टि से कमजोर हो जाते हैं। उनके सामाजिक सम्बन्ध भी सीमित होने लगते हैं और आर्थिक दृष्टि से भी वे दूसरों पर आश्रित हो जाते हैं। ऐसे वृद्धों में शीघ्र ही उदासीनता विकसित होने लगती है। इस प्रकार के बुढ़ापे को ही निष्क्रिय बुढ़ापा कहा जाता है।

वृद्धावस्था के प्रमुख कारण

आयु परिवर्तन एक स्वाभाविक प्रक्रिया है जो स्वयं चलती रहती है। व्यक्ति को जन्म लेने के बाद की अवस्था को शैशवावस्था कहते हैं उसके बाद वह क्रमशः बाल्यावस्था, किशोरावस्था, प्रौढ़ावस्था और फिर अन्ततः वृद्धावस्था में प्रवेश करता है। बुढ़ापा क्यों आता है? यह एक विवादास्पद प्रश्न है। इसको लेकर वैज्ञानिकों के बीच मतभेद है। इसके विषय में मनोवैज्ञानिकों का अलग-अलग तर्क है। सम्भवतः बुढ़ापे के कारणों को भली-भाँति जान लेने के बाद हम उसकी प्रक्रिया को धीमी या विलम्बित कर सकते हैं। कुछ चिकित्सकों का मानना है कि कोई भी व्यक्ति बुढ़ापे के कारण नहीं मरता। लोगों की मृत्यु इसलिए होती है क्योंकि जीवन को सुरक्षित रखने वाली जैविक, दैहिक एवं परिवेशीय कारकों की आपूर्ति वृद्धावस्था में स्थिर हो जाती है। इन कारकों की जानकारी अत्यन्त महत्त्वपूर्ण है क्योंकि इनके समुचित ज्ञान के आधार पर व्यक्ति के जीवन का नियोजन और प्रबन्धन बेहतर ढंग से किया जा सकता है और यथासम्भव उसके जीवन प्रसार को व्यापक बनाया जा सकता है। साथ ही वृद्धावस्था के प्रति उसके मन में जो डर या भय विद्यमान है उसे दूर किया जा सकता है।

वृद्धावस्था के कई कारण हैं जिन्हें निम्न प्रकार प्रस्तुत किया गया है–

(1) जैविक कारण–मनुष्य के शरीर का निर्माण कोशों द्वारा हुआ है। ये कोश शरीर के सबसे ज्यादा छोटे तत्त्व हैं। अधिक पुराने हो जाने के बाद कोशों की अपनी गन्दगी निकालने की क्षमता समाप्त हो जाती है। यह कचड़ा कोश के लगभग 20 प्रतिशत स्थान में जमा हो जाता है। समयान्तराल कोशों के मोलेक्यूल परस्पर सट जाते हैं जिससे बायोकैमिकल चक्रण की क्रिया रुक जाती है। इसके फलस्वरूप कोशों की सामान्य क्रिया बाधित हो जाती है। यह वृद्धावस्था का एक मुख्य जैविक कारण है। परन्तु बहुत से वैज्ञानिक इस स्थिति को वृद्धावस्था का कारण न मानकर इसे वृद्धावस्था का परिणाम मानते हैं।

विद्वानों ने एक बात और बतलाई है कि मस्तिषक में केंद्रित हाइपोथैलेमस और पिट्यूटरी ग्रंथि से किसी ऐसे हार्मोस की उत्पत्ति होती है जिसके कारण शरीर में नियोजित ढंग से ह्रास की प्रक्रिया प्रारम्भ हो जाती है। परन्तु इस हार्मोन की खोज अभी तक नहीं की जा सकी है। इसके कारण थायराइड ग्रंथि से निकले थायाराक्सन रस को ग्रहण करने की कोशकीय क्षमता नष्ट हो जाती है। परिणामस्वरूप शरीर में

पोषक तत्त्वों के परिवर्तन की क्रिया प्रभावित हो जाती है और वृद्ध लोगों को विभिन्न प्रकार रोग जकड़ लेते हैं।

(2) शारीरिक कारण—अत्यंत मेहनत करने के कारण व्यक्ति की शारीरिक क्षमता में कमी आने लगती है और वह धीरे-धीरे वृद्धावस्था में पहुँच जाता है और इस तरह बुढ़ापा आ जाता है। निर्धन व्यक्तियों के निरन्तर मेहनत करने किन्तु पौष्टिक आहार न मिल पाने कारण उनके शरीर को क्षति पहुँचती है और वे वृद्धावस्था की जटिलताओं को बहुत दिनों तक झेल नहीं पाते। जिस प्रकार गरिष्ठ भोजन से शरीर को क्षति पहुँचती है उसी प्रकार पौष्टिक भोजन के अभाव में भी शरीर दुर्बल हो जाता है।

मनुष्य के अंदर प्रकृति की योजना के अनुसार एक निश्चित अवधि में शारीरिक शक्ति में ह्रास उत्पन्न हो जाता है। ऐसा क्यों होता है, यह पता नहीं चल पाया है। परन्तु यह बात प्रत्येक में पायी जाती है। कुछ पशु तो बच्चों को जन्म देने के तुरन्त बाद मर जाते हैं। इस सिद्धान्त को दैहिक सिद्धान्त के नाम से जाना जाता है।

दैहिक सिद्धान्तों में एक सिद्धान्त वह है जो होमियोस्टैटिक असन्तुलन का सिद्धान्त कहलाता है। इसके अनुसार, जब शारीरिक अवयवों के बीच अंतःक्रिया बिगड़ जाती है तो शारीरिक स्वास्थ्य और क्रियाशीलता प्रभावित होती है और बुढ़ापे के लक्षण दिखाई देने लगते हैं। ऐसा उस स्थिति में होता है जब किसी वृद्ध व्यक्ति में किसी मानसिक आघात का लोप हो जाता है।

क्रॉस-लिन्केज सिद्धान्त द्वारा यह स्पष्ट किया गया है कि हमारे कोशों में पाए जाने वाले प्रोटीन की रचना पेप्टाइड से होती है। परन्तु जब इन पेप्टाइड्स के बीच क्रॉस लिंकिंग हो जाती है तो प्रोटीन की प्रकृति बदल जाती है। फलस्वरूप शरीर में पाये जाने वाले कोलाजेन का कार्य प्रभावित हो जाता है। कोलाजेन शरीर के भीतर पाया जाने वाला मुख्य तन्तु होता है जो त्वचा और रक्त की धमनियों को लोच प्रदान करता है। इसका काफी महत्त्व होता है।

एक दूसरे शारीरिक सिद्धांत ने यह स्पष्ट करने का प्रयास किया है कि शरीर के विभिन्न अंगों में मेटाबालिज्म से उत्पन्न गंदगी के कारण शारीरिक अंगों की सक्षमता में गिरावट आती है। इस गंदे पदार्थ के कारण आँख में मोतियाबिन्द, रक्त की धमनियों में कोलेस्ट्राल तथा हड्डियों में भंगुरता का प्रादुर्भाव होता है।

(3) आनुवंशिक संरचना के कारण—आनुवंशिक सिद्धांत का प्रतिपादन स्पेन्सर नामक एक प्रसिद्ध मनोवैज्ञानिक ने सन् 1989 में किया था। यह सिद्धांत इस बात को स्पष्ट करता है कि प्रत्येक मनुष्य के जीन्स में ही ऐसे तत्त्व विद्यमान होते हैं जिनके द्वारा बुढ़ापे का आना तय होता है। इस प्रकार ये जीन्स हानिकारक होते हैं। अभिन्न जुड़वाँओं के जीवन की घटनाओं से इन हानिकारक जीन्स का अस्तित्व प्रमाणित होता है। ऐसे जीन्स प्रारम्भिक वर्षों में तो कोशीय क्रियाओं को नियन्त्रित करते हैं परन्तु बाद में वे अपनी क्रिया को बदल देते हैं। जीन्स की परिवर्तित क्रियाओं के कारण व्यक्ति की क्रियात्मक क्षमता में ह्रास आता है।

मृत्यु से पूर्व की अवस्था

मृत्यु वृद्धावस्था व जीवन का अन्त है। इससे लगभग सभी लोग डरते हैं। अन्ततः एक दिन वह घड़ी आ धमकती है जिसे हम जीवन की सन्ध्या कहते हैं और व्यक्ति की जीवन-लीला समाप्त हो जाती है। इस घटना को मृत्यु की संज्ञा दी गई है। विशेषज्ञों, विशेष रूप से, चिकित्सकों का मानना है कि मृत्यु यकायक नहीं घटित होती बल्कि यह एक प्रक्रिया है। हृदय, मस्तिष्क तथा कोशों के स्तर पर मृत्यु का विश्लेषण किया गया है। अतः मृत्यु को चार भागों में बाँटा गया है जो निम्न प्रकार हैं।

1. क्लिनिकल मृत्यु
2. मस्तिष्कीय मृत्यु
3. जैविक
4. सामाजिक मृत्यु।

जब व्यक्ति के हृदय और फेफड़े काम करना बन्द कर देते हैं तो उसकी साँस रुक जाती है और समझा जाता है कि उसकी मृत्यु हो गई। परन्तु इस दशा को न तो चिकित्सक और न ही अन्य लोग समझ पाते हैं।

वृद्धावस्था की समस्याएँ

वृद्धावस्था में व्यक्ति के सामने अनेक प्रकार की समस्यायें उत्पन्न होती हैं। जिनसे वे परेशान रहते हैं। ये समस्यायें शारीरिक, मानसिक व आर्थिक हो सकती हैं। व्यावसायिक जीवन से अवकाश के बाद तो वृद्ध व्यक्ति प्रायः ऐसा समझने लगता है मानों वह आर्थिक दृष्टि से बिल्कुल दूसरों पर ही निर्भर है। अनेक वृद्धाजनों

में यह धारणा घर कर लेती है कि समाज परिवार में अब उनकी कोई आवश्यकता और उपयोगिता नहीं रह गयी है। अतः बुढ़ापे में एक प्रकार की उदासीनता का भाव भी विकसित होने लगता है। परन्तु जिन वृद्धजनों की सामाजिक और आर्थिक स्थिति जितनी उत्तम होती है और जो अपने को समाज व परिवार के लिए जितना उपयोगी समझते हैं उन्हें उतनी ही अधिक प्रसन्नता और मानसिक सन्तुष्टि महसूस होती है।

वृद्धावस्था शुरू होने के बाद व्यक्ति का शरीर दिन-प्रतिदिन कमजोर होने लगता है। शारीरिक शक्ति, कार्य-क्षमता तथा प्रतिक्रिया की गति में भी मंदता आ जाती है। शारीरिक परिवर्तनों के साथ ही घोर मानसिक बदलाव भी इस समय की प्रमुख घटना है। वृद्धजनों की रुचियों और मनोवृत्तियों में भी महत्त्वपूर्ण परिवर्तन देखने को मिलता है। सामान्य बौद्धिक योग्यता रचनात्मक, चिन्तन तथा सीखने की क्षमताएँ भी शिथिल पड़ जाती हैं।

इस अवस्था में याद रखने की क्षमता भी कम हो जाती है। वृद्धिजनों की रुचियां संख्या में घट कर कम हो जाती हैं और उनके लिए उच्चकोटि की उपलब्धियाँ प्रायः असम्भव हो जाती हैं। शारीरिक शक्ति और मानसिक क्षमताओं में मन्दता आ जाने के कारण वृद्ध व्यक्तियों का समायोजन प्रायः निम्न-स्तरीय और असन्तोषजनक हो जाता है जिसके कारण वृद्धों का समाज से सम्पर्क भी कम हो जाता है और वह सामाजिक कार्यक्रमों में भाग नहीं ले पाता। आगे वृद्धावस्था की कुछ अधिक गम्भीर समस्याओं का उल्लेख किया गया है।

दैहिक क्षमता में कमी

आयु बढ़ने के साथ-साथ व्यक्ति के शरीर में बदलाव आता जाता है और वृद्धावस्था में पहुँचने पर उसका चेहरा पूरी तरह बदल जाता है। व्यक्ति के गालों पर झुर्रियाँ पड़ जाती हैं, चेहरा सिकुड़ कर छोटा हो जाता है, बाल सफेद हो जाते हैं, दाँत गिरने लगते हैं तथा शरीर का भार कम हो जाता है। कर्मेन्द्रियों की ही भाँति वृद्ध व्यक्ति की ज्ञानेन्द्रियों भी पहले की तरह काम नहीं कर पातीं। आँख की रोशनी कम हो जाती है और आँखों में प्रायः मोतियाबिन्द विकसित हो जाता है। सुनने में भी पहले जैसी तीक्ष्णता नहीं रह जाती। रस एवं गंध की संवेदनाएँ भी मन्द पड़ जाती हैं। ये मौसम से भी प्रभावित होते हैं। ये ठण्डी में ज्यादा ठंड व गर्मी में ज्यादा गर्मी महसूस करते हैं।

इनकी शारीरिक शक्ति बहुत तेजी से घटती है और कुछ वृद्धजनों को लाठी का सहारा लेकर चलना पड़ता है। हड्डियों में से लचीलापन समाप्त हो जाता है और

माँसपेशियाँ शिथिल पड़ जाती हैं। शरीर के अधिकांश अंगों में पीड़ा का अनुभव होने लगता है। शरीर के विभिन्न अंगों के बीच क्रियात्मक समन्वय लगभग समाप्त हो जाता है। वृद्धावस्था में मस्तिष्क का भार भी धीरे-धीरे घटने लगता है और उसमें कोशिकाओं का क्षरण प्रारम्भ हो जाता है। हृदय की धमनियों में कोलेस्ट्रोल की सतह मोटी हो जाने से रक्त के संचार में भी अवरोध उत्पन्न होने लगता है। कुछ व्यक्ति उच्च रक्तचाप, मधुमेह, गठिया आर्थराइटिस, हृदय रोग तथा शक्तिहीनता से पीड़ित हो जाते हैं। इन बीमारियों की वजह से व्यक्ति शारीरिक रूप से कमजोर हो जाता है।

उपर्युक्त विवरण से यह नहीं समझना चाहिए कि ये जटिलताएँ वृद्धजनों को प्रारम्भ से ही घेर लेती हैं। न ही सभी एक ही प्रकार से इन बीमारियों से ग्रसित होते हैं। वस्तुतः ये दशाएँ धीरे-धीरे ही विकसित होती हैं और उन वृद्धों में अधिक देखने को मिलती हैं जो वृद्धावस्था को अनियमित रूप से व्यतीत करते हैं। अपनी दिनचर्या के नियमों द्वारा अनेक अक्षमताओं और व्याधियों से बचा जा सकता है। संतुलित आहार लेकर, भोजन की मात्रा घटाकर, शारीरिक विश्राम द्वारा तथा नियमित रूप से टहलने और व्यायाम को दिनचर्या में शामिल करके वृद्धावस्था को यथासम्भव सुखी और सुरक्षित बनाये रखा जा सकता है।

समायोजन की समस्या

वृद्धावस्था के दौरान व्यक्ति का सामाजिक सम्पर्क सीमित हो जाता है। वह अपने परिवार व पास-पड़ोस से ही संपर्क बना पाता है। परिवार के युवा सदस्यों तथा वृद्ध व्यक्तियों के बीच कम से कम एक पीढ़ी का अन्तर तो होता ही है जिसे 'जेनरेशन गैप' कहा जाता है। इसके कारण युवा सदस्यों और वृद्ध व्यक्तियों के बीच वैचारिक मतभेद उभर कर सामने आ जाते हैं। युवा व्यक्ति आधुनिक किन्तु वृद्ध व्यक्ति पुराने विचारों के होते हैं और इसलिए इन दोनों के विचारों में मेल नहीं खाता। परन्तु जो वृद्धजन पढ़े-लिखे तथा समझदार होते हैं, शीघ्र ही अपने से छोटी उम्र के व्यक्तियों के साथ मित्रवत् बन जाते हैं। भारतीय परिवारों में आज भी यह परम्परा कायम है कि प्रमुख सन्दर्भों में वृद्ध व्यक्ति स्वयं को सम्मानित महसूस करता है तथा अपने को परिवार का मुखिया मानने लगता है। यही कारण है कि जहाँ विदेशों में वृद्धों के लिए नर्सिंग होम की व्यवस्था की जाती है, वहीं अपने देश में वृद्धजन संयुक्त परिवारों में रहकर ही सदस्यों से सेवा और सम्मान प्राप्त करते रहते हैं।

संयुक्त परिवारों में वृद्ध व्यक्तियों को कम समस्या होती है क्योंकि परिवार के लोग साथ रहते हैं और उनकी देखभाल करते रहते हैं कहा जाता है कि, यह कहावत संयुक्त परिवारों में चरितार्थ होती दिखती है। जहाँ सबसे छोटा और सबसे बड़ा सबसे घनिष्ठ मित्र बन जाएं, वहाँ परिवार के अन्य सदस्य भी उन्हीं दोनों के इर्द-गिर्द घूमने लगते हैं, इसमें कोई संदेह नहीं है।

मानसिक शक्ति में कमी

वृद्धावस्था के दौरान व्यक्ति मानसिक रूप से भी कमजोर होने लगता है। उसकी स्मृति विलोप होने लगती है और उसकी गतिविधियाँ घटने लगती हैं। इस समय व्यक्ति की अधिगम क्षमता भी कम हो जाती है। और उसके लिए नई क्रियाओं को सीख पाना कठिन हो जाता है। स्मृति की क्षमता भी क्रमशः मंद पड़ने लगती है। एक अवस्था में वस्तुओं, व्यक्तियों और स्थानों के नाम सरलता से याद नहीं आते। विशेषज्ञों के अनुसार 60 वर्ष के बाद व्यक्ति की बौद्धिक क्षमता में थोड़ी गिरावट आ जाती है। इसके अतिरिक्त, वृद्धावस्था में विषम परिस्थितियों के कारण मानसिक तनाव, अंतर्द्वन्द्व, कुण्ठा, चिन्ता और अप्रसन्नता का अनुभव होना तो आम बात है।

जब व्यक्ति 75 वर्ष की अवस्था में पहुँचने वाला होता है या पहुँच जाता है तो कुछ लोगों में एक विशिष्ट प्रकार का मानसिक ह्रास दिखलाई पड़ता है जो मस्तिष्क के क्षतिग्रस्त हो जाने का लक्षण माना जाता है। इस दशा को सेनाइल डिमेन्शिया का एक प्रकार माना जाता है। इस रोग से ग्रसित अनेक रोगी मानसिक चिकित्सालयों और नर्सिंग होम में ही रहते है। इस प्रकार के रोगी सच्चाई से दूर चले जाते हैं और उनमें स्मृतिलिपि, अनिद्रा, बेचैनी, उदासीनता के लक्षण देखे जाते हैं। परन्तु उपर्युक्त प्रकार की मस्तिष्कीय विकृति उन्हीं लोगों में पाई जाती है जिनके मस्तिष्कीय कोश किसी भयँकर बामारी अथवा दुर्घटना में चोट लगने के कारण क्षतिग्रस्त हो चुके होते हैं। जो व्यक्ति नशीले पदार्थों, जैसे—तम्बाकू, अफीम या हरोइन जैसे ड्रग का अधिक सेवन करते हैं उनके भीतर भी मानसिक परेशानी उत्पन्न होने की अधिक सम्भावना रहती है।

रुचियों में परिवर्तन

अन्य अवस्थाओं की अपेक्षा वृद्धावस्था में व्यक्ति की इच्छाओं में अद्‌भुत बदलाव आता है। इन अवस्थाओं में रुचियाँ न केवल संख्या में कम हो जाती

हैं, बल्कि उनकी प्रबलता भी घट जाती है। कहा जाता है कि किशोरावस्था में व्यक्ति के भीतर असंख्य रुचियाँ पाई जाती हैं और उसके मित्रों की संख्या सर्वाधिक होती है। इसके विपरीत, वृद्धावस्था में व्यक्ति की सामाजिक रुचियों में कमी आ जाती है और उसके मित्रों की संख्या सीमित हो जाती है। वृद्ध व्यक्तियों की रुचि सबसे अधिक अपने स्वास्थ्य और रुपये-पैसे में होती है, भले ही वे सक्रिय रूप से धन कमाने योग्य नहीं रह जाते। अपने परिवार में पुत्र-पुत्रियों के विवाह, उनकी नौकरी तथा मकान की समस्याओं में वृद्ध व्यक्ति रुचि प्रदर्शित करता है। धार्मिक क्रियाओं में उसका मन अधिक लगने लगता है। संसार की शेष बातों में उसकी रुचि सामान्य स्तर पर ही रहती है। उसके मित्रों की संख्या भी सीमित रह जाती है। राष्ट्रीय समस्याओं, राजनीति तथा अन्तर्राष्ट्रीय मुद्दों में गिने-चुने वृद्धजन ही रुचि रखते हैं जिनमें व्यस्त रहने से उनका समय सुख के साथ व्यतीत होता है। वस्तुतः वृद्धावस्था में व्यक्ति मुख्य रूप से प्रसन्नता और सुख की तलाश करता है और उसकी रुचियाँ इन्हीं से सम्बन्धित होती हैं। अतः इस अवस्था में वह बाह्य आडम्बरों तथा अस्थायी प्रलोभनों का परित्याग कर सादा जीवन व्यतीत करना पसन्द करता है।

व्यावसायिक शिथिलता

अक्सर देखा गया है कि वृद्धावस्था के दौरान भी कुछ लोग अधिक सक्रिय होते हैं। वे अपनी क्षमता व कार्य कुशलता को प्रदर्शित करने के इच्छुक होते हैं। वे स्वयं को ऐसे उत्पादक और रचनात्मक कार्यों से जोड़ना चाहते हैं जिनके लिए उनके भीतर क्षमता निहित होती है और जिनका उन्होंने विगत वर्षों में अनुभव-अर्जित किया है। इससे वे धन अर्जित तो करते ही हैं साथ ही उन्हें सम्मान के साथ जीवन-यापन का गौरव भी प्राप्त होता है। प्रकारान्तर से उन्हें लोगों की सेवा करने तथा अपनी रचनात्मक प्रवृत्ति द्वारा समाज में सक्रिय योगदान करने का अवसर भी मिलता है। किसी व्यवसाय के साथ स्वयं को जोड़ लेने के बाद वृद्ध व्यक्ति आर्थिक रूप से सुरक्षित महसूस करने लगता है और उसकी अनेक चिन्ताओं का अन्त हो जाता है। उसकी दिनचर्या सुनिश्चित हो जाने के कारण वह न केवल शारीरिक बल्कि मानसिक रूप से भी एक सीमा तक स्वस्थ हो जाते हैं और उसे प्रसन्नता और मनोवैज्ञानिक सन्तुष्टि का अनुभव होने लगता है।

वृद्धावस्था में संज्ञानात्मक समस्याएँ

वृद्ध में अनेक प्रकार की संज्ञानात्मक समस्यायें भी पाई जाती हैं। संज्ञानात्मक क्षमता में प्रत्यक्षीकरण, स्मृति, भाषा, प्रत्यय निर्माण, समस्या समाधान, बौद्धिक क्षमता तथा सृजनात्मकता आदि का समावेश माना जाता है। बाल्यावस्था, किशोरावस्था तथा प्रौढ़ावस्था में ये क्षमताएँ उत्तरोत्तर प्रबल होती जाती हैं। परन्तु मध्यावस्था में इन क्षमताओं में सामान्य गिरावट प्रारम्भ हो जाती है। वस्तुतः इस अवस्था के दौरान संज्ञानात्मक क्षमताएँ मन्द पड़ जाती हैं और समय के साथ उनमें गिरावट बढ़ती जाती है। इस भाग में वृद्धावस्था के लिए अधिक प्रासंगिक और महत्त्वपूर्ण संज्ञानात्मक क्षमताओं एवं विशेष रूप में स्मृति और बुद्धि में होने वाली गिरावट पर प्रकाश डाला जाएगा—

स्मृति क्षमता में कमी

वृद्धावस्था के दौरान लोगों की याद रखने की क्षमता में कमी आने लगती है। इस सन्दर्भ में क्रेक ने एक व्यापक अध्ययन कर यह निष्कर्ष निकाला कि वृद्धों में अल्पकालिक स्मृति की अपेक्षा दीर्घकालिक स्मृति में अधिक गिरावट आ जाती है। उदाहरणार्थ एक वृद्ध व्यक्ति कोई टेलीफोन नम्बर सुनने के 20 सेकण्ड बाद उसे बता सकता है, किन्तु एक दिन बाद वह उसे नहीं याद रख पाता। पूर्व में बार-बार दोहराई गई सूचनाओं अथवा घटनाओं को भी व नई सूचनाओं की तुलना में अधिक समय तक याद रख पाता है। जैसे अपने टेलीवजन पर समाचार तथा सीरियलों का समय अथवा अपनी रुचि के कार्यक्रमों का समय और उसका विवरण सरलता से याद रखे जा सकते हैं। इसी प्रकार, एक वृद्ध व्यक्ति घटनाओं की पहचान करने में तो सफल हो जाता है परन्तु उनका प्रत्याह्न नहीं कर पाता। खराब स्वास्थ्य और निषेधात्मक अभिवृत्ति रखने वाले वृद्ध व्यक्तियों में स्मृति क्षमता का काफी लोप हो जाता है।

चिंतन शक्ति में कमी

वृद्धावस्था के दौरान बौद्धिक गिरावट क्यों और कैसे होती है? इस बात पर मनोवैज्ञानिकों ने भिन्न-भिन्न विचार व्यक्त किये हैं। एक प्रसिद्ध मनोवैज्ञानिक वेक्सलर ने तो 30 वर्षों पूर्व ही संकेत दिया था कि प्रौढ़ावस्था तथा वृद्धावस्था के वर्षों में व्यक्ति के भीतर बौद्धिक क्षमता का ह्रास प्रारम्भ हो जाता है। कुछ वर्ष पूर्व

विकासात्मक मनोवैज्ञानिकों ने इस सन्दर्भ में कुछ महत्त्वपूर्ण प्रश्नों को उठाया है। बौद्धिक क्षमता में ह्रास कब शुरू होता है? क्या सभी बौद्धिक पक्षों में ह्रास घटित होता है अथवा केवल कुछ ही में? क्या प्रशिक्षण द्वारा संज्ञानात्मक क्षमता का ह्रास रोका जा सकता है? अनुसंधानकर्ता इन प्रश्नों के उत्तर ढूँढने में व्यस्त हैं। जान हार्न ने प्रदर्शित किया है कि आयु के साथ व्यक्ति की स्पष्ट बुद्धि अर्थात् उसकी संचित सूचनाओं एवं शाब्दिक कौशल में वृद्धि होती है। परन्तु व्यक्ति की गत्यात्मक वृद्धि अर्थात् अमूर्त चिन्तन में ह्रास आता है। कुछ मनोवैज्ञानिक हार्न के उपर्युक्त निष्कर्ष से सहमत नहीं हैं। इस दिशा में जो प्रतिफल मौजूद हैं, उनमें से ज्यादातर एक दूसरे के विरुद्ध हैं।

पाल बाल्टेस ने बौद्धिक क्षमता का जो विश्लेषण किया है उसे सबसे अच्छा माना जा सकता है। उन्होंने कम्प्यूटर के हार्डवेयर और सॉफ्टवेयर पक्षों की कल्पना की है। उन्होंने 'कागनीटिव मेकैनिक्स' और 'कागनीटिव प्रैगमेटिक्स' जैसे संप्रत्ययों का प्रयोग किया है। बाल्टस ने पहले को बुद्धि का हार्डवेयर और दूसरे को बुद्धि का सॉफ्टवेयर कहा है। मस्तिष्क की स्नायविक और भौतिक संरचना ही 'कागनीटिव मेकैनक्स' है और इससे सम्बन्धित स्मृति, विभेदन, तुलनात्मक क्षमता, संवर्गीकरण आदि की बौद्धिक क्षमताएँ समय के साथ मन्द पड़ने लगती हैं। इसके विपरीत, अन्य बौद्धिक क्षमताएँ; जैसे—लिखने-पढ़ने और भाषा समझने की क्षमता, शैक्षिक उपलब्धियाँ तथा व्यावसायिक कुशलता आदि में समय के साथ ह्रास नहीं, बल्कि वृद्धि सम्भव है क्योंकि ये क्षमताएँ परिवेशगत हैं और इन पर सांस्कृतिक परिवेश का सीधा प्रभाव पड़ता है। बाल्टेस ने इन्हें 'कागनीटिव प्रैगमेटिक्स' कहा है।

14

शोध प्रक्रिया : मापन एवं मूल्यांकन

व्यक्ति का सामाजिक व्यवहार कई प्रतिमानों पर उसकी चेतना के सामान्य, असामान्य स्तर को उद्घाटित करता है। मनुष्य की असामान्य चेतना का अध्ययन मनोविज्ञान का एक प्रमुख अध्ययन है। असामान्य मनोविज्ञान की विषय-वस्तु असामान्य व्यवहार का अध्ययन करना है। इस असामान्य व्यवहार का वैज्ञानिक अध्ययन करने के लिये इस क्षेत्र के मनोवैज्ञानिकों द्वारा कई विधियों का उपयोग किया जाता है जिनमें–प्रयोगात्मक विधि, प्रेक्षण विधि, नैदानिक केस अध्ययन विधि, सहसंबंधात्मक विधि, अनुदैर्ध्य विधि, अनुरूप या तुल्यरूप प्रयोग, एकाकी-केस प्रयोग शोध विधि, सर्वे विधि, क्रॉस-वर्गीय विधि इन सबों का वर्णन हम अलग-अलग अनुच्छेद में करेंगे–

(1) प्रयोगात्मक विधि–असामान्य मनोविज्ञान में मनोविज्ञान की अन्य शाखाओं के समान प्रयोगात्मक विधि का उपयोग काफी होता है। सचमुच में प्रयोग विभिन्न घटनाओं एवं व्यवहारों के बीच कारणात्मक संबंध का निर्धारण स्थापित करने का एक महत्त्वपूर्ण साधन है। प्रयोग में प्रयोगकर्ता कुछ चरों में

जोड़-तोड़ करता है, कुछ चरों का मापन करता है तथा प्रयोज्यों की विभिन्न अवस्थाओं में यादृच्छिक आंबटन करता है। जिन चरों में प्रयोगकर्ता जोड़-तोड़ करता है, उसे **स्वतंत्र चर** कहा जाता है, जिन चरों को वह मापन करके उनके बारे में पूर्वकथन करता है, उसे **आश्रित चर** कहा जाता है। अक्सर देखा गया है कि प्रयोग के दौरान कुछ ऐसे चर भी उपस्थिति रहते हैं जिनका प्रभाव आश्रित चर पड़ सकता है, परंतु प्रयोगकर्ता उनके प्रभाव के अध्ययन के रुचि नहीं रखता है। फलतः वह ऐसे चरों को नियंत्रित करके रखता है और इस तरह के चर को **बहिरंग चर** या **नियंत्रित चर** कहा जाता है। परंतु जब किसी कारण से प्रयोगकर्ता इस तरह के चर को नियंत्रित करने में असफल रहता है जिससे वह आश्रित चर को प्रभावित कर देता है, तो ऐसे चर को **औचक चर** कहा जाता है। औचक चर का प्रभाव इतना आपस में मिश्रित होता है कि उन्हें अलग से मापा नहीं जा सकता है और उसके आधार पर परिणाम की व्याख्या मुश्किल हो जाती है। असामान्य मनोविज्ञान में प्रयोगात्मक विधि का उपयोग प्रायः मनश्चिकित्सा की प्रभावशीलता की जाँच करने के लिए काफी अधिक किया गया है।

(2) प्रेक्षण विधि—प्रेक्षण विधि मनोविज्ञान की एक सामान्य विधि है तथा असामान्य मनोविज्ञान की यह एक विशिष्ट विधि है। यह एक ऐसी क्रमबद्ध विधि है जिसमें प्रशिक्षित प्रेक्षक मानसिक रोग से ग्रस्त व्यक्तियों के व्यवहारों का प्रेक्षण निष्पक्ष एवं पूर्वाग्रहरहित भाव से करते हैं। बाद में विश्लेषण करके उसके बारे में किसी निष्कर्ष पर पहुँचते हैं। प्रायः लक्षित व्यवहार से विशेष अर्थ निकालने के लिये मनोवैज्ञानिक कुछ प्राक्कल्पना का निर्माण करते हैं। इन प्राक्कल्पनाओं को इसलिये भी महत्त्वपूर्ण माना जाता है क्योंकि उसी के आधार पर यह तय किया जाता है कि उस असामान्य व्यवहार के उपचार किस उपागम या दृष्टिकोण के किया जाएं। जैसे, मान लिया जाए कि कोई मनोवैज्ञानिक यह प्रेक्षण करते हैं कि एक महिला दिन भर में करीब 80-100 बार अपना हाथ प्रतिदिन धोती है। अगर मनोवैज्ञानिक यह पाते हैं कि महिला इसलिए ऐसा करती है क्योंकि उसमें कुछ मस्तिष्कीय क्षति है, तो वे उसे उपचार करने के ख्याल से यह सुनिश्चित करने की कोशिश करेंगे कि उसमें कौन-सा रोग है। अगर मनोवैज्ञानिक यह पाते हैं कि ऐसा व्यवहार कोई पापयुक्त चिंतन को सांकेतिक रूप से साफ करने के ख्याल से किया जा रहा है तो वह व्यक्ति के इस अत्यधिक पाशंकालुता के स्त्रोत या कारणों को जानने में रुचि दिखालायेंगे। उसी तरह से यदि यह पता चलता है कि यह व्यवहार

मात्र कुछ विशेष अनुबंधन या सीखना या परिणाम है, तो वे इस दुर्भाग्यपूर्ण व्यवहार को दूर करने के लिये प्रतिअनुबंधन का सहारा लेंगे।

प्रेक्षण विधि के कुछ लाभ तथा हानियाँ इस प्रकार हैं।

इस विधि में प्रेक्षक रोगियों के व्यवहारों का चूंकि प्रत्यक्ष रूप से प्रेक्षण कर आँकड़े संग्रहण किए हैं, अतः प्राप्त परिणाम काफी विश्वसनीय होते हैं। प्रेक्षण विधि द्वारा साधारण तथा गंभीर दोनों रूप से ग्रस्त रोगियों के व्यवहारों का अध्ययन किया जाना संभव है। अतः इस विधि का तुलनात्मक रूप से कार्य-क्षेत्र बड़ा है। प्रेक्षण विधि में प्रेक्षक जैसे चाहे, रोगियों के व्यवहार का अध्ययन कर सकता है। इसमें प्रेक्षण करने की विधि सामान्यतः पूर्ण परिभाषित नहीं होती है। प्रेक्षक परिस्थिति की आवश्यकता के अनुकूल उसमें पर्याप्त कर उसे अधिक उपयोगी एवं वैज्ञानिक बना लेता है। फलतः इस विधि में लचीलापन अधिक होता है।

इन लाभों के बावजूद प्रेक्षण विधि की कुछ हानियाँ भी हैं। जिनमें निम्नांकित प्रमुख हैं।

इस विधि में आत्मनिष्ठता अधिक होती है। प्रायः देखा गया है कि प्रेक्षक रोगियों के प्रति कुछ पूर्वाग्रह अपने मन में रखते हैं जिससे उनका प्रेक्षण वैज्ञानिक नहीं हो पाता है। इस विधि से सही अर्थ में लाभान्वित होने के लिये यह आवश्यक है कि प्रेक्षक अच्छी तरह से प्रशिक्षित हों। प्रायः देखा गया है कि प्रेक्षण का कार्य अप्रशिक्षित प्रेक्षक भी करने लगते हैं जिससे इस विधि का दुरुपयोग होने की संभावना अधिक बढ़ जाती है। इस विधि द्वारा प्राप्त परिणाम के आधार पर कारण-प्रभाव संबंध की स्थापना नहीं हो पाती है। प्रेक्षण के आधार पर यह नहीं कहा जा सकता है कि अमुक असामान्य व्यवहार का कारण अमुक कारक है। अतः इस विधि द्वारा प्राप्त परिणाम मात्र वर्णनात्मक होता है व्याख्यात्मक नहीं।

उदाहरण द्वारा अर्थ विश्लेषण—मान लिया जाए कि प्रयोगकर्ता निस्सहायता का विषाद प्रभावों का अध्ययन प्रयोगात्मक विधि से करना चाहता है। इसके लिए वह कॉलेज छात्रों के दो समूह लेता है। एक समूह ऐसा है जिसे प्रयोगकर्ता विशेष परिस्थिति में रखकर उसमें निस्सहायता उत्पन्न करता है। दूसरा समूह ऐसा है जिसे उस तरह की विशेष परिस्थिति में नहीं रखा जाता है। अतः उसे निस्सहायता की कोई अनुभूति नहीं होती है। इसके बाद दोनों समूहों की जाँच विषाद मापनी पर की जा सकती है। इस मापनी पर यदि पहले समूह का माध्य प्राप्तांक दूसरे समूह के माध्य प्राप्तांक से सार्थक रूप से भिन्न होता है, तो

मनोवैज्ञानिक निश्चित रूप से सीधा इस निष्कर्ष पर पहुँचेगा कि निस्सहायता से व्यक्ति में विषादी प्रतिक्रियाएँ होती हैं।

ऊपर के प्रयोग में निस्सहायता एक स्वतंत्र चर का उदाहरण है तथा विषाद एक आश्रित चर का उदाहरण है। ऊपर के प्रयोग के परिणाम से इस कारण-परिणाम संबंध की पुष्टि होती है कि विषाद का एक कारण निस्सहायता है। इस तरह से प्रयोगात्मक विधि में चरों के बीच कारण-परिणाम संबंध स्थापित करके कुछ महत्त्वपूर्ण सिद्धान्त तथा नियम का प्रतिपादन किया जाता है जिससे आगे चलकर असामान्य व्यवहार के लक्षणों तथा कारणों को समझने में मदद मिलती है तथा साथ-ही-साथ उनके रोक-थाम एवं उपचार के लिये आवश्यक कदम उठाने में भी मदद मिलती है।

मनोवैज्ञानिक प्रयोग परीक्षण स्वरूप किए जाते हैं और इन प्रयोगों में असावधानीवश कई कारकों या स्त्रोतों से गलत अनुमान भी सामने आते हैं। इसमें दो स्त्रोत प्रमुख हैं–प्रयोगकर्ता पूर्वाग्रह तथा प्रयोग्य पूर्वाग्रह। अगर प्रयोगकर्ता एक खास प्रकार के परिणाम की उम्मीद करता है, तो वह सूक्ष्म रूप से उस ढंग का परिणाम पाने के लिए प्रयोगों को जानबूझकर या अनजाने में ही प्रभावित कर सकता है। इसे प्रयोगकर्ता पूर्वाग्रह कहा जाता है। इस रोजेनथल प्रभाव भी कहा जाता है। इसका नामकरण रोजेनथल नामक मनोविज्ञानी पर हुआ है क्योंकि इन्होंने ही सबसे पहले इस प्रभाव की व्याख्या की थी। इससे भी बड़ी समस्या प्रयोज्य पूर्वाग्रह की होती है। अक्सर यह देखा जाता है कि मानव प्रयोज्य में यह विश्वास उत्पन्न हो जाता है कि उनसे क्या करने की उम्मीद की जाती है। जैसे, जब किसी को यह विश्वास हो जाता है कि एक औषध जो वास्तव में बेकार है, से उसे कोई फायदा हो सकता है, तो उसे वह खा लेने के बाद सचमुच में अच्छा प्रभाव होने का अनुभव करता है। बीकर ने अपने अध्ययन में पाया है कि करीब 35% प्रयोज्य ऐसे औषध जिसे **प्लेसवो औषध** कहा जाता है, लेने से अच्छा महसूस करते हैं। इस तरह के प्रभाव को 'प्रयोज्य प्रभाव' कहा जाता है। प्रयोज्य पूर्वाग्रह को नियंत्रित करने के लिए अनुसंधानकर्ता एक प्रयोगात्मक समूह का उपयोग करता है जिसे वास्तविक औषध दिया जाता है और दोनों समूह को समान निर्देश देकर परिणाम की तुलना की जाती है। इन दोनों तरह के पूर्वाग्रहों को नियंत्रित करना आवश्यक हो जाता है। न तो प्रयोगकर्ता और न ही प्रयोज्य यह जानता है कि प्रयोज्य प्रयोगात्मक समूह में है कि वह प्लेसवो नियंत्रित समूह में, प्रयोग का परिणाम न तो प्रयोगकर्ता पूर्वाग्रह से और न ही प्रयोज्य पूर्वाग्रह से

प्रभावित होता है। प्रयोग का वह डिजाइन जिसमें प्रयोज्य तथा प्रयोगकर्ता दोनों को यह पता नहीं होता है कि कौन प्रयोज्य प्रयोगात्मक समूह में है तथा कौन नियंत्रित समूह में है, तो इसे **द्वि-अंध प्रयोग** कहा जाता है। वह प्रयोग जिसमें सिर्फ प्रयोज्य यह जानता है कि वह प्रयोगात्मक समूह में है या नियंत्रित समूह में है, तो इसे **एकांकी-अंध प्रयोग** कहा जाता है। वह प्रयोगात्मक डिजाइन जिसमें सिर्फ प्रयोगकर्ता को ही अंधकार में रखा जाता है और प्रयोज्य हो नहीं, उसे **प्रयोगकर्ता-अंध डिजाइन** कहा जाता है।

मनोवैज्ञानिक परीक्ष्य से जुड़े कई कारकों की भूमिका होती है। प्रयोगात्मक परिस्थिति में स्वतंत्र चर के अलावा भी कोई ऐसे कारक हैं जिनसे यह प्रभावित होता है कि प्रयोज्य उसमें किस तरह प्रतिक्रिया करेगा। इन कारकों में प्रयोज्यों की प्राप्ति के लिये किया गया विज्ञापन, प्रयोगकर्ता का व्यक्तित्व, निर्देश का स्पष्ट कथन, निर्देश में छिपा सुझाव, प्रयोगशाला की सेटिंग आदि का प्रयोगात्मक प्रभाव हो सकता है। इसे मनोवैज्ञानिकों ने **'माँग गुण'** कहा है। सचमुच में ऐसे गुण प्रयोज्य में एक विशेष प्राक्कल्पना जो इस बात से संबद्ध होती है कि उसे किस ढंग से इस प्रयोगात्मक परिस्थिति में व्यवहार करना चाहिए, उत्पन्न करता है।

प्रयोगात्मक विधि के कुछ लाभ तथा कुछ अलाभ हैं। इनके प्रमुख लाभ निम्नांकित हैं–

इस विधि की निर्भरता तथा विश्वसनीयता काफी अधिक है क्योंकि ऐसी विधि में आंतरिक वैधता अधिक होती है। आंतरिक वैधता अधिक होने का मुख्य कारण यह है कि प्रयोग नियंत्रित अवस्था में संपन्न किया जाता है जिसमें स्वतंत्र चर में पर्याप्त जोड़-तोड़ किया जाता है। इस विधि द्वारा प्राप्त तथ्यों के आधार पर असामान्य व्यवहार के विभिन्न सिद्धान्तों एवं नियमों के प्रतिपादन में मदद मिलती है। इस सिद्धान्त द्वारा अध्ययन किये जाने वाले चरों के बीच कारण-परिणाम संबंध स्थापित करने में मदद मिलती है। इस सिद्धान्त का उपयोग असामान्य व्यवहार के प्रस्तावित नियमों एवं सिद्धान्तों की परख करने में भी की जाती है।

इन लाभों के बावजूद प्रयोगात्मक विधि की कुछ हानियाँ हैं जो निम्नलिखित हैं–

प्रयोगकर्ता प्रायः प्रयोगात्मक विधि में एक छोटे प्रतिदर्श का उपयोग करता है। उस पर अध्ययन करके प्राप्त निष्कर्ष को वह जीवसंख्या के लिये सामान्यीकृत करता है। परंतु अक्सर यह देखा गया है कि इस तरह का सामान्यीकरण संभव नहीं हो पाता है। यह वैध नहीं हो पाता है। इसका मतलब

यह हुआ कि प्रयोगात्मक विधि में आंतरिक वैधता रहने के बावजूद बाह्य वैधता नहीं होती है।

असामान्य मनोविज्ञान में प्रयोगात्मक विधि का व्यापक महत्त्व है। ऐसा इसलिए कि इसमें कुछ व्यावहारिक एवं नैतिक बंधन हैं। जैसे, मान लिया जाए कि कई मनोवैज्ञानिक यह अध्ययन करना चाहते हैं कि क्या माता-पिता की डाँट-फटकार से बच्चों में बाध्यात्मक हाथ धोने का व्यवहार विकसित हो जाता है। इसमें बच्चों को दो समूह लिया जायेगा—एक प्रयोगात्मक समूह होगा तथा दूसरा नियंत्रित समूह। प्रयोगात्मक समूह के बच्चों के माता-पिता को जान-बूझकर पालन-पोषण में दंडात्मक व्यवहार अपनाने को कहा जायेगा तथा नियंत्रित समूह के बच्चों के माता-पिता को अपनी इच्छा से पालन-पोषण करने दिया जायेगा। कुछ वर्षों तक ऐसा करने करने के बाद फिर उन दोनों समूहों में हाथ-धोने के बाध्यात्मक व्यवहार का क्रमबद्ध अध्ययन किया जायेगा। इस प्रयोग में प्राक्कल्पना यह होगी कि दंडात्मक रूप से पाले-पोषे गये बच्चों में ऐसा बाध्यात्मक व्यवहार अधिक विकसित होगा। ऐसा प्रयोग तो निश्चित रूप से उत्तम है परंतु सचमुच में इस ढंग से मानव बच्चों का पालन-पोषण करना अधिक अव्यावहारिक एवं अनैतिक दीखता है। अतः इस तरह का प्रयोग मानवीय दृष्टिकोण से नहीं किया जा सकता है।

इसके बावजूद प्रयोगात्मक विधि का उपयोग असामान्य व्यवहार में अधिक होता है क्योंकि इस विधि में वैज्ञानिक निर्भरता अधिक होती है।

साक्षात्कार विधि

सत्यता की पड़ताल करने हेतु मनोविज्ञान में कुछ आंकड़ों की जरूरत होती है। ये आंकड़े जिस भी व्यक्ति द्वारा प्रस्तुत किये जाएँ वे अनुभव पर आधारित हों और स्वयं उस व्यक्ति द्वारा वर्णित किये गये हों। ऐसे आँकड़ों के संग्रह के लिए साक्षात्कार विधि का प्रयोग किया जाता है। सामान्यतः दो या दो से अधिक व्यक्तियों द्वारा किसी विशेष उद्देश्य से आमने-सामने की गयी बातचीत को साक्षात्कार कहा जाता है। **आइजनेक** (1972) के विचार में साक्षात्कार वह साधन है जिसके द्वारा मौखिक या लिखित सूचना प्राप्त की जाती है—इस विधि में साक्षात्कार करने वाला व्यक्ति सूचनादाता को सामने बिठाकर उससे समस्या के संबंध में सूचना लिखित या मौखिक या दोनों तरह के प्रश्नों द्वारा प्राप्त करता है। **डेजिन** ने साक्षात्कार को कुछ इस तरह व्यक्त किया है, "साक्षात्कार आमने-सामने

किया गया एक संवादोचित आदान-प्रदान है जहाँ एक व्यक्ति दूसरे व्यक्ति से कुछ सूचनाएँ प्राप्त करता है।" **करलिंग** के विचार में, "साक्षात्कार एक सामने-आमने अन्तर्वैयक्तिक भूमिका या परिस्थिति है जिसमें एक व्यक्ति (अर्थात् भेंटकर्ता) साक्षात्कार देने वाले व्यक्ति (अर्थात् प्रत्यर्थी) से शोध समस्या से संम्बधित उत्तरों की प्राप्ति के लिए प्रश्न करता है।"

हाइमैन, मैकोबी तथा मैकोबी, थियोर्डोसन एवं थियोर्डोसन आदि ने भी साक्षात्कार को इसी अर्थ में परिभाषित किया है। यदि हम उपर्युक्त एवं अन्य वैसी ही परिभाषाओं का विश्लेषण करें तो हमें साक्षात्कार के स्वरूप के बारे में कुछ महत्त्वपूर्ण तथ्य प्राप्त होते हैं, जिनमें निम्नांकित प्रमुख हैं–

1. इस प्रणाली की सबसे प्रमुख विशेषता यह है कि शोधकर्ता अपनी मर्जी से प्रश्न कर सकता है तथा जवाबों की पृष्ठभूमि को समझ सकता है।
2. साक्षात्कार प्रणाली की अन्य प्रमुख विशेषता यह है कि समस्त प्रकार की सूचनाएँ साक्षात्कारकर्ता द्वारा रिकार्ड की जाती हैं।
3. साक्षात्कार में साक्षात्कारकर्ता साक्षात्कार देने वाले व्यक्तियों से शाब्दिक रूप से प्रश्नों को पूछता है, जिनका उत्तर साक्षात्कार देने वाले व्यक्ति को भी शाब्दिक रूप से देना होता है। सामान्यतः साक्षात्कार में एक साक्षात्कारकर्ता तथा एक साक्षात्कार देने वाला व्यक्ति होता है जिनमें शाब्दिक आदान-प्रदान होता है, परन्तु साक्षात्कार में व्यक्तियों की संख्या दो से अधिक भी हो सकती है। किसी विशेष साक्षात्कार में एक से अधिक साक्षात्कारकर्ता हो सकते हैं तथा एक से अधिक साक्षात्कार देने वाले व्यक्ति भी हो सकते हैं।
4. साक्षात्कारकर्ता तथा साक्षात्कार देने वाले व्यक्ति के बीच का संबंध विशिष्ट ढंग से संरचित होता है।

स्पष्ट है कि साक्षात्कार की कुछ अपनी विशेषताएँ हैं जिनके आधार पर इसे आँकड़े संग्रह करने की अन्य विधियों से भिन्न माना गया है।

इन्टरव्यू के प्रकार–संरचना के अनुसार साक्षात्कार के निम्नांकित दो प्रकार बतलाये गए हैं–

(1) अप्रामाणिक इन्टरव्यू विधि–इस प्रकार के साक्षात्कार में प्रश्न पूर्ववत् तैयार नहीं किये जाते हैं। इनमें प्रश्नों की संख्या भी तय नहीं होती है। अध्ययनकर्ता अध्ययन समस्या के सम्बन्ध में कोई भी प्रश्न पूछने के लिए स्वतंत्र होता है। यह विधि ज्यादा विश्वसनीय नहीं होती है, लेकिन तब भी इस विधि द्वारा प्रयोज्य को समझने का अधिक अवसर रहता है, क्योंकि इसमें प्रश्न किसी भी प्रकार से पूछ

सकते हैं। यह देखा गया है कि किसी अनुसंधान या अध्ययन के प्रारंभिक स्तर पर अप्रामाणिक साक्षात्कार विधि उपयोगी होती है जबकि अध्ययन के द्वितीय स्तर पर जब अध्ययनकर्ता को तुलनात्मक और सूक्ष्म सूचना की आवश्यकता होती है तब प्रामाणिक साक्षात्कार विधि अधिक उपयोगी होती है।

(2) प्रामाणिक इन्टरव्यू विधि—इस विधि के अंतर्गत सबसे पहले समस्या से संबंधित विभिन्न प्रकार के प्रश्न तैयार किये जाते हैं। अध्ययन इकाइयों से पूर्व निश्चित क्रम के अनुसार ही प्रश्नों को उसी क्रम में पूछा जाता है। अध्ययनकर्ता को प्रश्नों के क्रम और प्रश्नों की संख्या आदि को परिवर्तित नहीं करना होता है। प्रामाणिक साक्षात्कार विधि अधिक विश्वसनीय है, क्योंकि यह विधि अपेक्षाकृत अधिक शुद्ध है और इससे विश्वसनीय परिणाम प्राप्त होते हैं। इसके साथ ही साथ इस विधि की सहायता से तुलना भी सरलता से की जा सकती है।

इन्टरव्यू की विशेषता—साक्षात्कार के प्रमुख लाभ निम्न है—

1. साक्षात्कार में, शोधकर्ता प्रत्यर्थी की भाव-भंगिमा का भी अवलोकन कर पाता है जो अन्यथा संभव नहीं है।
2. साक्षात्कार का एक लाभ यह भी है कि इसका प्रयोग सभी तरह के व्यक्तियों पर, चाहे वे शिक्षित हों या अशिक्षित हों, आसानी किया जा सकता है।
3. साक्षात्कार द्वारा साक्षात्कारकर्ता कम समय में ही वांछित सूचनाओं को प्राप्त कर लेता है।
4. साक्षात्कार ही एक ऐसी विधि है जिसमें शोधकर्ता पूर्णतः यह आश्वस्त हो जाता है कि प्रत्यर्थी ने पूछे गए प्रश्नों की व्याख्या ठीक ढंग से की है।
5. साक्षात्कार में शोधकर्ता के लिए परिस्थिति पर नियंत्रण रखना काफी आसान होता है।

आलोचना—इन लाभों के बावजूद साक्षात्कार में कुछ दोष भी हैं जो निम्नांकित हैं—

1. साक्षात्कार समय लेने वाली एक प्रविधि है। साक्षात्कार का स्वरूप चाहे प्रामाणिक हो या अप्रामाणिक हो, इससे आँकड़ों का संग्रहण करने में अधिक समय लगता है, जिसके कारण भी कुछ शोध मनोवैज्ञानिकों ने अक्षुब्धता दिखलाई है।
2. कुछ शोध विशेषज्ञों जिसमें करलिंगर तथा फेस्टिंगर का नाम प्रधान है, बतलाया है कि साक्षात्कार में एक समस्या यह भी उठती है कि प्रत्यर्थी द्वारा दी जा रही सूचनाओं को कैसे रिकार्ड किया जाए। अभी तक कोई ऐसी विधि नहीं विकसित की गई है जो सबको मान्य हो।

3. साक्षात्कार संदर्भ एक साक्षात्कार से दूसरे साक्षात्कार तक समान नहीं रहता है। किसी निश्चित निष्कर्ष पर पहुंचना संभव नहीं हो पाता है।
4. साक्षात्कार में अन्तःसाक्षात्कारकर्ता भिन्नता पाई जाती है, जिसके कारण भी इसके परिणाम दोषपूर्ण हो जाते हैं। जब कोई साक्षात्कारकर्ता एक साथ मिलकर किसी समस्या का अध्ययन करते हैं तो अक्सर देखा गया है कि वे एक ही प्रत्यर्थी के समूह से प्राप्त सूचनाओं के आधार पर अलग-अलग आशय निकालते हैं।
5. कई कारणों से ऐसा देखा गया है कि साक्षात्कारकर्ता का ध्यान साक्षात्कार के दौरान प्रत्यर्थी द्वारा की गई अनुक्रियाओं पर ठीक ढंग से नहीं जा पाता है। ऐसी स्थिति में साक्षात्कार के आधार पर कोई अर्थपूर्ण निष्कर्ष पर पहुँचना संभव नहीं है।
6. साक्षात्कार में विषयी या प्रत्यर्थी द्वारा दी गई शाब्दिक अनुक्रिया की वैधता को शोध वैज्ञानिकों ने चुनौती देते हुए कहा है कि चूँकि साक्षात्कार में कही गई बातों के अनुसार शायद ही कभी प्रत्यर्थी अपनी वास्तविक जिन्दगी में अन्तःक्रिया करता है, अतः साक्षात्कार में की गई शाब्दिक अनुक्रिया के आधार पर लिया गया कोई भी निर्णय अधिक वैध नहीं माना जा सकता है।
7. साक्षात्कार प्रणाली का एक अन्य प्रमुख दोष यह है कि यह एक आत्मनिष्ठ प्रक्रिया है न कि वस्तुनिष्ठ। इसमें साक्षात्कार लेने वाला व्यक्ति पहले से ही कई तरह की धारणाओं और पूर्वाग्रहों को अपने साथ लेकर उपस्थित होता है। इस आत्मनिष्ठित के कारण साक्षात्कारकर्ता प्रत्यर्थी के बारे में कुछ आवश्यक अनुमान, व्याख्या आदि करना शुरू कर देते हैं जिससे साक्षात्कार से प्राप्त आँकड़ों की विश्वसनीयता समाप्त हो जाती है।

अतः ऊपर के वर्णन से स्पष्ट है कि साक्षात्कार की विधि में विभिन्न प्रकार के गुणों के बावजूद इनमें विभिन्न प्रकार के दोष हैं जिनके कारण इस विधि की प्रामाणिकता पर अंगुली उठाई जाती हैं। फिर भी इस विधि का प्रयोग प्रश्नावली तथा अनुसूची के साथ मिलकर काफी किया जा रहा है।

इसका महत्त्व इस बात में है कि यह उन समस्याओं के अध्ययन में उपयोगी है जिनको हम देख नहीं सकते हैं या जिनका निरीक्षण विधि द्वारा अध्ययन नहीं किया जा सकता है। ज्यादातर इसके द्वारा ऐसी समस्याओं का अध्ययन संभव नहीं है जिनका वैयक्तिक रूप से निरीक्षण संभव न हो। इसके साथ ही राथ यह मनोविज्ञान में विभिन्न मनोवैज्ञानिक व्याधियों के निदान में यह विधि उपयोगी है।

केस अध्ययन विधि

चिकित्साशास्त्र से मनोविज्ञान की इस विधि को अपनाया गया है जिसका उपयोग मनुष्यों के रोगों की पहचान कर उनके कारणों का पता लगाने के लिए किया जाता है। इस विधि का उपयोग नैदानिक मनोविज्ञानिकों द्वारा व्यक्तियों के रोगात्मक लक्षणों की पहचान करने तथा उसके कारणों का पता लगाने में काफी किया जाता है। इस विधि में मनोवैज्ञानिक किसी एक व्यक्ति के व्यवहार को समझने के लिए उसके जीवन की सभी तरह की घटनाओं जो उसके साथ माँ के गर्भ में आने के समय से ही घटित हो रही हैं, एक विस्तृत इतिहास तैयार करते हैं। इसलिए इस विधि को *केस अध्ययन विधि* भी कहा जाता है। विस्तृत इतिहास तैयार करते समय मनोवैज्ञानिक निम्नांकित तथ्यों पर अधिक ध्यान देते हैं–

(1) प्रारंभिक सूचनाएँ–इसके अन्तर्गत व्यक्ति के मन, उम्र, यौन, माता-पिता की उम्र, शिक्षा, पेशा, सामाजिक स्तर, परिवार में सदस्यों की संख्या आदि तथ्यों को सम्मिलित किया जाता है।

(2) गत इतिहास–इस विधि द्वारा किसी व्यक्ति का मनोविश्लेषण करने हेतु गर्भ से लेकर अभी तक की घटनाओं जैसे–गर्भ में माँ की स्थिति कैसी थी, माँ को उस समय कोई भयँकर शारीरिक या मानसिक बीमारी थी या नहीं, जन्म लेते समय की अवस्था कैसी थी, जन्म सामान्य ढंग से हुआ था या नहीं, किसी प्रकार का शारीरिक आघात आदि की घटना हुई थी या नहीं आदि से संबंधित तथ्य इकट्ठे किये जाते हैं। इसके अलावा बालक का जन्मक्रम, बचपनावस्था में किसी भयँकर शारीरिक बीमारी या प्रभाव आदि से संबंधित तथ्यों को इकट्ठा किया जाता है।

(3) वर्तमान अवस्था–केस विवरण तैयार करने में व्यक्ति की वर्तमान अवस्था के बारे में भी एक लेखा-जोखा तैयार कर लिया जाता है। जैसे–बालक का बुद्धि स्तर, उसकी रुचि, शौक अभिक्षमता, सांवेगिक स्तर, शैक्षिक उपलब्धि के बारे में तथ्य इकट्ठे किये जाते हैं। केस वितरण तैयार करने में मनोवैज्ञानिक विभिन्न प्रविधियों जैसे–साक्षात्कार, प्रश्नावली, व्यक्तित्व परीक्षण, मापनी आदि का उपयोग करते हैं।

केस विवरण तैयार करने में प्रायः मनोवैज्ञानिक व्यक्ति के अलावा उनके माता-पिता, दोस्त, पड़ोसियों आदि का भी साक्षात्कार लेते हैं। केस विवरण तैयार

करने के बाद उसका विश्लेषण किया जाता है और उस विश्लेषण के आधार पर व्यक्ति के व्यवहार के बारे में एक सामान्य निष्कर्ष पर पहुँचा जाता है।

विशेषता—इसके प्रमुख विशेषता निम्नांकित हैं—

1. नैदानिक विधि में मनोवैज्ञानिक चूँकि प्रत्येक अध्ययन किये जाने वाले व्यक्ति का एक अलग विस्तृत इतिहास तैयार करके उसके कारणों का पता लगाते हैं, इसलिए इस विधि द्वारा व्यक्ति का गहन अध्ययन संभव है।
2. इस विधि का इस्तेमाल कर किसी भी व्यक्ति के शारीरिक और मानसिक विकास का क्रम जांचना आसान होता है।
3. नैदानिक विधि में चूँकि अध्ययन का आधार केस विवरण होता है, इसलिए इस विधि में व्यक्ति की समस्याओं एवं उनके संभावित कारणों पर सीधा प्रकाश डालने का सुनहरा अवसर मनोवैज्ञानिक को प्राप्त होता है।

आलोचना—इस विधि के कुछ प्रमुख दोष निम्नांकित हैं—

1. इस विधि में व्यवहार के अध्ययन का आधार व्यक्ति का गत इतिहास होता है जो व्यक्ति के माता-पिता, दोस्त तथा पड़ोसियों द्वारा दी गई सूचनाओं पर आधारित होता है।
2. जो सूचनाएँ व्यक्ति के बारे में पूर्ण विवरण तैयार करने से प्राप्त होती हैं या जो इतिहास तैयार होता है, उसकी सत्यता की जाँच करने का कोई ठोस तरीका नैदानिक विधि में उपलब्ध नहीं है।
3. नैदानिक विधि द्वारा प्राप्त तथ्यों पर अधिक भरोसा नहीं किया जा सकता है।
4. नैदानिक विधि की विश्वसनीयता पर प्रश्नचिह्न लगता है चूँकि इस विधि में आत्मनिष्ठता एवं अन्तर्दर्शिता ज्यादा तथा वस्तुनिष्ठता कम होती है।

नैदानिक विधि में भी विभिन्न प्रकार के मनोविज्ञान में इसका बहुत ज्यादा महत्त्व है। कारण कि मात्र यही एक ऐसी विधि है जिसके माध्यम से व्यक्ति की व्यवहारात्मक समस्याओं का अध्ययन वैज्ञानिक ढंग से किया जा सकता है।

स्वाभाविक प्रेक्षण विधि

क्षेत्र-अध्ययन को स्वाभाविक प्रेक्षण विधि के नाम से भी जाना जाता है। सर्वप्रथम अनुसंधान की क्षेत्र प्रयोग करने से पहले आवश्यकता होती है। ठीक क्षेत्र प्रयोग करने से पूर्व इन अनुसंधानों के स्वरूप के आधार पर कहा जा सकता है कि

सर्वेक्षण-अनुसंधान और क्षेत्र-अध्ययन दो भिन्न-भिन्न प्रकार के अनुसंधान हैं, जो क्षेत्र-प्रयोगों द्वारा किसी समस्या का अध्ययन न हो पाने पर उपयोग में लाये जाते हैं। सही तौर पर देखा जाये तो सर्वेक्षण-अनुसंधान और क्षेत्र-अध्ययन में मोटा-मोटा अंतर यही दिखायी देता है कि क्षेत्र-अध्ययन का अध्ययन-क्षेत्र छोटा होता है अर्थात् इसमें किसी एक समस्या का अध्ययन एक छोटे समुदाय, एक छोटी संस्था, औद्योगिकी संस्थान, शैक्षणिक संस्थान के लोगों के व्यवहार पर किया जाता है। व्यवहार-परक विज्ञानों का विशेष रूप से मनोविज्ञान, समाजशास्त्र और शिक्षाशास्त्र में वास्तविक सामाजिक परिस्थिति में या यथावत् स्वाभाविक रूप में समस्या का वैज्ञानिक अध्ययन करने की अध्ययन प्रणाली का नाम क्षेत्र-अध्ययन है। फस्टिंगर और काट्ज (1953) ने क्षेत्र-अध्ययन के संबंध में विस्तृत विवरण दिया है। फस्टिंगर और काट्ज (1953) के विचार में "क्षेत्र-अध्ययनों के द्वारा सामाजिक प्रक्रमों का निरीक्षण और मापन उनके स्वाभाविक रूप में किया जाता है।"

करलिंगर (1978) के विचार में, "क्षेत्र-अध्ययन वैज्ञानिक ढंग से की गई ऐसी घटनोत्तर पूछताछ है जिनका उद्देश्य समाजशास्त्र, मनोविज्ञान और शैक्षणिक चरों के सम्बन्धों और अन्तःक्रियाओं का वास्तविक सामाजिक परिस्थितियों में अध्ययन करना है। क्षेत्र-अध्ययन में क्षेत्र-अध्ययनकर्ता सर्वप्रथम सामाजिक या संस्थागत परिस्थिति को देखता है, फिर वह व्यक्तियों और समूहों की अभिवृत्तियों, मूल्यों, प्रत्यक्षीकरण का अध्ययन इस परिस्थिति विशेष में करता है।"

उपरोक्त परिभाषाओं के आलोक में यह कहा जा सकता है कि—

1. क्षेत्र-अध्ययन विधि मनोविज्ञान की एक अप्रयोगात्मक विधि है। इसका मतलब यह हुआ कि मनोविज्ञान की इस विधि में व्यवहार के जिन पहलुओं के बारे में मनोवैज्ञानिक अध्ययन करते हैं, उनमें अपनी ओर से किसी तरह का जोड़-तोड़ नहीं करते हैं बल्कि उसका हू-ब-हू ठीक वैसे ही रूप में अध्ययन करते हैं जिस रूप में वे घटित होते हैं।
2. क्षेत्र-अध्ययन में विभिन्न तरह के चरों की आपसी अन्तःक्रियाओं तथा उनके संबंध के अध्ययन पर प्रकाश डाला जाता है। यही कारण है कि मनोविज्ञान में क्षेत्र-अध्ययन को एक वैज्ञानिक शोध माना जाता है।
3. क्षेत्र अध्ययन विधि में एक वास्तविक परिस्थिति होती है। स्कूल, कॉलेज, फैक्टरी आदि वास्तविक परिस्थिति के कुछ उदाहरण हैं जहाँ मानव व्यवहार का प्रेक्षण किया जाता है। उसी तरह से बन्दरों के व्यवहारों का अध्ययन उनके रहने के झाड़ीनुमा स्थान, पक्षियों के व्यवहार का अध्ययन घोंसले में,

चींटियों के व्यवहार का अध्ययन उनके बिलों के पास करना, वास्तविक परिस्थिति में पशुओं के व्यवहारों के अध्ययन के कुछ नमूने हैं।

विशेषताएं—इस विधि की प्रमुख विशेषताएं हैं जो निम्नलिखित हैं—

1. क्षेत्र-अध्ययन विधि में मनोवैज्ञानिक प्राणी के व्यवहारों का अध्ययन लम्बे समय तक करते रहते हैं, जिससे अध्ययन में शामिल किये गये चर के स्वरूप तथा उसे प्रेक्षण करने में लगा समय दोनों का ही पता सहज ही हो जाता है।
2. क्षेत्र-अध्ययन विधि में अलग-अलग प्रकार की सामाजिक अन्तःक्रियाओं तथा संबंधों का प्रत्यक्ष प्रेक्षण करने का मौका मनोवैज्ञानिक को मिलता है।
3. क्षेत्र-अध्ययन विधि के अंतर्गत अध्ययन सदैव वास्तविक दशा में होते है। अतः इसके नतीजे सच्चाई के काफी करीब होते है जिसमें व्यवहारों का अध्ययन बगैर किसी तरह के जोड़-तोड़ के भी किया जाता है।

आलोचना—इस विधि की कुछ त्रुटियां हैं जो निम्नलिखित हैं—

1. क्षेत्र-अध्ययन विधि से व्यवहारों का अध्ययन करने में मनोवैज्ञानिकों को ज्यादा समय एवं श्रम लगता है।
2. जो भी चर क्षेत्र-अध्ययन विधि में सम्मिलित होते हैं, उनको ठीक तरह से मापन नहीं किया जा सकता है। जब चरों का ही मापन सही ढंग से नहीं हो पाता है तो उसके अध्ययन की वैधता काफी प्रभावित होती है।
3. चूँकि क्षेत्र-अध्ययन विधि का स्वरूप अप्रयोगात्मक होता है, अतः इससे प्राप्त निष्कर्ष पर उतना निर्भर नहीं रहा जा सकता है।
4. क्षेत्र-अध्ययन विधि से अध्ययन करने में ज्यादा समय लगने के कारण उन्हें प्रयोज्यों से सतत मदद की जरूरत पड़ती है जो हमेशा नहीं मिल पाती है।
5. क्षेत्र-अध्ययनों में अध्ययनकर्ता को कई बार अध्ययन इकाइयों से सहयोग प्राप्त करने में कठिनाई होती है, जिससे सही तथ्य समस्या के संबंध में प्राप्त नहीं होते हैं।
6. अध्ययनकर्ता क्षेत्र-अध्ययन में समस्या के संबंध में सही तथ्यों का संकलन तभी कर सकता है जब वह साक्षात्कार कला में दक्ष हो।
7. घटनोत्तर अनुसंधान के सभी गुण क्षेत्र-अध्ययन में नहीं पाये जाते हैं। क्षेत्र-अध्ययन घटनोत्तर अनुसंधान के रूप में सिर्फ पूछ-ताछ मात्र है।
8. क्षेत्र-अध्ययन, प्रयोगशाला पर आधारित प्रयोगों और क्षेत्र-प्रयोगों की अपेक्षा एक कमजोर प्रणाली पर आधारित होते हैं।

9. क्षेत्र-अध्ययन से संबंधित अध्ययनों में अध्ययनकर्ता का कोई विशेष नियंत्रण न होने के कारण परिणाम सन्देहपूर्ण होते हैं।
10. क्षेत्र-अध्ययनों में समस्या में निहित चरों में केवल सहचारिता क्या है, अध्ययन से इसका ही ज्ञान हो पाता है। चरों में कार्य-कारण का वास्तविक ज्ञान अध्ययन से प्राप्त नहीं होता है।
11. चरों की अन्तःक्रियाओं का सही रूप से अध्ययन इस विधि में नहीं हो पाता है।
12. क्षेत्र-अध्ययनों में दीर्घ काल तक अध्ययन चलने से समय, धन और श्रम का अपव्यय होता है।

उपर्युक्त परिसीमाओं के बावजूद क्षेत्र अध्ययन विधि अधिक लोकप्रिय है तथा इसकी उपयोगिता अन्य विधियों से किसी आशय में कम नहीं है।

विकासात्मक विधियां

व्यक्तित्व एवं व्यवहार के अलग-अलग प्रकार के विकासात्मक पहलुओं का अध्ययन करने हेतु विभिन्न प्रकार की विधियां अस्तित्व में हैं। उदाहरण के लिए—क्रमबद्ध चरित्र लेखन विधि, आत्म-चरित्र लेखन विधि, मानसिक मापन अथवा मनोवैज्ञानिक परीक्षण विधि, प्रश्नावली विधि, निरीक्षण विधि, प्रयोगात्मक विधि तथा दीर्घकालीन एवं समकालीन अध्ययन प्रणालियां। इस अध्याय में इन विधियों में से कुछ विधियों का वर्णन अलग-अलग किया गया है। यहाँ केवल निम्न दो विधियों को समझाया गया है—

(1) समकालीन प्रणाली—इस प्रकार की भिन्न-भिन्न प्रकार के पहलुओं के विकास के अध्ययन में सबसे पहले प्रतिदर्श विधियों द्वारा अलग-अलग अवस्थाओं के बालकों का चुनाव किया जाता है। फिर अध्ययन समस्या से संबंधित शारीरिक व मानसिक योग्यताओं के विकास के क्रमों का इन विभिन्न स्तर के बालकों में निरीक्षण किया जाता है अथवा मापन किया जाता है। अंत में आंकड़ों के औसत मानों के आधार पर विकास के क्रम को ज्ञात कर लिया जाता है। उदाहरण के हेतु—यदि हम यह अध्ययन करना चाहते हैं कि भाषा का विकास किस प्रकार होता है तो सर्वप्रथम भिन्न-भिन्न आयु-स्तर के बालकों को चुनना होगा; जैसे—1, 1½, 2, 2½, 3, 3½, 4, 4½, 5, 5½, वर्ष के बालकों को रेन्डम विधि द्वारा चुनेंगे, प्रत्येक आयु-स्तर के समूह में 100-100 बच्चे रखेंगे, इस प्रकार 10 आयु समूहों में

कुल 1000 अध्ययन इकाइयां होंगी। समूहों को बना लेने के बाद इन विभिन्न आयु-स्तर के बच्चों के शब्द उच्चारण की योग्यता, शब्दों में व्यक्त करने की योग्यता, शब्दों के भिन्न अर्थ समझने की योग्यता, वाक्य-रचना तथा शब्द-भंडार आदि, भाषा से संबंधित विभिन्न पहलुओं का निरीक्षण और मापन करके आंकड़े एकत्र करेंगे और आंकड़ों को एकत्र करने के पश्चात् आंकड़ों का विश्लेषण करके यह ज्ञात करेंगे कि भिन्न-भिन्न आयु स्तरों पर भाषा का विकास कितना है। अतः हम इस बात को आसानी से मालूम कर सकते हैं कि जिस तरह से भाषा क्रमिक रूप से विकसित हुई। भाषा के क्रमिक विकास को जानने के लिए भिन्न-भिन्न आयु-स्तर के आंकड़ों की तुलना की जायेगी। इस विधि की एक विशेषता यह है कि इस विधि के द्वारा किसी भी योग्यता या विशेषता के क्रमिक विकास के अध्ययन के साथ-साथ भिन्न-भिन्न आयु-स्तरों के लिए मानक भी एकत्र हो जाते हैं, परन्तु इस प्रणाली द्वारा प्राप्त परिणाम बहुत अधिक महत्त्वपूर्ण नहीं होते हैं क्योंकि क्रमिक विकास का केवल अनुमानात्मक ज्ञान प्राप्त होता है, न कि शुद्ध ज्ञान। कारमाइकेल (1968) ने इस विधि के संबंध में लिखा है कि Results obtained from cross-sectional approach are of great value, they give approximations rather than accurate representation of the development process. Children grow at different rates and reach similar development levels at different times. होनजिक तथा उनके साथियों ने इस प्रणाली की सहायता से 21 महीने से लेकर 14 वर्ष तक के बालकों का अध्ययन करके यह पता लगाया कि उनकी कौन-कौन-सी समस्याएं हैं जो उनके समायोजन में बाधा डालती हैं।

इस प्रणाली की कुछ महत्त्वपूर्ण विशेषताएं अथवा उपयोगिताएं निम्न प्रकार से हैं–

1. चूंकि इस प्रणाली में अध्ययन समूहों का आकार बड़ा होता है अतः प्रत्येक आयु सीमा के लिए आंकड़ों के आधार पर मानक भी तैयार हो जाते हैं।
2. इस विधि का एक लाभ यह भी है कि इस प्रणाली में अध्ययनकर्ता को किसी भी अगली विकास की अवस्था का वर्षों तक इंतजार नहीं करना पड़ता है।
3. इस प्रणाली द्वारा अध्ययनकर्ता बालक के सम्पूर्ण जीवन में घटित होने वाले विकासात्मक परिवर्तनों का अध्ययन कम समय और कम खर्च में कर सकता है।

4. इस प्रणाली में अध्ययनकर्ता को विकासात्मक परिवर्तनों का वर्षों तक इंतजार नहीं करना पड़ता है।
5. इस प्रणाली में विभिन्न आयु-स्तरों के बालकों के क्रमिक विकास का तुलनात्मक अध्ययन भी संभव है।

इस प्रणाली के उपरोक्त लाभों के अतिरिक्त कुछ गंभीर दोष भी हैं; जैसे—इस प्रणाली द्वारा विकास परिवर्तन क्या-क्या होते हैं और किस प्रकार होते हैं, इसका केवल अनुमानात्मक ज्ञान ही होता है, शुद्ध ज्ञान नहीं होता। व्यक्तिगत भिन्नता जैसी समस्याओं का अध्ययन भी इस प्रणाली द्वारा नहीं किया जा सकता।

(2) दीर्घकालीन प्रणाली—दीर्घकालीन अध्ययन प्रणाली में एक ही आयु-स्तर के बालक समूह को चुना जाता है, फिर समूह के बालकों की आयु के बढ़ने के साथ-साथ उनकी मानसिक और शारीरिक योग्यताओं के विकास-क्रम का निरीक्षण और मापन किया जाता है और अंत में इस प्रकार प्राप्त आंकड़ों के आधार पर विकास क्रम को ज्ञात कर लिया जाता है। दीर्घकालीन अध्ययन प्रणाली की मदद से विभिन्न प्रकार की समस्याओं जैसे बुद्धि-लब्धि, ऊंचाई, सामाजिक और संवेगात्मक विकास, शारीरिक वजन आदि का अध्ययन हम कर लेते हैं। उदाहरण के लिए, यदि हम बालकों में भाषा के विकास का अध्ययन करना चाहते हैं तो एक वर्ष की आयु के केवल 100 बच्चों को चुनकर प्रत्येक 6 महीने पश्चात् उनके भाषा-विकास का निरीक्षण और मापन करेंगे। जैसे-जैसे इन बच्चों की आयु बढ़ती जायेगी, प्रत्येक 6 महीने पश्चात् अध्ययनकर्ता इन बच्चों के भाषा से संबंधित क्रमिक विकासों का निरीक्षण और मापन करेंगे, इस प्रणाली में हालाँकि ज्यादा समय लगता है। फिर भी इस प्रणाली की सहायता से बुद्धि और व्यक्तित्व आदि से संबंधित विकासात्मक क्रमों पर अनेक अध्ययन किये गये हैं। समकालीन और दीर्घकालीन विधियों की तुलना करते हुए कारमाइकेल (1968) ने कहा है कि "The cross-sectional method gives the status of the child at one point in life, the longitudinal method reveals from where the child has come, in what direction and at what speed he is going."

उपयोग (Utility)—इस प्रणाली के विभिन्न उपयोग हैं—

1. इस विधि में विकास प्रक्रियाओं का अनुमानात्मक ज्ञान प्राप्त न होकर शुद्ध ज्ञान प्राप्त होता है।
2. विकास प्रक्रिया के संबंधों का अध्ययन सरल होता है। इस प्रणाली के उपरोक्त लाभों के अतिरिक्त कुछ दोष भी हैं, जैसे—इस विधि द्वारा अध्ययन

करने में अध्ययनकर्ता को समय और धन का व्यय अधिक करना पड़ता है। दूसरे इस प्रणाली द्वारा अध्ययन करने में अगली विकास अवस्था का अध्ययनकर्ता को वर्षों तक इंतजार करना पड़ता है। तीसरे यदि अध्ययन समूह के किसी बालक के अभिभावक किसी कारणवश एक स्थान छोड़कर कहीं दूर बस जाते हैं तो भी अध्ययन में काफी कठिनाई होती है।

3. इस विधि में बच्चों के एक ही समूह का अध्ययन चलता रहता है, अतः इस प्रणाली में प्रतिदर्श त्रुटियों की संभावना नहीं रहती है और न ही प्रतिदर्श की समस्या रहती है।
4. दीर्घकालीन अध्ययन प्रणाली की मदद से हर एक बालक का व्यक्तिगत स्तर पर अध्ययन होने के साथ-साथ समूह स्तर पर भी अध्ययन होता रहता है।

प्रश्नावली विधि

प्रश्नावली विधि का प्रयोग तब किया जाता है जब मनोविज्ञान के क्षेत्र में अध्ययन इकाइयों का क्षेत्र विस्तृत होता है एवं सूचनादाताओं की संख्या अधिक होती है। यह आंकड़ा संग्रह कर शोध समस्याओं को हल करने का काफी लोकप्रिय साधन है, लेकिन यहाँ प्रश्न यह उठता है कि प्रश्नावली है क्या? प्रश्नावली एक ऐसे प्रश्नों की माला होती है जिसमें शोध समस्या से संबंधित कई प्रश्न दिए होते हैं तथा जिसे ध्यानपूर्वक पढ़कर प्रत्यर्थी उनका उत्तर अपने अनुभव के आधार पर देता है और पुनः उसे शोधकर्ता को लौटा देता है। प्रायः प्रश्नों को एक पुस्तिका के रूप में छपवा दिया जाता है, जिसे **प्रश्नावली पुस्तिका** कहा जाता है। गुडे तथा हाट ने प्रश्नावली को परिभाषित करते हुए कहा है, "सामान्यतः प्रश्नावली से तात्पर्य एक ऐसे साधन से होता है जिसमें एक फार्म के सहारे प्रश्नों के उत्तर दिये जाते हैं तथा जिसे प्रत्यर्थी स्वयं भरते हैं।"

उपरोक्त विवरण से स्पष्ट है कि प्रश्नावली प्रश्नों की एक उद्देश्यपूर्ण सुनियोजित सूची है जिसके द्वारा अध्ययन समस्या के संबंध में अध्ययन इकाइयों से उत्तर प्राप्त किये जाते हैं तथा प्राप्त उत्तरों को व्यवस्थित करके सांख्यिकी विश्लेषण की सहायता से परिणाम प्राप्त करते हैं। प्रश्नावली विधि का उपयोग मनोबल, रुचियों, अभिवृत्तियों आदि के अध्ययन के लिए किया जाता है।

प्रश्नावली बनाते समय निम्नलिखित बातों को अवश्य ध्यान में रखना चाहिए–

1. रुचिपूर्ण या ध्यान आकर्षित करने वाले प्रश्न होने चाहिएँ,
2. प्रश्न लम्बे एवं कठिन नहीं होने चाहिएँ,
3. प्रश्न, प्रश्नावली में पहले सरल, फिर कठिन होने चाहिएँ,
4. प्रश्नावली का आकार या प्रश्नों की संख्या बहुत अधिक नहीं होनी चाहिए कि सूचनादाता उत्तर देते-देते थक जाये,
5. प्रश्न स्पष्ट होने चाहिएँ।

प्रश्नावली का वर्गीकरण

(1) चित्र प्रश्नावली—इस प्रकार की प्रश्नावली में प्रश्न चित्रों के रूप में होते हैं।

(2) अप्रतिबन्धित प्रश्नावली—यह प्रश्नावली वह है जिसमें सूचनादाता पर कोई प्रतिबन्ध नहीं होता है और वह खुलकर उत्तर दे सकता है। उदाहरण के लिए, उसमें निम्न प्रकार के प्रश्न होते हैं—

1. परीक्षा पद्धति में किन-किन परिवर्तनों की तुरंत आवश्यकता है?
2. आज की शिक्षा पद्धति की क्या-क्या सीमायें हैं?

(3) प्रतिबन्धित प्रश्नावली—यह प्रश्नावली वह है जिसमें सूचनादाता के प्रत्युत्तर पर प्रतिबंध होता है। उसे केवल चुने हुए उत्तरों में से ही उत्तर देना होता है। उदाहरण के लिए, इसमें निम्न प्रकार के प्रश्न हो सकते हैं—

1. आप किससे डरते हैं? (क) अंधेरा, (ख) सांप, (ग) पिता, (घ) शिक्षक
2. आप किस धर्म में सर्वाधिक विश्वास करते हैं? हिन्दू/मुस्लिम/ईसाई
3. शिक्षक से भय लगता है?

एक अच्छी प्रश्नावली के गुण—एक अच्छी प्रश्नावली में निम्नलिखित गुण होने चाहिए—

1. प्रश्नावली देखने में सुन्दर एवं आकर्षक होनी चाहिए। उसकी छपाई सुन्दर एवं सुव्यवस्थित होनी चाहिए।
2. प्रश्नावली में दिये गये प्रश्नों का संबंध शोध विषय से सीधा एवं स्पष्ट होना चाहिए ताकि प्रत्यर्थी प्रश्नों के महत्त्व को समझ सके तथा उसका सही उत्तर दे सके।
3. ऐसे प्रश्नों को जिनसे प्रत्यर्थी लज्जित हो जाए, नहीं पूछना चाहिए।
4. प्रश्नावली का निर्देश पूर्ण एवं स्पष्ट होना चाहिए।

5. प्रश्नों का क्रम मनोवैज्ञानिक तथा प्रभावकारी होना चाहिए। सामान्यतः प्रश्नावली में सामान्य प्रश्नों को पहले तथा विशिष्ट प्रश्नों को बाद में उपस्थित करना चाहिए या अनुकूल प्रश्नों को पहले तथा प्रतिकूल प्रश्नों को बाद में रखना चाहिए।
6. प्रश्नों को वस्तुनिष्ठ होना चाहिए और उससे किसी भी कीमत पर संभावित प्रश्न पूछना चाहिए।
7. यथासंभव प्रश्नावली की लम्बाई कम होनी चाहिए, क्योंकि अधिक लम्बी प्रश्नावली से प्रत्यर्थी में मानसिक नीरसता उत्पन्न होती है और वह प्रश्नों का उत्तर छिन्न-भिन्न मन से दे पाता है। प्रश्नावली की लम्बाई से मतलब प्रश्नावली में रखे गये प्रश्नों की संख्या से है।
8. प्रश्नों में प्रयुक्त होने वाले शब्द तथा वाक्य यथासंभव सरल हों ताकि उससे प्रत्यर्थी के मन में किसी प्रकार की संभ्रांति उत्पन्न न हो। प्रत्येक प्रश्न में एक ही स्पष्ट विचार सम्मिलित होना चाहिए। दूसरे शब्दों में, प्रश्न दिशासूचक नहीं होना चाहिए।

अवगुण—प्रश्नावली विधि के प्रमुख दोष निम्नलिखित हैं—

1. अध्ययनकर्ता यदि व्यक्तिगत रूप से सूचनादाताओं से प्रश्नावली नहीं भरवाता है तो प्राप्त उत्तर विश्वसनीय नहीं होते हैं।
2. प्रश्नावली को मनमाने ढंग से भरते हैं।
3. इसका प्रयोग जनसाधारण के लिए नहीं है। ज्यादातर यह शिक्षित व्यक्तियों के लिए है।
4. प्रश्नावली की शब्दावली भ्रमपूर्ण होती है। अतः उत्तर देने में कठिनाई होती है।
5. बहुत-से सूचनादाता प्रश्नावली समय पर भरकर नहीं देते हैं या खो देते हैं।
6. अधिकांशतः प्रश्नावली सूचनादाता द्वारा अपूर्ण छोड़ दी जाती है या लिखा हुआ पढ़ने में नहीं आता है तो इस अवस्था में प्रदत्त संकलन में कठिनाई होती है।

निष्कर्ष रूप में यह कहा जा सकता है कि इस विधि द्वारा कम खर्च और कम समय में अधिक से अधिक अध्ययन इकाइयों का अध्ययन किया जा सकता है, क्योंकि प्रश्नावली एक साथ कई प्रयोज्यों को भरने के लिए दी जा सकती है। जब अध्ययन इकाइयां दूर-दूर तक फैली हुई हों और उनसे व्यक्तिगत रूप से संबंध स्थापित न किया जा सके तब भी इस विधि का उपयोग करते हैं। एक ही प्रकार

की अध्ययन इकाइयों से कई बार भी सूचना प्राप्त की जा सकती है, इस प्रकार विश्वसनीय आंकड़े एकत्र किये जा सकते हैं।

व्यक्ति-इतिहास विधि

मनोवैज्ञानिक अध्ययनों के लिए अपनायी जाने वाली विधियों में **'व्यक्ति-इतिहास विधि'** का भी महत्त्वपूर्ण स्थान है। इस विधि को मुख्य रूप से किसी व्यक्ति के किसी विशिष्ट व्यवहार के विस्तृत अध्ययन के लिये अपनाया जाता है। मानसिक रोगियों एवं असामान्य व्यवहार करने वालों के गहन अध्ययन के लिये भी व्यक्ति-इतिहास विधि को ही अपनाया जाता है।

अगर सरल एवं साधारण शब्दों में कहा जाये तो किसी व्यवहार का गहन एवं व्यापक अध्ययन व्यक्ति-इतिहास विधि द्वारा किया जाता है। श्री शॉ ने इस विधि का अर्थ इन शब्दों में प्रस्तुत किया है, "वैयक्तिक अध्ययन विधि वैयक्तिक व्यवहार का उनकी संपूर्ण परिस्थिति में अध्ययन है।" इस प्रकार वैयक्तिक इतिहास विधि को एक ऐसी विधि के रूप में परिभाषित किया जा सकता है जिसके द्वारा किसी व्यक्ति का सर्वांगीण तथा गहन अध्ययन किया जाता है, इस विधि द्वारा व्यक्ति के विषय में व्यवस्थित ढंग से पर्याप्त सूचना एकत्रित की जाती है, जिससे ज्ञात हो जाये कि समाज की इकाई के रूप में वह किस प्रकार व्यवहार करता है।

वैयक्तिक अध्ययन प्रणाली की सबसे मुख्य विशेषता यह है कि इसके माध्यम से संबंधित व्यवहार अथवा व्यवहार संबंधी समस्या का अति गहन अध्ययन किया जाता है। इस विधि द्वारा संबंधित इकाई का समग्र रूप से अध्ययन किया जाता है।

वैयक्तिक अध्ययन के यंत्र

प्रत्येक वैज्ञानिक अध्ययन के विधिवत् सम्पन्न होने के लिये कुछ अभीष्ट यंत्रों एवं प्रविधियों को साधन के रूप में इस्तेमाल किया जाना नितांत अनिवार्य होता है। 'वैयक्तिक इतिहास विधि' द्वारा ज्ञान प्राप्त करने के लिये भी विभिन्न यंत्रों एवं प्रविधियों को इस्तेमाल किया जाता है। विधि की पूर्ण व्याख्या के लिये इन यंत्रों एवं प्रविधियों को भी जानना अनिवार्य है। मुख्य यंत्रों एवं साधनों का संक्षिप्त विवरण निम्नलिखित है–

1. व्यक्ति के निजी मित्रों, प्रेमी/प्रेमिका तथा अन्य परिचितों से उसके विषय में प्राप्त जानकारी।
2. व्यक्ति को प्राप्त पुरस्कार, प्रमाण-पत्र आदि।
3. व्यक्ति की निजी एलबम।
4. व्यक्ति के गत जीवन की मुख्य घटनाओं का वृत्तांत एवं जीवन-गाथा।
5. व्यक्ति के संबंधित सरकारी दस्तावेजों के अंश।
6. संबंधित व्यक्ति की पारिवारिक भूमिका एवं विवरण।
7. संबंधित व्यक्ति के साथ प्रत्यक्ष साक्षात्कार।
8. व्यक्ति के दफ्तर, जेल, स्कूल अथवा पुलिस रिकार्ड से प्राप्त जानकारी एवं सूचना।
9. व्यक्ति द्वारा लिखित विभिन्न पत्र।
10. संबंधित व्यक्ति द्वारा लिखित व्यक्तिगत डायरियाँ।
11. व्यक्ति की मनपसंद तथा प्रिय पुस्तकें।
12. व्यक्ति द्वारा रचित साहित्यिक कृतियाँ (यदि हों तो)।

उपर्युक्त वृत्तांतों के वर्णन द्वारा संबंधित व्यक्ति के विषय में विस्तृत एवं सर्वांगीण ज्ञान प्राप्त किया जाता है तथा उस ज्ञान के आधार पर ही अभीष्ट निष्कर्ष प्राप्त किये जाते हैं।

विशेषता—वैयक्तिक अध्ययन विधि के बारे में श्री कूले लिखते हैं कि—"वैयक्तिक अध्ययन-प्रविधि हमारे बोध ज्ञान को विकसित करती है एवं जीवन को स्पष्ट रूप से प्रस्तुत करती है... वह प्रत्यक्ष रूप से व्यवहारों का अध्ययन करती है, न कि अप्रत्यक्ष व अमूर्त साधनों द्वारा।" वैयक्तिक अध्ययन विधि के मुख्य लाभों का संक्षिप्त विवरण निम्नलिखित है—

1. गहन एवं विस्तृत अध्ययन करना संभव होता है।
2. विश्वसनीय सूचनाएं प्राप्त करने में सहायक होती है।
3. मनोवृत्तियों और अनुभूतियों के अध्ययन हेतु उपयोगी।
4. वैयक्तिक अध्ययन विधि उपकल्पनाओं के निर्माण एवं परिमार्जन में मददगार होती है।

आलोचना—इस विधि के प्रमुख दोष निम्न प्रकार से हैं—

1. गणनात्मक परीक्षण असंभव होता है।
2. पक्षपात की संभावना सदैव बनी रहती है।
3. सगय एवं धन का अधिक अपव्यय होता है।

4. यह एक असंगठित एवं अवैज्ञानिक अध्ययन विधि है।
5. वैयक्तिक अध्ययन प्रणाली के अंतर्गत अधिकांश तथ्य पत्रों, जीवन-वृत्तांतों, डायरियों, एलबमों आदि के माध्यम से प्राप्त किये जाते हैं। तथ्यों के ये स्रोत अधिक विश्वसनीय नहीं होते। अंत में इस बात की पूरी संभावना रहती है कि संकलित तथ्य दोषपूर्ण तो नहीं। दोषपूर्ण तथ्यों के आधार पर शुद्ध निष्कर्ष प्राप्त करना संभव नहीं।